设计煤电联动

林伯强 主编

科学出版社
北京

内 容 简 介

　　本书从煤电关系的历史根源与现实矛盾出发，在节能与碳排放约束下的中国能源战略调整与电力平衡的整体思路下，结合美国、日本、中国香港的经验，阐释了我国煤电联动的必要性与必然性，详细给出了煤电联动的机制设计思路与配套措施。本书在阐明当前政策思路背后的逻辑，提供必要的理论与实证支撑的基础上，通过设计配套改革工具并模拟不同情景下的政策效果，为下一步整体改革方案的设计提供备选方案；同时本书通过案例解说对煤电产业链中的各个环节进行了梳理，为解决现实问题提供了详细的参考。本书的内容可以作为下一阶段我国电力体制改革进程的政策研究储备与支撑。

　　本书可供能源及经济类相关专业的高等院校师生，从事于能源、经济相关的研究人员和相关政府管理、决策部门阅读参考。

图书在版编目（CIP）数据

设计煤电联动 / 林伯强主编 . —北京：科学出版社，2014.2
ISBN 978-7-03-039626-6

Ⅰ . ①设… 　Ⅱ . ①林… 　Ⅲ . ①煤炭–物价波动–关系–电价–研究–中国
Ⅳ . ①F724. 741②F426. 61

中国版本图书馆 CIP 数据核字（2013）第 051425 号

责任编辑：林　剑 / 责任校对：彭　涛
责任印制：赵德静 / 封面设计：耕者工作室

科 学 出 版 社出版
北京东黄城根北街 16 号
邮政编码：100717
http://www.sciencep.com

文林印务有限公司 印刷
科学出版社发行　各地新华书店经销
*

2014 年 1 月第 一 版　开本：B5（720×1000）
2014 年 1 月第一次印刷　印张：24 1/4
字数：

定价：138. 00 元
（如有印装质量问题，我社负责调换）

前　　言

国务院的深化电煤市场改革的指导意见要求，自 2013 年 1 月起电煤价格并轨，煤炭企业和发电企业自主衔接签订合同，自主协商确定价格，同时实行煤电联动。目前煤电联动政策只是提出煤价与上网电价的联动，一旦联动，政府如何处理终端电价，是目前业内许多人的担忧。因为，我国 2004 年曾经建立煤电联动机制，虽然之后有过多次的电价调整，真正的按照煤电联动机制调价只有两次。那么，这回重启的煤电联动机制是否真正到位执行？此事得到了业内重点期待和关注。

一般来说，电价有两个最基本的目标：第一是传递价格信号以帮助消费者和投资者对其消费和投资做出正确的决策；第二是保证受管制的电力企业能够收回合理的成本以确保其有能力提供电力服务。目前，我国电价现状是受到行政管制的电价，没有完成第一个目标，即并没有向投资者和消费者提供经济有效的价格信号以优化资源配置；也没能完成好第二个目标，即使电力企业能够收回合理的成本以确保其有能力提供电力服务。

理论上，煤电联动机制除了可以保证第二个基本目标，还可以有效地提高完成第一个目标的程度。由于煤炭占电力企业成本比重较大，煤电联动机制是在电价管制背景下，为保证电力企业在煤价变动幅度较大时能够收益的一种机制。及时的联动价格调整可以提供相对有效价格信号，这样，消费者可以意识到燃料价格的变化，并相应地做出反应，如节约使用电力。短期看，消费者的负担重了，但是可以保证消费者不缺电，所以，煤电联动对电力企业和消费者都是有益的。因此，世界各国在使用传统回报率管制的电力产业中，大多都使用联动机制来解决受管制的电价和价格波动性较强的燃料之间的矛盾，而煤电联动实质上是提供了在电价中反映煤炭成本变化的机制。

考虑我国以往的实践，煤炭提供 69% 的一次能源和 80% 的电量，重要性不言而喻，煤电联动无法顺利执行的原因非常多。本书主要从两个方面进行讨论：一是煤电联动的目的不明确。既希望弥补发电企业燃料成本的增加，又旨在理顺煤电之间的关系，同时又要顾及到消费者支付负担、物价压力和宏观经济运行，要同时达到几个近似南辕北辙的目的使得煤电联动难以执行。二是技术原因。我国还没有形成统一规范的煤炭市场，煤炭价格基准的确定，需要相对准确的煤矿成本核算和数据采集，煤电双方认可的煤炭价格指数的计算的确立，以及合理的中间环节加价比例的计算，等等。事实上，作为煤炭生产和消费大国（接近全球总量一半），我国至今没有能够建立起来一个完善的煤炭价格指数和数据库。此外，如果有了煤炭期货市场，企业就可以进行保值操作，保障财务安全。因此，解决这两个方面问题，是煤电联动的基本保障。

无论如何，煤价上涨和上网电价联动最终要传导至消费者，是不是让消费者为煤价买单，主要看政府。因此，政府除了设立和承诺执行煤电联动机制，与联动机制相配合的管理主要体现在两方面：一是严格对电力企业进行成本和价格的监管；二是如果政府认为有必要维持相对稳定的电价水平，可以运用直接补贴，但是补贴的设计很重要。如果煤价上涨过快，政府可以加大对煤炭资源税和煤炭企业其他税利的征收，用来补贴应该受到补贴的电力消费者。通过建立透明合理的电价形成机制，厘清电力企业的成本，清楚地让消费者知道电价形成的每个环节，并明确哪些是由财政补贴的，补贴了多少。这样，公众可以清楚企业利润来源和利润幅度，从而也就能够接受煤电价格上涨的事实。

由于最近发布的煤电联动政策没有涉及终端电价，电力企业除了祈望政府严格进行煤电联动，在中长期战略还可能需要对煤电联动的困难有所准备。主动应对煤炭成本压力的办法应该还有许多，包括实行电力结构多元化的战略，如增加核能和各种可再生能源的份额；加强煤炭长期购买策略，签订长期的煤炭合约，将煤炭价格锁定在比较稳定的区间；主动进行保值策略，如可以对未来所需要的煤炭在金融市场上利用金融衍生品进行保值；还可以通过购买煤炭资源增加煤炭存量，如煤电一体化。

对于消费者来说，及时到位的煤电联动除了保障电力供应，至少有一个好处，至少理论上可以使电价随着煤炭价格有上有下，改变中国电价一路上涨的状况。

本书从煤电关系的历史根源与现实矛盾出发，阐释了我国煤电联动的必要性与必然性，并详细给出了煤电联动的机制设计与配套措施，为解决现实问题提供了详细的参考。本书的具体安排如下：

第1章：节能与碳排约束下的中国能源战略调整及电力平衡的整体思路。该章总结了现阶段中国经济发展的特征，分析了目前经济发展过程中面临的节能和碳排放约束，试图寻找在此约束下进行能源战略调整的思路。最后，提出了节能和碳排放约束下的能源和电力宏观平衡公式，指出我国现阶段煤和电的一系列基础性问题。

第2章：缺电暴露的问题以及破解煤电矛盾机制体制改革方案。该章研究了2011年我国出现的大面积"软缺电"现象，指出该现象出现的深层次原因是煤电价格矛盾一直没有理顺。在这样的背景下，提出了中期改革路径和长期的电力市场改革方向。

第 3 章：破解煤电矛盾机制体制的国际经验研究。该章内容主要从美国、日本、中国香港等三个国家和地区较为成功的破解煤电矛盾的经验出发，结合中国现阶段实际，总结归纳了适用于中国的政策经验。

第 4 章：煤电联动机制设计与配套措施。该章从现阶段解决煤电问题的政策出发，分析了政策短期带来的长期的可持续成本的增加，指出政府必须尽快出台解决煤电矛盾的长效机制。并提出现阶段电价改革长效机制的重点是煤电联动，逐步实现电价的信号传导机制。在此基础上，该章对煤电联动机制和配套措施进行了详细的设计，具有较强的政策含义。

第 5 章：破解煤电矛盾需解决的历史问题研究。该章推算了严格按照 2004 年设定的规则实时联动，电价的实际变动情况；并在计算的基础上，提出了消除煤炭企业的对于双轨制的不满并适度对电力企业进行补偿的具体方案。

第 6 章：煤电一体化能否解决煤电矛盾。该章从煤电矛盾研究出发，根据国际煤电一体化经验和我国煤电一体化目的，首先对我国煤电一体化提出了几个方面的思考，分析了我国煤电一体化进程中存在的问题，最后对我国煤电关系的模式选择提出了相关的政策建议。

第 7 章：解决煤电矛盾的产业布局与价格引导机制。该章详细分析了中国能源密集（主要是高耗电）产业与中国能源资源的错配情况，同时回顾了中国电价机制和改革历程，并提出将价格信号引入能源消费行为的引导中，通过建立价格机制消除市场扭曲。同时该章特别研究电价调整对特定行业（高耗电、一般耗电和低耗电产业）的影响。

最后三章（第 8 章 ~ 第 10 章）详细给出了煤炭企业经营成本的案例分析、典型电力企业成本与电价分析以及减少煤炭流通成本的案例研究等内容，供有兴趣的读者特别是能源领域的科研人员进行查询、阅读。

本书力求对我国电力和煤炭行业发展和国家相关政策进行全面、深刻的剖析，并对中国现阶段能源发展的政策问题进行综合比较和细致梳理。希望本书为能源经济学者、工作在能源领域第一线的工作者，社会各界对能源问题和政策感兴趣的广大读者，特别是尽可能为能源政策当局提供准确全面的能源政策分析解读。

本书是团队合作的结果。参与编写单位包括大唐国际发电股份有限公司，厦门大学能源经济与能源政策协同创新中心，厦门大学中国能源经济中心。主要参与本书编写的包括李国瑾、邹楚沅、杨莉莎、向征、贵春燕、刘泓讯、杜克锐、谢璇、王婷、周虹辰、杨秀汪、王晓蕾、林嫘、欧鹏。特别感谢邹楚沅为课题研究和本书出版所做的大量组织和协调工作，以及杨莉莎为本书出版所做的大量组织和协调工作。本研究的一些资料和数据引用了能源基金会项目"中国'十二五'"期间应对电力部门可持续发展的电力政策及体制改革"。厦门大学能源政策研究院及中国能源经济研究中心的所有教师、科研人员、行政人员、研究生为本书编写提供了诸多的帮助，在此一并表示感谢。

我们深知所做的努力总是不够，不足之处，望读者指正。

林伯强

2013 年 7 月

目　　录

第1章 节能与碳排放约束下的中国能源战略调整及电力平衡的整体思路

本章首先总结了现阶段中国经济发展的特征，分析了在目前经济发展过程中面临的节能和碳排放约束，并试图寻找在此约束下进行能源战略调整的思路。同时，本章提出了节能和碳排放约束下的能源和电力宏观平衡公式，指出我国现阶段煤和电的一系列基础性问题。

1.1 现阶段中国经济发展的特征

目前，中国经济的持续稳定发展面临着一些亟待解决问题，如高耗能、高排放、粗放式经济增长、重工化经济结构、能源效率低等。对比发达国家经济发展历程，虽然有能源稀缺程度、环境空间、技术水平等的不同，但总的来说，这些都是经济发展的阶段性特征，基本符合发展的规律性。中国目前处于城市化、工业化阶段，这个发展阶段的主要特征是经济增长快、能源需求增长快、排放高（图1-1）。总结国际经验，我们发现快速增长的经济常常是比较粗放的。

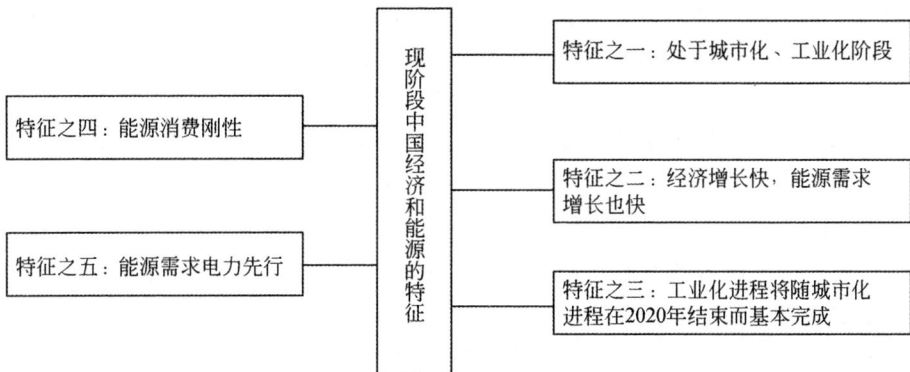

图1-1 中国经济和能源特征

现阶段中国经济和能源的特征之一是处于城市化、工业化阶段。国际经验表明，城市化进程与工业化过程基本上是同时进行（大渊宽和森冈仁，1989）。发达国家在城市化进程中的经济发展都带有重工化特征，即大规模基础设施建设对高耗能产业的需求。此外，城市人口能源消费高于农村人口数倍，将一个人从农村迁入城市，其能源消费将提高几倍，而且主要以清洁的电力消费为主。这一基本关系说明了中国目前能源消费的动力和重工化工业结构不可避免。

那么当前中国工业化发展究竟处于什么阶段？这个问题一直是学界探讨的重点。张震龙和姜爱林（2005）从人均收入水平、产业结构、就业结构、消费结构、工业结构和外贸结构水平六个方面，对当前中国工业化发展的水平进行了具体判断。从人均 GDP 水平看，中国工业化处于初期阶段；从产业结构水平看，中国工业化处于中期阶段；从就业结构看，中国工业化处于初期与中期交叉阶段；从消费结构看，中国工业化处于中期阶段；从工业结构看，中国工业化正处于中期阶段；从外贸结构看，中国工业化大约处于中期阶段。因此，总体看来中国工业化正处于世界工业化标准模式的中期阶段。当然，不排除个别区域或个别产业仍处于工业化的初级阶段，同时，也不能忽略沿海等城市或有些产业已经进入工业化的后期阶段（雍红月和李松林，2003；吕先竞，2002；朱庄皋和王遐见，2002；张灵莹，2003）。总的来看，21 世纪初中国工业化正处在承前启后的转折时期，即工业化的历史进程正处于中期发展阶段。

郎毅怀（2007）也指出 1984～2002 年是中国工业化的起步时期；2002～2020 是工业化加速推进的时期。在 2002～2020 年，市场对经济运行的调节功能、对产业发展的整合功能、对城市和乡村的联结功能、对工业化的引导功能都将提升到一个更高的水平。在市场机制前所未有的强大作用下，城乡一体化发展以及由此产生的优势互补，将使经济增长更快、劳动生产率更高、城市扩张势头更强、农业劳动力和农村人口向非农产业和城镇的转移更具规模。这一时期将是中国工业化力度最强、速度最快、质量迅速提升的时期。

中国社会科学院 2007 年发布的《中国工业化进程报告：1995～2005 年中国省域工业化水平评价与研究》指出，到 2021 年，中国的工业化水平综合指数①将达到 100，中国将实现工业化。从全国整体来看，目前中国的工业化发展处于中期阶段，但从区域的发展来看，东部、东北部、中部、西部工业化水平递减，区域发展不平衡性明显。

林伯强和蒋竺均（2009）在结合发达国家工业化和城市化发展进程以及规律的基础上，考虑到中国的城市化、工业化仍未完成以及中国政府对经济的驾驭能

---

① 工业化水平综合指数主要通过选择人均 GDP，第一、二、三产业产值比，制造业产值占总商品比重，人口城市化率，第一、二、三产业就业比五个指标来衡量地区工业化进程。

力，预计中国快速的城市化进程将在 2020 年左右告一段落，工业化的发展速度将减慢，中国将进入中等收入国家。

现阶段中国经济和能源的特征之二是经济增长快，能源需求增长也快。发达国家的发展经验表明：在不同的经济发展阶段，经济增长率、能源和电力需求阶段性递减（表 1-1）。发达国家在不同的经济发展阶段，GDP 增长率、能源和电力消费增长率也不相同，呈现出阶段递减的规律。其中工业化阶段的经济增长和能源消费增长率最高，其次是工业化后期阶段，最慢的是信息化阶段。美国和日本城市化进程加快的时期也都处于工业化阶段，这一阶段的 GDP 增长最快，城市化发展对基础设施建设的需要，增加了能源的消费。随着城市化进程完成，工业化进程开始放慢。在美国和日本的经济发展过程中，还表现出的共性就是能源强度曲线基本呈倒 U 形，且分别在工业化阶段中、重工业和城市化发展最快的时期达到了能源强度的峰值（林伯强等，2008）。

表 1-1　阶段性经济增长和能源消费增长率变化

国家	主要发展阶段	时期	GDP 年均增长率/%	一次能源消费量年均增长率/%	电力消费量年均增长率/%
美国	工业化阶段	1890～1950 年	6.6	2.7	6.3
	工业化后期阶段	1950～1980 年	4.4	2.4	6.1
	信息化阶段	1980 年至今	3.1	1.0	2.1
日本	工业化阶段	1950～1970 年	10.3	9.1	12.1
	工业化后期阶段	1970～1980 年	4.5	2.4	5.0
	信息化阶段	1980 年至今	2.2	1.5	3.2
中国	工业化阶段	1980～2020 年	8.2	5.4	8.3
	工业化后期阶段	2020～2040 年	5.5	2.4	4.0

资料来源：汤斌，2005；金波，1994；穆良平，2005；佐贯利雄，1987；丁敏，2006；BP：Statistical Review Full Report Work Book 2008；中国的历史数据根据《中国统计年鉴》计算得到

现阶段中国经济和能源特征之三是工业化进程将随着城市化进程在 2020 年结束而基本完成。发达国家的发展经验说明，工业化进程的时间随着经济的日益全球化可以大大缩短。美国的工业化阶段从 1890～1950 年，用了 60 年；日本的工业化阶段从 1950～1970 年，只用了 20 年。工业化后期阶段，美国用了 30 年，从 1950～1980 年；而日本只用了 10 年，从 1970～1980 年。

美国工业化是一个技术进步、经济体制改革调整的漫长过程。日本的工业化阶段和工业化后期阶段的时间跨度都远小于美国。美国的工业化阶段历时 60 年，而日本只用了 20 年；美国的工业化后期阶段历时 30 年，日本也只用了 10 年。

历史发展阶段的不同决定了两国工业化发展进程的速度不同。日本的工业化速度快于美国，主要是技术进步和经济全球化的结果。尽管日本第二次世界大战前的工业畸形发展，以军工为主，但是其工业基础比较好。第二次世界大战基本上摧毁了日本的整个工业，日本现在的经济基本是在战后的废墟上重新建立起来的。日本的工业化虽然在美国之后，但是，一方面技术的进步和推广大大缩短了日本的工业化时间；另一方面美国的发展为日本提供了经验和教训，同时，国际经济的全球化也为加速工业化发展速度提供了可能，使得日本得以利用现成的技术和全球的资金、资源和市场进行工业化，缩短其工业化的时间跨度。

目前中国正处于城市化进程和工业化加快发展的阶段。中国经济发展的事实说明，经济全球化使得工业技术在全球范围迅速推广，使中国所处的工业技术起点高，缩短了研发和利用新技术的时间；而全球化的经济则加速了技术和资本的流入。但是，相比美国和日本的工业化进程，中国的能源和环境约束强，这迫使中国不得不承受更高的能源价格和环境成本。也就是说，中国在工业化高速发展时，不能像美国那样毫无顾忌地耗能，必须努力减慢能源消费的增长速度，提高能源效率，将对环境的损害减少到最低。这些矛盾在中国工业化阶段体现得最为明显。此外，相对于日本，中国的人口基数大，就业问题会使城市化进程加长，从而使经济结构调整难度增加。因此，中国的工业化阶段会比美国短，但比日本长，结合目前中国经济发展情况，我们估计中国的城市化与工业化阶段大概需要40年，即1980~2020年。

现阶段中国经济和能源的特征之四是能源消费刚性。城市化、工业化进程中的能源需求是刚性的，2007年中国GDP占世界总量的6%左右，但是，钢材消费量大约占世界钢材消耗量的30%，水泥消耗量大约占世界水泥消耗量的55%。这说明，中国城市化确实在进行着，是经济增长和能源需求的主要动力。2008年全国城镇人口占总人口的比重为45.7%，超过6亿。预计到2020年，全国城镇人口占总人口的比重将达到62%，大约还有3亿人口将迁移到城市居住和工作。这将从两方面对能源需求产生影响。首先，城市人口能源消费是农村人口能源消费的3.5~4倍；其次，城市化进程要求大规模城市基础设施建设和住房，需要大量的水泥和钢铁，而这只能在国内生产，因为世界上没有哪一个国家能为中国生产这么多的钢铁和水泥。中国能源需求总量的问题是相对于能源储量和人口而言的，以中国的人口而言，一旦消费，任何资源都将可能稀缺。中国能源需求总量的问题也是相对于国际市场而言的，相对于中国的能源需求，国际市场太小。因此，中国的能源稀缺性可能比其他发达国家严重，能源稀缺是中国节能的一个根本动力。

中国政府在2009年提出，决定到2020年，单位GDP二氧化碳排放量，即碳排放强度比 2005 年下降 40%~45%。相对于能源强度而言，碳排放强度也受能源效率影响，但更为主要的是受能源结构的影响。因此，碳排放问题是一个能源质量问题，即清洁能源在能源结构中的比例问题。与能源强度一样，碳排放强度还受宏观因素的影响，包括经济发展阶段、产业结构、技术水平、能源和环境政策等。从能源强度到碳排放强度的目标约束变化，体现了中国能源战略和政策将面临一个战略性转变，即从"十一五"时期以提高能源利用效率为主，转变为将气候变化因素作为约束目标。

现阶段中国经济和能源的特征之五是能源需求电力先行。国际经济发展经验说明，经济发展阶段能源消费的基本规律是电力先行。电力增长作为现代化的重要标志，与城市化直接联系，人类的能源消费最终将很大程度上集中在电力消费上。国际经验表明，在经济发展的每一个阶段，电力需求增长都比一次能源需求增长快，呈阶段性递增。工业化阶段电力增长超过一次能源消费增长，而后工业化阶段的电力增长会更快于一次能源消费增长，将是一次能源消费增长的两倍。工业化阶段的电力消费增长，日本比美国快 2 倍，中国比美国快 32%。

综上所述，结合国际产业结构与能源消费的基本规律可以看出，现阶段中国经济发展和能源增长具有五个特征，分别为：处于城市化、工业化阶段；经济增长快，能源需求增长也快；工业化进程将随着城市化进程在 2020 年结束而基本完成；能源消费刚性以及能源需求电力先行。中国在制定经济和能源政策的时候都要基于国际产业结构与能源消费的基本规律和中国现阶段经济发展与能源增长的特征。

与发达国家相比较，中国的基本国情是人口众多、城市化所需的大量高耗能产品只能在国内生产满足。如果政府力争保证 8% 的经济增长，中国城市化进程就不会中断。只要城市化进程不变，短期的需求增长波动不会影响长期的能源和电力需求增长态势。各国在不同发展阶段，其能源消费都呈现出很强的规律性，这让我们可以比较清楚地认识城市化、工业化阶段的能源问题，做出比较准确的能源需求预测，从而进行有效的能源战略规划。对于中国乃至世界而言，从现在到 2020 年，是一个关键时期，经济转型和能源战略调整都必须从现在开始。

此外，中国能源消费的一大特点是一次能源结构以煤炭为主。中国能源结构以煤炭为主，除了因为中国煤炭资源比较丰富之外，还由于煤炭价格相对低廉。目前中国能源消费结构中，石油占 20%，而且长期变动不大，而煤炭在一次能源总消费中约占 70%。

中国经济转型需要大量低廉能源，煤炭是唯一选择，以煤炭为主的电力结构可能长期无法改变。我们分别预测了不同情景下中国一次能源消费结构，结果见表 1-2。

表 1-2 一次能源消费结构预测 　　　　　　单位:%

年份	无能源规划目标的约束				有能源规划目标的约束			
	煤炭	石油	天然气	水电、核电、风电	煤炭	石油	天然气	水电、核电、风电
2015	68.6	15.5	5.3	10.6	65.9	15.5	5.3	13.3
2020	68.5	13.9	6.2	11.4	63.9	13.9	6.2	16.0

注:无能源规划目标的约束,即在自发状态下,根据历史数据预测的消费结构;有能源规划目标的约束,即根据国家发展和改革委员会公布的《可再生能源中长期发展规划》,2020 年一次能源中核电、风电、水电及其他可再生能源的比例合计大约在 16%。其中有个假定为:国家能源政策引导主要针对水电、核电、风电及其他可再生能源制定,可再生能源的份额增加由煤炭份额减少来补充,石油和天然气依然按照固有的转变趋势

我们还进一步预测了电力结构,结果见表 1-3。

表 1-3 2020 年中国电力结构预测比较 　　　　　　单位:%

类型	有能源规划目标的约束	无能源规划目标的约束
水电	19.93	15.13
火电	71.98	81.67
核电	3.99	1.73
其他	4.10	1.46

即使实现了政府 2020 年核电及可再生能源发电的发展规划,届时中国一次能源消费中煤炭的比例仍达 63.9%,火电(几乎都采取燃煤发电形式)的比例仍达 72%。

1.2 节能与碳排放约束下的中国能源战略的调整思路

1.2.1 中国经济发展过程中面临的约束

中国经济发展过程中将面临能源与环境的约束(图 1-2)。

1. 能源约束:能源需求刚性增长和能源结构以煤为主

根据厦门大学能源经济研究中心的预测,未来中国的能源需求保持了较高的增长率。以经济中速发展为例,2010 ~ 2020 年,一次能源需求的年均增长率为4.20%。在 2020 年之后,随着城市化和工业化进程减慢,经济增长也保持在较

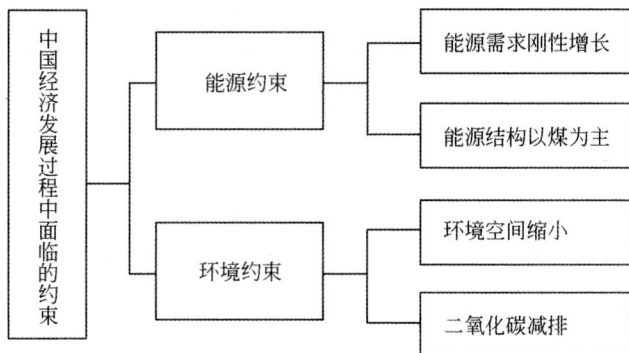

图 1-2　中国经济发展面临的约束

平稳的水平，一次能源需求的增长将有所减慢，见表 1-4。

表 1-4　中国一次能源消费预测　　　　单位：亿吨标准煤

年份	经济低速发展	经济中速发展	经济高速发展
2015	37.52	39.12	40.45
2020	43.83	47.33	50.67

　　对不同经济发展水平下的能源需求的预测分析表明，不同的经济增长速度下，能源需求的差异显著。这说明较高的 GDP 增速需要更多的能源支撑。如果不改变目前重工化的经济发展模式，要实现到 2020 年 GDP 翻两番、能源消费只翻一番的政府发展目标是非常困难的。而且中国的人均能耗水平很低（即使到 2020 年也不足美国 2007 年水平的 1/3），一旦中国人均能耗快速增长，总量的增长将是巨大的，使得中国在未来较长时期内面临的能源形势将更加严峻。

　　中国的能源需求问题也是相对于国际市场而言的。简单地说，相对于中国的能源需求，国际市场太小。中国的能源需求上涨快，但是人均能源消费水平很低。根据 IEA 的预测，从现在到 2030 年，中国能源需求将增长近一倍，日本和美国等完成工业化和城市化的成熟发达国家的能源需求也将保持小幅增长。然而即使中国的能源需求大幅增长，人均能源需求仍将远远低于发达国家。一个小国家如果缺乏能源资源或能源相关产品，可以在国际市场购买，但不会对国际价格造成影响。然而，中国规模巨大的需求量无疑将对国际市场能源价格造成显著影响。从历史经验看，中国的巨额购买量往往会导致该商品价格急剧上涨。反过来，中国经济增长也将更大地受到国际市场的影响。

　　以煤为主的能源结构给我国经济的持续发展带来了很大挑战，国家未来的经济和社会发展对电力生产和供应行业提出了很高的要求。然而，中国以煤为主的资源禀赋决定了其以火电和水电为主的电源结构，其中，火电装机在总装机容量中一直占70%以上的比重。但是，此发展结构却面临着严重的资源及环境问题。首先，当前的电力供给已经饱受电煤短缺之害，煤炭是不可再生能源，在今后的发展中，当前的短缺局面会随着需求持续和快速地增加而不断加剧。其次，火电发展还造成了严重的环境破坏问题。荷兰环境研究局的研究结果表明，2006年中国已取代美国成为全球二氧化碳排放量最多的国家。鉴于目前温室气体影响造成的全球变暖及其他诸多严重问题，电力行业尤其是火电产业的发展面临着国际国内的双重压力。所以，调整电源结构，发展核能、风能及其他可再生能源发电，缓解资源和环境压力以促进可持续发展，是未来必需的政策取向。

煤炭为中国经济增长带来了巨大的利益，但也有其他负面影响。对此，我们应当做出实事求是的评价。同时必须指出，中国目前的煤炭消费增量，比其他所有国家的总和还要多。我们不仅要面对本国资源储备的限制，还要面对其他产煤国的限制。我们不仅要面对煤炭稀缺，也必须面对煤炭消费带来的环境问题。

近年国际能源价格大幅度上涨，能源价格冲击对西方国家经济所造成的影响引起了人们的极大关注。西方学者展开了大量的研究，但是国内的相关研究很少。大量研究都表明，能源价格上涨会对经济造成严重的紧缩影响。中国自1993年成为净石油进口国以来首次面临石油价格冲击。与此同时，中国煤炭价格也在持续上涨，石油与煤炭价格上涨将对中国经济造成什么影响，影响程度与中国现阶段经济特点的相关性，以及如何应对能源价格上涨的影响，这些都是政府宏观决策中需要研究的重大问题。

石油和煤炭的经济紧缩作用程度不一致，与目前中国能源消费结构基本吻合。2011年，中国煤炭消费占一次能源总量的70.4%，而石油消费仅占17.7%。直观的结论是，中国煤炭不能出问题。因为，真正可以对中国经济形成重创的是煤炭价格的大幅度上涨。过去5年，中国经济持续高增长，全国煤炭产量以年均11%的速度递增，但电力、冶金、建材等三大主要耗煤行业的煤炭消耗增长更快。

中国经济转型的两个重要能源约束就是能源需求的刚性和以煤炭为主的能源结构。而这两个特征对中国未来的经济、能源政策和环境、气候政策都具有非常重要的意义。中国是目前世界上第二大能源生产及消费国，经济正处于以资源密集开采和快速消耗为特征的城市化和工业化加快的进程中，能源资源的有限性与经济增长的可持续性之间的矛盾日趋尖锐，中国本身的节能问题日益迫切。

2. 环境约束：以煤为主的能源结构产生更多污染，环境空间缩小和二氧化碳减排

相对于发达国家以油气为主的能源结构，中国以煤为主的能源结构对环境的污染显然更为严重，这也是中国成为二氧化碳和二氧化硫最大排放国的主要原因。在生产加工运输过程中，煤炭开采会造成矿井采空区地表塌陷；煤炭、煤矸石和固体废弃物露天堆放会占用大量土地，造成土壤、地表水和地下水污染；酸性矿井废水、洗煤废水含硫较多，会使水体 pH 值发生变化。而石油污染主要发生在海洋，特别是油轮泄漏事故，但事故概率很小。油轮洗舱水以及船舶在水域中航行时所产生的主要污染物油污，也会对水域造成一定污染。在燃烧过程中，由于煤炭含碳量低于石油，热值低于石油，单位质量煤炭燃烧产生的热量只有石油的 1/2，但煤炭的氮、硫、灰分等的含量远高于石油。此外，煤炭还有少量的磷、氟、氯和砷等元素。相比之下，煤炭污染比石油严重。

以燃煤发电为例[①]，每发 1 千瓦的电，燃煤产生的二氧化碳为 944.5 克，而燃烧石油产生的二氧化碳为 720.1 克，单位发电煤炭产生的二氧化碳是石油的 1.3 倍。中国在 2007 年成为世界最大的二氧化碳和二氧化硫排放国，其环境问题备受关注。研究中国的污染排放，必须考虑到以下三个问题。第一，中国经济增长还可能持续相当长的时期。第二，经济高增长意味着能源消费继续扩大，与此同时的城市化、工业化尤其是基础设施建设所必需的重工业意味着单位 GDP 能耗很难降低。第三，中国能源结构是以化石燃料中污染排放最高的煤炭为主导，这种结构短期内不会有大的改变，加上世界油气资源价格冲击可能进一步推动对煤炭的需求，中国经济增长对煤炭的依赖性可能越来越强。经济高速增长、能源消费的刚性扩张、对煤炭资源高度依赖，这些都说明了中国面临着重要的环境问题。在保持经济增长的同时，将环境污染控制在容许范围内，减轻对自然生态系统的破坏，这需要制订环境规划。对环境影响进行经济分析是环境规划的重要内容。

中国以煤炭为主的能源消费结构导致严重的环境污染和生态破坏，中国的二氧化碳和二氧化硫的排放量都居世界第一位。中国二氧化硫、氮氧化物和烟尘排放量主要依据国家行政法令和规划目标确定，具有很强的政策性；而目前对二氧化碳还没有有效的控制方法。

中国未来的经济发展与能源战略规划，除了要符合自身经济发展的阶段性特

[①]　按照 334 克/千瓦时的发电标准煤耗计算。

征外，还要受到温室气体减排的约束。关于温室气体影响气候变暖的讨论越来越多。人类能源消费是气候变暖的主要原因，这是大家都认同的。但是，地球周期显然应该按百年数量级计算，而不是几十年。近30年来气候明显变暖，同期人类能源消费大幅度上涨，两者之间不是巧合。无论是发达国家还是发展中国家，随着全球气候变暖问题日趋严峻，二氧化碳减排将成为各国经济增长的一个重要约束。

根据2009年IEA的预测，基准情景下，中国2015年和2020年的二氧化碳排放量将达到86.1亿吨和95.8亿吨。厦门大学能源经济研究中心根据不同经济增长和不同的能源结构也预测了二氧化碳排放量（表1-5）。有能源规划目标约束的中等经济增速下的排放与IEA的排放基本一致。从表1-5中可以看出：第一，虽然在能源规划下，能源消费结构得到调整，二氧化碳排放的增长速度减缓，但能源需求的持续增加和仍以煤为主的消费结构，使排放总量仍呈上升趋势。第二，不同能源消费结构下的二氧化碳排放量差异巨大，说明通过调整能源消费结构来减少二氧化碳排放是有效的。第三，高经济增长伴随着能源高消费和环境高污染，同样说明，通过调整能源消费结构来减少二氧化碳的排放是有效的。虽然中国不可能实现二氧化碳排放总量降低，但仍可以通过制定和执行更为严格的政策，来减缓二氧化碳排放的增长速度。

表1-5 二氧化碳排放量预测 单位：亿吨

年份	无能源规划目标的约束			有能源规划目标的约束		
	较低	中等	较高	较低	中等	较高
2015	85.5	88.8	91.6	82.8	86.0	88.7
2020	96.9	104.1	111.0	91.7	98.6	105.1

目前，全球二氧化碳减排的控制目标是将2050年的排放总量控制在2005年总量的一半。2005年二氧化碳的全球排放量为259亿吨。也就是说，2050年全球允许排放的二氧化碳总量约为130亿吨。基于当前各国政府在能源供需中的作用及其能源政策选择，实现2050年将全球二氧化碳至少减排50%的长期目标，比较悲观。对于发展中国家来说，社会稳定是首要目标，而社会稳定需要一定的经济增长率来维持，因此经济增长率也成为政策的首要目标。如果像美国这样经济成熟的国家，二氧化碳排放量仍然降不下来，那么可以预见，在相当长时期内中国二氧化碳的排放量仍将继续增长。

今后二氧化碳排放增量主要来自包括中国在内的发展中国家。如何认识这个增量问题，是解决二氧化碳排放的关键。美国等发达国家在经济结构成熟、技术和资金实力强劲并且高耗能消费品由发展中国家帮助制造的情况下依然无法降低二氧化碳排放，又怎能期望中国、印度等发展中国家减缓二氧化碳排放？而如果中国和印度不能降低二氧化碳排放增量，全球二氧化碳减排也就无从谈起。

因此，从目前全球的二氧化碳排放情况，可以得出两个主要结论。第一，随着中国和印度经济崛起，二氧化碳排放的增长速度还会比较快。第二，即使中国能源结构改变，其二氧化碳排放仍将持续增长。因为，不管怎么调整，中国能源结构也很难变得和美国一样。而美国在将许多高耗能、高排放的产品放在发展中国家生产的情况下都很难降低二氧化碳排放，因此全球二氧化碳排放的整体趋势是上升而不是下降。

综上所述，影响中国经济转型的关键因素主要包括环境约束和能源约束。环境约束指的是环境对污染物的容纳是有一定限度的，超过这个限度，环境便无法进行自我调节，也不再能给人类生存提供需要的条件。在当前的环境问题中，最突出的问题是具有全球影响的二氧化碳排放问题，但是二氧化碳排放问题在短时期内难以得到有效解决，因为二氧化碳的排放与经济发展速度直接相关，相对于发达国家，尽管发展中国家的二氧化碳排放增长速度很快，但是，其人均排放量很小。另外一个关键因素是能源约束。人类一直赖以生存的化石燃料是不可再生资源，那么，这些资源终将会有耗尽的时候，而能源消费速度与各国的经济发展速度尤其是发展中国家的经济发展速度是息息相关的。因此，影响中国经济转型的两个关键因素是环境约束和能源约束。

1.2.2　中国能源战略调整思路

尽管 2008 年的金融危机对短期经济产生了很大影响，但中国经济发展的增长势头依旧，能源需求与排放也将继续增长。在应对气候变化问题上，中国的国际压力将日益增大，能源消费将受到二氧化碳排放约束。因此，中国需要通过能源战略调整，选择一个可被现阶段经济发展接受的能源结构和能源成本。

战略调整之一是改变以前简单地从能源供给考虑满足能源需求，而是将节能（能源需求管理）作为满足能源需求的一个组成部分。以往的能源战略，一般先确定某期间的能源需求，而后根据能源资源生产储备状况，确定能源投资和供给。虽然以往战略也涉及节能减排，但是，节能不是约束条件。随着资源与环境约束的进一步加剧，我国能源战略也逐渐由"能源强度"的软指标向"能源消费总量控制"的硬指标转变。2011 年 9 月，国务院印发《"十二五"节能减排综合性工作方案的通知》，对"十二五"期间的节能减排政策方向、目标及具体措施都做出了较为详细的规定。其中，较为突出的一点是，更进一步地明确并细化了"能源消费总量控制"的政策，提出要在"十二五"期间合理控制能源消费总量，并且，还提出建立能源消费总量控制目标分解落实机制，制订实施方案，把总量控制目标分解落实到地方政府，实行目标责任管理等。

从"能源强度"到"能源消费总量控制"，标志着"十二五"我国能源战略已经从保供给为主向控制能源消费总量转变。这对于我国传统的能源思维模式是一次革命，也是一个挑战，体现了我国能源战略从提高能效、保障供给向将能源消费总量控制在合理水平、追求可持续发展的转变。随着能源资源与环境约束问题日益严峻，仅从供给方已不能解决供给紧缺的问题，必须要从供给方和需求方同时出发，衡量不同政策的收益与成本，以选择最佳的政策组合。

"能源消费总量控制"政策的理论基础源于"宏观能源平衡等式"的理念，如图1-3所示。现实市场中，能源供给量等于能源消费量，因此，图1-3中的等式可以理解为：能源需求总量等于实际能源消费量与节能量的总和。能源需求总量由经济及社会发展的各要素决定，"宏观能源平衡等式"说明，要满足既定的能源需求总量，可以通过增加能源供给，也可以通过增加节能量来实现，而如何在两个选项间抉择则取决于两者边际收益的差异。在能源需求总量确定的前提下，一旦节能量确定，则能源供给量（或消费量）也可以确定，反之亦然，节能量和能源供给量的确定将作为制定能源战略政策的基础。政府可以通过选择能源供给投入和节能投入，使满足能源需求的成本最小化。因此，政府投入和公共政策如何引导资金流向，对能源投入的选择至关重要。

图1-3　宏观能源平衡等式

战略调整之二是改变仅受资源约束的能源供需增长和能源结构战略规划，将二氧化碳排放作为满足能源需求的约束，即对能源需求公式中的能源供给量加上二氧化碳排放约束。真正能够影响能源结构的是二氧化碳排放。一个特定的二氧化碳约束量就会有一个相对应的能源结构。一般说来，二氧化碳排放约束越紧，煤炭在一次能源消费结构中的比例越低，油气保持稳定，核能、风能和太阳能等新能源的比例则不断上升。

不同的碳排放量对应的能源结构不同，其能源成本也会有所不同。一般来说，能源结构越"清洁"其对应的能源成本就越"贵"。以能源发电成本为例，生物质能源发电约为煤电的3倍，风力发电成本为煤电的2.7倍，光伏发电为煤电的5~16倍，如图1-4所示。

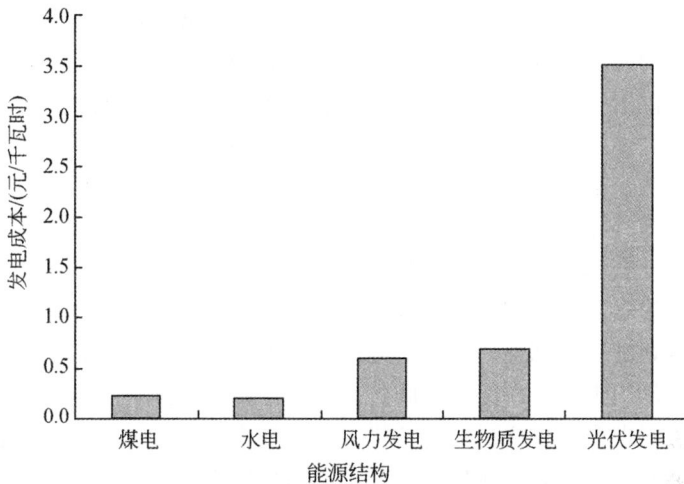

图 1-4　中国各种能源发电成本比较（2010 年）

资料来源：《2011 年中国能源发展报告》

战略调整之三是改变仅仅从能源供给考虑能源安全的做法。中国目前石油进口依存度已经超过 50%，而且还将不断上升，如图 1-5 所示。

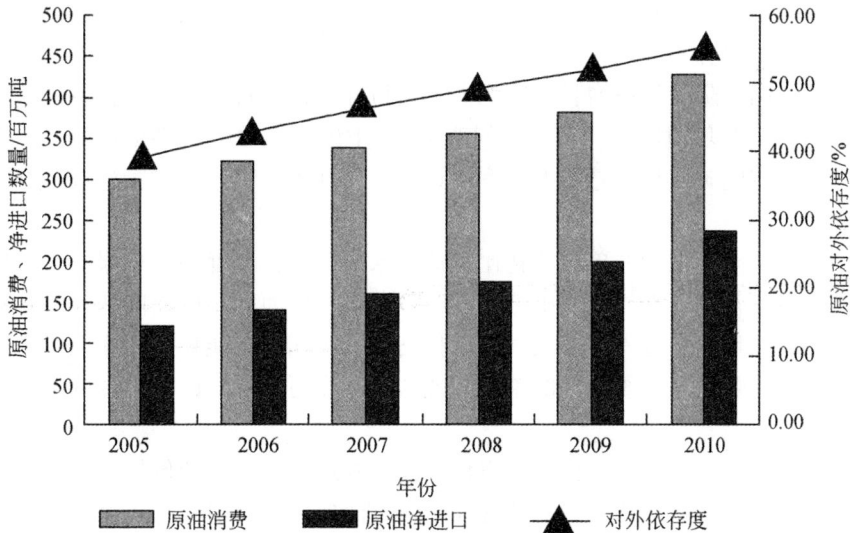

图 1-5　中国原油消费、净进口和对外依存度

资料来源：《中国能源统计年鉴 2010》

因此，我们应该改变以往仅从石油战略储备考虑能源安全，而应将能源多元化和清洁能源发展作为能源安全考虑的一个方面。主要措施是进行石油替代，降低对其他国家的能源依赖，减少国际油价波动对国内的影响，保障稳定能源价格下充足的能源供给。今后与整体能源价格成正比的不仅是石油进口依存度，还有中国经济的脆弱性和能源使用的安全性。石油价格上涨带动煤炭价格以及其他大宗商品价格上涨，推动通货膨胀指数上涨，使政府宏观调控面临严峻挑战。能源价格大幅度波动，除了影响整体经济发展，还影响能源行业健康发展。因此，中国广义的能源安全不仅是石油储备问题，更是能源价格对社会经济的影响问题。

中国能源战略调整之四是改变以往各行业单独进行战略规划的做法，各能源行业的战略规划必须站到整体能源的高度。各类能源之间有替代性，随着能源日益稀缺和能源价格走高，各能源之间的替代性会越来越强。在能源价格比较低的时候，能源之间也会有替代，但是替代成本比较大，替代动力不强，甚至可能出现因替代需要的投资大导致替代是不经济的情况出现。但随着能源价格上涨，替代动力和替代条件日益充分，能源价格越高，替代投资就相对越小，替代可能性就越大。一旦能源价格上升到一定高度，很多能源替代都将成为可能。日益增强的替代性使各种能源产品的价格具有联动性，如石油价格上行会带动煤炭价格上涨（尽管可能会有一段滞后期）。这种价格联动关系既与能源替代相关，也受心理和其他因素的影响。能源替代性和价格联动性使各种能源之间具有约束的相关性，各种能源的生产和消费互相约束。所以，能源各行业规划只有站在能源整体的高度，才能切合实际。

针对中国现阶段经济增长和能源需求的特征，以及日益凸显的能源稀缺（能源价格走高）和环境问题（应对气候变化），中国的能源战略必须进行四个方面的调整，具体能源战略调整模型如图1-6所示。具体的结论和政策建议包括以下几点。

第一，现阶段中国的单位能耗比发达国家高，也比印度高。如果同发达国家进行阶段性比较，并不能说明中国的能源效率低，然而同印度之间的比较却很能说明问题。一旦印度进入工业化、城市化高增长时期，其能耗和效率问题可能比中国严重；但是，现阶段我国的单位能耗却比印度还高，这说明中国的节能空间还比较大。

第二，正是中国的工业化、城市化进程以及煤炭的资源和价格优势决定了目前中国重工化的产业结构和以煤为主的能源结构。从现在到2020年，是中国进入中等收入国家行列的一个关键时期，这个过程不能中断。根据发达国家的经验，一旦完成经济阶段转换，工业化、城市化阶段性相关的问题就比较容易解决。所以，中国的政策和战略都不能脱离阶段性经济发展规律。这样说，不是说

足以支撑经济增长的一次能源需求预测

能源供给与节能
的边际成本相等

最优能源供给量
预测

最优节能量预测

一次能源消费总量

最小能源
消费成本

二氧化碳排放约束下的最优一次能源消费结构

可进行一般均衡模型模拟

调整二氧化碳
排放约束

宏观经济影响

否

经济承受能力

可

可进行自我约束的一次能源消费结构

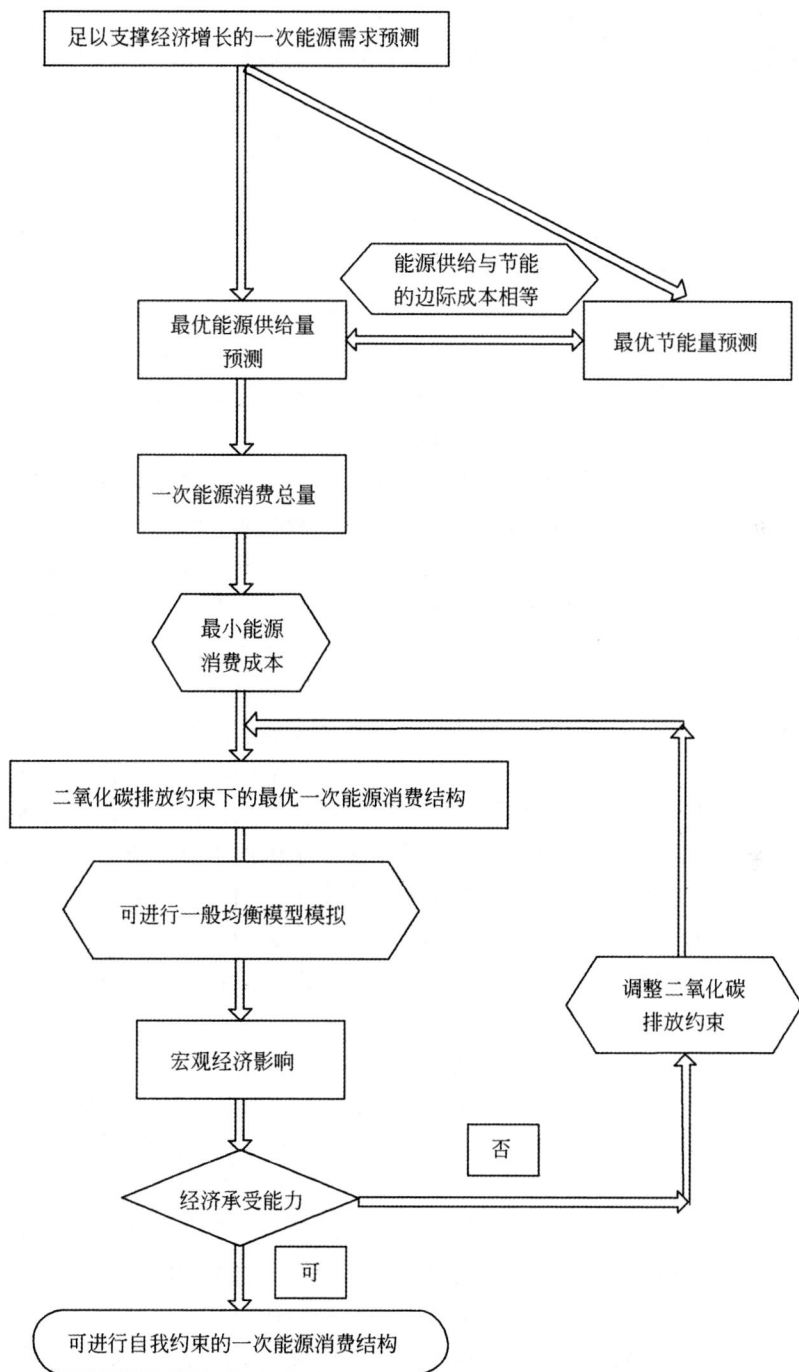

图 1-6　能源战略调整模型图

中国不需要尽努力节能减排，而是说，不要轻谈经济结构调整，不要脱离实际制定节能减排目标。至少在 2020 年之前，中国经济将继续保持较快增长，重工化的产业结构仍将延续，二氧化碳排放也将持续增加，可以将此进程作为节能减排的机会。同时，城市化进程也是生活方式选择的过程，政府的政策引导和城市战略和规划可以选择更为低碳的生活方式。

第三，正确把握能源需求是进行有效能源战略规划的起点。能源需求预测和规划应当符合中国阶段性经济增长的规律，能源投资规划应避免短期化，以避免短缺对经济的影响以及减小匆忙应对能源短缺对经济、环境和能源结构造成的影响。我们需要对中国能源安全做出更为广义的界定，中国能源安全必须兼顾石油战略储备和低碳的能源多元化。此外，在新的能源和环境形势下，行业能源战略规划仅仅拘泥于本行业的角度明显是不足的。

第四，我们的研究结果表明，虽然中国还有一定的二氧化碳减排空间，但空间并不大，主要是因为现阶段很多重要行业对价格低廉的能源（主要是煤炭和火电）依赖度过高。优化模型的结果表明，在能源需求和节能量既定的情况下，随着二氧化碳排放量减少，能源成本逐渐上升，上升的幅度呈非线性递增。能源成本增加对经济增长、就业等的影响程度也呈非线性递增。因此，中国目前不具备二氧化碳排放强制减排能力，而只能是一个渐进性的自我约束。

第五，在气候问题谈判中，也必须强调经济发展的阶段性问题。虽然各国对控制全球二氧化碳排放总量进行了多轮对话，但目前的国际减排合作无法解决问题，其根本原因就在于对各国的排放权利与减排责任无法达成共识，为解决谁来减排和减排多少的问题而相互指责，争论不休。中国作为目前全球二氧化碳排放第一位的国家，所处经济发展阶段从根本上决定了中国能源高需求以及二氧化碳排放将继续增加。发达国家早已走过了工业化阶段，两者在同一时刻不具可比性。如果中国在 2020 年以前强制限排，必将以牺牲经济增长和城市化进程为代价，这既不可行，又是不道德的。

第六，今后的中国低碳经济发展不可能回避成本问题。低碳发展的成本微观地说是增加消费者的能源成本，宏观地说则是对 GDP 增长的负面影响。要使全球减排有意义，发展中国家和发达国家都必须参与，发展中国家尽量控制增量，而发达国家减少排放总量，这就是中国的碳强度目标与发达国家减少碳排放的承诺目标的一致性和区别。这其实也反映了共同减排承担不同责任的基本原则。温室气体是一个超越国界的问题，但解决问题却必须考虑不同国家的实际情况。只有世界各国共同合作致力于该问题的研究与解决，在一个合理公平、合乎实际的国际气候框架下统筹减排，兼顾发展中国家的能源成本问题，才能有望使全球气候变暖问题得到有效解决。

第七，中国经济发展受到两方面的约束，一方面是能源需求大幅度增长和能源资源的有限性的约束，另一方面是环境容量的约束。中国的可持续发展除了要求通过节能来减排，同时还需要通过改变能源消费结构、降低对化石能源的依赖、发展清洁的可再生能源来减排。为了同时应对能源和环境的双重约束，"十二五"规划应当同时设定能源强度和碳强度目标。需要指出的是，解决二氧化碳排放问题，重点应当是在经济发展中减少能耗，而不是耗能之后再去解决减排问题。

1.3　节能与碳排放约束下的能源电力平衡

1.3.1　能源与电力的宏观平衡模式

1. 能源的宏观平衡模式

日益恶化的能源安全、环境污染、气候变化等，迫使国家当前需要更宏观地考虑能源行业问题。一个国家的能源问题是围绕着能源平衡而展开的，也就是说，围绕着用多少能源、用什么能源，以及如何在约束下进行平衡选择而展开的。

宏观能源平衡与传统的能源平衡有变革性的区别，传统的能源平衡是简单地从能源供给方面考虑满足能源需求，而宏观能源平衡是兼顾政府节能减排指标（能源强度、碳强度和能源消费总量控制）和绿色发展，将节能作为满足能源需求的一个重要组成部分。以往的区域能源发展战略，一般先确定某个期间内的能源需求，而后根据能源资源生产储备状况，确定能源投资和供给。当然，以往能源平衡也涉及节能减排，但是，节能不是约束条件。因此，新的宏观能源平衡基本公式应该是：能源需求量 = 能源供给量 + 节能量。在这个平衡公式的指导下，能源宏观平衡模型可以有两个优化过程。

宏观能源平衡公式看上去虽然很简单，但它不是基于简单的能源平衡，而是有很强的政策含义。在能源需求量既定和资金量有限时，要保证多少能源供给和多少节能，取决于投入。也就是说，资金既可以投向能源生产（进口），也可以投向节能。那么，有多种政策组合可供选择，如果将更多资金投入节能，节能量就提高，但是能源生产投入相应减少。政府可以通过选择能源供给投入和节能绿色投入，以满足能源需求的成本最小化。因此，政府投入和公共政策如何引导资金流向，对能源和绿色投入的选择至关重要，这是能源宏观平衡模型的第一个优化过程。

中央政府的"十二五"强制性碳强度目标，能源平衡要求除了针对二氧化硫、粉尘和氮氧化物等污染物，还必须减少二氧化碳排放。因此，能源规划需要将二氧化碳排放作为满足能源需求的一个约束条件,即对能源需求公式中的能源供给量加上二氧化碳排放约束。一个特定的二氧化碳约束量就会有相对应的能源结构。一般说来,二氧化碳排放约束越紧,煤炭在一次能源消费结构中的比例越低,如果油气保持稳定,核能、风能和太阳能等新能源的比例就需要增加。不同的碳排放量对应的能源结构,其能源成本会有所不同,对经济增长、就业等的影响也会有所不同。因此,需要对不同的能源结构及其对应的能源成本进行分析,从经济社会角度考虑是否可以接受该能源结构。政府可以将节能和二氧化碳排放约束下可以接受的能源结构作为能源规划的基础,考虑使用什么样的政策支持能源结构的实现。可以预见,随着二氧化碳排放约束收紧(排放量下降),对应的能源结构发生相应变化,GDP、就业等宏观经济变量都会出现不同程度的下降;单位 GDP 能耗、二氧化硫和固体废弃物排放也随之出现不同程度的下降。在开始时,对 GDP 和就业的冲击可能不大,但随着二氧化碳排放约束进一步收紧,对 GDP 和就业等宏观变量的影响将加大,在二氧化碳排放约束达到某一临界点时,相对应的经济成本就可能是无法接受的。因此,能源宏观平衡模型的第二个优化过程基本上是一个经济增长、社会稳定和可持续发展的平衡,也是长期与短期的平衡。

宏观能源平衡模型可以在保障在一定经济增长速度的前提下,在国家或一个省份的能源平衡中,综合考虑如何应对政府的强制性节能减排和能源总量控制目标。例如,应对政府能源总量控制,就是将宏观能源平衡基本公式中的能源需求量在一定的时期内固定在某一个数量,而能源平衡就是在这个既定量的约束下,在能源供给量和节能量之间进行资源优化配置,确定最优能源供给量。以此类推,应对能源强度和碳强度目标也可以在相关约束的前提下,进行平衡优化。这就为各地政府应对中央政府约束性指标下的能源平衡提供了简单方法论。在这个方法论的指导下,各省份可以在中央政府节能减排和能源总量控制指标的约束下,进行有效的能源平衡。

2. 电力的宏观平衡模式

根据目前中央政府的节能减排和能源总量控制目标,电力平衡需要改变以前简单地从电力供给考虑满足电力需求,而在该将节能(电力需求管理)作为满足电力需求的一个方面。以往的电力平衡,一般先确定某时期的电力需求,而后根据能源资源生产储备状况,确定电力投资和供给。当然,以往电力平衡也涉及节能减排,但是,节能不是约束条件。新形势下的电力平衡受到节能减排和能源总量控制目标约束,因此我们提出电力宏观平衡模型,希望对今后的电力平衡提出一个比较完整的规划模式,相对应的公式应该是:电力需求量 = 节能量+电力供给量。

在电力需求量既定和资金投入量有限时，要保证多少电力供给和多少节能，取决于投入。也就是说，资金既可以投向电力生产（进口），也可以投向节能。那么，有多种政策组合可供选择，如果将更多资金投入节能，节能量就提高，但是电力生产投入相应减少。因此，政府可以通过选择电力供给投入和节能投入，使满足电力需求的成本最小化，这是电力宏观平衡模型的第一个优化过程。

由于需求的节能减排主要通过电力实现，电力宏观平衡公式中的节能量受到政府节能减排指标的约束。那么，政府投入和公共政策如何引导资金流向，对电力投入的选择至关重要。以往的电力平衡中，减排目标主要针对二氧化硫、粉尘和氮氧化物等，没有明确包括二氧化碳。但是，真正能够影响电力结构的是二氧化碳排放。因此，电力平衡还需要改变仅受资源约束的电力供需增长和电力结构平衡规划，将二氧化碳排放作为满足电力需求的约束，即对电力需求公式中的电力供给量加上二氧化碳排放约束。一个特定的二氧化碳约束量就会有相对应的电力结构。一般说来，二氧化碳排放约束越紧，煤电在电力消费结构中的比例越低，天然气，核能、风能和太阳能等排放率较小和新能源的比例不断上升。

当然，不同的碳排放量对应的电力结构，其电力成本不同，对经济增长、就业等的影响也会有所不同。因此，需要对不同的电力结构及其对应的电力成本进行分析，从经济社会角度考虑是否可以接受该电力结构。政府可以将节能和二氧化碳排放约束下可以接受的电力结构作为电力规划的基础，考虑使用什么样的政策支持电力结构的实现。可以预见，随着二氧化碳排放约束收紧（排放量下降），对应的电力结构发生相应变化，GDP、就业等宏观经济变量都会出现不同程度的下降；单位 GDP 能耗、二氧化硫和固体废弃物排放也随之出现不同程度的下降。在开始时，对 GDP 和就业的冲击可能不大，但随着二氧化碳排放约束进一步收紧，对 GDP 和就业等宏观变量的影响将加大，在二氧化碳排放约束达到某一临界点时，相对应的经济成本就可能是社会发展和稳定所无法接受的。因此，电力宏观平衡模型的第二个优化过程基本上是一个经济增长、社会稳定和可持续发展的平衡，也是长期与短期的平衡。电力宏观平衡还要求电力规划必须站到整体能源的高度，改变以往电力单独进行平衡规划。

1.3.2　现阶段电力投资的超前性

改革开放 30 多年来，我国的电力行业得到了很大的发展。目前，我国的电力装机容量和发电量均位居世界第二位，仅次于美国。2003～2011 年发电装机容量和全口径发电量如图 1-7 所示。据中国电力企业联合会预测，2013 年左右，中国电力装机容量可能超过美国跃居世界首位。

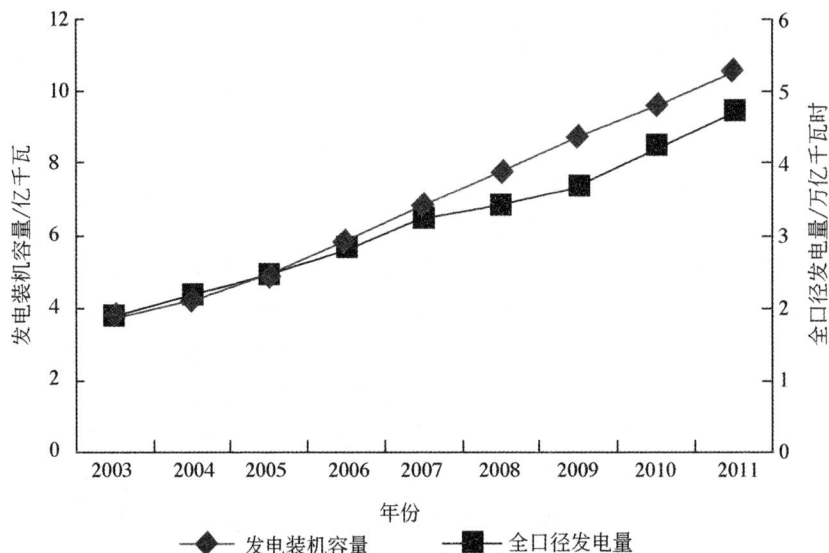

图 1-7　中国发电装机容量和全口径发电量（2003～2011 年）
资料来源：中国电力企业联合会，《全国电力工业统计快报》

2012 年 2 月，中国电力企业联合会发布《2011 年全国电力供需情况及 2012 年分析预测》。根据该文件，2011 年全国全社会用电量为 4.69 万亿千瓦时，比上年增长 11.7%，消费需求依然旺盛。人均用电量 3483 千瓦时，比上年增加 351 千瓦时，超过世界平均水平。图 1-8 是我国 2003～2011 年全社会用电量及增

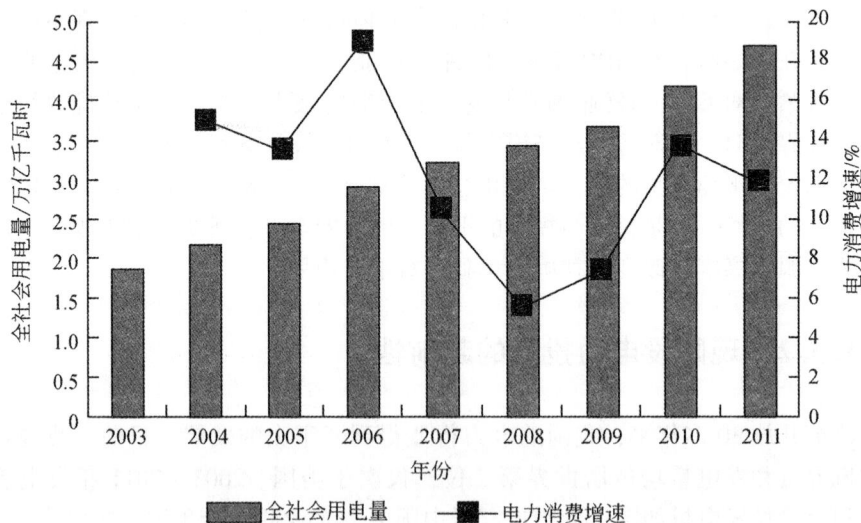

图 1-8　中国全社会用电量及增速（2003～2011 年）
资料来源：中国电力企业联合会，《全国电力工业统计快报》

速，可以看出近年来我国电力消费增长迅速。

《2011 年全国电力供需情况及 2012 年分析预测》还指出，国家"稳中求进"的工作总基调和更有效的宏观调控将确保经济保持平稳较快发展，经济和电力增速将有所回落，预计 2012 年全社会用电量增速在 8.5% ~ 10.5%，推荐方案 9.5%，2012 年用电量 5.14 万亿千瓦时，可能呈现"前低后高"分布。供应方面，预计新增装机 8500 万千瓦左右，2012 年年底全口径发电装机容量达到 11.4 亿千瓦左右。综合平衡分析，全国电力供需仍然总体偏紧，区域性、时段性、季节性缺电仍然较为突出，最大电力缺口将会达到 3000 万 ~ 4000 万千瓦。

电力需求预测的可靠性对电力需求高增长的发展中国家很重要。发展中国家的电力需求预测面临更多的困难与挑战，主要是因为这些国家的经济增长快，其体制问题和改革可能对电力需求有重大影响，而且社会经济条件、突发事件以及能源价格补贴等也常常影响电力需求。

由于电力是资本密集型产业，而且我国 85% 以上的电力是用于生产，电力的过剩与短缺都会给经济带来巨大的成本。短缺的成本远大于过剩的成本，同一百分比的电力短缺损失大大高于解决短缺所需的投资，而且这里的电力短缺的成本还不包括对社会稳定性和投资环境的不良影响，如果将其也纳入到电力短缺的损失中的话，短缺的成本更大。

因此，保证我国快速稳定的经济增长，当前需要确立"电力先行"的电力投资发展战略。"电力先行"在假设输配电是有效的（包括联网）前提下，保持一定的过剩发电能力以满足电力需求的意外增长。当然，"电力先行"来保障电力供应无法解决由电力产业链矛盾导致的"软短缺"（即装机充足而发电积极性不足的短缺）。

2011 年，全国基础建设新增发电生产能力 9041 万千瓦，连续 6 年新增超过 9000 万千瓦。2011 年年底全国全口径发电设备容量 10.56 亿千瓦，比上年增长 9.2%；电网 220 千伏及以上输电线路回路长度、公用变设备容量分别为 48.0 万千米和 22.0 亿千伏安，分别比上年增长 7.9% 和 10.5%，全国电力供应和配置能力进一步增强。

由于电的敏感性，我国电力投资主要由政府控制，包括规划与审批。因此，政府必须准确把握电力需求，以"电力先行"来保障电力供应。我国目前处于城市化、工业化发展阶段，国际经验说明这一发展阶段的电力需求具有需求快速增长和刚性需求的特征。在需求快速变化的高增长的经济中，尽管长期的 GDP 和电力消费有着比较固定的比例（我国改革开放 30 多年来，GDP 年均增长率为 10%，电力消费的年均增长率也为 10%，两者比例基本相同），但是，电力需求的短期波动比较难预测。例如，GDP 一直以接近 10% 的速度增长，但电力需求的增长可能在 1998 年低至 2.8%，也可能在 2003 年高至 15.4%。这样就要求设立预警系统。我国少数高耗电行业消费超过 60% 的电力的结构，为设立早期预警系统提供了可能。我国电力消费的增长受少数用电大户的影响很大，这为电力短缺的早期预警提供了良好的信息渠道。此外，产业结构、部门投资、用电大户的价格变动等信息都可以有效地在电力短缺即将到来之前提供预警。如果早期预警系统能够提前 1～2 年就提供预警，那么政府就可以有充分的时间来解决短缺问题或尽可能减少短缺的影响。

能源资源丰富的西北部省份需要道路、管线及输电等设施的支持，以使资源运往东部的市场。然而，由于电网投资不足及联网障碍，我国的电网建设常常跟不上发电能力增长的步伐。《2011 年全国电力供需情况及 2012 年分析预测》中指出，我国电网送电能力仍显不足。2011 年，全国完成跨区送电量为 1680 亿千瓦时，比上年增长 12.8%；跨省送电量为 6323 亿千瓦时，增长 9.7%。受跨区、跨省输电能力限制，东北、蒙西及西北地区仍有 3000 万千瓦时左右的电力无法输送到华东、华中等电力紧张地区，造成"缺电"与"窝电"并存。图 1-9 是我国 2007～2011 年电力工程建设投资额，包括电源工程建设投资和电网工程建设投资。

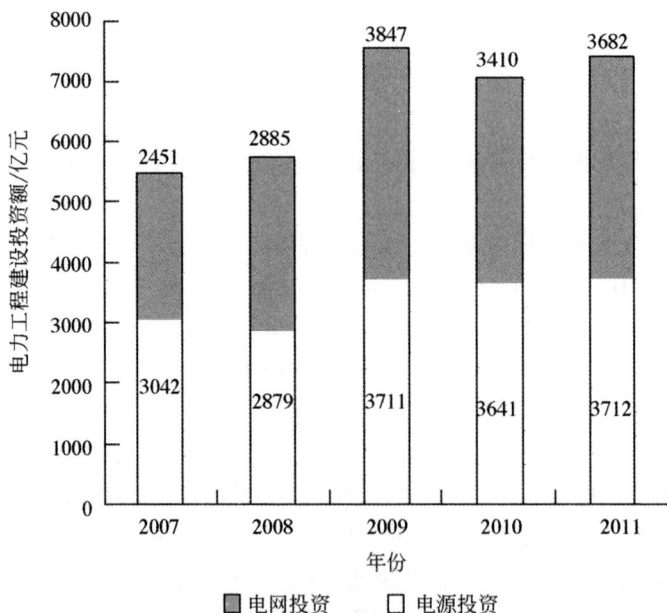

图 1-9　中国电力工程建设投资（2007～2011 年）

资料来源：中国电力企业联合会，《全国电力工业统计快报》

联网不足引起电力的不均衡，有些地区过剩而有些地区不足，这应该是目前电力供应的一个普遍现象。电网建设需要提高和加强电力在各省、各地区间的流动性，从而优化现有的发电能力。因此，电网建设没有引起足够的注意，相对于大量新增的发电能力，包括清洁能源，电网就可能成为影响电力均衡的"瓶颈"。

1.3.3 我国现阶段煤炭发电的重要性

我国全社会用电量的增长速度从 2011 年 9 月份到 2012 年 2 月月底持续走低，并在 2012 年 1 月出现罕见的同比负增长，2012 年 1 月和 2012 年 2 月合计同比增速下降到 6.7% ，如图 1-10 所示。

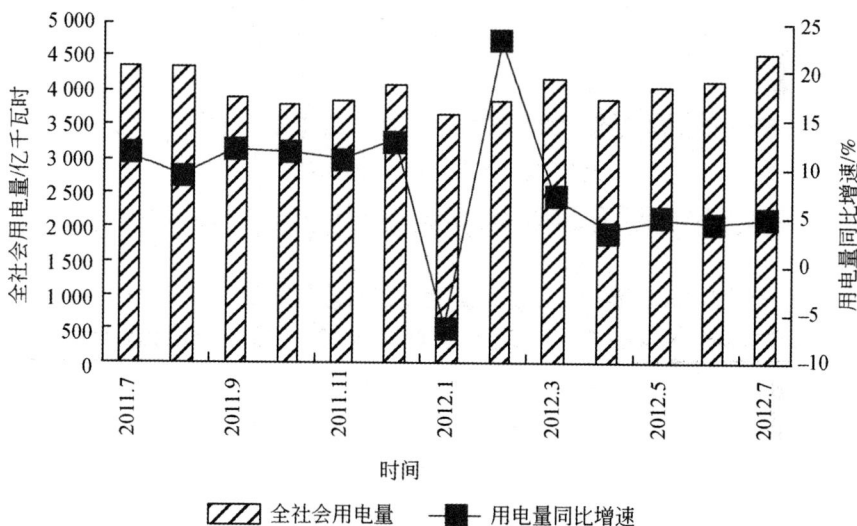

图 1-10 我国月度全社会用电量及同比增速（2011 年 7 月 ~ 2012 年 7 月）

资料来源：国家能源局网站

根据中国电力企业联合会提供的数据，2012 年一季度用电量增长速度缓慢主要是因为制造业的用电量明显下降，尤其是建材、黑色金属冶炼等四大重点耗电行业的用电量增速明显下降。因此，有人提出制造业用电量明显下降说明整体经济出现大幅度减速。我国处于城市化、工业化阶段，现阶段 GDP 增速与全社会用电量增速有刚性关系和相对固定的比例，加之用电量数据准确，因此，全社会用电量的增长速度可以反映整体经济走势。而四大重点行业用电量占整体电力消费的 50% 左右，因此，它们的用电状况应该足以说明经济情况。

值得注意的是，中国电力企业联合会给出的增速是指 2012 年第一个季度电力需求与 2011 年的第一个季度电力需求的同比增速，但 2011 年的第一个季度并非"正常"的用电季度。因为，2010 年下半年我国为了完成节能减排指标，实行了拉闸限电，而拉闸限电通常主要针对高耗能行业，包括四大重点耗电行业。不让生产，厂家只能卖库存。高耗能生产压力随着拉闸限电的解除，在 2011 年一季度得到释放。也就是说，2011 年一季度的用电量相对以往的一季度会偏高一些。那么，由于基数的增大，2012 年用电增幅就会显得稍低些。因此，用 2012 年一季度用电量增速下降直接得出经济大幅度减速的结论，可能不恰当，还需要更多的其他信息。

　　根据 2012 年 8 月 14 日国家能源局公布的数据，2012 年 7 月，我国全社会用电量 4556 亿千瓦时，同比增长 4.5%。2012 年 1~7 月，我国全社会用电量 28 332 亿千瓦时，同比增长 5.4%，增速较 2011 年同期下降 6.6%。分类看，第一产业用电量 589 亿千瓦时，下降 0.4%；第二产业用电量 20 981 亿千瓦时，增长 3.6%；第三产业用电量 3193 亿千瓦时，增长 11.9%；城乡居民生活用电量 3569 亿千瓦时，增长 12.5%。自 2012 年 1 月开始，我国工业用电增速持续低于全社会用电增速。在主要用电行业中，黑色金属和建材行业持续负增长。制造业用电量占比大，其增速下滑明显，是拖累工业和全社会用电量增速下降的主要原因。统计显示，2012 年上半年，制造业中的化学原料及制品业、非金属矿物制品业、黑色金属冶炼及压延加工业、有色金属冶炼及压延加工业四大重点行业合计用电量同比仅增长 1.6%，占全社会用电量的比重比上年同期降低 1.2 个百分点，对全社会用电量增长的贡献率比上年同期大幅降低 21.2 个百分点。中国近年来每年 1~7 月全社会用电量及构成如图 1-11 所示。

　　2012 年 7 月 31 日，中国电力企业联合会正式下调全年用电量增速预期。中国电力企业联合会发布的《2012 年上半年全国电力供需形势及全年分析预测报告》预计，2012 年下半年我国全社会用电量同比增长 6%~8%，全年同比增长 6%~7%。而在 2012 年年初，中国电力企业联合会曾预测，2012 年全年用电量增速约为 9.5%。但是，根据中国电力企业联合会的预测，下半年经济增速稳定回升的可能性较大。由于经济下行压力较大，下半年"稳增长"将放在更加重要的位置，与此对应，下半年电力消费需求也将止跌回升，但增速将比 2011 年有所回落，预计下半年全国全社会用电量同比增长 6%~8%，我国全社会用电量同比增长 6%~7%。

　　现阶段我国的电力行业，乃至能源行业的关键性问题是煤与电的矛盾。中国电力企业联合会发布的《1~5 月份电力工业运行与供需简况》中指出，火电投资延续下降态势，新增装机规模和火电项目新开工规模也同比大幅下降。2012 年 1~5 月，电源完成投资 1143 亿元，较上年同期下降 1.96%。在电源完成投资

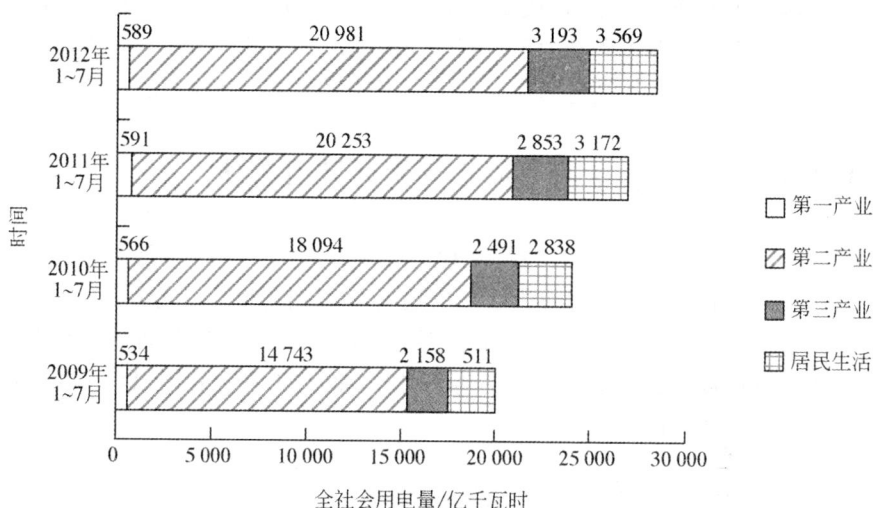

图 1-11　我国每年 1～7 月全社会用电量及构成（2009～2012 年）
资料来源：国家能源局网站

中，火电投资 295 亿元，同比下降 25.26%；火电投资占电源投资的比重下降至
25.85%，较 2011 年同期下降 8.1 个百分点。2012 年 1～5 月，全国基础建设新
增发电装机 1831 万千瓦，较 2011 年同期减少 579 万千瓦，火电投产 1228 万千
瓦，较 2011 年同期减少 379 万千瓦。此外，截至 2012 年 5 月月底，全国电源项
目在建规模约 18 006 万千瓦，与 2011 年同期减少 1555 万千瓦。其中，火电在建
规模约 6390 万千瓦，较 2011 年同期减少 950 万千瓦，自 2011 年以来火电在建规
模持续处于 7000 万千瓦以下。2012 年火电完成投资继续明显减少，火电装机容
量增速减低，这与政府低碳发展的大背景有关，但主要还是与煤电的价格矛盾相
关，也就是煤价涨、电价不涨导致火电企业亏损，影响了火电经营的积极性。受
经济发展速度放缓影响，2012 年全社会用电量同比增速已经明显回落；又因为
南方雨水充足，水电增加较多；再加上去年和 2012 年年初煤价高位运行，电厂
普遍亏损，融资困难，因此发电企业不愿意多投资火电。

　　在低碳发展的大背景下，能源品种中，煤炭的碳排放系数最大。我国煤炭占
能源消费的 70%，提供 80% 的电量，发电以火电为主。由于我国的火电占比太
大，政府希望火电比例整体往下走，但是，下降速度需要谨慎对待。目前火电提
供了 80% 的电量，意味着其他能源品种提供的电量比例很小，如风电、太阳能
占电力消费结构不到 2%。因此，其他能源品种在保障电力供应方面起的作用不
大，我国今后相当长一段时间还是必须用火电来保障电力供应。

　　所以，我们需要寻找一个平衡，既要保障电力供应，又同时兼顾低碳发展，

使火电比例逐步下降。现在的问题应该是火电投资下降速度过快,这与目前火电不赚钱,火力发电企业投资动力不足有密切的关系。如果不尽快地解决煤与电之间的矛盾,电力短缺和长期电力供需不平衡将极大地影响到我国的经济增长。

1.3.4 火电投资大幅下降应该引起政府关注

煤炭在我国一次能源消费比重为70%,并提供了83%的社会用电量(图1-12和图1-13),其中发电动力煤占我国煤炭消费总量的50%。我国电力供应不能偏离现阶段能源电力结构的基本特征,因此,在"十二五"期间或更长期时间内,为了保证能源供给,即便是在推动低碳发展的约束下,我国以煤为主体的能源消费格局也将难以改变。

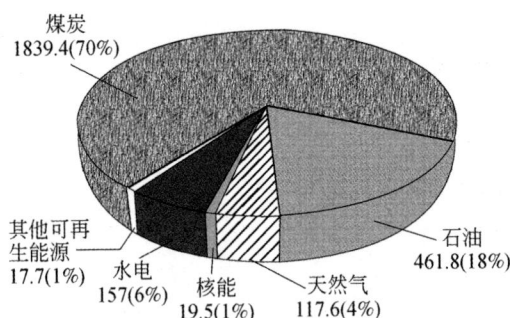

图 1-12 2011 年中国一次能源结构(百万吨)

资料来源:BP Statistical Review of World Energy Full Report 2012

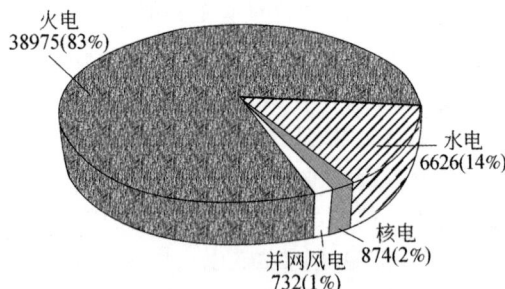

图 1-13 2011 年中国发电结构(亿千瓦时)

资料来源:中国电力企业联合会,《全国电力工业统计快报》

近年来,日益激化的煤电价格矛盾对我国电力供应造成了至少两方面的影响:一是削弱了火力发电企业的发电积极性,进而导致短期电力短缺;二是挫伤了火电投资的积极性，可能导致未来电力供应短缺。我国火电投资已经连续 6 年同比减少，2011 年火电投资占电源投资的比重下降至 28.4%。2005 年以来，我国电源年投资总额均保持在 3000 亿元以上，但火电投资份额逐年下降，2011 年火电投资总额为 2005 年的 46.4%，仅 1054 亿元，同比减少 257 亿元，降幅高达 19.6%。这个趋势现在就应得到足够的关注，如图 1-14 所示。

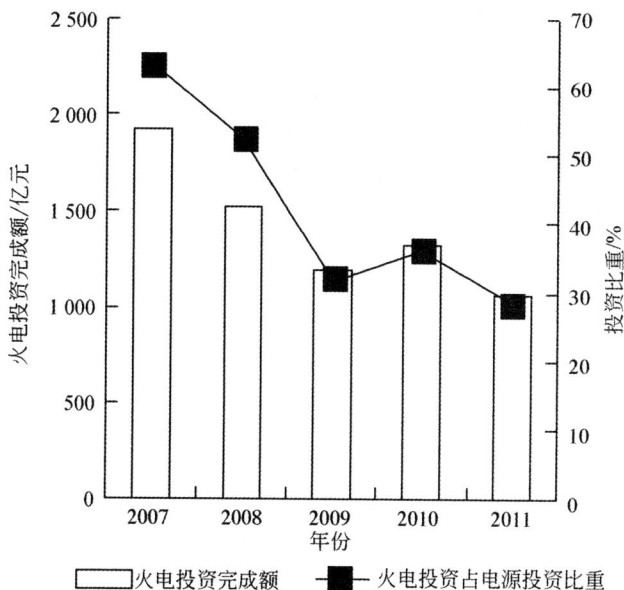

图 1-14　我国火电投资完成额及占电源投资比重（2007～2011 年）

资料来源：中国电力企业联合会，《全国电力工业统计快报》

　　造成火电投资逐年大幅度下降的原因很多，与我国推行低碳发展相关，但主要原因还是火力发电企业的长期亏损，以及政府定价导致的经营盈利的不确定性。以 2011 年为例，五大发电集团电力业务除华能电力有微小盈利外，其他均为亏损，与此相关，火力发电企业负债率居高不下，2011 年负债率高达 85.71%。因为亏损太甚、资产负债率高，火力发电企业既缺乏投资积极性，也无力新增投资。

　　火电投资的大幅度下降符合我国能源结构调整和低碳发展的愿望，似乎是值得欢迎的，但是，用什么来弥补火电下降，保障充足的电力供应？近年来发展迅猛的风电和太阳能发电目前只占我国用电量结构的不到 2%，比较极端地说，即便把风电和太阳能全部关闭了，也应该不会对经济活动产生太大影响，而且行业本身问题也使其目前增长速度放缓。水电受到潜能限制，核电发展受到日本福岛核事故影响。因此，指望用清洁能源替代煤炭发电，至少在未来的相当一段时间内是不切合实际的。在低碳发展大背景下，降低火电比例成为趋势，但如果清洁能源的发展无法满足快速增长的电力需求增量，煤炭仍将是保障充足电力供应的主要燃料来源。所以，无论社会多么希望火电比例下降，为保障电力供应，火电比例仍不能下降太快。

我国处于城市化、工业化阶段，能源需求增长速度快、增量大，火电是最为可靠的电源。因此，当前火电投资大幅度、持续下降的趋势需要引起政府关注。这个趋势需要得到扭转，否则它可能导致缺乏装机的电力"硬短缺"。基于此，政府需要有所作为，解决的关键是建立解决煤电价格问题的长效机制，重新赋予火电投资和建设的动力。同样，目前政府鼓励民间资本进入电力，其前提也是如何解决投资收益保障问题。

第 2 章 缺电暴露的问题以及破解煤电矛盾机制体制改革方案

本章研究了 2011 年我国出现的大面积"软缺电"现象，指出该现象出现的深层次原因是煤电价格矛盾一直没有理顺。在这样的背景下，提出了"软缺电"的短期应对方案是增加供应方积极性，中期改革路径是实行煤电价格联动，并指明了长期的电力市场改革方向。

2.1 缺电原因与"软缺电"

2011 年"电荒"暴露出来的煤电深层机制体制矛盾值得我们研究、总结，并以此作为进一步设计改革方案的起点。

我国目前处于工业化、城市化阶段，这个阶段的基本特征是经济增长快、能源、电力的需求快速、刚性增长。这种情况下，通常在夏季和冬季会产生"电荒"。这是由于气温升高或降低，民用及工业用电急剧增加，电力需求达到高峰，平时的电力供给无法满足当时的用电需求。当 GDP 增长比较快，电力需求增长也比较快时，局部和短暂缺电是一个相对的、可能的现象。

但是，2011 年发生的"电荒"，并不同于以往的情况，其持续时间之久、影响范围之大，都说明这不是常规的缺电。按照惯例，一季度本是能源需求的淡季，但是，2011 年一季度我国全口径全社会用电量累计达到 10 911 亿千瓦时，同比增长 12.7%。其中，2011 年 1 月和 3 月的全社会用电量接近前一年 7~8 月迎峰度夏高峰时段的用电量。而 2011 年 4 月以后，用电负荷持续大增，全国多个地区甚至开始实施限电措施。这一特殊情况的发生必定有其特殊的原因。这就要求我们对此次缺电的原因进行深层次地了解，以便今后尽量提前判断电力供需形势，保证电力供应满足需求。

2.1.1 缺电的原因

对于缺电原因，说法很多。从需求角度看，快速增长的电力需求是缺电的一个重要原因；从供应角度看，水电出力不足，电网输送能力不足，火电投资动力不足，风电在负荷高峰时无法起到支撑性电源的作用，缺乏灵活调节能力等都是缺电的重要原因。应该说，有关供需的各种说法都对，现阶段电力需求增长快，对于电力平衡来说，每个环节、供应点的问题，都可能导致缺电。迎峰度夏，电煤库存对于保证电力供应很重要。在煤炭价格高时，运煤并不容易，储煤量就上不去，这是一个急需解决的问题。对近年国内缺电现象原因的分析主要集中在电力的供给方面和需求方面，也包括部分其他方面的因素。

1. 从供给方面考虑

（1）电煤短缺导致电力有效供给不足

电煤告急、库存下降，引发缺煤停机，导致供电不足（焦晓佑，2011）。2011年以来，主要耗煤行业产量增加，一季度粗钢、水泥产量同比分别增长8.7%、18.1%，火电量增长10.6%，均拉动了全国煤炭消费。2011年一季度，全国煤炭消费约9亿吨，同比增长8%。全国重点发电企业累计消耗电煤3.2亿吨，同比增长9.9%，环比增长3.7%。在电煤需求快速增长的带动下，到2011年3月月末，全国重点发电企业煤炭库存约为5071万吨，比年初下降6.5%；可用天数为13天，比2月月末减少3天，比年初减少2天；再加上存在运输瓶颈，市场煤炭资源紧张，导致了煤炭供需矛盾，缺煤停机直接造成了电力供应趋紧。

（2）煤电价格倒挂严重，发电企业积极性不高

煤电价格倒挂，发电企业持续亏损，缺乏发电积极性。尽管2011年年初，市场煤价在高位企稳（秦皇岛5500大卡/吨，山西优混煤平仓价维持在790元/吨左右），如图2-1所示。但是，近年来煤价上涨过快，电价迟迟联动不到位，使得火电企业面临巨大压力。仅2010年10～12月，五大发电集团到厂标煤单价上涨均超过100元/吨，五大发电集团亏损额超过百亿元。多年盈利受压使得发电企业投资火电的积极性明显下降，即使电力需求增大，在高煤价的影响下，越发越亏的现状也使得火力发电热情不高，在一定程度上影响了供给能力。

（3）跨区送电能力有限，输送受阻加剧区域供求不平衡

我国能源和电力消费主要集中在东部和中部地区。2010年，东部和中部地区占全国用电比重达到69.3%（图2-2）。但是从供给来看，由于火电供应占到全国电力供给的近80%，而火力发电所需的煤炭资源大多集中在西部和北部，这就意味着很大一部分电力的供应必定要通过跨区运输，或者是从产煤地往消费地运输，或者将煤炭转化成电力后进行电力输送。

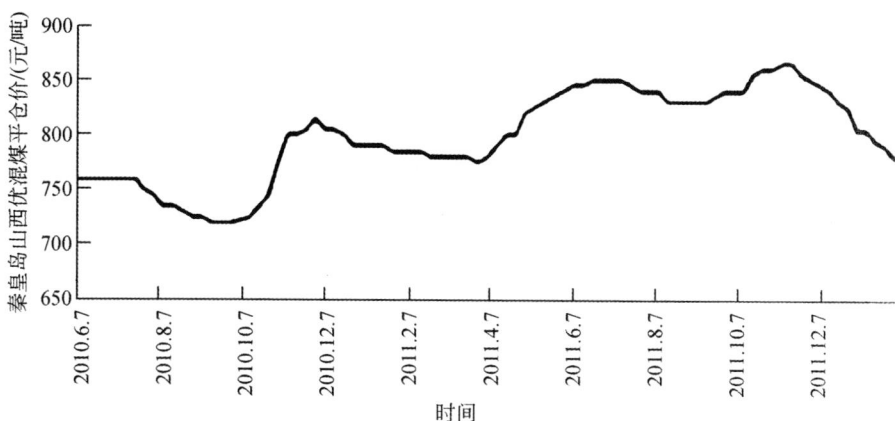

图 2-1　秦皇岛山西优混煤（5500 大卡）平仓价
资料来源：煤炭资源网

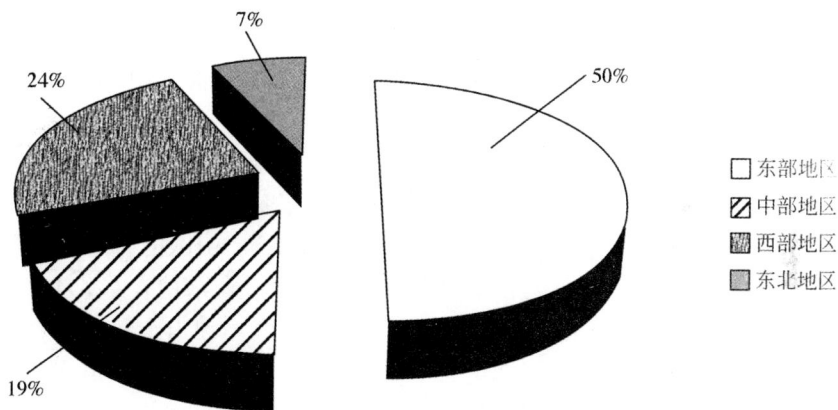

图 2-2　全国地区电力消费比重（2010 年）
资料来源：《中国能源统计年鉴 2011 年》

　　我国能源运输以铁路为主，但是铁路运力不足，因此煤炭的运输一直是一个大问题。2011 年铁路运力尤其紧张，铁道部运输局统计表明，2001 年前 5 个月全国铁路申请车皮满足率由前一年同期的 52% 下降到 35%，沿海港口出现了严重的压船压港现象。同时，我国跨区送电能力相对有限，一旦有限的几个送出端出现电煤紧张或水电乏力，就会直接减少跨区输送电量。2011 年一季度，华北送华东电量同比减少 38.04%（阳城—江苏），华中送华东电量同比减少 6.45%，其中龙政直流（湖北龙泉—江苏政平）减少 93.14%，宜华直流减少 56.39%

（湖北宜都—上海华新）。而跨区配置能力不够强大，也在一定程度上加剧了受电端的电力紧张。

"十二五"期间，我国建设大型能源基地的布局思路决定了新核准机组多集中在中西部的煤炭、水电和风电大省，而需求旺盛但资源短缺的华东、华北等地作为受电区域，新核准项目明显偏少。这些地区的电力需求将更多地依赖外送电源来解决，如果相应的电网配套建设不能实现同步运行，未来华东及华北等区域的电力紧张可能进一步加剧。

（4）不利的天气因素导致水电供给减少

水电是仅次于火电的电力供给形式，占到电力供给的 16.24%（2010 年），如果水电供给明显受到影响，也会导致地区性电力供给不足。2003 年持续高温干旱的不利天气也是电力短缺的原因（林伯强，2004）。随着空调使用量的增加，我国大部分的空调使用密集地区对夏天的天气变化敏感。2003 年夏季的高温是电力短缺的一个重要因素。同时，水库的水供给由于严重的干旱而降低，也影响了水电的发电能力。水电占较多份额的省份受到不利天气及水供给不足的影响。2003 年，火力发电时间增加了 488 小时，而水力发电时间只增加了 79

如，2011 年 1~4 月份，我国部分地区水汛延迟，钱塘江、闽江、汉江、湘江、资水、沅江、赣江、白龙江偏枯三至七成，在全社会用电量维持较高水平的情况下，水电发电量增速明显放缓（图 2-3）。中国电力企业联合会发布的 2011 年 1~5 月电力工业运行情况简要分析报告显示，2011 年 5 月全国规模以上电厂水电发电量 511 亿千瓦时，同比下降 2.9%，增速由正转负，长江中下游干旱已经严重影响水电出力。水电所造成的缺口改由火电补充，迫使火电增加出力，电煤需求相应增加，湖南、湖北等地的电煤库存曾一度触及 3 天的警戒线。这些因素共同叠加，造成浙江、江西、湖南、重庆等省份电力供需形势相对比较紧张。

2. 从需求方面考虑

（1）高耗能行业生产回升，全社会电力需求快速增长

2011 年一季度全社会用电量累计 10 911 亿千瓦时，同比增长 12.7%，增速比 2010 年同期下降 11.5 个百分点（主要是 2009 年同期基数低导致 2010 年同期增速较高）。但与 2010 年四季度相比，出现比较明显的回升，其中 2011 年 1 月用电量环比增长 6.1%，接近 2010 年 7~8 月迎峰度夏时段的用电量。2011 年 3

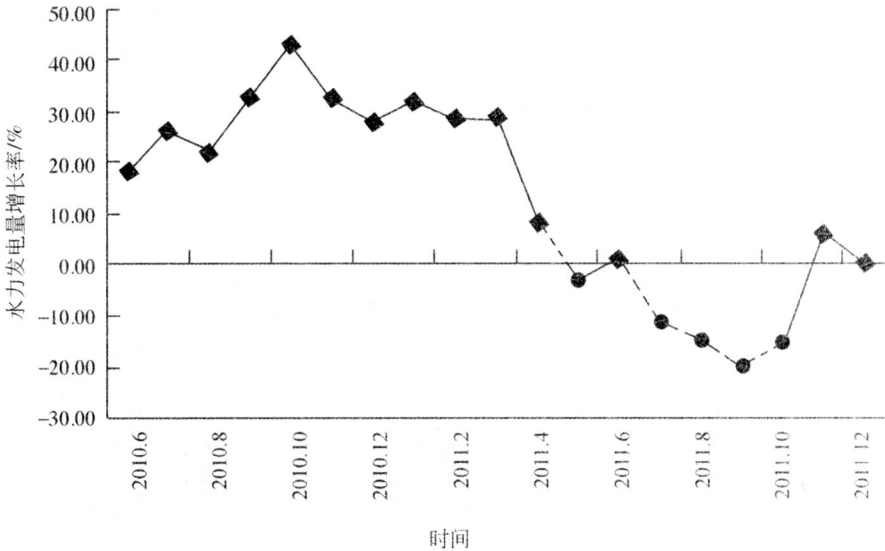

图 2-3   水力发电量增长率

资料来源：中国经济数据库

月用电量较 1 ~ 2 月月均用电量又环比上涨了 10.6%，高于 2005 ~ 2007 年同期 5.2% 的水平（图 2-4）。

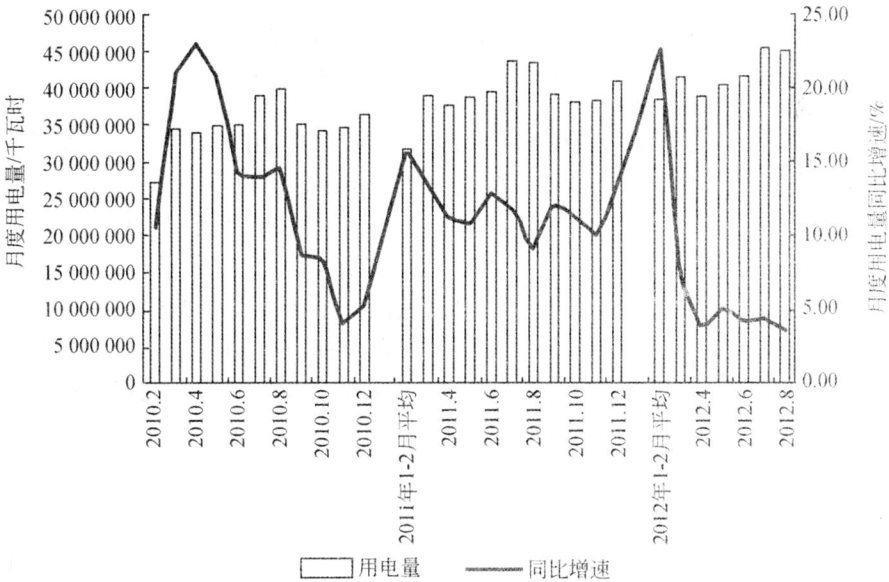

图 2-4   全国月度用电量和同比增速

资料来源：中国电力企业联合会，海通证券

分析原因，这主要由两方面造成。一方面，高耗能行业恢复生产，用电量增幅超出预期。2010年下半年各地加大了节能减排工作力度，六大高耗能行业工业增加值增速在2010年10月下降到9.3%，整个四季度为9.6%。2011年一季度上升为12.2%，比2010年四季度加快了2.6个百分点（图2-5）。

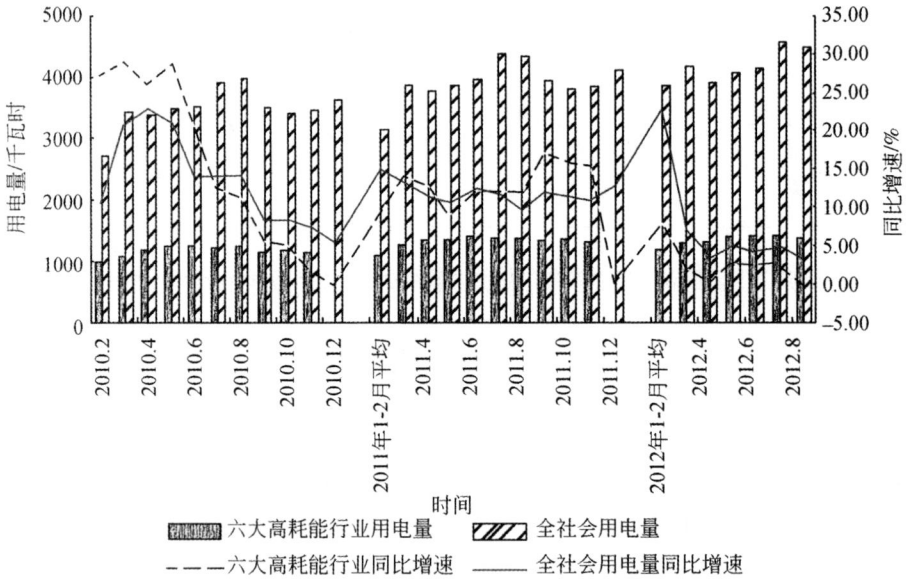

图2-5　全国高耗能行业月度用电量情况

资料来源：中国电力企业联合会，海通证券

另一方面，重点工业行业由于生产形势出现回升，用电量出现大幅增长。从同比变化来看，2011年一季度，黑色、非金属行业用电量增速较高，分别为16.2%和19.4%，均高于12.7%的社会平均水平，对全社会用电量增长的贡献率分别为15.5%和7.8%，居各行业前列；有色金属和化工行业增速相对较低，分别为5.5%和4.1%，对全社会用电量增长的贡献率分别为7.5%和2.6%。从环比变化来看，2011年3月份，非金属、黑色金属行业用电量同比增长分别为34.78%和18.97%，比2月环比提升了22.8和4.4个百分点。高耗能行业用电量的逐月提高，成为带动全社会电力需求持续上升的主要动力。

（2）电力浪费损耗较大

人们节能意识不够是造成在受端电力浪费的主要原因，而电力传输技术落后、传送设备陈旧等也造成了电能在输送过程中的巨大浪费和耗损。电力资源的浪费和电力传送过程中的无故损耗无形中加大了电力供给的缺口或者说是增加了电力消费的需求。

3. 其他因素

可再生能源的快速发展，如果没有充足的备用容量和重复容量，当碰到枯水年、枯风年就会严重缺电（朱成章，2011）。可再生能源如水电、风电、光伏发电等受自然条件的影响比较突出，除了保证持续供电的事故备用、检修备用、负载备用之外，还要有相当数量的重复容量。中国电力企业联合会"十二五"电力规划研究报告预计，2015 年最大负荷为 10.4 亿千瓦，可再生能源（包括常规水电，不包括抽水蓄能）约 3 亿千瓦，估计发电装机容量为 14.37 亿千瓦，备用容量和重复容量占 38%。

2.1.2 "软缺电"的具体表现

2011 年"电荒"并不是与经济增长相关的局部和短暂缺电，其影响面积比较大，且越演越烈，这与之前发生的"电荒"并不相同。以往"电荒"是由于发电机装机容量不足而造成的"硬缺电"，相对来说，2011 年电力装机充裕，这种情况下发生的电荒是一种"软缺电"。

"软缺电"的概念是相对"硬缺电"而言的，是指在电力装机容量充裕的情况下，由于各种原因，发电企业不愿意增加发电小时数而导致的缺电。水电有装机容量因干旱无水发电，煤电有装机容量因无煤不能发电。电力装机容量快速增长，电力需求也在增加，但是发电量不能相应增加，电力供给难以满足电力的需求。我们至少可从两个方面看到"软缺电"现象的存在。首先，电力供应缺口一直存在甚至可能会扩大，电力供不应求是缺电的首要表现；其次，电力装机容量在持续增长的同时发电设备利用小时数却出现下降。由于火电占到我国发电量的 80.81%（2010 年），我们就以火电为例，分析"软缺电"的具体表现。

1. 电力供应缺口一直存在

据国家发展和改革委员会发布的 2011 年全国有序用电情况显示，全年全国电力供需最大缺口为 3000 万千瓦，发生在 1 月份；迎峰度夏期间最大缺口为 2500 万千瓦，发生在 7 月份。数据还显示，2011 年，全国共有 24 个省份在不同时段采取了限电措施，1 月份限电地区最多，达到 19 个；迎峰度夏期间 8 月份限电地区最多，达到 16 个。全年累计限电量约为 352 亿千瓦时，约占全社会用电总量的 0.8%。电力供应缺口几乎已经成为我国经济社会发展的常态（图 2-6）。

电力供应缺口受到电力供给和需求两方面的影响。一方面由于用电量激增，

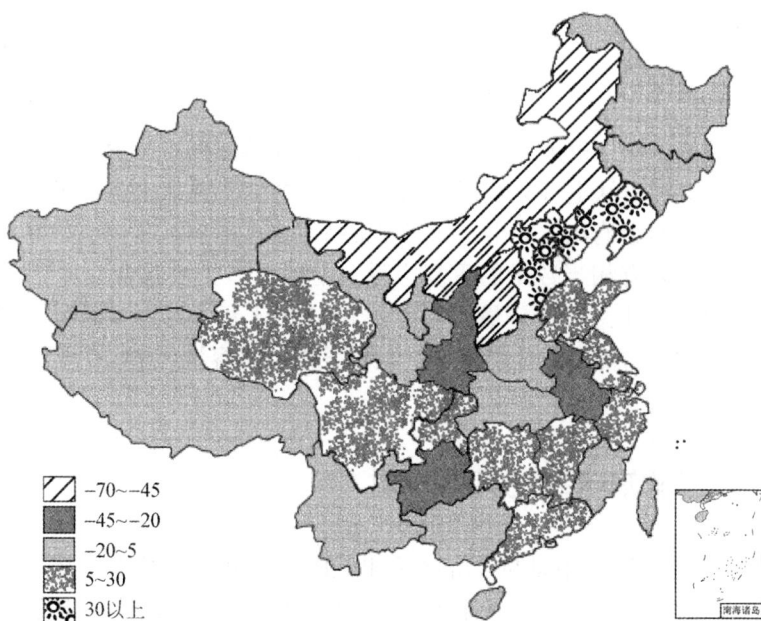

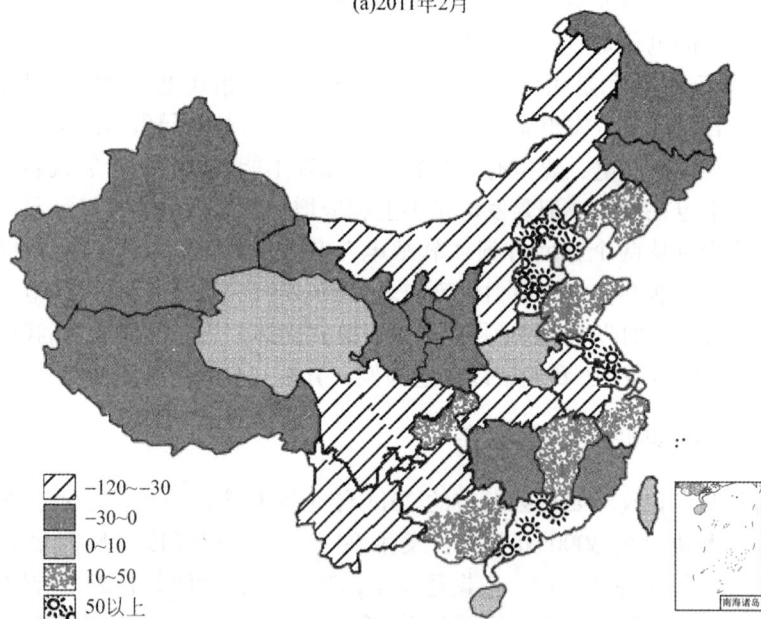

图 2-6　全国各地区电力缺口示意图（亿千瓦时）

资料来源：海通证券，《电力行业数据月报》

电力消费需求增长快（表2-1），从2001～2011年全社会用电量平均增长率为12.06%；另一方面虽然每年新增装机容量都在增加，但是实际发电能力的有效规模却远低于装机容量的增加，再加上电力消费的增长率几乎都高于火电发电设备装机容量的增长率（表2-2），电力供应增长的幅度远不能满足经济增长对电力消费的需求。

表2-1　全社会电力消费总量及其增长率

年份	电力消费总量/十亿千瓦时	电力消费增长率/%
2001	1472.3	9.29
2002	1646.5	11.83
2003	1903.2	15.59
2004	2197.1	15.44
2005	2494.0	13.51
2006	2858.8	14.63
2007	3271.2	14.43
2008	3454.1	5.59
2009	3703.2	7.21
2010	4199.9	13.41
2011	4692.8	11.74
平均值	2899.4	12.06

资料来源：中国经济数据库

表2-2　火电发电设备装机容量增长率与电力消费增长率对比

年份	火电发电设备装机容量增长率/%	电力消费增长率/%
2001	6.57	9.29
2002	4.90	11.83
2003	9.12	15.59
2004	13.70	15.44
2005	18.76	13.51
2006	23.64	14.63
2007	14.93	14.43
2008	8.41	5.59
2009	8.00	7.21
2010	9.00	13.41
2011	7.86	11.74
平均值	11.36	12.06

资料来源：中国经济数据库

2. 火电装机容量充裕，但发电小时数不足

表2-3和图2-7反映了我国近年来火电装机的基本情况，从数据上来看，2011年我国火电设备装机容量约为7.65亿千瓦，比较充裕。简单地与2004年的情况进行比较，2011年电力消费较2004年翻了一番多，而2011年的火电装机容量约为2004年的2.3倍。

表2-3　火电发电设备平均利用小时数及增长率和发电设备装机容量及增长率

年份	发电设备平均利用小时数/时	发电设备平均利用小时数增长率/%	发电设备装机容量/万千瓦	发电设备装机容量增长率/%
2001	4 899	1.05	253 137	6.57
2002	5 272	7.61	265 547	4.90
2003	5 767	9.39	289 771	9.12
2004	5 991	3.88	329 483	13.70
2005	5 865	−2.10	391 310	18.76
2006	5 612	−4.31	483 822	23.64
2007	5 344	−4.78	556 074	14.93
2008	4 885	−8.59	602 858	8.41
2009	4 865	−0.41	651 076	8.00
2010	5 031	3.41	709 672	9.00
2011	5 294	5.23	765 460	7.86
平均值	5 347	0.94	481 655	11.36

资料来源：中国经济数据库

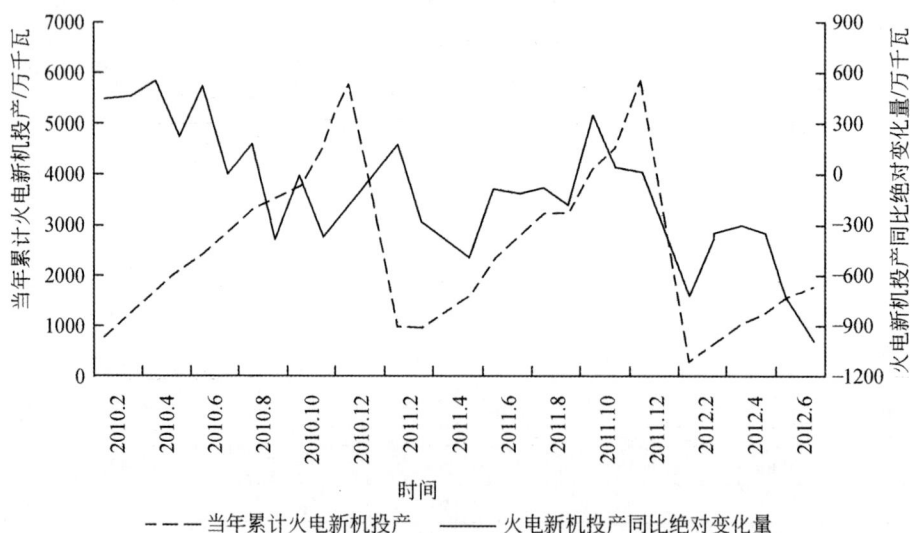

------ 当年累计火电新机投产　　——— 火电新机投产同比绝对变化量
图2-7　当年累计火电新机投产与同比绝对变化量

资料来源：中国电力企业联合会，安信证券

　　在火电设备装机容量逐年增长的同时，火电设备平均利用小时数却很低（图2-8 和图2-9）。在真正电力短缺的 2004 年，全国火电设备平均利用小时数为5991 小时，而 2010 年才 5031 小时，2011 年也只有 5294 小时，低于历年平均值5347 小时。虽然火电设备平均利用小时数在 2010 年和 2011 年增长率分别达到

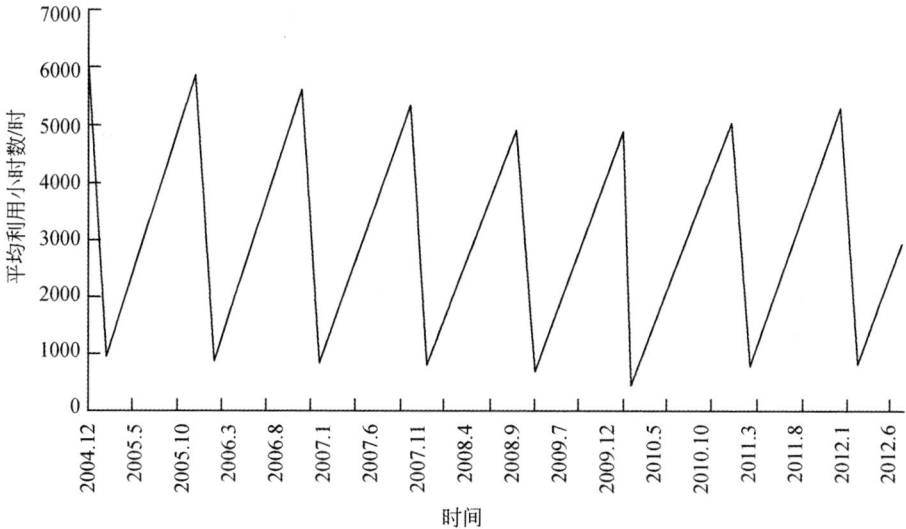

图 2-8　全国火电设备平均利用小时数
资料来源：中国电力企业联合会，安信证券

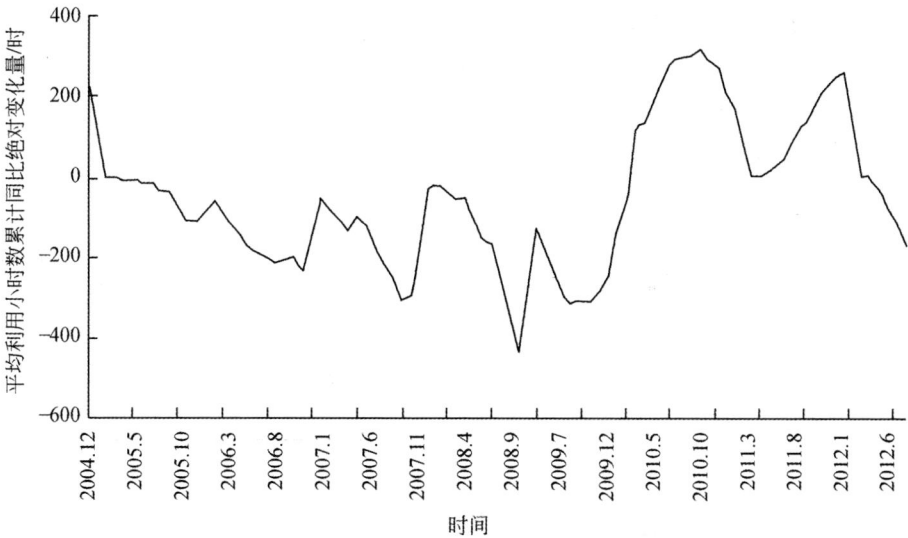

图 2-9　全国火电设备平均利用小时数累计同比绝对变化量
资料来源：中国电力企业联合会，安信证券

3.41% 和 5.23%，不过这是由于火电设备平均利用小时数在 2004~2009 年连续六年减少。

2.1.3 "软缺电"产生的深层背景

本章 2.1.1 节已对缺电的原因进行了相关研究总结，不过因为"软缺电"是缺电的一种特殊形式，这里有必要对引起"软缺电"的原因进行单独分析，这对正确认识"软缺电"会有很大帮助。

1. 煤电价格矛盾一直没有理顺

近年煤价增长速度快，但是煤电之间并没有实现应有的价格联动。对于 2011 年缺电现象，林伯强（2011）认为电厂越发越亏，发电积极性降低应该是此次电力供应紧张的根本原因。2010 年火电行业亏损面超过了 40%。造成 2010 年火力发电企业亏损的原因主要是煤炭价格较 2005 年增长了一倍，而上网电价又无力消化燃料成本上升的压力。许多火力发电企业，煤的成本占运行成本的比例达到 70%。

当然，由于电厂基本是国有企业，即使是亏损，也必须保证供应，但是，保障供应的积极性很重要。在电力需求增长比较快时，一旦电和煤的供应不积极，或者没法积极，或者手脚慢一些，就会很容易出现局部和短期内的缺电。目前火电装机容量应该还算充裕，如果电厂像 2004 年那样拼命发电，应该不会缺电。需要注意的是，2004 年电力行业之所以愿意拼命发电，很大程度上是因为煤价便宜。因此，在目前短期内无法理顺电价的情况下，让火力发电企业发电，可以赚一点点，对于解决缺电问题，可能很重要。

煤炭行业的卖煤积极性也是缺电的原因。国家发展和改革委员会要求主要煤炭企业维持煤炭价格稳定，电煤年度合同煤价不能变。在电煤限价，其他煤种不采取限价措施的情况下，电煤供应的积极性会降低，这时要求煤炭企业按照限价按质按量地供应电煤，本身就是一个很大的行政挑战。

2. 新增电力装机容量结构不平衡

现阶段，新能源投资占比大，但发电设备利用小时数低，提供的电力占比小；而火电新增投资增长比重小，但发电设备利用小时数高，占到电力供给的大部分。其结果是，在电力需求增长一定的情况下，电力供求结构的不合理引起电力供给增长难以保证足够的电力需求。

图 2-10 是我国各种电源设备容量年度增长率，可以看出，从 2008~2011 年

传统火电发电设备容量年增长率低于同期水电和风电设备容量年增长率。而作为新能源的风电、太阳能光伏发电设备装机容量增长迅速，2010 年和 2011 年，太阳能光伏发电设备容量增长率分别为 924.8% 和 735.3%。

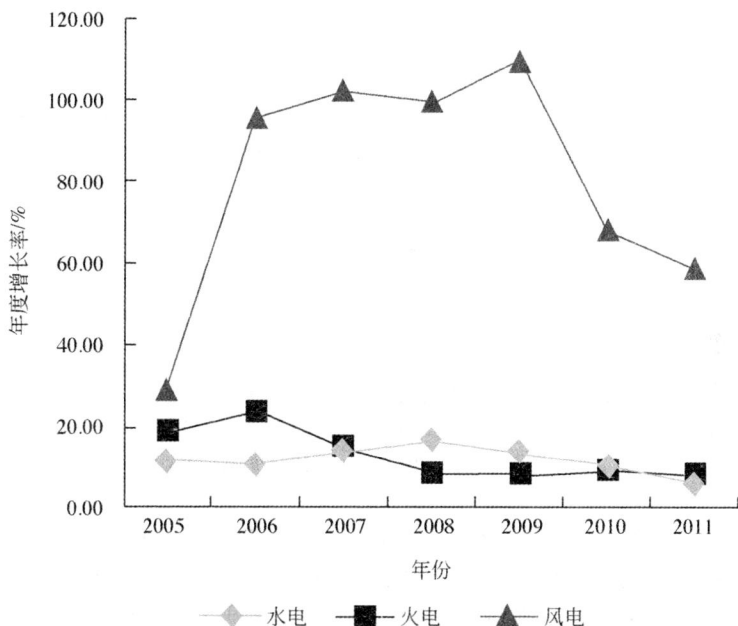

图 2-10　各种电源发电设备容量年度增长率
资料来源：中国经济数据库

新增电力装机容量增速放缓、结构不平衡。2011 年一季度，全国 6000 千瓦及以上电厂发电设备容量 9.43 亿千瓦，同比增长 10.9%，增速基本持平，略微放缓（2010 年同期增长 11%）。一方面，近年来我国电源投资结构发生了明显变化，火电投资比重由 2005 年的 70% 下滑至 2010 年的 36%，清洁能源投资力度加大的同时也带来了有效供给不足。另一方面，国家正在积极进行火电布局的优化调整，使得新增火电主要集中在甘肃、内蒙古、新疆等西北地区，沿海地区火电项目审批减少，装机增长受限。2011 年 1~3 月，江苏新增装机仅 12.67 万千瓦，浙江新增为零（图 2-11）。另外，煤电、水电、风电等大型规划电源基地的集中和配套电网的不同步也导致了区域不平衡加剧（焦晓佑，2011）。

电源结构调整时处置不当可能造成缺电。所谓电源结构调整和优化，就是要降低煤电和其他化石电源的比重，提高水电、核电和新能源电源的比重。"十一五"时期电源结构调整的力度很大，2005 年火电投资占电源投资的 70.3%，非化石电源投资只占 29.7%，到"十一五"末期的 2010 年，火电投资占电源投资

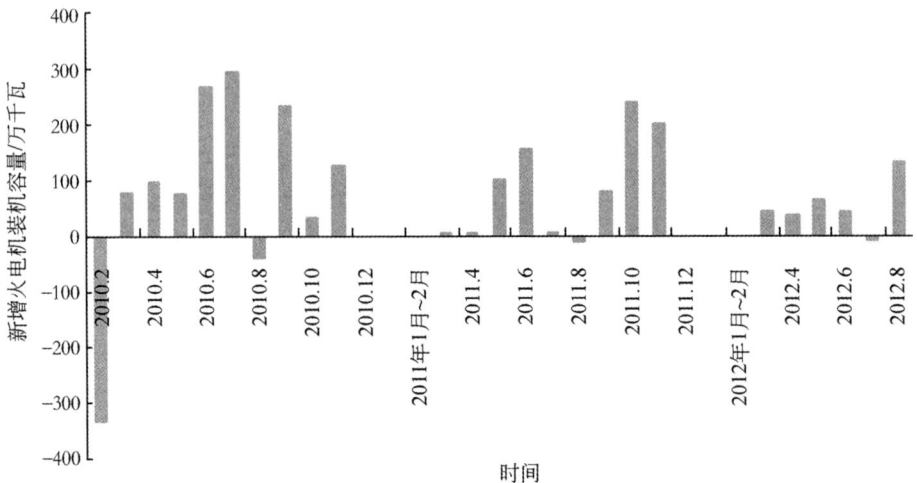

图 2-11　我国东南沿海省份新增火电装机容量

注：考虑到可比口径，每年 2 月的月度新增数据为当年 2 月月末数据与去年 11 月月末数据之差

资料来源：中国电力企业联合会，海通证券

的比重已下降到 36%，而非化石电源的投资的比重上升到 64%。在投产装机容量上，2006 年火电投产 9200 多万千瓦，到 2010 年已下降为 5800 万千瓦，而非化石电源却从 1200 万千瓦增加到 3300 万千瓦，虽然每年投产的总装机容量变化不大，但是每年能提供的可靠出力和可靠电能大大下降，进而可能造成缺电和严重缺电。"十一五"时期电源结构调整给我们的教训是，由于非化石电源基本不能调峰调频，风电还有反调峰的特性，非化石电源必须要由火电和抽水蓄能电站配合运行，具有相当大的重复容量。因此，在电源结构调整时不能放松燃煤电厂的建设。如果各年的电力需求增长是同步的，那么在加快发展非化石电源时，应当相应多发展一些煤电和抽水蓄能电站，每年新增装机容量不仅不能减少，还应当有较大地增长，这部分多增加的装机容量主要是为了弥补非化石能源的重复容量和需要配套的调峰、调频容量（朱成章，2011）。

3. 跨区电力输送规模受到限制

以输煤为主的传统能源输送体系，能源输送的成本相当高。不仅如此，煤炭输送受运输通道输送能力的影响程度很大，缺乏运输调节的灵活性，易造成一些地方缺电，而另一些地方电力盈余的现象。

"十五"时期以来，国家实施西部大开发和西电东送战略，通过跨区跨省电网，逐步实现西部丰富的资源向东部负荷中心区输送，这在一定程度上解决了东部电力供应问题。2010 年全年跨区送电量 1492 千瓦时,同比增长 21.7%,跨省输出电量 5877 亿千瓦时,同比增长 12.0%,对确保全国电力供需平衡、调节不同区域季节性需求以及充分发挥不同类型发电设备生产特性（时空调剂）起到了十分重要的作用。但是目前来看,跨区送电规模仍然不能满足当前大范围资源优化配置的需求。例如,2011 年迎峰度夏高峰期,华东、华中、华北和南方电网最大电力缺口可能超过 4000 万千瓦,但是东北和西北地区还分别富余 1300 万千瓦左右的电力。由于迎峰度夏高峰期满负荷输电运行,当前跨区跨省输送线路容量的限制使得这些富余电力无法输送到东部缺电地区,造成电力富余和偏紧情况同时存在而无法进行调剂的局面（和联,2011）。

2.1.4 "软缺电" 带来的影响及后果

无论是"软缺电"还是"硬缺电",从宏观角度考虑都会对社会经济的发展产生严重的后果。同时,缺电对相关产业的发展和企业的正常经营也会产生不利影响。以往"电荒"是由于装机容量不足的"硬缺电",解决的办法比较简单,就是尽快增加电力装机。而目前是在电力装机充裕的情况下的"软缺电",缺电的成本会更大。

1. 降低经济增长速度

能源是推动经济增长的重要动力,而电力又占据当前能源消费的重要位置。电力对中国的经济至关重要,中国 88% 的电力消耗用于生产方面。2002 年,只有 12.2% 的电力用于家庭消费,而这一比例在美国是 37%。不足的电力供给对中国的经济增长产生了严重的负面影响。据估计,2003 年电力短缺使浙江省的 GDP 增长率降低了 0.7 ~ 1 个百分点（林伯强,2004）。

2. "电荒" 可能导致 "柴油荒"

政府需要尽快解决电力短缺,因为"电荒"可能导致"柴油荒"。面对限电,虽然柴油发电成本高,但一些中小企业,为了保订单,不得不使用柴油来发电。这在 2010 年下半年限电时,我们已经看到过了。另一方面,地炼产能占据我国总产能的 20% 以上,近期国际油价大幅度走高,由于政府不能及时上调国内成品油价格,出现了批零倒挂和炼厂亏损。在这种情况下,炼厂就会减产甚至停产,至少地炼企业会这么做。这两个原因可能将导致国内很快面临"柴油荒"（林伯强,2011）。

3. 电力设备闲置浪费，影响发电企业正常经营

新增发电装机容量中水能、风能和太阳能等电力装机容量增速较快，但是这些能源利用受地理、气候等因素的影响较大，而这些因素不受人的控制或者人对其控制力非常弱。这样，一旦不利的自然因素出现，那么新增的发电设备就很可能发挥不了相应的作用。对发电企业而言，设备产生不了电能也就不能带来收益，而设备折旧和日常维护费却是一笔固定的成本，承担了一定的成本却形成不了相应的收益，必然会给发电企业的正常经营带来不利影响。

2.2 "软缺电"的短期应对与破解煤电矛盾机制体制的中长期改革方向

影响"软缺电"的所有原因最终都可归结到煤炭企业和火力发电企业对于价格的积极性上来。按照不同的政策时点，可以分阶段、分时期总结关于破解煤电矛盾的方案。具体如下：

2.2.1 短期解决方案：增加供应方积极性

如果电力短缺的主要原因是供应方积极性问题，短期解决矛盾的关键就是如何保证积极性。紧急的解决方案有三个，即提高电价和压煤价、财政补贴和行政引导。

首先，考虑到通货膨胀压力，短期有效地解决缺电措施是两头做，调电价和控煤价。政府适当提高电价，让火力发电企业适当盈利，至少不亏损。同时调电价不能单单几个省调，必须要全国统一调，因为单调部分省份，其他省份就可能"缺电"。另外，只调电价也是不够的，因为煤价可能会跟着电价涨。压煤价不能只针对电煤，而是需要对所有煤炭品种进行全面限价。这样的话，电厂就会成为煤炭的"好顾客"，因为电煤是大宗商品，而且有资金保证。

其次，如果由于通货膨胀等因素，政府认为提高电价有宏观风险，可以考虑补贴。由于发电厂太分散，可以考虑提高上网电价，终端电价不动，将煤电的矛盾集中在两个电网，通过补贴电网来把握可接受的终端电价调整限度，补贴的方式可以比照以往的石油行业补贴。但是，补贴存在无法解决煤炭涨价的问题。

最后行政引导下的强制性的卖和买。例如，国家发展和改革委员会的"约谈"，甚至将产量与业绩挂钩，但这应该是一种非常时期的做法。

在煤炭上涨的压力比较大时，提高电价碍于通货膨胀的压力，可以考虑三种办法同时进行，由于三种方法互相不冲突，可以避免短期给某一方面太大的压

力，从而取得最好的效果。

2.2.2 中期改革路径：煤电联动

在电力市场化改革不到位的情况下，切实推进"透明的"煤电联动是中期解决煤电矛盾的有效手段。

2004 年年底，为了缓解煤电之间的矛盾，政府启动了煤电价格联动政策。2005 年 5 月和 2006 年 6 月两次实行煤电联动。之后由于煤价上涨过快，考虑到对经济社会的影响，联动机制被迫放弃。我们对严格按政府规定进行煤电联动，对经济社会的影响进行了研究。

如果联动，到 2010 年 3 月，需要分别提高上网电价与销售电价 7.79 分/千瓦时和 8.34 分/千瓦时。期间虽然未实施煤电联动，但经历了三次电价调整政策，扣除三次电价调整数，上网和销售电价还需分别调高 4.45 分/千瓦时和 3.37 分/千瓦时。研究结果表明，GDP 增长与就业水平会出现较微弱的负面影响，分别下降 0.03% 和 0.02%，没有想象中那么严重。

另外，实施煤电联动还有调整产业结构的好处。研究结果还说明，虽然电价上涨增加了所有产业的生产成本，但是，各产业生产投入结构和能耗强度有明显差异，因此其受到的影响也明显不同。其中，工业特别是重工业的产出受到的影响最大，服务业和农业受到的影响微小。另外，煤电联动还有利于节能减排。如果联动，我国单位 GDP 能耗和二氧化碳排放都有较大幅度地下降，碳排放将减少 1.12%，单位 GDP 能耗将减少 0.68%。

煤电联动的一个难题，或者是一个担忧是：电价涨，煤价跟着涨。如果政府不想管制煤价，就需要抑制煤炭价格上涨的动力。我国的煤炭资源基本是国有的，以国有大型煤炭企业为主，产量相对集中。因此，当煤炭价格大幅度上涨，可以考虑像对石油一样，由中央政府对煤炭征收"特别收益金"，即通过测算煤炭资源的成本、各种费用以及利润空间，保证留给企业足够的收入用于可持续发展的开支后，计算出特别收益阶段。中央政府征收煤炭"特别收益金"增加了卖多而不是卖高的动力，从而可以缓解煤价上涨对火力发电企业造成的压力。另外，中央政府还可以用"特别收益金"的收入建立特别基金来稳定电价，避免电价大幅度波动。"特别收益金"需要由中央政府征收，是因为地方政府可能有征后返回的动力。

在煤电不联动的情况下，较小幅度地煤价上涨可以迫使电力企业通过提高效率，降低成本来抵消煤价的影响；但是，大幅度煤价上涨可能会导致不利于效率的结果。也就是说，让电力短期亏损可以，长期亏损会迫使电力行业做出不利于效率的行为，包括发展副业和将过多的精力投入电价博弈，这些最终都可能增加电力供应成本。

价格机制对于能源行业发展非常重要。没有一个有效的定价机制，价格、企业运行和投资都将充满不确定性。在缺乏价格机制的情况下，价格调与不调都有道理，权衡其中的利弊往往会使决策滞后，造成更大的损失，这也就是价格机制的重要性。

2.2.3　长期改革方向

我国煤、电、油、气、运供需中的突出矛盾和"气荒""电荒""油荒"，追根究底，都是价格问题，最经济的解决方案是建立长效机制。短期的解决方案是保证各方的供应积极性，避免由于市场扭曲而产生不经济。煤电联动的本质仍是政府主导，不属于市场价格形成机制，还是有其不确定性，也会造成市场扭曲而不经济。因此，长期而言，根本的解决办法依然是市场化的价格机制的改革，可以采用"摸石头过河"的渐进性改革，但需要有步骤，有计划地进行。

在经济转型的过程中，由于市场化改革配套的缺位，不能进行一次性的、整体性的电价市场化改革跨越，渐进性改革符合我国基本改革策略。但是，渐进性改革可以分成两种：主动的渐进性改革和被动的渐进性改革。主动的渐进性改革应该是有步骤、有计划、有目标的渐进性改革，它有时间要求，而且一旦确定改革，就应当坚定不移地推行。如果举棋不定，拖泥带水，改革就谈不上有步骤、有计划了，会成为解决矛盾的被动渐进性改革。事实上，至今能源价格改革，基本属于被动的渐进性改革，因为都是出现了问题才去改，或者矛盾积累过多，或者已经到不改革不行了才去改，即使改革，改革幅度也尽量小，或者比预期小。这个现状需要改变。

改革基本步骤大致可以分为时间界限不明的三段。首先，以煤电联动为改革主线，逐渐完善联动机制，先在周期和联动幅度等方面使联动机制更为市场化，进一步将政府主导联动，改为一个政府设定联动周期和幅度，企业自行联动的过程。其次，不断通过一些小改革，如居民的阶梯电价，简化电价结构，采用峰谷、分时电价等，逐步完善电价体系，为市场化改革做好相应的配套工作。最后，在时机成熟时，完成市场化改革，将电价交给市场。

第3章 破解煤电矛盾机制体制的经验研究

3.1 美国电力市场运营的纵向管理机制

3.1.1 美国电力市场的上下游纵向关系经验

1. 美国的电力市场概况

通常电力产业链包括电力生产、输配电及用电三个环节。每一个环节都存在着纵向的上下游关系。美国拥有世界上最大的电力工业，工业总产值高达7370亿美元，占据美国经济实际国内生产总值的3%。

当前美国的电力市场的主体非常多样化，几种不同的电力供应商见表3-1。美国的电力企业的构成形式比较多样，对于不同性质的电力企业，市州政府及联邦政府采取了不同的税收和监管手段，保证电力行业能够为国家经济发展保驾护航。

表3-1 美国电力供应商分类

类型	主要特征
股份制的电力企业	在联邦、市州及本地一级被高度监管，通过向民众出售股票及债券融资
电力合作社	归属于其客户成员，能够从农村公用事业服务（美国农业部的部门）获得资金资助，一般免于管制并且免于支付联邦所得税
政府所有的电力公用事业	包括市政系统、公共电力区、州项目及联邦公用事业。市政电力事业归属于本市所有，通过市政债券融资。联邦所有的电力事业包括生产和传输电力，大部分都通过批发价出售给本地的电力企业及电力合作社。政府所有的公用电力事业一般免于监管
能源服务供应商	包括企业、生产商、中间商、公用事业的生产子公司以及其他具有电力销售牌照，通过输配电设施在竞争市场出售给终端消费者的实体

资料来源：Edison Electric Institute, 2011

根据2010年的统计数据，在美国，股份制的电力公司为68.6%的工业、商业及居民提供电力，电力合作社在电力供给中的比重为13%，而市政系统及国家项目的供给比重约为12%（图3-1）。

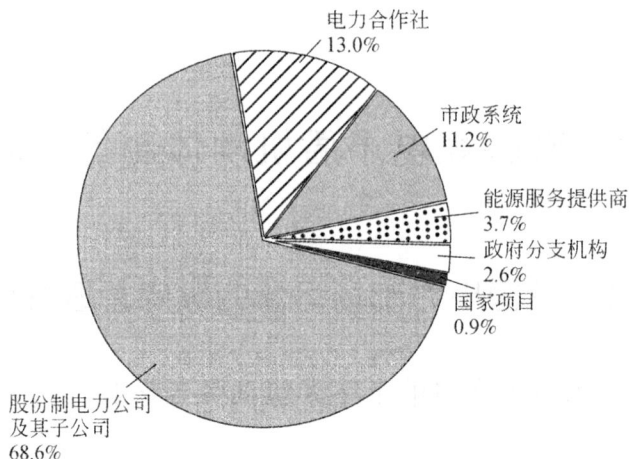

图 3-1 美国电力供应商比重图

资料来源：Edison Electric Institute，2011

由于股份制电力企业在美国电力行业中的绝对主导地位，为了保证用电安全，美国联邦政府、州政府及本地政府都对股份制的电力企业进行了高度监管。

（1）州级监管

州级对于股份制电力公司的监管通常由公用事业委员会及公共服务委员会执行。所有的州政府都对通过电网和相关系统输送到终端用户的电力费用进行了调节，电价如何设置，因州而异。

在大部分的州，基准电价都由政府通过"cost-of-service"的过程来确定。这是电价定价传统模式。然而，在零售电力竞争方案已经落实的 16 个州和哥伦比亚地区，终端消费者的部分电价由竞争性市场决定（同样，在这些州，当地分布的部分终端消费者的电价仍然由州政府监管）。

与此同时，电力公司还要遵守各个州政府制定的环境保护的规定，各州政府在批准公司跨州供电的设施选址中扮演主要的角色。

（2）联邦监管

联邦政府对股份制电力企业的监管主要通过 FERC（Federal Energy Regulatory Commission）进行。现在，FERC 对州际电力批发市场的监管包括电力的传输及销售，公用资产的销售、兼并和并购，以及某些设施的互联。联邦能源管理委员会同时也监督电网的可靠性。

针对股份制电力企业，FERC 还将监管其通过与其他电力供应商的电力买卖，转售给终端消费者的行为。FERC 有权对电力批发销售及传输服务的价格、条款、条件等进行监管，并且会对某些股份制电力企业的合并、收购和交易进行审查。

联邦能源管理委员会还鼓励区域输电组织（RTO）和独立系统运营商（ISO）监督电力市场。这些组织对以区域为基础运行的输电网起到了促进作用。目前共有 7 个 RTO/ISO 地区横跨美国。

根据 BP《2011 年世界能源展望》的统计数据，2010 年，美国年发电量约为 4.3 万亿千瓦时，占世界总发电量的 20% 以上。美国电源结构呈现多元化的特征，近年来，清洁能源发电的比重呈现不断上升的趋势，但煤电仍然占据主导地位，根据 2010 年 EIA 的电力企业报告，燃煤发电占全国总量的 44.9%，排名第二的是天然气发电，占到了总量的 23.8%，核电在总量的比重也接近 20%（图 3-2）。

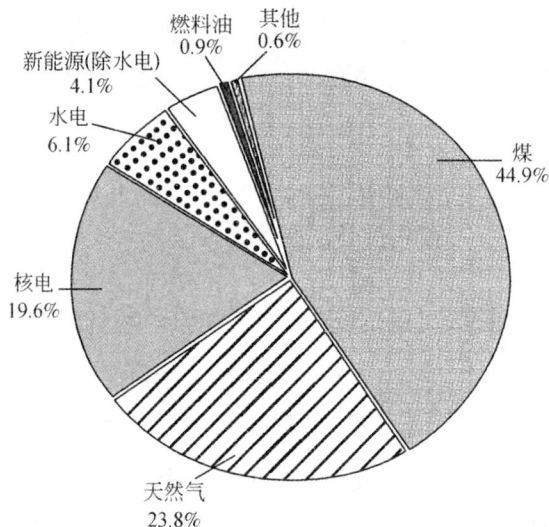

图 3-2　美国发电量构成

资料来源：U. S. Department of Energy, Energy Information Administration. 2010. Power Plant Report
（EIA-920）；Combined Heatand Power Plant Report（EIA-920）

美国的电力企业依靠多种燃料进行发电。燃料的多样性能够避免电力企业及消费者受到，如燃料供应中断、燃料价格波动以及监管措施的变化可能导致的特定燃料价格上涨的影响。多样性也能够确保电力供给的稳定性及可靠性，从而加强国家安全。电力生产的构成州与州、区域与区域之间皆不相同，这取决于燃料的可得性及本地的燃料成本。电力生产的来源产生较大变动将会对经济造成影响，特别是以区域为基础的电力市场。

相比其他国家的电力市场，美国的电力市场相对比较分散。国内拥有数百家发电商，最大发电商控制的装机不到全国装机总量的4%，前20家全美最大的发电公司总共拥有45%的装机容量[①]。发电所有权的分散化是美国电力市场的一大特征，同时也是其突出的优势。这意味着美国的电力市场更接近竞争性市场，具有竞争性市场配置资源的相对优势和效率.

目前美国拥有10个左右的区域电力市场，如图3-3所示。

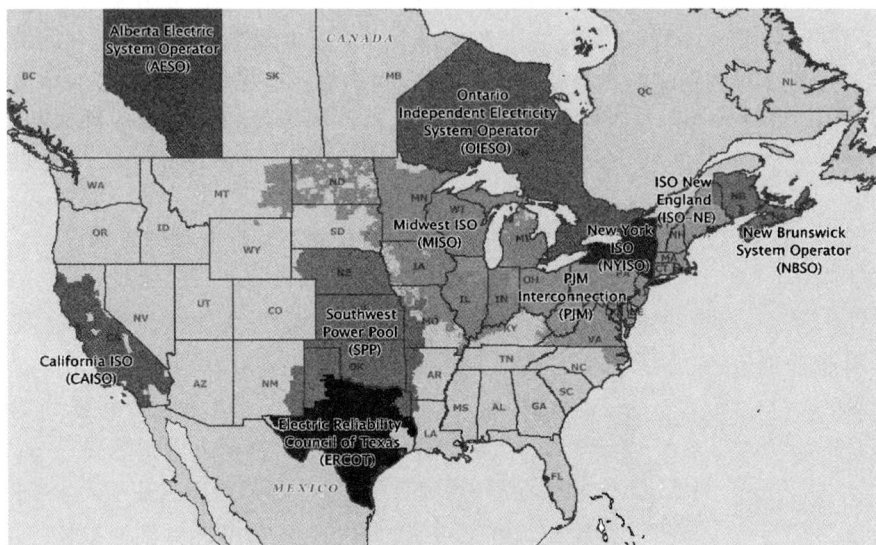

图 3-3　美国区域电力市场分布

资料来源：Federal Energy Regulatory Commission

美国的区域电力市场均具有竞争性，但是每个区域电力市场间也存在一定的差异。有一些区域电力市场是有组织的电力市场，这些市场通常由区域输电组织或者独立系统运营商负责运营，集中竞价交易。有些区域电力市场则基于双边交易，没有集中竞价。

美国的电价由两部分组成，一是基准电价，二是自动调整款项电价。两者的确定通常仍然处于州级政府及联邦政府的监管之下。基准电价确定是通过传统的"cost-of-service"方法，而自动调整款项中则包括燃料成本变动、燃料运输成本调整、电力价格购买成本变化、排放津贴费用调整等内容。图3-4以居民消费草案为例说明"cost-of-service"的基准电价决定。

通过"cost-of-service"制定出基本的电价之后还需要政府机构根据经济及社

---

① 资料来源：Kelliher J T. 2007. 美国的电力监管政策

捆绑电价

客户端费用
（每月固定收取）　→　用户固定费用
　　　　　　　　　　电表费用（读表费用）

上游能源费用　→　能源供给费用：
　　　　　　　　　能源成本费用
　　　　　　　　　市场价格调整
　　　　　　　　　供给成本调整
　　　　　　　　运输费用：
　　　　　　　　　配电费用
　　　　　　　　　输电费用

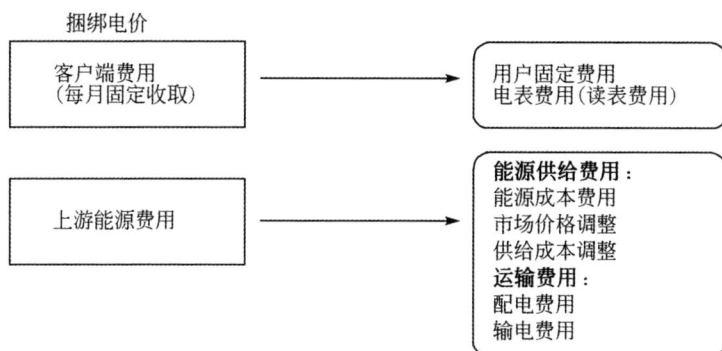

图 3-4　"cost-of-service" 的基本构成

会的相关因素进行相应的调整，以满足经济社会发展的需要，保证用电安全。"cost-of-service" 的主要目标在于体现"谁消费，谁负责"的公平性原则，保证电力行业有一定的收入，并且确保了电价中只包含了合理及必须的成本，能够让监管者及消费者明确消费，同时在一定程度上避免了贫富差距的进一步加剧。图 3-5 则在一定程度上表明了美国电力行业中，政府监管对于电价的抑制作用。

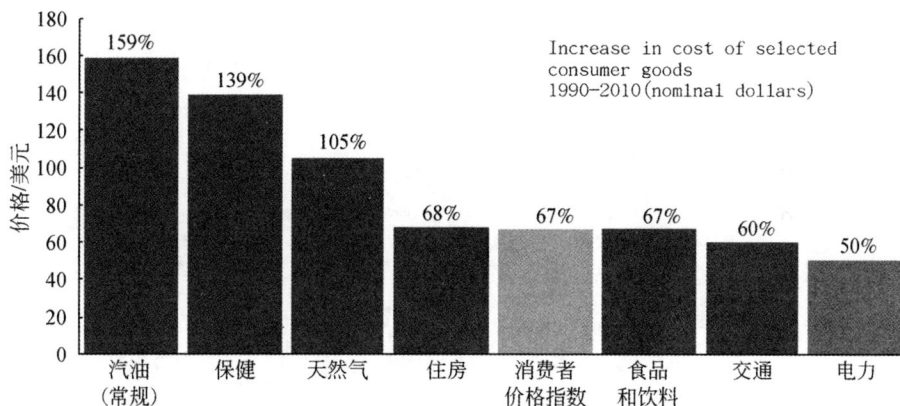

图 3-5　1990~2010 年美国各类价格变动

资料来源：Department of Labor, Bureau of Labor Statistics, and
U. S. Department of Energy, Energy Information Administration

图 3-5 清晰地展示了 1990~2010 年美国各类价格变动的百分比。从图 3-5 中可以看到，管制下的汽油价格上涨了 159%，是价格上升幅度最大的产品。接下来依次为健康消费、天然气及住房消费。消费者的平均价格指数变动为 67%，而电力的变动仅为 50%，是所有产品中最低的。与此同时，作为与电力行业密切相关的天然气，成本上涨幅度高达 105%，除了较为稳定的煤炭供应及价格之

外，政府的监管控制起很大的作用。

图 3-6 展示了能源价格上涨对批发电力价格的影响。以"cost-of-service"定价过程为基础，燃料的变动将会对电价的变动产生较为直接的影响。通过对 2009～2011 年，美国部分燃料价格变动及美国各区域电价的变动进行对比，能够明显感受到美国电力行业产业链上下游之间的密切联系。

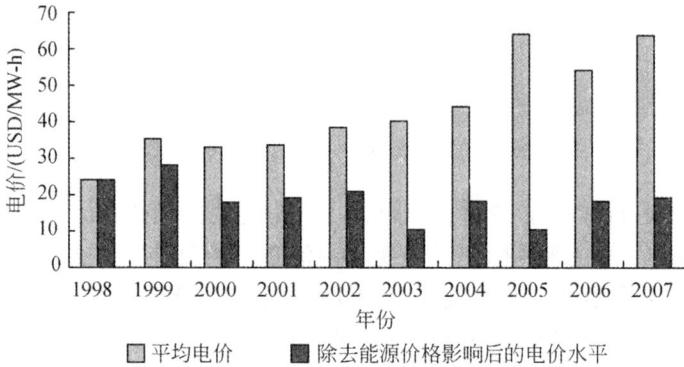

图 3-6　能源价格上涨对 PJM 批发电力价格的影响

注：PJM 是指宾夕法尼亚、新泽西和马里兰三州互联系统

图 3-7 展示了 2011 年美国不同区域的平均峰值电价。可以较为明显地看到，

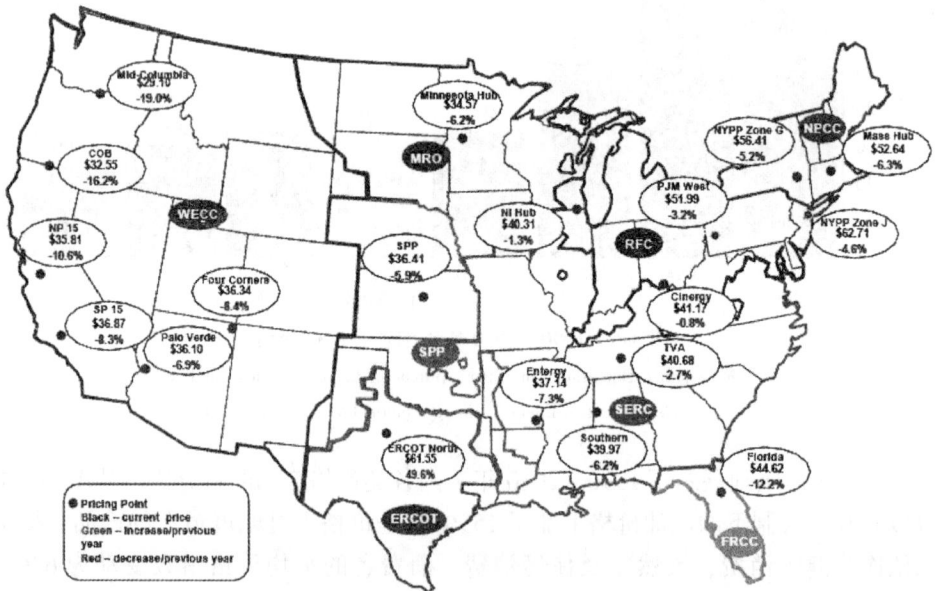

图 3-7　2011 年美国不同地区的平均峰值电价

资料来源：Federal Energy Regulatory Commission，Market Oversight

与 2010 年相比，美国绝大部分区域的平均峰值电价有所降低，西部区域下降的幅度较东部地区高，最高的区域下降幅度高达 19%。比较需要注意的是，与大部分的电价变动相反，ERCOT 的电价出现了反常的上涨。同时，与东部地区相比，西部地区的平均电价相对较低，东部地区的电价每千千瓦时高达 34～62 美元，而西部地区的电价区间则为 29～36 美元。电价绝对值的高低主要取决于不同区域的燃料成本的绝对差额。美国西部有丰富的煤炭资源，与东部相比具有非常明显的资源成本优势，因而西部电价普遍较低。

结合 2009～2011 年电力的投入成本（表 3-2），电价的变动在一定程度上体现了天然气价格的降低。根据 EIA 的相关价格数据，2011 年美国各个区域天然气价格均出现了不同程度的下降，下降的范围从 4%～9%，随着天然气在发电领域利用的不断增加，其对于峰谷电价的抑制作用也逐渐显现。

表 3-2　2009～2011 年美国电力及投入价格

2009～2011 年电力及投入价格			
电力现货价格（峰值电价）（美元/千千瓦时）	2009 年	2010 年	2011 年
马萨诸塞交易中心	$46.24	$56.18	$52.64
辛辛那提能源	$34.65	$41.51	$41.17
SP-15	$38.31	$40.21	$36.87
投入价格			
天然气价格（美元/百万英热单位）			
亨利中心	$3.92	$4.37	$3.99
纽约	$4.89	$5.41	$4.98
南加利福尼亚	$3.61	$4.25	$4.05
煤（美元/吨）			
阿巴拉契亚中心山脉（东部）	$53.65	$64.97	$78.70
粉河盆地（西部）	$9.09	$12.75	$13.63
石油			
西德州中质原油（美元/桶）	$0.00	$79.39	$98.17
燃料油，纽约（美元/桶）	$61.18	$78.98	$115.07
蒸馏油，纽约（美元/桶）	$1.90	$2.38	$3.24

资料来源：Derived from Platts & Bloomberg Data

另外有研究发现，平均来说，2011 年在夏天比往年更加炎热的情况下，美国全国范围内的电力价格下降了 0.5%。东部地区的平均峰值电价出现了 1%～12% 的下降，主要归因于天然气价格的降低。而西部地区平均峰值电价出现了 7%～19% 的降低，则主要由于西北太平洋地区的水力发电输出较 5 年的平均水平高出了 27%[①]。

　　美国拥有世界上最发达的电网，但并不拥有全国性的电网，只有一系列的区域电网。因而美国电力市场的另一个显著特点是输电网所有权的分散化。在美国电网公司的数量超过 500 家。

　　输电所有权的过于分散增加了电网规划、运营、投资、成本分配等的难度。目前美国电网大约 2/3 为公用电力公司所有[②]，其他的被众多的联邦政府机构、市政电力公司和农村电力合作社拥有。

　　目前美国坚定地在电力市场引入竞争，使得电力产业链向着更加合理的方向发展。在可持续发展及节能减排的要求之下，煤电在美国电力工业中的比重呈现出逐渐下降的趋势，但是煤炭主导的现状仍然需要较长的时期来打破。而美国电力市场对于中国电力市场发展的借鉴意义更主要地体现在较早的时期，煤炭占绝对主导地位的时期，美国对于煤电关系的处理及对煤电矛盾的解决方案。

　　因此在本章的后半部分将会重点聚焦美国 20 世纪 70～80 年代的煤电改革，以此为契机结合当前美国电力行业的发展规划，避免政策设计上重复美国所走的弯路，利用政策制定的后发优势，为解决我国的煤电矛盾服务。

2. 美国电力市场上下游纵向经验研究

　　根据 EIA《2011 年能源展望》进行的预测可以发现，从现在到将来，煤炭作为发电行业的主要能源将是一个不变的趋势，如图 3-8 所示。到 2035 年，世界电力部门的煤炭消费占能源消费总量的比重依然接近 40% 的比重，可见煤与电的联系十分密切。

　　与国际趋势相一致，当前中国的煤与电之间有着非常密切的联系。根据统计数据显示，近年来，中国煤炭采掘量的 60% 用于发电，而在全社会发电量中，燃煤发电则占到了 70% 以上。下面按照煤炭消费情况及价格变化情况对比分析中国与美国的煤炭市场。

　　从表 3-3 可以看出，相比于 1989 年，2010 年电力部门使用煤炭的数量有了极大的提高，百分比从 24% 提高到 49%，而黑色金属制造部门的百分比提高了 1%，生活消费部门的煤炭消费百分比下降幅度比较大，从 16% 下降到了 3%。

　　表 3-4 是美国在 1980 年和 1982 年各部门煤炭消费的情况，可以看出电力部门消费占到煤炭消费的 80% 以上，而第二大用户也是黑色金属冶炼（焦炭），占到 10% 左右。

---

① 资料来源：2011 State of the Markets Report
② 资料来源：kelliher J T. 2007. 美国的电力监管政策

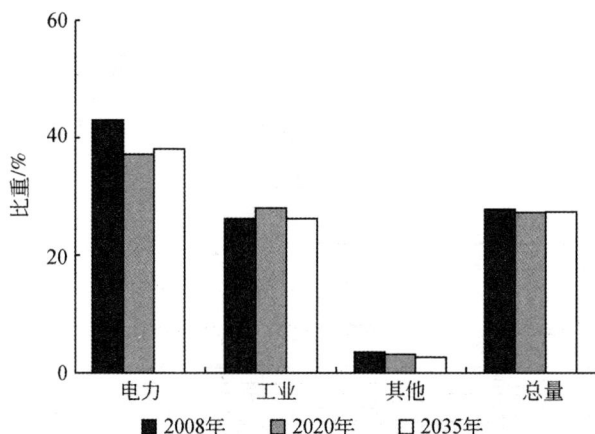

图 3-8　世界分行业能源消费中煤炭所占的比重

资料来源：EIA，Energy Outlook 2011

表 3-3　中国（1989 年和 2010 年）各部门煤炭消费情况

部门	1989 年		2010 年	
	数量/百万吨	所占比例/%	数量/百万吨	所占比例/%
电力	249	24	1525.7	49
黑色金属制造业	78	8	282.21	9
生活消费	170	16	91.59	3
其他	537	52	114	39

资料来源：中经网数据库，《中国能源统计年鉴 2011》

表 3-4　美国 1980 年和 1982 年各部门煤炭消费情况

部门	1980 年		1982 年	
	数量/百万吨	所占比例/%	数量/百万吨	所占比例/%
电力	569	80	594	84
焦炭厂	67	10	41	6
其他工业	60	9	64	9
居民/商业	6	1	8	1
合计	702	100	707	100

资料来源：Joscow，1985

　　中国煤炭价格以秦皇岛、山西优混为代表最近几年一直表现出震荡上行的趋势，从图 3-9 可以看出。美国在 20 世纪 80 年代的煤炭价格也处于变动状态。

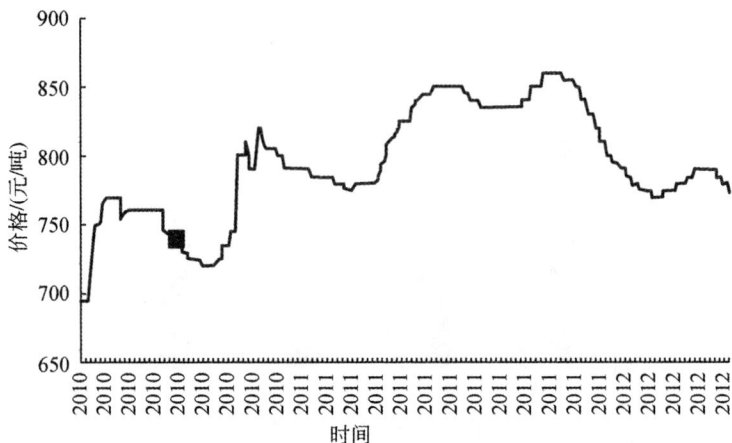

图 3-9 港口平仓价: 秦皇岛 5500 大卡山西优混煤 2010～2012 年价格走势
资料来源: 中国经济数据库

从 20 世纪 70 年代开始至 80 年代中期, 美国的煤炭价格经历了一个较为明显的上升趋势, 之后则开始缓慢地下降, 如图 3-10 所示。在这段煤价快速走高的阶段, 美国也经历了类似中国 "煤电之争" 的过程。因而这期间美国对于煤电关系的处理对于中国而言具有相当大的借鉴意义, 下面进一步分析。

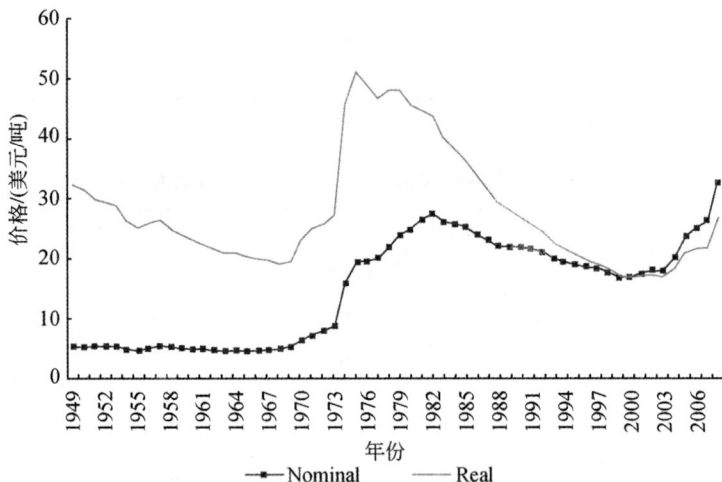

图 3-10 美国 1949～2006 年煤炭价格走势
资料来源: Federal Energy Regulatory Commission

从分布上看, 美国的煤炭呈现较强的地域特征, 三个主要的产煤区集中在东部、西部和中部。不同的地理环境也导致了美国煤炭种类与质量的差别：东部生产高热量的煤种，且煤种质量较为一致；中西部生产低热量煤种，而且含硫率较高，煤炭质量也比东部变化多一些；西部生产低热量的煤种，但含硫率较低，且西部生产的煤炭质量变化非常大。

从煤炭运输方面看，美国煤炭75%的运输依靠铁路完成，运输费用占了煤价的较大部分。同时，美国不同区域运输能力有所不同：东部地区具有相对较强的运输能力和较近的运输距离；西部地区则运输能力较弱，运输距离较远，大多数电厂只能依赖一两条铁路进行输送；中西部地区的情况介于两者之间。

与美国的整体情况相类似，中国的煤炭资源分布也呈现很强的地域性。总体而言，中国的煤炭资源分布是北多南少，西多东少，而且煤炭资源的分布地区与煤炭消费地区分布极不协调。大别山—秦岭—昆仑山一线以北地区的煤炭资源量占到全国煤炭资源总量的90.3%；以南地区则仅占9.7%，其中90.6%都集中在四川、贵州、云南和重庆等省份。而中国的煤炭消费地区则主要集中在我国华东、中南和京津冀地区。

从各省份煤炭资源分布情况来看，探明储量的80.5%分布在山西、陕西、内蒙古和新疆等地，其次是西南地区和西北甘肃、宁夏和青海等地区。从各地运输能力来看，"三西"地区相对运输能力比较充足，距离煤炭消费地也比较近；而西北地区和西南地区地处西部内陆地区，煤炭运输是个大问题；东北地区是老煤炭生产基地，但是老煤矿已经逐渐报废，逐渐显现出资源枯竭，将面临工业转型的严峻考验，见表3-5。

表3-5　2005年全国煤炭资源分布

地区	保有储量/亿吨	基础储量/亿吨	资源量/亿吨	查明资源量/亿吨	所占比例/%			
					保有储量	基础储量	资源量	查明资源量
晋陕蒙	1 233.07	2 096.74	4 555	6 651	66.93	63.03	63.88	63.77
新甘宁青	130.31	260.21	1 194	1 454	7.07	7.82	16.75	13.94
西南区	183.39	290.47	612	903	9.95	8.73	8.58	8.66
东北区	54.91	148.18	176	324	2.98	4.45	2.47	3.11
华东区	128.27	288.34	305	594	6.96	8.67	4.28	5.70
中南区	83.32	162.05	167	329	4.52	4.87	2.34	3.15
京津冀	29.1	80.36	94	174	1.58	2.42	1.32	1.67
全国	1 842.37	3 326.35	7 130	10 430	100.00	100.00	100.00	100.00

注：西南区指川、渝、云、贵、藏五省区；东北区指黑、吉、辽三省区；华东区指鲁、苏、浙、皖、闽、赣六省区；中南区指豫、鄂、湘、粤、桂、琼六省区。其中新、甘、宁、青和西南地区基本可以自给自足，少量可以外调；晋、陕、内蒙古地区产量丰富，可以提供大量的煤炭外运；华东和中南地区属于煤炭输入地区；一般中国煤炭主要从秦皇岛港、天津港等地出口，从广西、广东进口东南亚国家的煤炭

在煤质方面，中国各地区的煤质分布也很不均匀。优秀动力煤主要在"三西"，其中陕西神府煤田和山西大同煤田是中国最主要的动力煤供给基地之一。中国炼焦煤占到资源总量的27.65%，其最主要的主焦煤、瘦煤和肥煤的一般储量集中在山西省，而拥有大量钢铁企业的华东、中南和东北地区炼焦煤则很少。资源与产业分布不协调而产生的大量运输费用，也是中国亟须考虑的问题。

从这些角度来看，美国在20世纪80年代煤电关系的情况对中国目前的煤电关系现状非常具有借鉴意义。

下面对美国20世纪80年代煤电关系进行分析，进而对中国的煤电关系提出一些有用的建议。

根据电厂的设计策略，煤炭获得策略和可能的运输策略，一般情况煤电关系可以分为以下四种情况，见表3-6。

从交易成本理论的角度来看，以上四种情况在交易专用性投资的角度来看有巨大的不同，每一种情况较前一种情况的交易专用性投资均有所增加，第四种情况的交易专用性投资最大。在其他条件都相同的情况下，潜在的投机行为将随着交易资产专用性投资的变化而变化。而投机行为的问题反过来又影响了买卖双方的合同关系的本质。根据交易成本理论，处理煤电关系存在现货交易、合同交易以及纵向煤电一体化等方案，具体采用哪一种方案需要结合具体情况进行具体分析。

表3-6　煤电关系四种情况特征一览表

分类	基本特点	投资专用型分析（交易成本理论）	投机行为	可选用的策略
第一种情况	1. 电力企业有较强的预期能够在相对广泛的地域范围内从大量的煤炭供应商处通过现货交易或简单的短期合同得到相应的煤炭供应；2. 相同煤质的煤炭供应弹性偏大；3. 锅炉设计为可以接受该区域的不同煤质	电厂对燃烧该地区的煤质的煤炭投入了资本，由于煤炭的供应弹性较强，此时，其投资的专用性并不强	投机行为很小	现货交易；简单的短期合同
第二种情况	1. 电力企业预期从彼此相邻且煤质相近的煤矿处获得煤炭供应；2. 相同煤质煤炭的短期弹性比第一种小，长期弹性依然很大；3. 电厂设计根据几种相同煤质进行设计	投资的专用性稍微有所增加，电厂的投资具有一定的物质资产专用性，而煤矿的投资具有一定的特定资产专用性	会产生潜在的买卖双方的投机行为，但是由于交易专用性投资并不大，所以投机行为是有限的（>）第一种情况	现货市场；简单短期契约；简单长期契约

续表

分类	基本特点	投资专用型分析 （交易成本理论）	投机行为	可选用的策略
第三种 情况	1. 电厂预期在其寿命期内从一个或者两个专门的煤矿获得煤炭供应； 2. 电厂针对所依赖的煤矿的煤质进行设计	投资的专用性很强，电厂的投资具有更大程度的物质资产专用性，而煤矿的投资具有更大程度的特定资产专用性	买方和卖方都进行了较强的交易专用性投资，潜在的投机行为是比较严重的，而且铁路运输方也有可能会有投机行为 （>）第二种情况	长期契约； 纵向一体化
第四种 情况	1. 电厂为坑口电厂并且预期从一个后者两个最近的煤矿获得煤炭供应； 2. 煤矿以同等煤炭价格出售煤炭给其他电厂的机会是很少的； 3. 电厂投入了巨额投资建立输电线以将电力输送到消费中心	满足了 Williamson 所描述的四种类型的资产专用性：区域专用性、物质资产专用性、特定资产专用性、人力资产专用性	坑口电厂的交易资产专用性是最强的，此时机会主义行为也是最严重的 （>）第三种情况	复杂的长期合同； 纵向一体化

资料来源：Joscow，1985

　　现货市场和短期合同对于一些电厂来讲可能是经济的选择，于美国可能是那些东部的旧电厂。纵向一体化最有可能是那些坑口电厂的选择，但是这些电厂所占的比重是非常小的（仅占到15%）。大多数电厂所采取的治理方法介于现货市场和纵向一体化这二者之间的长期合同治理方法。

　　美国煤电的纵向一体化过程主要产生在石油危机后，煤电的纵向一体化关系包括有两种形式，一种是煤炭企业对电力企业的向下一体化，第二种是电力企业对煤炭企业的向上一体化。美国的经验表现出以电力兼并煤炭的主要特征。受到石油危机影响，美国主要的石油公司首先以兼并的方式进入煤炭产业，而后一些电力企业及钢铁公司为了保证电煤及焦炭的来源也进入了煤炭产业。整个20世纪80年代，电力企业附属煤炭厂商在煤炭供应数量和份额上基本保持稳定。到1991年，美国电力附属煤炭企业为10家，煤炭产量份额大致占15%。从20世纪80年代后期开始，电力企业开始试图将煤炭子公司剥离出去，主要是因为不满政府给一体化矿山的不合理待遇。

　　在美国，煤炭企业对电力企业的向上一体化比重并不大。根据美国的煤炭企业列表，通过查找相关公司信息整理，2007 年产量在 100 万吨以上的 150 多个煤炭企业中，仅有 4 个左右的煤炭企业拥有相关电力业务或子公司。拥有电力业务或子公司的煤炭企业占总样本数的比例约为 3%。这种情况出现的原因可能有以下几个方面。

一是在美国煤炭价格与电力价格有效联动的情况下，煤炭成本的变动均能较为及时有效地反映为电价的变动，因而煤炭企业价格成本的优势并不十分突出。

二是在美国的电力产业链中，相比起煤炭生产企业，电力生产企业涉及相对较高的前期生产投入，具有较高的进入门槛。如果没有明确的联营优势，煤炭企业并不容易轻易进入。

三是 20 世纪 80 年代时，美国超过 80% 的煤用于发电，电力企业在煤炭市场处于买方垄断地位，在竞争中处于相对强势的地位。

在中国，由于煤价不断攀升，电价调整滞后，煤炭企业在煤电格局中处于强势的地位，煤炭行业对电力行业的兼并相对困难较小，不确定性较低。近年来以中国神华为代表的煤炭行业进军电力的步伐加快，但以美国的经验看我国煤炭企业的一体化行为也可能将会面临上述问题。

除了纵向一体化，当时美国 80% 左右的煤电是通过市场机制来进行交易的。煤电交易分为现货交易和合同交易两种。现货交易一般用于固定数量较少且日期小于一年的煤炭交易，交易期限超过一年便归入合同交易类别。

美国现货交易和简单的短期合同主要出现在煤炭规模小、数量多、运输方式多样化的东部。整体而言，美国 20 世纪 70~80 年代，现货交易在交易总量中所占的比例较小，且比例随着时间的推进而逐步降低。现货交易每年所占的百分比差异很大，1975~1978 年美国现货交易比例较高（这也正好反映了在这期间发生的煤炭冲击事件），到 1982 年，这一比例降为 9.6%，见表 3-7。

表 3-7 美国 1975~1982 年煤炭现货市场交易和合同交易的比例

年份	1975	1976	1977	1978	1979	1980	1981	1982
现货交易比例/%	18.2	14	19.4	21.2	12.8	11.5	13.1	9.6
合同交易比例/%	81.8	86	80.6	78.8	87.2	88.5	86.9	90.4

资料来源：Joscow，1985

根据交易成本理论，潜在的投机行为将随着交易资产专用性投资的变化而变化，因而通过特定的关系投资能够使得预期成本最小化成为最优选择。受这种动机的驱使，很多的电厂及其煤炭供应商选择了对双方提供保护以避免投机行为的长期合同作为治理方法。合同包括所有 1~50 年的合同。Joskow（1985）对在

1979 年占总煤炭交易量30%的 200 个煤炭合同按合同年限进行了分类，发现超过80%的合同的期限是大于 5 年的，超过70%的合同是大于 10 年的。煤炭交易合同持续的时间主要集中在 11～20 年，占到了所有合同的 30%。期限非常长的长期合同一般都是针对坑口电厂的煤炭安排方法。在研究的 200 个合同样本中17%的合同期限超过了 30 年，大多数都是坑口电厂，见表 3-8。

表 3-8　根据合同的持续时间和年交易量对 205 个样本合同进行分类

期限	小于等于 5 年	6～10 年	11～20 年	21～30 年	30 年以上
所占比例/%	17	12	37	17	17
年交易量/吨	267 000	556 000	885 000	1 309 000	2 411 000

资料来源：Joscow，1985

可见，现货交易在当时的煤电交易中，并非一种主要的治理方法，纵向一体化所占的比重也很小，合同交易是煤电两方处理矛盾的主要方法。在长期合同的交易模式下，交易产品选择的多样性对稳定煤炭的供应和市场价格、缓解电煤矛盾产生了重要的作用[1]。但是合同交易特别是长期合同存在一个很大的问题，即合同中煤炭价格及数量该如何确定和调整。因此对于长期合同中价格条款的研究显得尤为重要。

Joskow（1988，1990）的研究发现长期合同在一定程度上呈现出价格向上及向下的刚性。1970～1981 年，名义煤炭价格增加了 4 倍，实际煤炭价格翻了一番，然而 1979～1981 年间，不同长短的契约之间的价格差异平均只在 10%～15%。同时长期合同还在 1984～1985 年经济衰退期间出现了向下的价格刚性。

3.1.2　美国电力市场的价格联动机制

美国电力市场的价格联动机制分为两个部分：第一个联动发生在发电厂商与煤矿生产商签署合同时所附加的调整价格条款；第二个联动则发生在各州政府对于电力价格所实施的 FACs 燃料价格调整条款，即允许电力价格在基准价格的基础上根据燃料价格的变动进行自动调整。两个联动机制在煤电生产链的不同环节将燃料价格及电力价格联动起来，使得最终的电力价格能够反映燃料成本的变化。

----

[1]　资料来源：International Energy Outlook 2009。

1. 长期合同中的价格条款

美国 20 世纪 80 年代的经验结论与交易成本理论的预期是一致的。现货市场和短期合同只占煤电治理结构的很小的比例。从电力行业整体来看，长期合同是最受欢迎的治理方法，纵向一体化则在坑口电厂中更为常用。尽管坑口电厂消费的煤炭仅占全部电力煤炭消费的 15%，但是，煤炭供应中涉及纵向一体化的 50% 的交易都是在与坑口电厂进行。当坑口电厂没有选择纵向一体化而选择了合同形式作为煤炭供应的治理方法时，双方会依赖期限较长的长期合同来进行交易。这些合同尽管肯定是不完全的，但一般都非常复杂，一般都会包括许多价格和非价格条款以杜绝双方的违约行为以及帮助长期的交易关系顺利进行。

长期合同中最重要的条款莫过于价格条款。煤炭生产商供给煤炭的前提是其预期未来收入的现值要大于或等于预期未来成本的现值加上机会成本。如果煤炭市场是竞争性市场，买方所支付给卖方的金额不应该超过预期未来生产成本的现值加上租金和机会成本。

假设单位煤炭的预期现值包括预期未来经营成本（劳动力、材料和供给）的现值、资金成本和其他预期经济租金。那么一个煤炭合同的支付条款应该满足下式

$$P = L + M + K + R \tag{3-1}$$

其中，P 为所供给的单位煤炭预期未来收入的现值，L 为所供给的单位煤炭预期未来劳动力成本，M 为所供给的单位煤炭预期未来材料和供给成本，R 为所供给的单位煤炭预期经济租金和机会成本，K 表示为所供给的单位煤炭预期资金成本。

将一个特定的煤炭合同与煤炭供给的劳动力成本、原材料、供给成本以及经济租金相互关联起来是非常合理的；但是，如果将一个特定的煤炭合同与资本投资联系起来就未必合理了。因为，资本投资的周期往往要比一个特定的煤炭合同的期限长很多。当煤炭合同期限已经确定了以后可以认为存在一个资本的年度租金成本的资金流，该资金流等于投资资金的机会成本加上资本折旧。

从价格条款的角度可以将煤炭合同分为三类：固定价格合同、市场价格合同和上升价格合同。满足式（3-1）的固定价格合同反映了煤炭供给商目前和未来的成本以及在商定合同时预期到的未来的市场价格走向。如果煤炭市场是竞争的，买卖双方也可以达成协议约定在煤炭交割时以当时的市场价为准。除此以外，有的煤炭合同的价格条款是由一个基准价格加上一个上升条款来构成的，基准价格是反映目前的生产成本、目前的资本投资的年租金成本和经济租金，上升条款主要反映生产和机会成本随时间的变化；但是，以上三种价格条款各有利弊。

表 3-9 分别对几种价格条款进行比较分析。

表 3-9　不同类型的价格条款特征分析

价格条款分类	主要内容	特征分析	
		对电力公司而言	对煤炭生产商而言
固定价格条款	在签署长期合同时，按照预期名义成本的变动规定一个固定的价格，并在合同年限内均以此价格执行。重点在于对于未来名义成本的合理预期	由于预期未来名义生产成本会提高，一个长期的固定价格条款的固定价格必然会高于当时的市场价格，高于当时的生产成本。这在当时对于买方是不利的，此时，买方可以在市场上以低于固定价格的市场价购买到所需的煤炭，因此，有违约的可能性	如果预期成本增加的速度较快，而且合同期比较长，那么就可能出现固定价格低于当时的市场价格的情况，这时，供给商便有动力在质量或者数量方面违约
		在预期未来名义成本增长较快的情况下，买卖双方均有违约的可能性；因此，在一个预期名义成本和价格会上涨的环境中，煤电双方很难达成长期的固定价格条款的煤电合同	
市场价格条款	市场价格条款是指买卖双方约定价格将随着与合同标的来自同一个地方的同质的煤炭的市场价格的变化而变化	优点： 与固定价格条款相比，在生产商有效率的情况下，不存在违约激励，因为其价格就是市场价格。 不足： (1) 煤炭作为特殊商品，具有较强的差异性①，因而在这些差异性存在的情况下，很难以某种简单的煤炭种类的市场价格确定合同执行价格。在这一层面上导致合同执行存在风险。 (2) 在存在专用型资产投入的情况时（坑口电厂），一旦违约就难以从市场上以相同的价格购买到同质的煤炭，因此会造成相对较大的损失	
上升价格条款	满足式 (3-1)，以一个反映当时供需的基准价格然后再加上一个价格可以随着煤炭的生产成本的变化而变化的条款	优点： (1) 与市场价格条款相比，它提供了明确的合同价格，并非完全依赖于市场价格； (2) 合同期间内能够随着煤炭价格的变化而变化； (3) 它提供了一个可以合理估计关系性资产投资损失时的基础。 不足： (1) 上升价格条款没有足够的激励使生产者提高生产效率； (2) 即使生产者尽量高效率生产，一个特定的煤矿的生产成本可能高于或者低于典型煤矿的生产成本。这样，煤炭的合同价格便会高于或者低于该特定煤矿生产的煤炭应有的价格； (3) 该价格条款对于非预期到的煤炭供需变化并不敏感。 以上任何一种情况导致的合同价格与市场价格的偏离，都会使得合同失去吸引力	

---

① 包括热量、含硫率、灰分、水分和化学成分等。市场上化学及物理性质均同质的煤炭非常少，同时由于运费在煤炭价格中占据很大的比重，因而运输距离的不同也会导致煤炭价格的不同

续表

价格条款分类	主要内容	特征分析
指数上升价格条款	价格随着一个公式调整，该公式包括反映供给者投入品价格的加权平均价格指数和劳动力和资本生产率的指数变化	优点： 相较于普通的上升价格条款，指数上升价格条款并不依赖于某一特定供给者的实际成本而进行价格调整，而是使用外生反应一般市场机会的指数进行调整。它能够解决生产激励及价格偏离的问题。 不足： 煤炭价格波动不能充分反映出对需求的冲击。短期供给的冲击更容易捕捉，但完全捕捉也很难。因此，使用上升价格条款时一定要意识到在市场遇到强烈的需求或者供给的冲击时，严重的讨价还价的行为就会出现

资料来源：Joscow，1988

综上所述，几种价格条款有利有弊。长期固定价格合同在一个竞争的市场中不可能广泛地使用。市场价格调整应用性很强，但是操作较难。如何确定一个合适的市场价格标准以及如何解决对关系性资产投资方的损害问题是其问题所在。上升价格条款在长期可以较好地跟踪市场价值，这方面值得肯定。只要煤炭的市场价值随着可比的煤矿的投入品价格、一般生产率的变化而变化，那么指数上升价格条款（base priceplus escalation，BPE）的方法就较优。但这种类型实施的前提是，长期煤炭价格是随着生产平均成本的变化而变化的，其不足是很难应对大的、未预期到的供给或需求的冲击。

综上所述，任何一种价格条款都不是理想的，都有各自的弊端。长期固定价格合同在一个竞争的市场中是不可能广泛使用的。市场价格调整非常具有吸引力，但其弊端是如何确定一个合适的市场价格标准以及如何解决对关系性资产投资方的损害问题。上升价格条款在长期可以较好地跟踪市场价值方面值得肯定，只要煤炭的市场价值随着可比的煤矿的投入品价格、一般生产率的变化而变化，那么 BPE 的方法就较优。但其前提是长期煤炭价格是随着平均生产成本的变化而变化的。大的未预期到的供给或需求的冲击将是其软肋。

根据 Joscow（1988）中对在 1979 年开始执行的 158 个长期煤炭合同进行的研究，可以发现 BPE 是运用最为广泛的煤炭合同价格条款。其中有 123 个合同使用的是 BPE 价格条款，24 个合同（15%）使用的是一般的上升价格条款，其他 11 个合同（7%）使用的是市场价格条款，其中有 6 个合同的期限为五年或者小于五年，如图 3-11 所示。

在 1980 年以前签订的煤电长期合同并没有条款允许煤炭的合同价格随着市

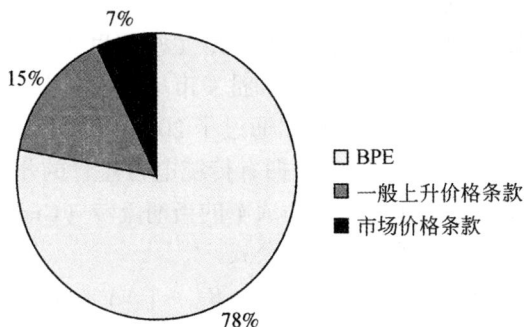

图 3-11　1979 ~ 1988 年美国实际价格条款所占比重

资料来源：Joscow，1988

场煤炭价格的下降而下降，因此，煤炭市场在 1984 ~ 1985 年走下坡路的时候，这些合同的煤炭价格仍然是上升的。这样，在 1985 年年末，新旧合同之间的煤炭价格的价差导致了合同的重新谈判行为的增加。当时媒体报道的案例中，这些重新谈判行为或者是买方同意增加购买的数量的结果，或者是合同中重新谈判条款起作用的结果。但是，在 1984 年和 1985 年重新谈判的合同仍然是很少的。这可能是因为法庭执行的有效性的确对合同的持续是一种有效的保证。

2. 燃料价格调整款项

燃料价格调整款项是电力自动调整款项的重要组成部分。通常在存在自动调整款项的情况下，电力价格的确定应当满足以下的公式

$$Price = Base\ rate \times （1+A）$$

其中，Base rate 是指美国传统的州级监管下的电力市场通过 "cost-of-service" 的流程计算出来的各州的基准电价。A 代表的是自动调整款项中的所有内容，包括燃料成本变动、燃料运输成本调整、电力价格购买成本变化、排放津贴费用调整等内容。其中影响最大且所占比重最大的是燃料成本变动以及批发市场购买电力的成本变动。

燃料价格调整条款在美国的运用始于第一次世界大战期间，是为了应对当时不断上升的煤炭价格。在 20 世纪 70 年代，由于石油输出国组织（Organization of Petroleum Countries，OPEC）对世界范围内原油价格的冲击变大，并且对经济的影响增大，燃料价格调整条款再次得到了重视。

20 世纪 70 年代以后，大多数的州及电力公司在某种程度上都有电力成本的同期流转，至少包括部分燃料成本、燃料运输成本、短期内批发市场购买电力的成本以及排放津贴费用。考察的燃料价格调整款项主要考察燃料部分成本以及区

域市场购买电力的成本流转。

在拥有传统监管的 30 个州中，有 3 个州（密苏里州，佛蒙特州和犹他州）通过自动的燃料价格调整款项回收燃料和批发市场购买电力成本的能源部分，同时密苏里州公共服务委员会自密苏里州通过了 2005 年立法之后，便开始实施一项燃料价格调整款项至今。另外 27 个拥有传统电力监管的州目前也都设有自动调整款项，均同意批发市场中购买电力成本的当期流转（Graves et al. , 2006）。

通常的燃料价格调整款项满足以下公式

$$燃料调整率 = [(F/S)-B] + [AA + BA]$$

其中，F 为预期下一个周期的燃料成本，S 为预期未来一个周期的电力销售量，B 为基准电价下的燃料成本，AA 为根据 FAC 估算的上一期的燃料成本与实际燃料成本之间的偏差，BA 为对于事先调整的过高或者过低的成本进行平衡调节。

综合分析美国燃料价格调整款项的出现及发展过程，可以发现燃料价格调整款项的驱动力主要来自于以下三个方面。

第一，燃料成本的高位波动，使得成本与收入不匹配的金融风险大幅增加。在传统化石能源仍然占有较高比重的电力行业，必须要面临能源不可再生性及能源稀缺性带来的价格风险。

第二，电力行业上游产业链的垂直拆分不断细化，想要综合考虑其功能及成本的综合变动率的行为变得十分低效甚至失调。因此需要一种机制能够针对某一部分的成本变动（主要是燃料价格）对电价进行调整。

第三，许多电力公司的信用评级降低以及总市值的减少，特别是那些将发电分离出去，大大减少了基本收入同时面临着较过去而言更高的燃料成本的公司。根据微观经济学的成本理论，只有当产品的价格至少能够弥补平均可变成本的消耗时，厂商才有继续生产的激励，否则厂商将会选择减产或者停产。电力作为经济发展和人民生活的重要保障，一旦发生供给不足的现象将会对生活和社会发展产生较为严重的影响，因而保障电力厂商的合理收入诉求，引入燃料价格调整款项成为必要。

目前在电力行业中，燃料成本占据了发电成本较大的比重。燃料价格（在美国主要是煤炭、天然气等）在短时间内可能会产生较大的波动。因此，在长期有时甚至在短期内，要准确预测其价格及数量的变动十分困难。而不可避免的资金回收困难将会导致资金短缺并影响电力的正常供应。燃料价格调整条款允许电力公司将燃料价格的变动反应在电价的变动上并且不需要改变其基准价格。在没有燃料价格调整条款的情况下，电力公司可能会要求更加频繁地调整其电力价格，导致电价可能会更高，而燃料价格调整条款会严格反应燃料成本的变动。

为了保证足够的库存，电力公司一般会提前准备一至两个月的储备燃料。因此在电力价格每月调整的情况下，任何给定月份的煤炭价格都不能直接对应到目前煤炭市场的价格；并且为了保证足够的供给，电力公司通常会签署电煤采购合同，合同价格可能并不能对应于市场价格。因此，通常需要将几个月的煤炭及其他燃料价格变动集中体现在 FAC。同时因为燃料价格调整条款是以美元兑美元的定价为基础，这些变动将会作为其他费用反映在电力账单，如果价格上涨，那么费用就增加。因此各州定时对电价进行一次调整以反应前期的燃料的平均变动。

尽管大多数电力公司都使用了燃料价格调整款项，但是，每个电力公司具体使用的调整公式并不相同。Golec（1990）给出了不同公司使用的不同的公式之间的主要差异。

一是燃料成本传递的百分比不同。纽约州和俄勒冈州传递了 80%，密歇根州和南达科他州传递了 90%，其他州都传递 100%。

二是成本变化与电价调整的时间的不一致性。除了内华达州、佛蒙特州、弗吉尼亚州、北达科他州的电价传递时间有 3~6 个月的滞后外，其他各州的滞后都小于 3 个月。

三是测量燃料的标准不同。只有科罗拉多州、特拉华州、夏威夷州、北达科他州、佛蒙特州和威斯康星州具有目标热能比。

四是是否包括被购买的电力不同。只有伊利诺斯州和密苏里州排除了购买的电力。

除了以上差别以外，美国各州燃料调整机制执行到现在还存在以下差异。

一是燃料调整机制根据的燃料价格数据是历史数据还是预测数据有所不同。

二是纠正偏差机制不同。纠正偏差主要针对那些根据预测燃料价格数据进行调整的电力公司，与实际的燃料价格数据之间存在一定程度的偏差，这样就存在有没有这种偏差纠正机制以及在什么时间进行纠正的区别。大多数都是存在这种纠正偏差机制的。

三是激励机制。20 世纪 70 年代大多数研究都认为燃料调整机制对电力公司存在负面激励问题，如会导致电力公司转向燃料密集型的技术或者会减少电力公司寻找更便宜的燃料的激励等。因此，在对燃料调整机制进行设计的时候大多都加入了避免这些问题的激励机制，到目前为止，主要采用的是时间滞后和部分燃料成本予以回收的办法。尽管如此，大多数电力公司的燃料调整机制都是全部回收的。

在学术方面，关于美国 FAC 的研究起步较早，研究涉及的因素也比较多样。有许多针对发电企业燃料价格上涨启动的自动调价机制的研究。Gollop 和 Karlson（1978）利用超越对数成本函数研究了燃料调节机制对经济效益的影响。Clarke（1980）研究了燃料调节条款（fuel adjustment clause，FAC）对系统性风险及发电企业市场价值的影响。Isaac（1982）研究了燃料调整机制对发电企业的影响，指出燃料调节条款能够在避免过度监管的同时保证发电企业的财务稳健性，但需要以低效的投入选择为代价。Kaserman 和 Tepel（1982）认为针对发电企业的燃料价格上涨实施的自动调价条款，将打击企业降低成本和寻找替代燃料的积极性，但也具有一定的积极作用，能够保证发电企业吸引投资的能力。Lien 和 Liu（1996）研究了期货交易对燃料调价条款的替代效果。Graves 等（2007）认为，自动调节条款（automatic adjustment clauses，AAC）不仅是电厂有效的风险管理机制，能帮助电厂应对燃料价格波动，维持财务安全，而且保证消费者能够容忍电价的上涨。Baron 和 Bondt（1979）认为，FAC 会导致发电企业在技术与燃料选择方面的效率损失，但该损失能够通过调整公式的适当设定得到一定改善。

　　总结起来，燃料价格调整款项能够为消费者、监管者、电力公司和股东带来一定的好处，其主要优势在于以下几个方面。

　　第一，对消费者而言：燃料价格调整款项实现了将成本合理地分配到受益的消费者头上，坚持"谁受益谁买单"原则，确保了成本因果关系与代际公平原则的一致性，更好地将需求冲击即将导致的成本的变动与成本的回收对应起来。

　　如果可变成本仅仅通过基准费率进行估算，或者如果可变成本的回收在长期内出现明显的不均衡，同时成本的摊销不及时，那么很有可能一些成本将会被分配到那些很少消费甚至根本不消费这些电力的消费者头上，这样的分配会带来效用的损失，同时也是不公平的。相反的，如果及时向消费者展示现行的消费成本，使他们自己了解他们的消费决策能够避免产生的成本，从而可以鼓励节能。

　　第二，对监管者而言：燃料价格调整款项通过避免对燃料成本变动及其他远远超出电力公司可控范围的可变成本进行正式而全面的审核，而简化了电价调整的监管程序，能够大大减少监管成本。此外，在燃料价格调整款项存在的情况下，基本电价的调整频率能够大幅减少。这能够为电力企业提供更大的成本控制的激励，使得企业有动力将自己能够控制的成本尽量减少。而通过燃料价格调整款项自动调整这些电力企业控制能力以外的成本因素，使得电力企业能够更加集中精力解决其控制能力以内的成本问题，促进电力行业的整体发展。

　　第三，对电力公司而言：燃料价格调整款项的优势主要体现在财务方面。燃料价格调整款项减少了电力公司营业利润的波动性。FAC 缩短了成本出现与成本回收之间的时间差，从而减少了营业利润的波动性，进一步降低了金融市场现金流量不足的风险。降低现金流量不足的风险，在极端情况下能够防止电力公司的债务成本上升，甚至在一定程度上减少电力公司的债务成本。此外，稳定的现金流量能够防止电力公司增加运营资金津贴以补偿难以预测的波动成本（主要是不可控的费用支出）。财务的稳健能够使得电力公司有足够的资金用于公司的技术开发及进一步的投资，保证并提高服务质量。从发展的眼光看来，这些投资对于一个行业的健康发展而言是非常重要的。

总的来看，中国和美国的煤电治理的最根本的差异在于两点：第一点是美国20世纪80年代大多数电力公司都拥有燃料价格调整条款，这样即使煤炭价格上涨，电力公司也可以有效地将成本转嫁给消费者；第二点是一旦长期合同违约，双方诉诸法律，美国法庭的执行能力很强，这对于合同双方是一个很强的约束。而中国目前的法律体系和法庭执行能力都相距甚远。

鉴于以上两点，中国的煤电关系如果要像美国那样以长期合同为主要的治理方式，还需要很长一段时间的才能完善。对于中国的情况来讲，目前有动力理顺煤电关系的主体主要是电力企业和政府，煤炭企业在供不应求的情况下，短期并没有任何动力改变现状。而中国的五大发电集团和十三个煤炭基地基本都是国有企业，双方都不是独立的市场化经济主体，因此，短期解决煤电关系，确保电煤供应，从而保证在电价不变的情况下提供足够的电力供应既是政府的当务之急，同时也是电力公司的义务。因此，短期看来，在中国，煤电一体化将是一个趋势。中国煤电纵向关系安排的策略选择一是煤炭产业和电力产业均市场化，此时，各自以利润最大化为目标进行决策，在中国目前对煤炭没有更好替代品且煤炭需求日益增加的情况下，这样的决策容易导致成本推动型通货膨胀，会与宏观的经济目标相冲突；二是煤电双方通过双边持股或者煤电一体化的形式利益共享、风险共担，这可能是在目前中国宏观背景下可行的一种方案。但美国的经验告诉我们：行业集中后电力企业其附属的煤炭公司在竞争中失利，最后大部分退出了煤炭行业。这一点应当成为我们重新思考煤电纵向关系安排，试图通过机制建设理顺煤电关系的基础。

3.2　日本电力体制应对国际能源价格波动的经验

日本的电力市场经历了从第二次世界大战之前国有大一统市场、私有化区域性垄断电力市场到竞争性电力市场的逐步改革，在市场化进程中，依次在发电、售电中引入了竞争，并开放用户，从而使电价平均下降了27%，电力投资更加活跃，电力结构有了较大调整，电力可靠性和环保情况得到了改善。同时日本能源缺乏，其99%以上的煤炭需要从海外进口，所以日本政府制定了煤炭安全策略以及一系列的节能和能源结构优化措施。与我国相比，日本国内基本上不存在煤电交易的市场机制，但是其电力市场的市场化逐步改革进程、消化国际能源市场波动的成功经验以及其节能和能源结构优化措施值得我国借鉴。

3.2.1 日本电力工业发展及电力结构现状

1. 日本电力工业的发展

第二次世界大战期间，日本电力工业遭到了巨大的破坏，其国有统一的电力格局被迫解散，成立了十大民营电力公司，从而打破了电力的垄断局面。20世纪50年代，日本在十大民营电力公司基础上又建成了一家电源开发公司（民营资本与政府合资）和一家核电开发公司，负责水电站、火电厂和核电站的建设与运行。经过半个多世纪的发展，这十大民营电力公司发展成为了十大区域性电力公司，分别是：东京电力公司、北陆电力公司、中部电力公司、关西电力公司、四国电力公司、中国电力公司、九州电力公司、东北电力公司、北海道电力公司和冲绳电力公司。每家公司负责本区域的发、输、配、售电一体化管理，但是跨区域的电力交换很少，各公司之间的联系主要是提供备用支持，从而形成了电力区域性垄断。

（1）日本的电力市场改革进程

20世纪90年代后，日本经济持续低迷，电力工业增长也同步放缓。在经济增长放缓后，改革的压力开始增大。电力用户们希望通过打破区域垄断，引入竞争机制，从而达到降低电价、提高发展效率，进而促进经济发展的目的。政府也在探讨电力行业放松管制和实施市场化改革的可能性，力求在确保国家能源安全、保证电力长期稳定供应的前提下，达到电力工业的自由化、市场化，最终提高服务水平，增进用户利益。从1995年开始，日本经历了几次电力改革和扩展，促进了电力市场的发展，见表3-10。

表 3-10　日本几次电力改革

改革年份	改革内容	改革后续
1995	对《电气事业法》进行修改，引入独立发电企业（IPP）参与发电竞争，开始进行电力市场化改革	—
1999	对《电气事业法》进行修改，在零售方引入竞争，成立同时拥有发电和供电业务的特定规模电力企业（PPS），PPS可以利用十大传统电力公司的电网进行电力零售	2000年，开放2000千瓦以上电力大用户，可以自由选择供电商，交易量约占市场份额的27%

续表

改革年份	改革内容	改革后续
2003	对《电气事业法》进行修改，分阶段开放用户选择权的范围，明确了售电方自由化改革日程。根据 2003 年《能源基本规划》的规定，以 2007 年为节点，对是否开放 50 千瓦及以下居民用户进行讨论	2004 年，日本决定将开放用户选择权的范围扩展到 500 千瓦用户，占全部用户的 41%；2005 年，日本将放开用户选择权的范围进一步扩展到 50 千瓦用户，占全部用户的 60%
2008	根据对 2007 年是否扩大放开用户选择权范围的讨论结果，日本决定推迟电力售电方的全面开放，并决定 2013 年重新进行讨论	2009 年，加强电力市场建设，在日本电力交易所（JEPX）开展绿色电能交易、碳排放交易，丰富交易品种，开展新期货交易与半小时前电力交易；2010 年，日本实施了面向太阳能发电的固定价格制度（FIT）

资料来源：《国外电力市场化改革分析报告》

日本四次电力改革里，第一次改革主要措施是放宽发电市场准入，培育独立发电商，同时开放部分电力用户，独立发电商可以进入售电市场直接向用户售电；第二次改革主要是进一步开放用户（2000 千瓦及以上用户），同时开放电网的代输电业务，促进电力公司开始竞争；第三次改革主要是扩大销售环节的市场化，设立中立的电力系统，利用协会和电力竞售交易所，保证输电网络的无歧视开放和公平使用；第四次改革主要是加强对垄断环节的监管，确保电力市场竞争的公平，同时经过成本效益分析，推迟全面放开售电市场时间。

通过四次电力改革，日本电力工业结构发生了很大的变化。在发电环节，独立发电企业、竞售供电企业、电力公司和电力供应商之间形成了市场竞争；但在输配电环节，仍然由日本电力公司负责运行全国所有的输配电网，提供公平、公开的电网准入和过网输电服务；在售电环节，十大电力公司负责向各自区域内部 50 千瓦以下的管制用户供电，本地电力公司、其他地区电力公司、电力供应商均可对 50 千瓦以上的自由化用户供电，形成零售竞争格局。经过十多年的改革，日本电价平均下降了 27%，电力投资更加活跃，电力结构有了较大调整，电力可靠性和环保情况得到了改善。电力改革使日本电力行业从之前九大垂直一体化的私有电力公司实行的垄断经营变为具有竞争的发电环节和售电环节的电力零售市场。电力改革给日本电力市场带来了极大的好处，主要有以下几点。

第一，竞争的引入带来了发电效率的提高，打破了之前的地区垄断局面。电力体制改革后，在售电环节引入了特定供应商，还可以针对特定用户新建、扩建电源，并直接对大用户售电，从而在发电、售电两个环节打破了原有区域的本地电力公司对售电市场的垄断。竞争机制给原有垄断经营者带来很大的压力，使其不得不重新考虑电价、环保政策、投资政策来应对经济发展的需要，而不仅仅是满足于公司自身的利益需求。

第二，竞争带来电价的逐步降低，给消费者带来更多福利。电力市场改革后的主要目标之一是用户电价下降。由于售电市场的放开给输配电环节带来很大压力，电力公司也采取了相应措施积极降低过网送电费。竞争机制的引入，让垄断经营者不得不压缩不必要的支出，同时放弃超额利润，转让过渡给消费者。同时还使各电力公司加快了技术开发的脚步。电力公司应用新技术可以给整体电力市场带来更多福利，而消费者也可以分享其中一部分福利。

第三，供电水平更加可靠、稳定。电力市场化改革并没有将日本供电可靠性持续保持在一个较高的水平，还带来了用户满意度的提高。之前因为区域限制而只能选择当地电力公司的用户现在对电力市场的自由选择性感到非常满意。

第四，促进电源的多样化，开始向环保节能方向发展。随着电力体制的改革推进，建立了 CO_2 的超标公示机制，形成了环保电源优先调度机制。同时，公众的环保意识增强，自由用户越来越倾向于向环保的企业购电，通过市场的选择，刺激电力企业主动控制其排放量。

（2）中国与日本的电力市场改革经验的比较

1985 年以前，在计划经济体制下我国的电力市场表现为国有垄断，此后为了改变国有垄断体制下严重电力供应短缺，实行了发电市场的部分开放，鼓励投资，于是各种形式的合资电厂纷纷建立，这样的发展势头一直持续到 20 世纪 90 年代。1997～2000 年，为解决电力行业的政企合一问题，成立了国家电力公司，同时将政府的行业管理职能移交到经济综合部门。2002 年 4 月 12 日，国务院下发了《电力体制改革方案》，实施厂网分开，竞价上网；重组发电和电网企业；从纵横双向彻底拆分国家电力公司。原国家电力公司按"厂网分开"原则组建了五大发电集团、两大电网公司和四大电力辅业集团。从而在发电环节逐步引入了市场竞争，国有五大发电集团与大量地方发电企业同时进入发电市场，在全国范围内形成了竞争局面。然而输、配、售电业务依旧由区域电力公司负责，输、配、售电环节也仍属于国家垄断。

将目前的日本电力市场和我国的电力市场相比较可以看出，两者的相同点是都在发电环节引入了竞争，输配电业务都由区域电力公司所垄断。这主要是由于输配电投资巨大，回收期限很长，具有自然垄断的特性，不易引入竞争，相对而言，发电业务投资小，回收期限短，容易进入，形成竞争。两者的不同点一是日本发电燃料来源于进口,电价中引入了燃料价格变动因素,不存在我国的煤电矛盾。二是日本的电力燃料结构比较多样化,煤在发电燃料的比例大约为 25%,远低于我国将近 80% 的比例。三是日本在售电环节逐步引入了竞争,开放了 50 千瓦及以上用户的电力选择权,而我国目前这方面还做得很少。

(3)　日本电力市场改革对我国的借鉴

第一,对电力生产的各个环节进行细分,在发电、售电环节引入竞争。日本电力体制改革的经验表明,发、配、输、售各个环节逐步放开能够给消费者带来好处。尽管日本的输配电业务依旧由几大电力公司分区域垄断经营,但是发售电环节的放开可以将竞争压力从两个方向传导到输配电环节,进而对垄断业务形成压力。日本的经验中,很重要的一点是售电方要引入竞争机制,这需要将电力的零售业务放开。

第二,加强立法,保障电力体制改革。日本前三次电力改革都是以《电力事业法》的修订为标准,在电力改革过程中,明确的政府法律文件是指引改革成功的关键。

第三,积极发展新能源,并为新能源大规模使用创造条件。日本由于资源的匮乏,对能源的高效利用和新能源的发展非常重视。尽管新能源发电形式在初期很难形成规模,但是能够起到很好的示范作用。随着资源价格的不断攀升,环保成本的加大,新能源发电的优势会逐步体现。但是新能源发电的不稳定性和自然环境的约束性导致其不能大规模使用,这就需要我们研究更具兼容性的智能电网,促进新能源的开发。

第四,建立独立竞争的电力交易平台,形成市场化的电价机制。电力改革的最终目的是形成公平公正的价格,并且以价格调节资源的流动,达到资源的高效利用。电力市场化的竞争性可以使发电、售电业务的价格自发形成,政府应该加强监管,来保证市场交易的公平性。

第五,积极发展建设统一的全国输配电网。日本的电力市场发展因为区域性依旧较强,在输配电网建设运营中,全国电力联网不足,几大电力公司区域输配电采用不同的频率,这使得他们在发生重大事故时,无法实现迅速的互相支持。福岛核电站危机发生后这个弱点体现得尤其明显,东京电力公司 1/4 的用电负荷受到限制,只好在区域内采用分时限电来控制用电量。尽管当时关西仍有富足的电量,却无法及时传送到东京电网。因此,在全国范围内建立统一的电网能够有效地应对区域性出现的电力危机(秦源,2011)。

2. 日本的电力装机结构现状

经过几次电力改革后,日本电力工业发展迅速,电力市场形成了具有竞争性的电力发电市场和零售市场。日本的电力市场是由十大区域电力公司组成,截至2009年,总发电装机容量为2.24亿千瓦。近年来,因需求增长缓慢,日本新增装机很少,但备用容量较大,约为总装机容量的70%。除冲绳电力外,各区域电网实现了互联,其主网架主要由500千伏线路构成,东京电力的两条1000千伏高压交流线路因负荷需求不足一直降压为500千伏运行。日本是世界上电力工业发达的国家之一,其装机容量和发电量居于世界前列。

日本的电力装机结构经历了多个发展阶段,这与其本身的资源情况有关,此外也源于日本政府的政策性选择。由于日本发电燃料严重依赖进口,为了降低能源价格波动对电力市场的影响,日本政府逐步减少了火电在电力结构中的比例,然而火电仍然占据主导地位,煤电仍然为日本重要基荷电力,占2009年发电总量的25%,相对世界上其他国家而言,日本的煤电比重较低。日本目前电源结构按装机容量大小依次为:天然气、核电、水电、石油、煤炭和新能源。

从历史上看,日本作为岛国,多山多水,其水力资源十分丰富,全国水力资源蕴藏量在5000万千瓦以上,水力发电的条件相对比较优越。因此,日本的电力工业在发展初期的长达半个世纪的时期中是处于绝对优势的。1945年日本水力发电比重占全国发电总量的95%左右,直到20世纪50年代后期,日本经济飞速发展,电力负荷猛增,水电建设又有成本高、投产慢、盈利少等限制,同时因为水资源分布不均,不能满足国民经济飞速发展的需求。与此同时,由于国际市场石油生产过剩,油价下跌,日本迅速调整了电力工业的能源结构,火电得到了迅速的发展,火电发电的装机容量从1955年的560万千瓦,迅速发展到1962年的1500万千瓦,与当时的水电发电量相当。1973年日本油电比重占火电总量的83.7%,而煤电只占6.7%。日本国内所耗石油99%以上都是要从国外进口的,因此1973年的石油危机给了日本能源供应一个沉重的打击,迫使日本限制油电,从油电改成气电,鼓励煤电,并禁止再建燃油电厂。随着世界核电工业的迅速发展,日本政府又积极调整本国的发电能源结构,大力发展核电工业,逐步进入能源多样化的阶段。日本还大力开展新兴发电方式的研究,其中主要有太阳能发电、风力发电、地热发电、潮汐发电、超导发电等。虽然新型发电有一些优势,但是相对传统火力发电,大面积大规模的发展新能源依旧有不少困难。以地热发电为例,日本处于板块交界带,是世界有名的多火山国家,地下热能资源丰富,但是建立大规模的地热电厂目前尚有困难,加之发电厂又只能建在火山附近,要提供合适的场所费用较高,同时还有地热电厂长期运行时的防灾问题都阻碍了地热能大规模扩展的可能性。

据统计，在 2000～2010 年日本电力发电种类中，火电（包括油电、气电、煤电）占据稳定的主导地位，随着日本对新能源的探索发展，核电也对日本电力提供了至关重要的作用，在日本电力供应中占据第二，水电保持稳定居第三，其他新能源所占比例逐年稳定增加。我们可以看到，日本通过多元化其电力装机结构，减轻其对单一能源种类的依赖，起到应对国际能源价格波动的目的，这一做法值得我们思考，如图 3-12 所示。

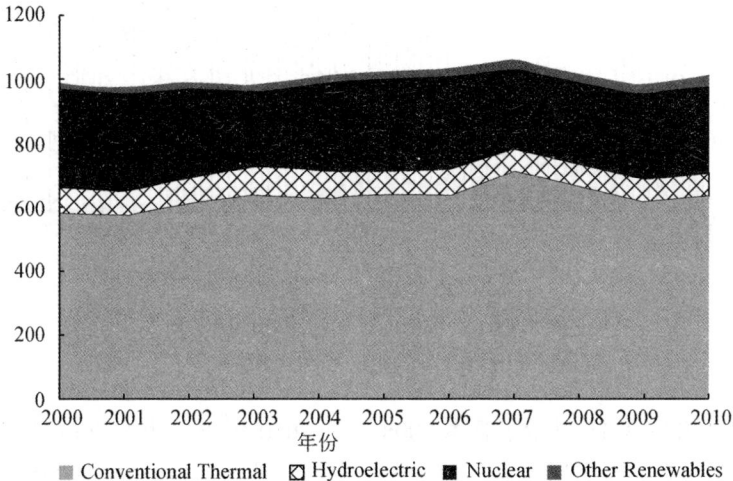

图 3-12　日本的电力结构
资料来源：日本统计局统计数据库

3.2.2　日本的海外煤炭贸易布局

日本比中国先进入工业化时代及能源大量消费和能源紧张的时代。日本的能源消费结构 20 世纪 50 年代早期是以煤炭为中心，60 年代初石油比重约占一半，为满足经济发展所需要的能源，日本基本依靠海外进口。21 世纪以来，随着日本在节能和新能源开发方面投入力度的加大，新能源的比重逐渐增加，但石油和煤炭依旧占很大的比重。

作为岛国，日本能源资源十分匮乏，受高开采成本及石油替代等因素的影响，日本国内煤炭产量在 1961 年达到 5540 万吨后明显开始萎缩。图 3-13 记录了1965～2007 年日本国内自产煤炭和国外进口煤炭，从图 3-13 中我们可以知道在20 世纪 60 年代日本国内自有煤炭比从国外进口的多，到 2008 年，国内媒体年产量降至 129 万吨。相比之下，从 1973 年全球石油危机后，煤炭进口量迅速增加，

1980 年突破 1 亿吨大关，2007 年达到峰值后有所下降，2009 年进口煤炭 1.63 亿吨占全球煤炭进口量的 19.8%，仍为最大的煤炭进口国。到 2010 年，日本国内生产煤炭为 0，而进口煤炭达到约 1.76 亿吨标准煤，日本成为煤炭完全进口国。

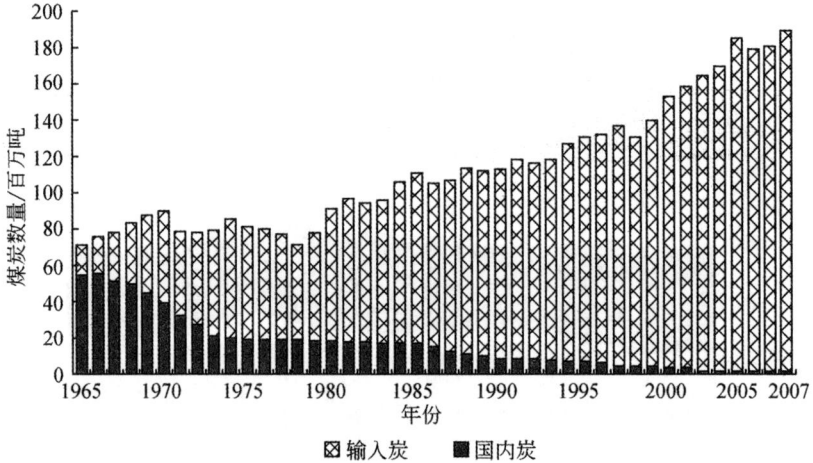

图 3-13　日本国内煤炭和国外进口煤炭
资料来源：日本统计局统计数据库

图 3-14 和图 3-15 显示了日本 2008 年和 2010 年国外煤炭进口量比例，可见日本从澳大利亚、印度尼西亚、加拿大、中国和俄罗斯进口较多。其中，日本从加拿大和印度尼西亚进口的比例增加，从中国进口的比例减少。这主要是因为在世界煤炭中拥有压倒性生产量的中国同样是主要依靠煤炭发电，从 2010 年开始向煤炭纯进口国转变，因而减少了向日本的煤炭出口。

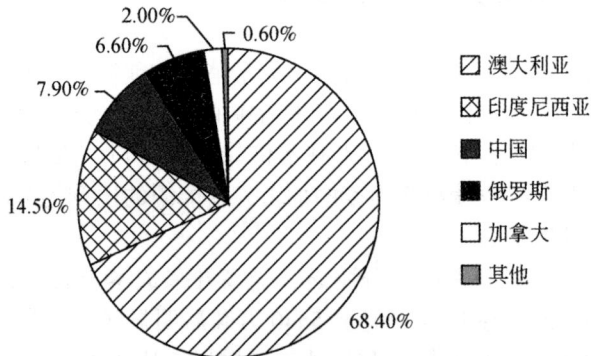

图 3-14　日本煤炭进口量比例（2008 年）
资料来源：日本统计局统计数据库

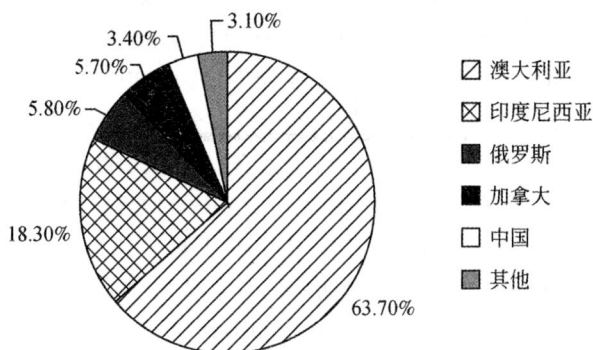

图 3-15　日本煤炭进口量比例（2010 年）

资料来源：日本统计局统计数据库

　　煤电为日本重要基荷电荷，2009 年煤电占全国发电总量的 25%，与核电的 29%，天然气的 29% 一起成为日本电力供应的主体。随着"3.11"地震后日本核电发电量迅速下滑，煤电成为最大的电力供应来源。日本经济省的相关数据显示，煤电成本只有 5.7 日元/千瓦，仅高于核电 5.3 日元/千瓦的水平，相比天然气发电 6.2 日元/千瓦及油电 10.7 日元/千瓦的成本有着明显的优势。与石油、LNG、LPG 等其他进口化石能源相比，在 20 世纪 80 年代具有明显的价格优势的煤炭，从 1986 年以后与这些化石能源的价格差开始缩小，但自 1999 年开始，相关价格差又开始扩大，特别是 2004 年以来，随着国际原油价格的快速攀升，煤炭的价格优势更加明显。2008 年的 LPG 和原油价格均超过 6 日元/千卡，LNG 的价格也达到 5 日元/千卡，煤炭的价格尽管有较大提高，但依旧还在 2 ~ 3 日元/千卡的水平。

　　20 世纪 80 年代以后，世界煤炭贸易普遍采用以离岸价（free on board，FOB）基准价格为代表的标准定价方式，日本的钢铁公司和电力公司与全球最大的煤炭出口国澳大利亚之间，也以此为基础通过协议的方式确定年度交易价格。1996 年以来，随着日本电力监管缓和等因素，各电力公司为削减成本展开了更为激烈的竞争，到 1998 年日本国内各电力公司与国外煤炭生产企业进行个别谈判，从过去的年度基准定价方式全面转向独立的协议定价方式。

　　在资源匮乏的极大压力下，日本使用了走出去的方式控制资源以实现一体化来应对能源风险。为了保障煤炭进口安全，日本主要通过以下措施来保证煤炭进口。

　　第一，日本通过共同开发、参股等方式获得海外煤炭权益，用以增进煤炭进口安全。日本设定了进口 2 亿吨煤炭，其中权益煤达到 0.8 亿吨的发展目标。四大商社之一的伊藤忠，目前在澳大利亚的 NCA、Oaky Creek、Rolleston、Ashton 四个矿区分别拥有 470 万吨、170 万吨、110 万吨及 30 万吨的权益额，在印度尼西亚的 MGM 拥有 40 万吨的权益额（崔成和牛建国，2012）。2007 年，三菱商事与全球最大煤炭企业——中国神华集团实行资本合作，并携手开展煤炭销售、矿山开采、环保事业和引进矿山发电设备等业务。早在 2008 年，日本三菱商事就已经投资了 1260 亿日元获得澳大利亚一矿区 50% 的原料煤权益，同时通过与英澳系资源大企业必和必拓公司对半出资成立的煤炭公司 BMA，收购了澳大利亚资源企业——新希望公司在昆士兰州拥有的一处矿区 100% 的权益。这个矿区的原料煤储量约 6.9 亿吨，相当于日本 10 年的消费量。"3.11"地震后，日本通过重开老旧煤电机组等保证电力供应，煤电需求有所上升。2012 年，三菱商事除计划大规模扩大澳大利亚 BMA 公司外，还拟扩张普通煤炭业务。预测到中国、印度等新兴国家对炼焦煤、普通煤炭的需求坚挺，三菱商事考虑长期内增加持有的资源数量，以确保日本国内的资源供应，并补足新兴国家的需求，综合应对国际价格波动。

第二，积极参与海外相关基础设施建设保障稳定供应。日本在开发海外煤炭资源的同时，还全力参与和煤炭相关的铁路、港口等基础设施建设，以及远洋煤炭运输活动。因基础设施建设需要巨额费用，煤炭生产国与消费国的大力支持及密切协作不可或缺，日本政府在此方面付出了巨大的努力。在促进本国相关设备销售的同时，有效保证了煤炭开采及运输的安全稳定，加强了对海外煤炭资源的掌控能力，切实保证海外煤炭资源供应安全及价格的稳定，提高抗风险能力。日本通过四大商社等机构的积极参与，不仅有效降低了国际远洋货运价格波动带来的风险，而且在对铁矿石等的出口船运中赚取了高额利润。

第三，通过签订煤炭长期供货合同等方式来进一步稳定煤炭进口价格。自2007 年 5 月以后国际煤炭价格稳步攀升，2008 年 7 月欧洲 AP12 标准价格、澳大利亚 Global Coal 标准价格，以及南非 AP14 标准价格分别升至 220 美元/吨、200 美元/吨和 180 美元/吨的高位。而基于长期协议面向日本市场的澳大利亚煤炭参考价格自 2008 年 4 月以来一直保持在 125 美元/吨的水平，并随国际煤价的下降，于 2009 年 4 月进一步调低至 75 美元/吨的水平，2010 年 4 月才回升至 95 美元/吨的水平。长期供货协议对稳定海外煤炭供应价格起到了重要的作用。

此外，日本的电力公司还会根据煤炭、石油、天然气等燃料价格变动及汇率变动情况对燃料费进行一次调整；但为保持电价的稳定，日本政府规定只有当燃料价格变动超过一定范围后，才能进行电价的调整（崔成和牛建国，2012）。

3.2.3　日本的"燃料费浮动计算"机制

由于日本发电企业过分依赖国外石油与天然气的进口，燃料进口价格变动对十大电力公司经营业绩有着巨大的影响。为了使非自由化对象部分电力收费能够迅速反映原油价格、汇率变动等情况，日本采用了新的机制来应对进口能源的价格浮动。日本燃料完全依赖进口，火力发电又占有相当的比例，因此电价需要反映燃料价格的变化。根据电力事业审议会 1995 年的调查报告，1996 年 8 月日本正式引入了燃料费调整制度，即"燃料费浮动计算"机制。图 3-16 为每月邮寄到家的电量使用通知单的样单，在明细中，除了三档电费的使用量和费用外，还有一栏是燃料费调整额。可见，日本的电价并不是一成不变的，而是根据燃料费的变化上下浮动。

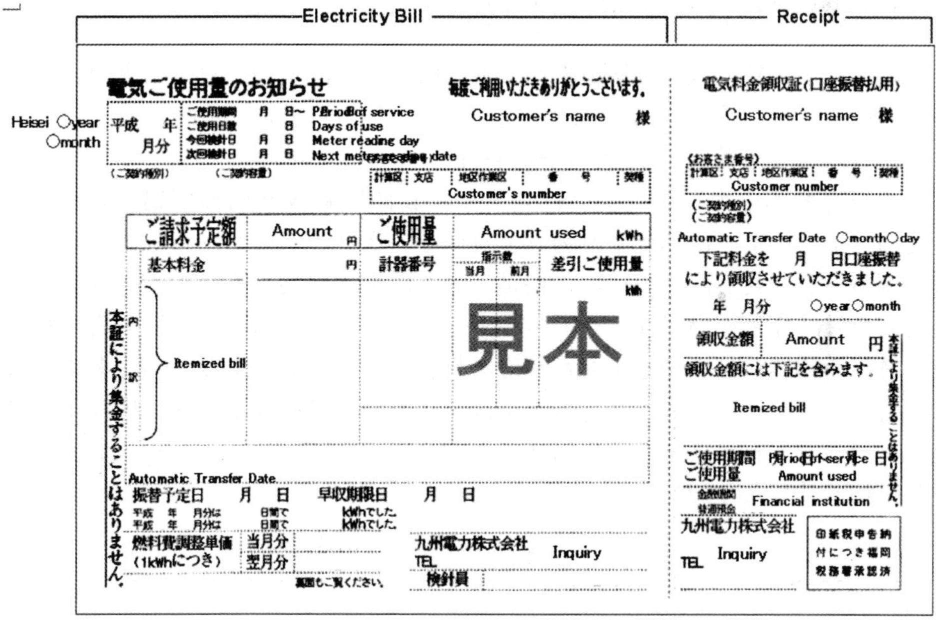

图 3-16　日本电量使用通知样单

资料来源：东京电力公司官网

日本的电费是由基本费、用电费（定义为电力单价乘以一个月用电量）、燃料调整金额（定义为燃料成本调节单价乘以月度能源消费量）、促进太阳能发电附加费和消费税组成的，按月度结算。其中基本费与用电量无关，每月都是一定金额，只要有合同，不管是否消费都必须交，这项费用对电力企业来说可以旱涝保收。用电费中的电力长期保持不变，然而当燃料长期超过燃料调整的上限价格或者其他发电方式发电量减少时，电力公司会申请调整电力单价（如福岛核电站关闭期间导致火电需求增加，日本各电力公司纷纷提高单价）。因此，燃料调整金额是电费的变动来源，其计算公式为

电费＝基本费+电力单价×一个月电量+燃料调整金额
+促进太阳能发电附加费+消费税

燃料费调整制度是由燃料进口的经济条件和汇率变化（原油、LNG、煤炭）来反应燃料价格变动，并根据一定的标准和燃料成本波动来对应自动的调整电费。更具体地说，是根据日本财务省公布的石油、天然气、煤炭的三个月的贸易统计价格，换算成每千升原油的平均值，以此作为两月后的单位燃料成本（即平均燃料价格），再与电力公司的基准燃料价格相比较，自动对电价进行调整。

1. 日本"燃料费浮动计算"的调整频率

电力公司的基准燃料价格根据制定电费时三个月的平均燃料价格算出，各电力公司标准并不一致。例如，2008 年东京电力基准价格为 42 700 日元，冲绳电力是 25 100 日元，东北电力是 31 000 日元。

2009 年日本电力产业委员会建立了一个新的燃料成本调整框架。其中，将原先的三个月调整一次的频率改为一个月调整一次。燃料成本调整机制是每个月进行调整一次，其实际平均燃料价格是三个月的平均燃料价格，现行的计算方法是每三个月计算一次燃料在三个月间的平均价格，具体如 1~3 月的平均燃料价格计算以后的燃料价格调整是在 6 月份进行，2~4 月份的燃料价格调整是在 7 月份进行。当月的平均燃料价格与计算来源月份有三个月的准备时间，因此很容易造成反应滞后，有时甚至会给人带来突然涨价或者降价的印象。表 3-11 为平均燃料价格的计算及使用月份。

表 3-11　东京电力公司燃料成本调节机制

平均燃料价格的计算月份	适用月份
1~3 月	6 月
2~4 月	7 月
3~5 月	8 月
4~6 月	9 月
5~7 月	10 月
6~8 月	11 月

续表

平均燃料价格的计算月份	适用月份
7~9 月	12 月
8~10 月	下一年 1 月
9~11 月	下一年 2 月
10~12 月	下一年 3 月
11~1 月	下一年 4 月
12~2 月	下一年 5 月

资料来源：东京电力公司官网

2. 日本"燃料费浮动计算"的调整方法

日本的各个电力企业根据企业自身的情况制定相应的基准燃料价格和上限燃料价格，对于不同的电力企业，二者是不一样的，如冲绳电力的燃料上限价格是 37 700 日元，然后再将平均燃料价格与其进行比较，调整燃料费用。因此，燃料费的自动调整是有章可循的。例如，我们可设平均燃料价格为 X，基准燃料价格为 Y，上限燃料价格为 Z。当燃料平均价格超过基准价格 1.5 倍时，燃料费也只按 1.5 倍计算，所以电价不会随着燃料价格的上涨而无限上涨。总体来说，假如三个月的实际平均燃料价格高于标准燃料价格，那么就上调电价，反之，应下调电价，图 3-17 显示了燃料费调整的具体方法。

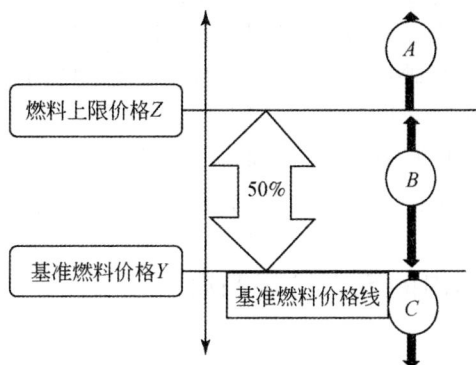

图 3-17　东京电力公司燃料成本调节机制示意图

A（超过上限燃料价格 Z）：调整平均燃料价格为 Z；B（超过基准燃料价格）：
向上调整燃料费；C（低于基准燃料价格）：向下调整燃料费
资料来源：东京电力公司官网

具体的调整方法见表3-12。

表 3-12　燃料费调整计算方法

每1千升的平均燃料价格	燃料费调整计算公式	燃料费调整
A 大于上限燃料价格 Z	$(Z-Y) \times Y/1000$	调整平均燃料价格为上限燃料价格 Z
B 大于基准燃料价格 Y	$(X-Y) \times Y/1000$	正调整（+）
C 小于基准燃料价格 Y	$(Y-X) \times Y/1000$	负调整（-）
D 等于基准燃料价格 Y		燃料费不调整

资料来源：东京电力公司官网

　　日本的燃料成本调整机制有两个特点值得注意，一是在燃料价格调整中设有一个上限，在燃料价格超过基础燃料价格的1.5倍以上就不在进行价格传递，以避免通货膨胀和影响消费者对电力的消费，避免电价的大幅上涨对经济产生不利影响。二是电力公司对最小消费电量不进行价格传递，以保护贫困消费者的电力消费，相当于对低收入者进行适度的能源补贴。最小消费电量的比率较低，所以即使不传递燃料价格波动，也不会对电力公司产生很大影响，与此同时又照顾了低收入人群，这值得借鉴。

　　通过对日本的浮动燃料机制的研究中可以得到的借鉴包括以下两个方面。

　　一方面在电价调整过程中，必须充分注意与燃料价格的联动关系。我国的电力供应是以火力发电为主的，而火力发电的主要燃料是煤炭，因此，要根据煤炭市场价格的变动及时调整电力价格，在煤价下降时可以降低电价，在煤价上涨时也应及时提高电价，煤电联动就更具有必要性。目前，煤炭价格，包括发电煤价格已经完全放开由市场自动调节，但是电力价格依旧继续实行高度集中的政府定价，如果电价不能及时反映煤价的变动，就会影响电力的正常生产和供应。

　　另一方面在制定和调整电价时，要引入一定的效率标准，使不同的电力企业的成本具有相对可比性，从而避免按照个别成本定价的一厂一价的现象发生。事实上，我国政府定价往往采取按部门平均成本定价的原则，这点需要进一步完善。

3.2.4　日本国内的电力价格制度

1. 日本国内的电价制度

　　日本国内对电力根据不同用途而制定多种收费标准及收费方式，主要类型有：以居民为对象的家庭用电；以办公楼、商店等为对象的商务用电；以工业为对象的高压电及大规模工业企业用的特别高压电等。其中主要的电价制度有：容量电价制、表价制、两部电价制和三段电价制。

　　容量电价制是按客户的每份合同用电设备的容量（瓦数或伏安数），按比例定时缴纳固定电费。此种电价只适用于有用电极少、不值得为收取电费而装表和抄表的小用户。表价制是用户按其用电量支付电费，为了保证在用户用电量很少或一定时间不用电时也能收回电力的固定成本，表价制规定要向用户收取一定固定的、按一定用电量算的表底费。两部电价制是按照合同容量、电流或负荷确定的容量和用电量计算的电量收取电费。三段电价制是将用电量分为三段来收费，其中第一档电量为居民基本生活用电电量，电量限为 120 千瓦时/月，约为居民月均用电水平的 40%，此段电价最低，相当于第二档电价水平的 75%，以考虑维持居民基本生活用电水平的需求；第二档电量限为 120～300 千瓦时/月，其用电量约等于目前居民月平均用电量水平（约 300 千瓦时/月），电价约为第一档和第二档电价的平均值，基本等于居民用电的平均水平价；第三档用电量为 300 千瓦时/月以上，超过了居民月平均用电量水平，其电价水平相对较高。这一制度反映出用电量越多，电费越高，这对节能和高消费有一定的调节作用。两部电价制与三段电价制相结合为日本大多数用户采用的电价制度。

　　近些年，日本通过扩大电力市场自由化领域来实现电力市场准入制度的改革。目前已经逐步放开了大规模工业企业、商业大厦等特定单位的用电收费管制，实行了自由化对象用电收费政策；而对家庭、商店、办公楼、医院、普通企业等仍然实行严格的用电收费管制，并把它称为非自由化用电收费政策。下面分别介绍不同用途的电价体制和电价管制方面的情况。

（1）非自由化对象

　　对于家庭等非自由化对象收费一般是采用两部电价制，即由与电量无关的基本收费加上根据使用量收取的从量收费组成。

　　家庭用电费采取的是"用电量分档累进两部制"，是采用两部制电价，结合三段电价制度，形成其独特的阶梯电价制度。由与用电负荷相关的基本电价和与用电量相关的电量电价所组成，其中，居民电量电价采取"用电量分档递增电价"，见表 3-13。

　　此外，为了减轻电力公司的成本费用压力，增加电力公司的收入，根据用户个性化的需求，在向政府经济产业大臣申请备案后，可制定多样化的收费目录。例如，以扩大用电量、节能为目的，面向特殊条件用户的优惠政策措施（包括全电气化住宅收费优惠政策、账户划转优惠措施等）。

表 3-13 电费计价表

居民分类	协议种类	电流数	单位	金额/日元
居民用电 B	基本电费	10	A/合同	273.00
		15	A/合同	409.50
		20	A/合同	546.00
		30	A/合同	819.00
		40	A/合同	1092.00
		50	A/合同	1365.00
		60	A/合同	1638.00
	电量电费	<120	千瓦时/月	17.87
		120~300	千瓦时/月	22.86
		>300	千瓦时/月	24.13
	月最低费用额		1 合同	216.30
居民用电 C	基本电费		千伏安	273.00
	电量电费	<120	千瓦时/月	17.87
		120~300	千瓦时/月	22.86
		>300	千瓦时/月	24.13

注：①居民用电 A 类别不实行阶梯电价本表未涉及；②居民用电 B 类别协议电流根据用户用电时的电流数（安培）来决定；③居民用电 C 协议电流由设置在用户家里的主断路器的伏安或是分支电路的数量决定；④基本电费均按月计费；⑤1 合同表示与电力公司签订的电力供应合同；⑥本表为东京电力公司 2008 年 10 月电价表

资料来源：李成仁和余嘉明，2010

目前，对于家庭等非自由化对象供电，仍然由十大电力公司分区域垄断。为了防止利用垄断地位制定高收费标准而损害消费者的利益，此类收费标准的制定和调整（下调时除外）必须经过经济产业大臣的认可。由于十大电力公司之间的竞争关系不是直接的而是间接的，日本经济产业省还制定了"标准查定"政策，在电力企业提出提高收费申请时，经济产业省要对电力企业成本进行核查。核查内容包括：发电成本、送电成本和一般费用三个方面。根据十大电力公司目前的效率水平，经济产业省制定电力企业应达到的效率标准，通过此标准，把十大电力企业进行相互比较，审查电力企业效率改善状况。同时为了进行公证的比较，经济产业省还需要充分考虑十家电力公司不同的地域特性和用户结构，并在此基础上对目标进行相应的调整。经"标准查定"后确定的收费标准应由复合效率经营基础上的适当成本加上适当利润构成。这可以在不实行价格歧视，也能够保证供电企业持续供电的成本并获得适当利润的前提下，采用完全成本定价法进行收费水平的确定。

(2) 自由化对象

从 1995 年 12 月开始，日本经济产业省针对大规模工厂等特定单位供电制定了"特定电力事业制度"，其收费水平在供求双方达成协议的基础上确定，只要向经济产业大臣提出申请备案即可。从 2000 年 3 月开始，日本电力收费实行了部分零售供给自由化、对于大规模工厂特别是高压用户的用电可以由十大电力公司以外的供电企业提供等改革措施。这种情况下的供电价格可以由用户和电力公司之间通过商量协定自由决定，从而在售电环节引入了竞争，开放了用户的选择权，售电环节的市场化程度得到提高，这是其降低电价的主要因素。

(3) 电网"托送"收费确定方式

电网设备投资巨大，新进入的供电企业一般难以承担高额的电网投资费用，而且各自建网势必会造成重复的投资，这对经济效益的提高没有好处。所以，日本产业经济省规定新进入的供电企业必须使用十大电力公司电网进行供电，这被称为"托送"。为防止十大电力公司依靠电网垄断优势，制定较高"托送"价格，排挤竞争者，影响电力行业效率的提高，经济产业省规定"托送"合同的确定必须得到经济产业大臣的认可。具体来说，十大电力公司所制定的"托送"价格以及其他"托送"合同条款都必须向经济产业大臣申请备案后向社会公布。从原则上看，十大电力公司不能在此合同的基础上再附加任何条件，如果该"托送"合同条款对某些企业有不适当的差别对待行为，经济产业大臣可以命令其改正。日本经济产业省规定："托送"收费的确定也采用两部制，由与托送电量无关的基本收费加上根据托送电量而计算的从量收费组成。

总体来说，从 1986 年以来，日本电力收费水平出现了不断降低的趋势，其原因是多方面的。由日元升值导致的原油进口价格降低，1996 年实施的燃料浮动机制，电力自由化政策引入了电力公司之间的竞争都对其发挥了重大作用。目前日本国内十大电力公司间的收费标准还存在着一定的差距，但是差距并不大。同时，日本的电价水平和其他发达国家还存在一定差距，日本与美国的电价水平差别不大，与英国、法国、德国相比依然较高。

2. 日本的节能措施与能源结构优化

日本是一个资源严重缺乏而依赖进口的国家，所以日本制定了许多节能措施及与能源结构优化相关的政策。根据国际能源机构的数据，日本民用部门的国民人均能源消费量，约等于国际能源机构参加国平均水平的 50%。从这一点来看，日本可以说是典型的节能型经济结构, 这源于日本有力的节能措施和能源结构优化政策。

在节能方面, 日本政府利用多种手段, 通过各种媒介, 不断推广新的节电技术和产品来提高人们的节电节能意识, 提高电力设备的利用效率, 提高火力发电的产热效率和降低输变电损失以提高电力资源的利用率, 同时还通过价格手段、提高民用设备效率来鼓励节能, 从而推动全社会的节能工作。从 1970 ~ 1978 年, 其民用部门电力消耗降低了大约 50%, 另外, 由于日本的气候温暖, 住宅使用绝热材料的普及情况, 一度落后于其他发达国家。而到 2000 年, 日本绝热住宅普及率已经高于 50%。

节约电力资源是节能的最主要内容, 在提高终端用电效率的同时, 日本政府也致力于降低电力需求, 其首先使用的是价格手段, 价格手段也是抑制国内电力需求增长的最直接手段。日本居民电价实行的是阶梯电价, 用电量越多, 电价越高。首先, 对于公司企业, 电力公司通过高压电电力收费和特高压电电力收费来提高电力价格, 从而促使公司节电。其次, 日本还利用储能调峰来抑制用电需求高峰下降, 通过这种方法将部分电力用户移动到电力需求比较低的时段, 使得用电需求更加平滑。例如, 电力公司在对家庭用户普通的收费目录中, 有时间差别 (夜间用电, 收费较低)、季节差别 (夏季以外的季节用电, 收费较低) 等种类。这种优惠收费价格的目的是希望用电量向夜间等用电需求量比较少的时间段或者季节时期 (低负荷时期) 分流, 以降低供电成本。

在优化能源结构方面, 日本通过发展核能和新能源, 转移对煤电的依赖以减少国内的煤炭需求。从表 3-14 中可以看出, 20 世纪 90 年代日本依赖石油和煤炭比较厉害, 新能源发展比较平缓, 到 2010 年, 石油消耗减少, 煤炭消耗虽然依旧在增加, 但是新能源提高很迅速。1990 年核能占总耗能的 10.2%, 到 2010 年, 其比例增加到 13.15%; 其他新能源也由之前的 0.64% 增加到显著的 1.56%, 并且希望能达到 3% 的目标。2011 年福岛核事故发生之后, 日本的核电发展更加谨慎。新能源或将成为日本能源发展的主要方向。

表 3-14   日本能源结构   单位: 百万吨油当量

能源种类	1990 年		1999 年		2010 年		2011 年	
	消费量	比重	消费量	比重	消费量	比重	消费量	比重
石油	248.1	57.15%	257.4	50.83%	200.3	39.82%	201.4	42.17%
煤炭	76.0	17.50%	91.5	18.06%	123.7	24.60%	117.7	24.65%
天然气	43.3	9.97%	62.5	12.33%	85.1	16.91%	95.0	19.88%
核能	44.3	10.20%	71.9	14.19%	66.2	13.15%	36.9	7.72%
水电	19.8	4.55%	18.9	3.73%	20.6	4.09%	19.2	4.02%
其他新能源	2.8	0.64%	4.3	0.85%	7.2	1.42%	7.4	1.56%

资料来源: BP Statistical Review of World Energy June 2012

　　从日本的电力改革经验和电力结构、电价制度以及与之相关的海外煤炭贸易布局可以得出以下结论。

　　第一，日本电力工业的主要技术经济指标达到世界前列，是世界上电力工业最发达的国家之一。经过几次改革形成了具有竞争性的电力市场，其电力零售市场的市场化过程是值得我国借鉴的。

　　第二，在电价形成过程中，可以适当放开部分用途或用户的电价，运行部分特定用户与供电企业自助协商定价，政府主管部门不必进行干预。

　　第三，日本国内能源十分贫乏，但凭借强大的经济实力，日本大量进口国际上的能源，使得其电力供应十分充裕。同时还十分重视各种发电能源的合理利用以降低电能的成本，合理解决白天与夜间用电不均衡的峰谷用电差。同样以煤电为主导的国家，日本的相关经验值得借鉴。我国应当合理安排煤电一体化关系，建立更加合理的中段阶梯电价体系；同时还应加快能源期货交易中心建设，为能源价格改革创造基本条件。

　　第四，日本十分重视电力工业的科研工作，认为电力科研工作是电力工业赶超世界先进水平的关键手段。日本政府设有原子能研究所专门研究原子能发电的科研项目，通产省所属的工业技术院则专门集中研究电力工业发展的方向性和战略性的有关课题。在私人财团方面，除了生产、制造发电设备的格达机电公司（株）都有各自的专业研究机构外，日本几大电力公司（株）还共同出资设立了统一的专门研究电力发展的综合性研究机构——日本中央电力研究所。另外，在日本的学术界和有关高等院校也有一批研究电力发展的专业性机构。因此，日本全国各地凡是有发电厂的地方，大多都会有相应的电力研究机构存在。正是这些研究机构的不懈努力，从而使得日本的电力工业跃上一个又一个新台阶，成为世界电力工业的大国。

　　第五，借鉴日本综合商社经验，提高海外煤炭资源的综合控制力。日本的综合商社通过对海外煤炭资源的开采、运输基础设施减少、远洋运输等的全面参与，不仅在国际煤炭贸易领域实现了较强的控制能力，而且有效保障了日本煤炭资源进口安全及价格的稳定，还在维护海外煤炭资源垄断地位的同时通过对其他国家的贸易获得高额垄断利润。为此我们应该加快贸易企业的兼并组合与贸易模式改革，尽快由单一的业务领域拓展为具有综合市场的国际贸易集团，以提高自身的国际竞争力及话语权。并通过逐渐渗透等方式，逐步提高海外权益煤比重，深度参与与煤炭相关的基础设施建设，特别是在远洋运输方面，同时加大煤炭资源长期供货合同比重，加强对海外煤炭资源的掌控能力，切实保证海外煤炭资源供应安全及价格的稳定，提高抗风险能力。

3.3　中国香港电力市场的运行及监管经验

3.3.1　中国香港电力市场的现状及特点

中国香港的电力市场的运行及监管是在香港政府和香港的两家电力企业所签订的《管制计划协议》下进行的。从 1964 年启用至今，香港的电力工业发展迅速，在全世界以市场化为主导的电力行业改革进程中，它提供了一个不经过市场化改革而将电力市场发展良好的优秀范本，政府对双寡头垄断电力市场的高效监管，保证了电力市场的稳定发展。在整个进程中，《管制计划协议》是香港政府对电力市场进行监管的主要工具，它有力地保障了电力的可靠供应，即使在 20 世纪 60 年代电力需求猛增的情况下，也未曾出现缺电现象，此外还稳定了电价。因此，对于我国内地由煤电矛盾导致的软缺电而言，具有借鉴意义。

《管制计划协议》之所以能够保证香港 99% 以上的供电安全和稳定，防范煤电矛盾和软缺电现象在于以下几个原因。首先，它通过在电费中设置"燃料价格调整"项目，实行燃料费用的实报实销，将燃料成本完全由消费者承担，使电力企业完全规避燃料价格波动的风险，所以，即使煤价或天然气价格大幅上涨，也不会影响企业长期利润，不会出现煤电矛盾。其次，它通过规定电力企业所能获取的准许利润、建立相应的减费储备金和电费稳定基金等，实现政府对电费的管制，避免由于燃料价格的波动完全转移到消费者一方所引起电费的较大幅度的波动。最后，它通过规定电费的调整项目，实现对电力企业的政策性引导。由此，要破解煤电矛盾，应该使电价反映燃料价格的变化，同时，为避免电价的大幅波动对国民经济造成损害，还需引入对电价上涨的制约机制。

1. 中国香港电力市场现状

托马斯·法勒（Thomas Farer）是最早按照经济特征来辨认自然垄断的学者之一。他具体列出自然垄断产业的四个经济特征，包括：①这些产业必须提供生活必需的产品或服务；②这些产业必须具备有良好的生产环境和地理条件；③这些产业的生产必须以规模经济为特征；④这些产业的顾客要求获得稳定的、可靠的供应，通常只能由一个企业才能提供这种供应（樊纲，1993）。电力行业具有上述特征，因此长期以来，电力行业都被认为是垄断行业，近年来由于技术的革新，发电和售电环节的规模效应有所降低，但输电和配电环节需要巨大的投资成本，而且这些投资成本的收回期限很长，因此其依然具有自然垄断特性。由于香港的电力市场规模较小，电力需求大致为 40 亿千瓦时/年，相当于内地的千分之一，再加上适合发展基础设施的土地不多以及电力投资巨大和较长的还本期，所以尽管香港政府没有限制企业进入电力市场，但是其电力市场发电、输电、配电、售电整个环节依然出现了双寡头自然垄断的特征。因此，如何规避由垄断带来的高价格、外部性和市场无效性是各个国家电力市场监管的主要内容，香港政府采取的是以《管制计划协议》为主要工具的监管安排。

香港的电力市场由两家地区性私人电力公司香港电灯有限公司（简称港灯）和中华电力有限公司（简称中电）组成的，两电（港灯和中电的合称）采用纵向一体化模式，提供从发电、输电到供电的全程服务。港灯成立于 1889 年，并在湾仔建厂安装了香港的第一台 100 千瓦发电机组，于 1890 年开始发电，提供香港的全部电力直到 1901 年，中电成立。港灯的第一座发电厂位于湾仔区，1919 年，第二座发电厂——北角发电厂开始投入服务。采用燃油发电的鸭脷洲发电厂是公司的第三座发电厂，于 1968 年投产，并于 1989 年停止运作。自 1990 年起，所有电力均由南丫发电厂提供。南丫发电厂座落于南丫岛菠萝嘴，占地 50 公顷，是香港政府在 1978 年 12 月于宪报正式批准给予港灯，为香港岛及南丫岛提供电力。南丫发电厂及南丫发电厂扩建部分总发电量为 3736 兆瓦，包括 8 台燃煤机组、5 台燃气轮机、1 台风力发电机、1 组 550 千瓦太阳能发电系统及 2 台联合循环机组。在输配电方面，电力由南丫发电厂生产，然后以极高电压 275 千伏及 132 千伏经输电系统输往不同的负荷中心。输送电力主要以地底电缆及海底电缆进行，现时只有少数 132 千伏架空电缆仍保留在系统中。在主要负荷中心的输电路末端，则会以大容量的变压器把电力再降压至 11 千伏或 22 千伏，然后才分配至 3700 个客户变电站。输电系统使用地底电缆，即使遇着恶劣天气，如台风时，仍可确保电力供应稳定，而且对于负载密度高如香港的地区是十分理想的。

中电成立于 1901 年，位于红磡漆咸道的首座发电厂于 1903 年正式投入服务，发电容量为 75 千瓦。1940 年，中电的第二座电厂鹤园电厂开始正式投产，由中电及埃索（现称埃克森美孚）合营的青山发电有限公司拓展鹤园发电厂。1969 年，发电容量达 1520 兆瓦的青衣燃油发电厂正式启用。1982 年，青山发电 A 厂正式投产，发电容量达 1400 兆瓦，落实采用多元化燃料策略，此后又新建了青山发电 B 厂和竹篙湾发电厂。1996 年，香港首座天然气发电厂——龙鼓滩发电厂正式分段投产，机组在 2006 年落成。时至今日，中电在香港经营青山发电厂、龙鼓滩发电厂及竹篙湾燃气轮机发电厂。这些设施属青山发电有限公司（简称青电）所拥有，而青电是埃克森美孚能源有限公司及中华电力组成的合营公司。三座发电厂的总发电容量 6908 兆瓦（截至 2012 年 6 月 30 日）。在输配电方面，中电独资拥有和营运的输电及供电网络，由 1561 千米的 132 千伏电线、27 千米的 33 千伏电线、11 935 千米的 11 千伏电线、59 766 兆伏安变压器、216 个运行中的总变电站，13 436 个运行中的副变电站所组成，提供可靠性达 99.99% 的电力服务，是全球业界最高水平之一。

总体而言，香港地区的输电线路除 400 千伏输电线大部分采用架空外，其他电压等级的输电以及配电线路绝大部分使用电缆，包括海底、隧道、地下电缆。香港地区变电站一般布置紧凑，占地很少。例如，一个 400 千伏级的变电站，全部设备都布置在一幢 4 层楼房里，一楼是主变，二楼是主变附件，三楼是 132 千伏的 GIS 控制设备，四楼是 400 千伏的 GIS 控制设备，所有保护、通信、直流等设施都布置在主楼的两端，全站占地面积为 7000 平方米，如图 3-18 所示。

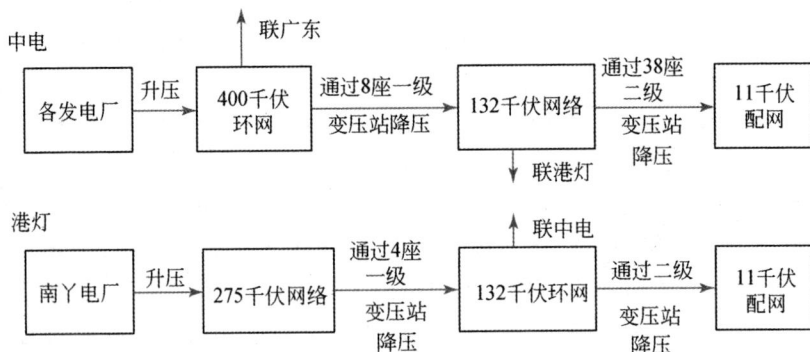

图 3-18　香港的输配电结构图
资料来源:《农村电气化》

中电提供约全港 70% 的电力，范围包括九龙、新界、大屿山、坪洲、长洲及其他离岛区；港灯则提供全港约 30% 的电力，范围包括香港岛、鸭脷洲及南丫岛（表3-15）。截至 2010 年，两家电力公司的发电容量及服务的客户数量分别为：中电发电容量为 6908 兆瓦，服务客户 234.7 万个；港灯发电容量为 3736 兆瓦，服务客户 56.6 万个（表3-16）。两家电力公司均由私人投资者拥有，并无专利权，公司的利润和财务安排受香港政府《管制计划协议》监管。

表3-15　目前供应香港用电的发电站或输电来源

电力公司	发电站
港灯	位于香港的南丫发电厂、南丫风采发电站
中电	位于香港的青山发电厂、竹篙湾燃气轮机发电厂、龙鼓滩发电厂，位于广东省的大亚湾核电站及广州蓄能水电厂

表 3-16　2011 年两电在香港的电力业务概况

企业	装机容量/兆瓦	服务客户/千	售电量/百万千瓦时	电价/港仙
中电	8 888	4 259	34 125	94.2
港灯	3 736	567	10 897	123.1
合计	12 624	4 826	45 022	—

资料来源：中电和港灯的 2011 财务报表

　　香港陆地面积 1104 平方千米（包括香港岛、九龙和新界及离岛），约为内地的万分之一，人口约 700 万，由于地域限制，香港是一个细小的电力市场，其电力市场需求量约为 150 000 太焦耳，两家电力公司的装机容量能够满足香港电力市场的需求量（表 3-17）。香港的经济结构已经转型完成，形成了以服务业为主的经济体系，因此其电力市场的需求变化不大，增长比率维持在 2% 左右。

表 3-17　香港的电力需求与供应

年份	最高装机容量/兆瓦	最高需求量/兆瓦	产电量/太焦耳	用电量/太焦耳
2008	12 624	9 859	177 433	150 705
2009	12 624	10 296	181 145	149 366
2010	12 624	10 153	177 615	151 432
2011	12 624	10 788	181 317	147 345

资料来源：2011 年香港能源统计

　　香港资源匮乏，所需的能源基本依赖外地供应，香港的发电厂以煤作为主要发电燃料，其次为天然气和核能，比例大致为 54%、23%、23%（图 3-19）。各种发电燃料绝大部分来自于进口，其中燃煤完全依赖进口，所以一方面，香港的电力市场不存在煤电矛盾，另一方面，国际燃料价格的波动对发电成本影响很大。此外，为了应对气候变化，香港政府致力于降低温室气体排放，其主要措施就是降低煤在发电燃料中的比例，增加天然气和核电的发电比例。香港政府引入电力企业利润与其排放表现相挂钩的机制，该项政策始于 2009 年，因此其效果还有待观察。天然气的使用始于 1995 年年底，由海南岛的一个气田经 780 千米长的高压海底管道进口，另一方面，中电也从广东省的大亚湾核电站，以及作为核电厂附属设备的广州抽水蓄能电站输入电力到香港。对可再生能源的应用，港灯的南丫风采发电站在境内实行风力发电。香港现在也开始使用太阳能发电，但主要用于泳池的设施，而上水屠房的热水供应系统也有这种系统。新界等较边远的区域的一些建筑物，也设置小规模的太阳能或风力发电系统，主要用于照明，或用于现场数据资料记录设备等。

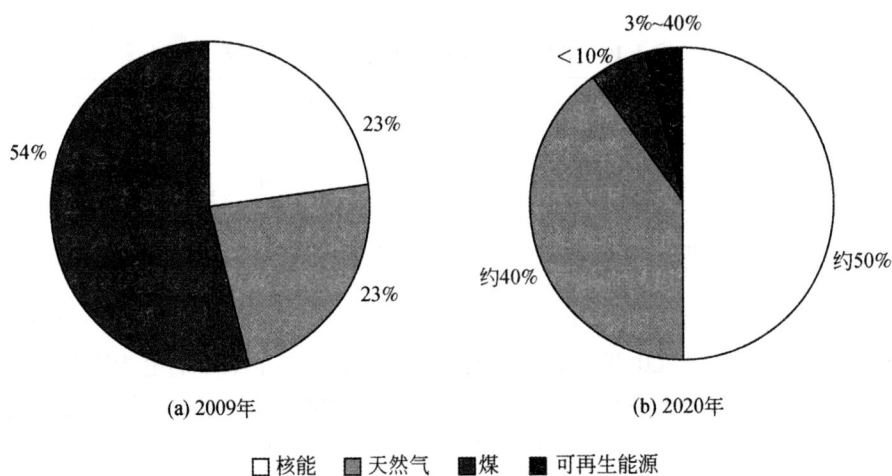

(a) 2009年　　　　　　　　　　(b) 2020年

□ 核能　　■ 天然气　　■ 煤　　■ 可再生能源

图 3-19　香港的发电燃料组合

资料来源:《香港应对气候变化策略及行动纲领》

两电所收取的电价是不同的,两电各自实行自己的垄断定价,中电规模较大,具有规模效应,其成本要低于港灯,因此中电的电价要低于港灯的电价。此外,两家公司均根据用电量的不同实行阶梯电价。中电的电价分为五个类别,分别是住宅用电、普通非住宅用电、大量用电、高需求用电以及储冰式冷气系统特惠用电。其中,当客户现时或预期每月用电量不少于 20 000 千瓦时,可以书面申请按大量用电价目计算。客户现时或预期需求量不少于 3000 千伏安,可以书面申请按高需求用电价目计算。而港灯将其分为居民用电电价和工商业及杂项供电电价,2012 年,中电的平均电价为 0.941 港元/千瓦时,折合成人民币为 0.774 元/千瓦时,港灯的平均电价为 1.233 港元/千瓦时,折合成人民币为 1.02 元/千瓦时,这与我国内地平均 0.578 元/千瓦时的电价相比而言,还是要高许多,但是内地和香港的经济状况不同,因此也不能说明香港的电价要比内地高(表 3-18 ~ 表 3-20)。

表 3-18　2012 年中电住宅用电电价　　　　单位:港仙/千瓦时

每两个月用电度数	基本收费	燃料价条款	地租及差响特别回扣	总计
首 400	77.8	17.8	3.3	92.3
次 600	89.3	17.8	3.3	103.8
次 800	103.4	17.8	3.3	117.9
次 800	121.0	17.8	3.3	135.5
超过 2600	129.5	17.8	3.3	144

表 3-19 2012 年港灯居民用电电价　　单位：港仙/千瓦时

用电度数/千瓦时 （分段计）	基本电费	燃料价条款调整	净电费
最初 150	56.3	37.0	93.3
以后	—	—	—
150（151~300）	67.8	37.0	104.8
200（301~500）	79.3	37.0	116.3
200（501~700）	105.8	37.0	142.8
300（701~1000）	117.3	37.0	154.3
500（1001~1500）	128.8	37.0	165.8
由 1501 起	131.3	37.0	168.3

表 3-20 2012 年港灯商业、工业及杂项供电电价　　单位：港仙/千瓦时

用电度数/千瓦时 （分段计）	基本电费	燃料价条款调整	净电费
最初 1500	94.6	37.0	131.6
以后 18 500（1501~20 000）	105.1	37.0	142.1
由 20 001 起	107.6	37.0	144.6

此外，根据中电的财务报告来看，中电的电价与部分发达国家相比较而言，其电价要低于美国纽约、澳大利亚悉尼、法国巴黎等，因此其电价依然具有一定的竞争力（图 3-20）。根据香港劳工局的调查显示，香港的住宅用户的电力开支占其收入的比重不到 2%，70% 的非住宅用户即工商业及公共机构的电力开支占其总营运开支的 10% 以下。我们可以根据这一比例作为我国电价调整的一个参照和国家之间的电价比较的衡量指标。

由于香港是一个成熟的经济发展体，第三产业占本地生产总值的比例高达85%。因此在电力消费结构中，商业用电占有绝大部分比例，近年大约在66.5%，其次是居民用电，达到 25%，工业用电的比例很小（图 3-21）。这与我国内地的用电结构存在明显的区别，这源于香港的产业结构的转型，但是在 20世纪 60 年代初到 70 年代末，香港的产业结构也是以工业为主导，只是到了 70年代后期，制造业才开始大规模迁往珠江三角洲地区。所以，在不同的产业化结构时期，香港对电力市场的监管都采用的是《管制计划协议》，而其促进了香港的经济发展。

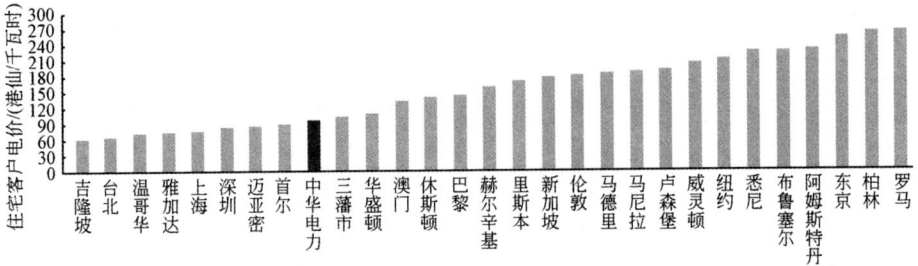

图 3-20　2012 年 1 月全球住宅客户电价比较

注：比较按每年用电量为 3300 千瓦时计算，资料反映 2012 年 1 月份的电价及货币兑换率

资料来源：中电财务报告

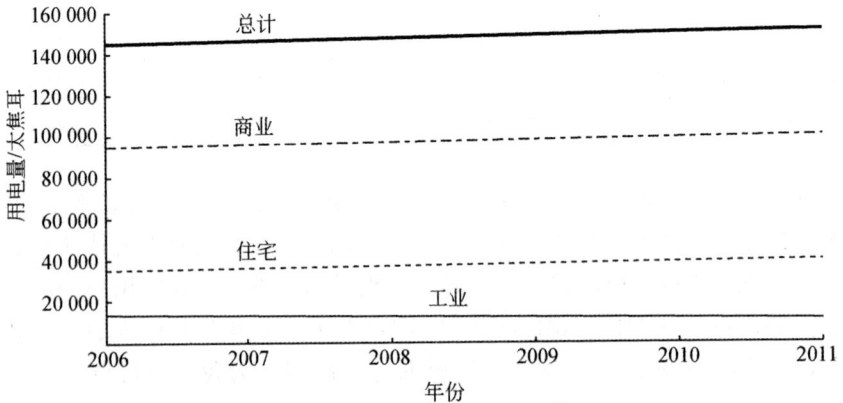

图 3-21　香港的电力需求结构

资料来源：《香港电力市场未来发展第一阶段咨询》

2. 中国香港电力市场的特点

通过上面的分析可以看出，香港电力市场具有如下的特点。

第一，只有两家由私人资金经营的电力供应商，具有双头寡头垄断市场特征。

第二，两家电力公司提供纵向式综合电力服务，包括发电、输电、配电和供电所有环节。

第三，受政府《管制计划协议》归管。

第四，香港没有天然燃料供应，必须依靠外来输入发电燃料，两电各自电价不同，但都采用阶梯电价。

第五，以商业用电量为主，工业用电量低，作为世界主要的商业金融中心之一，提供稳定可靠的电力供应及维持高水平的电力服务至关重要。

3.3.2　中国香港电力市场的监管安排

中国香港对电力市场的监管安排是十分简单而且透明的（具体分工与职能见表3-21）。在电力供电安全方面，《电力法例》规定了发电设施的注册以及输电和用电的安全条例；在环保方面，环境运输及工务局负责有关发电和供电的环保政策事宜，环境保护署执行有关环保法例的法定条文；在经济方面，通过政府和两电分别签订的《管制计划协议》进行。在所有的监管安排中，《管制计划协议》是其核心。

表 3-21　香港电力市场的管制机构及其职能

安全归管	环保归管	经济归管
经济发展及劳工局负责有关发电、供电和用电的可靠及安全性与效率的政策事宜。 机电工程署执行《电力法例》的法定条文	环境运输及工务局负责有关发电及供电的环保政策事宜。 环境保护署执行有关环保法例的法定条文	经济发展及劳工局负责有关经济归管的政策事宜，以《管制计划协议》为依据

资料来源：《香港电力市场未来发展第一阶段咨询》

香港电力市场的管制计划源于 20 世纪 50 年代，因为政府与公众对两家电力公司的收费和服务不满意，提出要对电力市场进行改革，两电为了避免被政府所收购而与政府达成的协议。中电 1964 年与政府签订了第一份《管制计划协议》，而港灯则于 1978 年才加入。《管制计划协议》的主要作用有两个方面，一是保障电力企业的股东能就其投资收回合理利润，以鼓励私人长远投资；二是保障电力企业能以合理价格向市民提供足够和有效率的电力供应。它的主要内容包括准许利润、电费稳定基金和减费储备金、电费的制定与调整，其中，电费的制定与调整的相关规定则是《管制计划协议》的核心内容，也是我国解决煤电矛盾应该借鉴参考的主要内容。从香港电力市场近 40 年来的发展来看，《管制计划协议》保障了电力的可靠供应，中电的供电可靠性达到 99.9%，处于世界领先水平。

1. 准许利润

准许利润就是香港政府所规定的两家电力公司能够获得的最大利润。目前的《管制计划协议》规定的准许利润为该年度的可再生能源固定资产平均净值总额的11%与该年度的固定资产平均净值总额的9.99%之和。两电的股东在任何年度从与电力有关的经营获得的利润净额，是准许利润对借入资本的利息、电费稳定基金费用、过剩发电容量、排放表现、能源效益及可再生能源奖励金额进行调整或扣除后的数额，称之为利润净额。准许利润的规定有三个主要作用：一是保障了电力企业的合理利润，再加上《管制计划协议》期限长，达到15年（2009年的协议期限为10年），从而能够促进私人长远投资；二是保证了政府能够对电力企业实现强有力的监管，可以据此确定基础电费率的高低；三是通过对各调整或扣除项目的规定，可以根据政府的碳排放目标等对电力企业进行引导。

2. 电费稳定基金和减费储备金

为了减少电费的增加或在合适情况下促进电费的下降，协议规定两电必须设立电费稳定基金和减费储备金项目，并进入资产表的负债项目。电费稳定基金的数额等于任何年度内，电费收入毛额超过或少于两电管制业务该年度以下三数的总和：经营费用总额、准许利润和管制计划课税负担。溢数将拨入电费稳定基金，不足之数将从电费稳定基金扣除，但倘若数额不足，则拨出的金额不得超过电费稳定基金的结余。电费稳定基金的公式为

电费稳定基金 = 电费收入毛额 − 经营费用 − 准许利润 − 管制计划课税负担

两电账目中必须有一项减费储备金，每年度的减费储备金等于减费储备金利率乘以电费稳定基金在该年度的期初和期终结余平均数的费用，贷记入减费储备金。这项减费储备金通常于紧接的年度内以电费回扣方式减少，以降低电费或尽量减低电费的增加。减费储备金的结余不得超过本协议规定当年度所转入的数额及前三年度（不论是否属于本协议期限内）所转入的数额的总和。其中减费储备金利率是指根据 Moneyline Telerate Service 或其他金融服务提供商于该年度每月首个营业日（周六除外）公布的一个月期香港银行同业拆息率（HIBOR）的平均值，公式为

减费储备金 = 减费储备金率 × 电费稳定基金

3. 电费的制定与调整

香港电力市场的电费是由基本电费率、燃料价格调整费和回扣三部分组成。前两者是构成电费的主要部分，回扣所占比例很小，有时为零。基本电费率消化

了电力企业的营运成本、准许利润和相关税费等其他开支，保证了电力企业收回成本的同时也合理地投资利润。燃料价格调整费则将燃料价格的变动转嫁给消费者，一方面保证了电力企业供电不受能源价格影响，因此不会出现软缺电现象；另一方面，两电无降低燃料成本的动力，对于电价的稳定造成了一定的威胁，如果没有其他相应的制约机制，很容易出现电价随着燃料价格的大幅上涨。消费者电费的公式为

$$电费=基本电费率+燃料价格调整费-回扣$$

基本电费率的制定：两电根据各自的准许利润、经营成本和税负等计算得出预测基本电费率，其中中电的基本电费率的计算公式为

$$中电基本电费率=\frac{准许利润净额+营运开支-向内地售电溢利}{按负载预测得出的本地售电量}\times 80\%$$

为了保证基本电费率的合理性，政府与两电共同进行发展计划检讨，达成协议后交行政会议批准后生效，直至行政会议批准下一个发展计划检讨为止，一般情况下，发展计划检讨 5 年进行一次。为了保证通过基本电费率收回和如实反映两电的供电成本，对电价进行监管，每年 10 月份，政府与两电共同进行电费检讨，对发展计划检讨的内容进行修订，估计年终电费稳定基金结余上限，该上限为两电从销售电力给本港客户所得的每年总收入（包括燃料成本账户调整但不包括该年度的回扣和调整费）的 8%。在随后的年度做出一次性回扣或电费调整，使估计结余减至或低于该上限。当预测基本电费率（"建议基本电费率"）不高于行政会议为该年最近一次获批准的预测基本电费率的 5%，则该年度基电费率调整将按照电费检讨后的修订数字而做出，不再由行政会议批准。如果建议基本电费率超过限额 5%，将需尽快进行另一次发展计划检讨。通过每年的电费检讨和不定期的发展计划检讨的双重监管，实现了对电价的监管制度的简单性及合理性，在保证了供电企业能获得合理利润的同时也保证了电价的波动幅度受政府监管而不至于过大。

燃料价格调整是指两家电力公司按照《管制计划协议》所设的燃料价格调整条款账目得出政府和两电所议定的标准燃料成本与实际燃料成本之间的差异，并计算得出消费者应按每单位电量支付的费用。电力公司的燃料开支完全由用户负担，属于实报实销开支，因此两电不可能在燃料收费的调整机制下取得任何额外利润或回报。每年的燃料价条款折扣或附加费，通常在每年电费检讨时确定，当中考虑的因素包括燃料费差额、燃料价条款账结余及稳定电费的需要。在每年电费检讨中，政府也会聘请独立能源顾问审视两电对燃料价格的预测，分析其预测是否跟随国际市场走势，以及是否设定在合理的水平。通过以上机制，政府可确保两电的燃料价条款收费合理。但同时，消费者完全承担燃料成本，也使得两

电没有减少燃料开支的动力，消费者要承受燃料价格波动导致电价大幅波动的风险。

回扣是源于上述的减费储备金项目，当某一年基本电费率的预测值偏高，就使得电费稳定基本和减费储备金项目增加，则在下一个年度，以回扣的方式降低电费，或减少电费的增加。可以看出这是一种稳定电价的手段，也是制约两电过高估计基本电费率的方法。

基本电费率的调整周期是非常灵活的，大于5%的涨幅调整周期取决于通过发展计划检讨和行政会议批准的时间，若两电没有提出，则发展计划检讨常规5年举行一次，小于5%的涨幅则可每年进行一次，其调整基准为上一年度的固定资产和下一年度的电力消费预测数。燃料价格调整根据协议是灵活而不固定的，但根据近十年的历史资料来看，基本为每年调整一次，其调整基准为上一年度资产负债表中的燃料价格调整账款及下一年度的燃料成本的估计。这样的安排在保证了每一年度电价的稳定性的同时，也保证了电价及时的调整以反映成本等的变动。但是，一年的调整周期相对于世界上绝大部分的燃料价格调整周期而言，是比较长的，当燃料价格出现预期外的较大幅度波动时，会增加电力企业资金周转的压力。燃料价格条款考虑了资本的时间价值，会将利息计入燃料价格条款，所以不会影响电力企业的资本成本。由于燃料价格实行的是实报实销制度，燃料价格的传递达到了100%。

基本电费变动的考虑及影响因素包括：①固定资产平均净值及准许利润率因新管制计划协议的改变；②经营费用；③本地售电量；④电费稳定基金结余；⑤管制计划税款及其他收入。至于燃料价格条款收费则包括：①燃料价格；②修正上年少收的燃料价格条款收费；③燃料价格调整条款账结余。表3-22以中电为例，对电价调整的具体方法做出说明。

表 3-22 2011 年中电电价调整明细　　　　单位：港仙

项目	具体	加费理由	对电费的影响
基本电费	固定资产平均净值的增加	由 2010 年的 859 亿元增至 2011 年的 911 亿元	+2.0
	经营费用上升	由 2010 年的 116 亿元增至 2011 年的 133 亿元	+5.2
	本地售电量增加	由 2010 年的 309.45 亿千瓦时增加至 2011 年的 313.9 亿千瓦时	-0.6
	向内地售电量减少	由 2010 年的 26.1 亿千瓦时降至 2011 年的 8.3 亿千瓦时	+0.7

续表

项目	具体	加费理由	对电费的影响
基本电费	电费稳定基金结余减少	预计 2011 年基金结余减幅将比 2010 年变动增加 18.54 亿元	-7.1
	其他（利息和税项的变动）	—	-0.2
基本电费小计	—	—	+0.0
燃料价条款收费	燃料价格上升	2011 年燃料开支增加 2.78 亿元及售电量增长 1.4%	+0.7
	修正 2010 年多收/少收的燃料价条款收费	2010 年少收的燃料价条款收费为 3.36 亿元	+1.0
	改变燃料价格调整条款账的负结余	燃料价格调整条款账的负结余由 2010 年底的 3.48 亿元减至 2011 年年底的 0.74 亿元，相关变动为 2.74 亿元	+0.9
燃料价条款收费小计	—	—	+2.6
总计	—	—	+2.6

资料来源：中电 2011 年检讨资料

　　为了达到政策性的引导作用，《管制计划协议》同时规定了一些奖励惩罚措施，用温和的方式激励电力企业提高效率、节约能源和关注环保。具体而言，主要包括排放表现挂钩机制、客户奖励惩罚机制、能源效益、可再生能源和联网机制。排放表现挂钩机制是指按照各公司二氧化硫、氮氧化物和可吸入悬浮粒子（简称悬浮粒子）（三者合称"污染物"）的许可排放量与实际排放量的差异对准许利润进行调整，具体的惩罚与奖励比例见表 3-23。因此，发电企业如果想要获得更高的准许利润，就必须达到规定的排放标准，为获取奖励，要进一步降低污染物的排放，这会促使企业在降低污染物排放所获取的利润与增加的成本之间进行权衡，以获取最大利润。所以，透过这一机制，政府可以通过制定合理的调整比率，促使电力企业按照政府的预期降低排放。这与直接的行政规定相比而言，提供了激励性，具有更高的灵活性，给予了电力企业更多的权利。电力企业对于降低污染物的排放的技术更为了解，因此由电力企业自主进行技术革新，一是可以直接降低成本；二是电力企业能够更灵活地进行时间方面的安排，有利于降低碳排放的社会成本。

表 3-23　排放表现挂钩机制

排放表现	适用百分比/%
如一种或多种污染物的排放量超过其总许可排放量的 30% 或以上	-0.4
如一种或多种污染物的排放量超过其总许可排放量的 10% 或以上，但没有任何一种高于其总许可排放量的 30%	-0.2
如各种污染物的排放量均不超过其总许可排放量的 10% 或以上，但每种污染物的排放量也不比其总许可排放量减去市场调节后低 10% 或以上	0.0
如所有污染物的排放量均比其总许可排放量减去市场调节后低 10% 或以上但少于 30%	0.05
如所有污染物的排放量均比其总许可排放量减去市场调节后低 30% 或以上	0.1

资料来源：中电 2011 年检讨资料

　　客户表现奖励罚款机制是根据两电的供电可靠性、运作效率和客户表现对准许利润所进行的调整。正如前文的 3.3.1 所述，香港是国际性的大都市，商业用电占绝大部分比例，供电可靠性要求很高，供电可靠性表现，是以两电于该年度所达到的平均服务可用指数（ASAI）为量度标准；运作效率表现，是以港灯于该年度所达到的接驳及供电表现指数（CSPI）为量度标准；客户服务表现，是以港灯所达到的预约项目准时指数（API）为量度标准。通过上述规定，可以保证香港电力的供电可靠性，避免其对工商业的影响。此外，这一机制还能有效地提高电力企业的效率，为垄断性电力企业更有效地提供电力提供了激励，政府可以通过奖励调整的百分比，达到预期的政策性引导作用（表 3-24）。

表 3-24　客户奖励罚款机制

客户表现类别	目标	奖励调整/%
可靠性	ASAI 大于或等于 99.992%	+0.01
	ASAI 少于 99.992% 但高于 99.985%	0
	ASAI 等于或少于 99.985%	-0.01
效率	CSPI 等于 100%	+0.01
	CSPI 少于 100% 但高于 99.95%	0
	CSPI 等于或少于 99.95%	-0.01
客户服务	API 等于或高于 98%	+0.01
	API 少于 98% 但高于 96%	0
	API 等于或少于 96%	-0.01

资料来源：中电 2011 年检讨资料

任何完整当年年度的节约能源表现，会对准许利润率产生一定的影响。具体而言，如果该年度的节约能源表现（以 GWh 为单位来表达）相等于或高于 3GWh 时，准许利润率会调高 0.01%，此项节省是以工程设计基准来评估的。此项节省的能源总和应由两电按照能源审核计划下进行的能源审核而评估。

通过上述对《管制计划协议》内容的分析可以看出，香港对电力市场的监管的主要工具是《管制计划协议》，其核心内容是电费的制定方法。《管制计划协议》能够有效监管香港的电力市场的主要原因是制定了简单而明确的价格机制，通过基本电费率消化电力成本并保证合理的利润；通过燃料价格调整费承担燃料费用的变化，理顺了价格机制；通过对准许利润以及电费调整的相关规定，实现政府对电价的监控和有力引导。

3.3.3　香港两家电力公司经营状况

香港是一个细小的、发展成熟的开放性经济体，自 1990 年起，电力需求每年只增长 3%，根据中电的预测，电力需求此后会温和地增长，维持在 2% 左右。与内地不断增长的电力需求相比，两电面临的市场需求较小。此外，由于香港自身能源资源匮乏，其发电燃料绝大部分都来自于进口，其中电煤完全依赖进口，很明显，进口燃料的价格波动对电力市场影响巨大。近年来燃煤的价格呈上升趋势，导致电厂的燃料费用急剧增加。但由于利润和电价都受到《管制计划协议》约束，两家电力公司经营状况的表现与国内电厂相比明显不同。

1. 两电的盈利能力情况

近几年来，两电的销售净利率和总资产净利率均表现出了小幅下降后基本持平的特征，由于中电拥有较多不受《管制计划协议》监管的海外业务，权益净利率的变动不能反映《管制计划业务》的经营情况。上述数据均是采用的《管制计划业务》内的收入和利润。总资产净利率是一个企业盈利能力的关键，中电的总资产净利率在 2008 年及以前大概维持在 12% 左右，2009 年及以后基本维持在 8.2%；港灯的总资产净利率也在 2009 出现分水岭，2009 年以前维持在 13% 左右，此后基本持平于 9.2%。两家电力公司的销售净利率也在 2009 年出现转折点，这主要是由于新的《管制计划协议》将准许利润占固定资产的 13% 左右调减至 9.99%。尽管如此，两电的总资产净利率还是比内地绝大部分的发电企业要高，两电的销售净利率则明显高于我国内地电力企业，如图 3-22 所示。

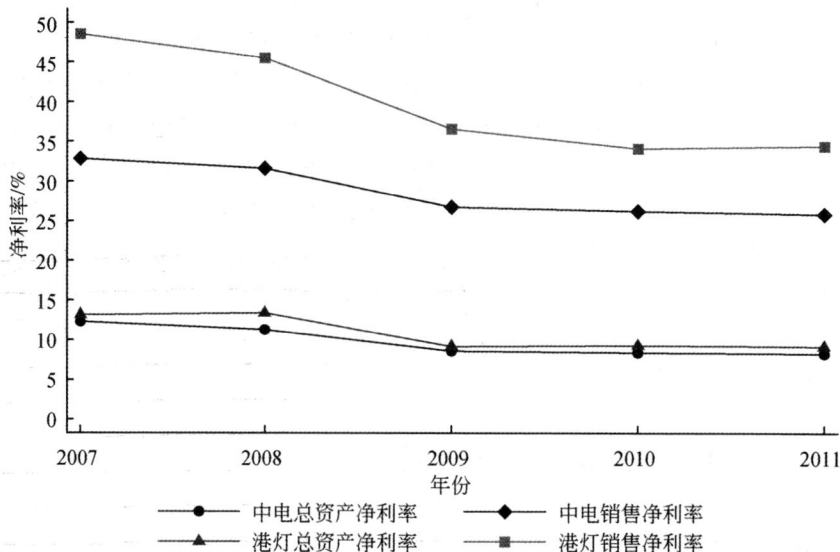

图 3-22 两电盈利能力情况

资料来源：两电 2011 年财务报表

2. 燃料价格变动与两电的经营情况

近几年来，随着国际燃煤的价格不断上涨，香港进口煤价也一度从 2008 年的 574 港元/吨涨到了 726 港元/吨，涨幅达到了 26.5%；天然气的价格从 1.54 港元/千克上涨到 2.57 港元/千克，涨幅更是达到了 66.9%（图 3-23）。两电的燃料费用也随之上升，占香港电力市场主要部分的中电的燃料价格从 20.14 港元/千兆焦耳上升到 35.33 港元/千兆焦耳，涨幅达到了 75.4%。港灯在 2002 年的燃料费用为 972 百万港元，2007 年为 2167 百万港元，2011 年时增长至 5538 百万港元。

图 3-23 显示了 2007~2011 年香港燃料价格的变化情况，对燃料价格比率变动分析可以看出，燃料价格整体呈现上涨趋势，燃料价格波动很大，小幅变动率为 3.5% 而大幅波动率却达到了 44.2%，跨度很大。但是如此大幅波动的燃料价格变化，并未引起两电盈利情况的大幅波动，如图 3-24 和表 3-25 所示。2007~2008 年，燃料价格大幅上升，中电的单位燃料费用从 7 港仙上升到 10.5 港仙，涨幅达到 44.2%，但中电的净利润变动率和营业利润变动率只是出现了小幅的下降。2008~2009 年，中电的单位燃料费用变化不大，维持在 10.5 港仙左右，但是，中电的营业利润和净利润都出现了较大幅度的变动，其营业利润从 7549 百

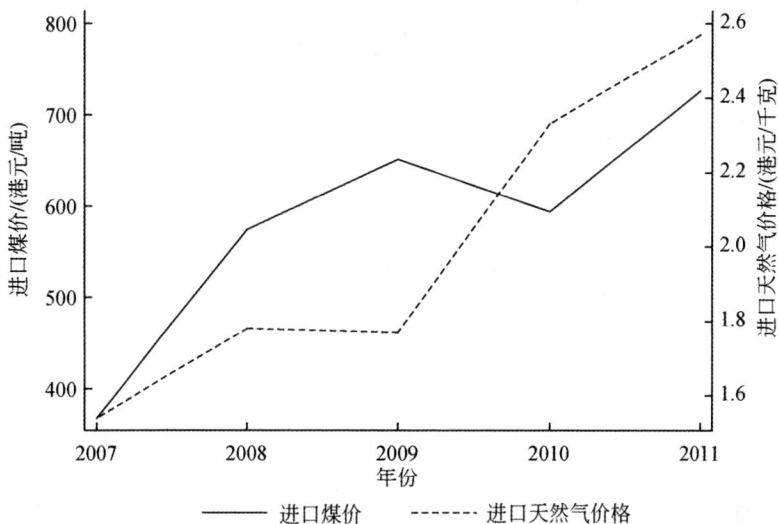

图 3-23　香港进口燃料价格变动

资料来源：2011 年香港能源统计年鉴

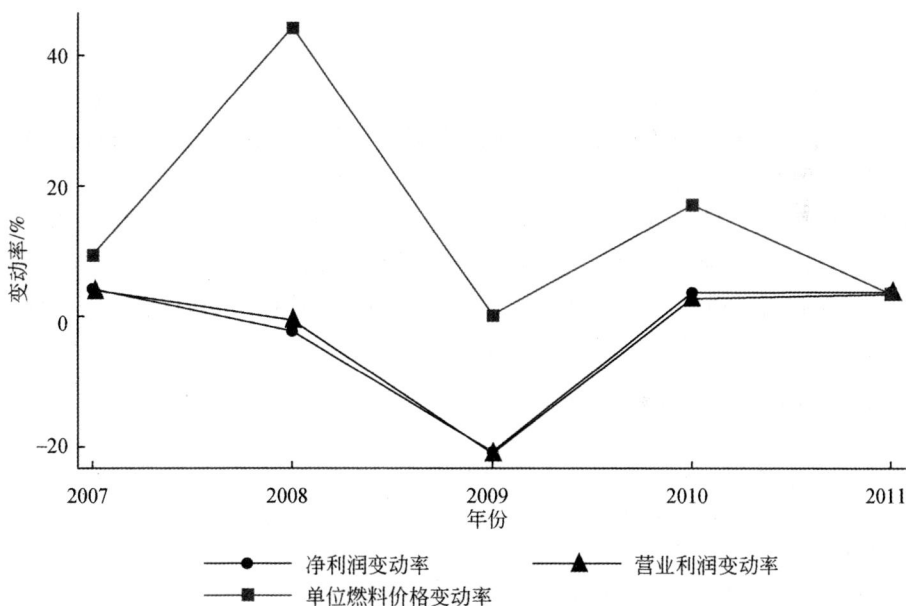

图 3-24　中电利润率和燃料价格变动率

资料来源：根据两电 2011 年财务报表

万港元下降至 5964 百万港元，下降幅度达到了 21%，净利润也出现了大幅度下降。2009~2010 年，中电的单位燃料费用再次上涨了 17%，与此同时，净利润却也出现了正的变化趋势，上涨了 3.7%。因此，根据两电的财务数据分析可以看出，无论是中电的营业利润还是《管制计划协议》下的净利润的变动率与单位燃料价格的变动率都不存在明显的相关性，这与国内燃料价格波动导致各发电企业利润的大幅波动非常不同。

表 3-25　中电利润率和燃料价格波动率

年份	净利润/百万港元	营业利润/百万港元	燃料成本/兆兆焦耳	发电量/百万千瓦时	单位燃料价格/港元	单位燃料价格变动率	营业利润变动率	净利润变动率
2007	8 138	6 339	247 116	35 518	0.127 178	0.035 160	0.034 263	0.037 349
2008	7 845	6 129	232 080	34 907	0.122 858	0.171 242	0.027 666	0.036 601
2009	7 568	5 964	241 041	35 698	0.104 896	0.002 753	-0.209 960	-0.206 960
2010	9 543	7 549	232 100	34 982	0.104 608	0.442 900	-0.005 270	-0.021 930
2011	9 757	7 589	244 019	35 370	0.072 498	0.093 377	0.041 000	0.042 000

资料来源：根据两电 2011 年财务报表

中电净利润变动率和燃料价格变动率出现的非一致变化趋势的主要原因在于：在《管制计划协议》下，通过在消费者电价中单独设立燃料价格调整费用，在电力企业财务报表中单独设立燃料价格调整账款，实现了燃料价格的实报实销，燃料价格上涨的承担者不是两电，而是消费者。中电的营业利润率变动率在 2009 年出现了一个低谷点，这主要源于当年实施新的《管制计划协议》降低了两电的准许利润，从而降低了基本电费率，导致当年的营业利润减少。所以香港电力市场的监管机制可以使得电力企业完全规避燃料价格波动的风险，两电的经营盈利状况和国际市场的燃料价格走势没有关系。

3. 燃料价格波动与电价

《管制计划协议》的作用在于限制电价的同时保障电力的稳定供应，由于协议的约束，两电利润净额取决于固定资产的数目而不受燃料价格的影响。由上文的分析可以看出，两电的盈利情况不受燃料价格波动的影响。由电费构成方式来看，燃料价格调整收费是两电转嫁燃料价格波动给消费者的主要工具，通过燃料价格调整收费，燃料成本完全由消费者承担。两电在年初以预测的燃料成本制定相应的电费，在年末结算实际燃料成本与预测燃料成本之间的差异及其利息，并转入燃料价格调整价款，在下一个年度据燃料价格调整价款等制定燃料价格调整收费的数目。

从2002年至今，港灯的燃料价格调整收费从–7.1港仙/千瓦时一直增长至2011年的30.2港仙/千瓦时，增长迅速（图3-25）。中电的燃料价格调整收费，2007年为2港仙/千瓦时，近几年也不断上涨，2011年为14.1港仙/千瓦时（图3-26）。

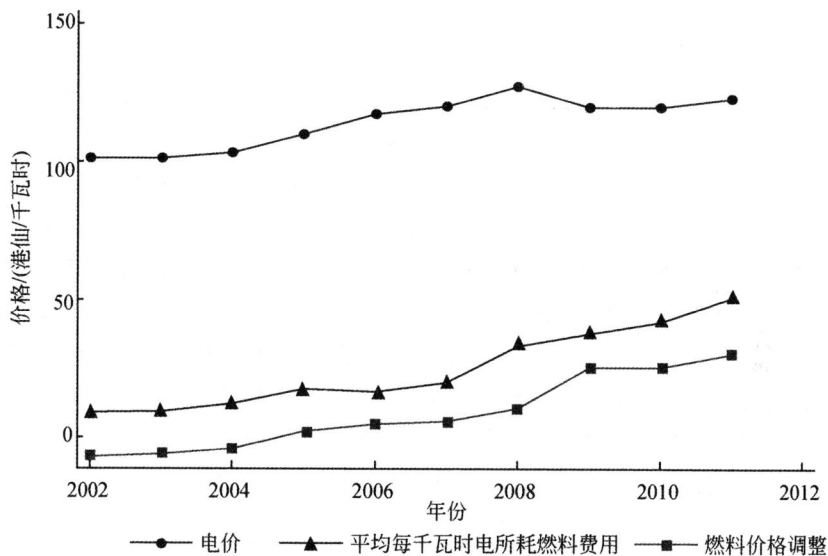

图 3-25　港灯燃料价格调整收费与燃料费用

资料来源：根据港灯2011年财务报表

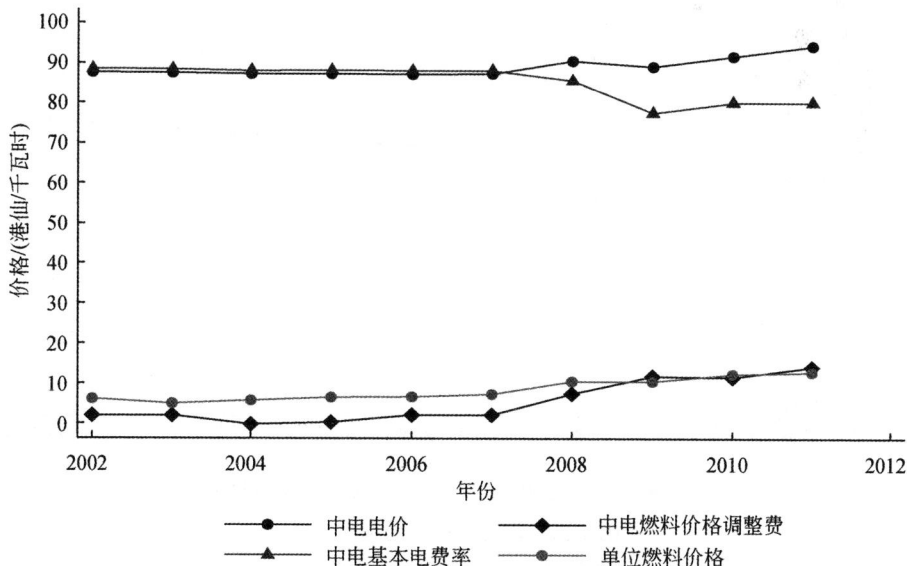

图 3-26　中电的电价、燃料价格调整费与燃料费用

由于管制计划的作用，燃料价格调整收费必然紧随燃料费用的变动而变动，并且会滞后一期，也就是说，当年的燃料价格费用的上升会导致下一年度电价中的燃料价格调整费用相应增加。但是两电的利润净额却不受此影响，因此，《管制计划协议》实际上使两电规避了燃料价格波动的风险。

4. 两电管制利润的变化

当燃料价格上升时，降低两电的准许利润，是稳定电价最有效的方法，有关准许利润的规定是影响两电净利润的决定因素。

2008 年年末原有《管制计划协议》到期，为了稳定降低电价，2009 年执行的新的《管制计划协议》降低了两电的准许利润，由原来的 13.5% 降低到固定资产的 9.99%，这是导致两电利润净额下降最重要的因素，同时也导致了基本电费率的下降。2008 年，中电的利润净额为 9543 百万港元，港灯的利润净额为 6452 百万港元，而到了 2009 年，中电的利润净额下降至 7568 百万港元，降低了 20.7%；港灯的利润净额为 4548 百万港元，下降了 30.1%（图 3-27）。此后的利润净额维持在 2009 年水平。虽然 2008 年的金融危机对两电的盈利有一些影响，但两电利润在 2009 年前后所出现的明显差异主要取决于《管制计划协议》的变化。

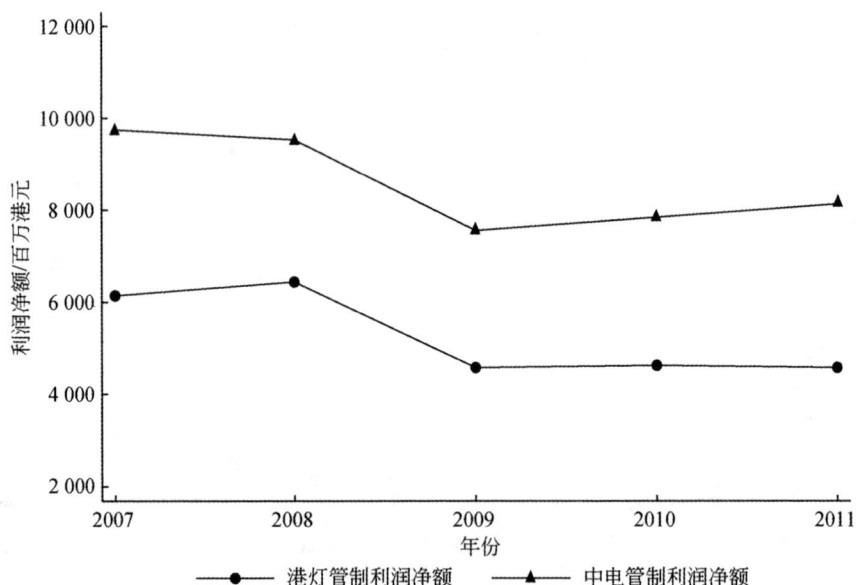

图 3-27　港灯与中电的利润净额

资料来源：根据两电 2011 年财务报表

从香港电力市场的运行及监管安排的分析，可以得到以下结论。

第一，香港的电力市场通过《管制计划协议》进行监管，通过在电费中设置燃料价格调整收费价款，使供电企业规避能源价格波动风险，提高供电的可靠性，这与煤电联动是一个道理。

第二，香港政府通过规定电力企业的准许利润、建立相应的减费储备金和电费稳定基金等，调整基本电费，以避免由于燃料价格的波动完全转移到消费者一方引起电费较大幅度的波动，从而维持电价的相对稳定。

第三，香港的电力市场并未开放，在《管制计划协议》的监管下，电力市场依然运行良好，它提供了一个非市场化的改革案例。

第四，《管制计划协议》可能导致过度投资，也不能诱使两电降低燃料成本从而降低电价。同时，《管制计划协议》期限较长，任何协议改动，都要立约各方同意，因此限制了为针对情况转变而引入改变的弹性。

我们需要看到香港的电力市场和内地的不同。一是市场规模很小，只有内地的千分之一。二是香港的经济发展阶段、产业结构和内地差异很大。三是香港的电价是高于内地地区的，因此照搬香港的做法，让内地消费者完全承担燃料价格的波动，可能导致电价大幅上涨，对经济产生不利影响。

第4章　煤电联动机制设计与配套措施

我国目前能源矛盾的关键是煤与电的价格矛盾，这个主要矛盾已经在影响电力供应、社会和谐、电力行业的可持续性、经济发展的可持续性等。我们必须改变这个现状。国家发展和改革委员会 2011 年年底的"组合拳"[①] 短期内应该有效，但也留下以下几个问题：一是煤炭限价是临时的，但是，限价何时可以放开，放开的时候煤价与电价的走势会怎么样？从市场的角度说，限价需要尽量短期，这一点能否做到？二是经验说明限价的效果常常是有问题的，煤炭价格能否限制？煤企是否会配合？三是以往电煤合同履行的记录不太好，如何保证电煤合同履行？最后也最重要的是，即使"组合拳"短期有效，但它毕竟不是长效机制。

因此，尽管国家发展和改革委员会的做法可以理解，但是政策的短期化会增加长期的可持续成本，政府必须尽快出台解决煤电矛盾的长效机制。现阶段电价改革长效机制的重点是煤电联动，逐步实现电价的信号传导机制，同时支持市场化改革方向。

4.1　合同煤与市场煤并轨：影响与时机

目前，我国煤炭市场价格仍然实行双轨制，这是导致煤电矛盾的一大重要因素，也是破解双方矛盾必须要解决的一大历史问题。2012 年 5 月份以来，我国煤炭市场价格出现大幅下滑。根据本节研究结果，当前实施"合同煤"与"市场煤"并轨，对电力企业经营的影响不大，而且并轨影响引起的电价涨幅也比较小，电煤价格双轨制迎来改革良机。

长期以来，我国煤炭市场以计划煤和市场煤双轨运行。计划煤根据国家计划指导生产和销售，由煤炭供、需、运输三方一起签订合同，其价格受政府管制，明显低于市场价。市场煤通过市场方式连接供需，根据市场供需形成价格。20

---

① 组合拳：为缓解因煤电矛盾导致的电力持续短缺局面，中国政府 2011 年年底打出一套"限煤价涨电价"的"组合拳"。2011 年 11 月 30 日，国家发展和改革委员会宣布，对发电用煤实施价格临时干预措施，同时上调火力发电企业发电价格及工商业用电价格，并打破单一居民电价转而试行阶梯电价制度。

世纪 50 年代开始，全国每年举行一次煤炭订货会，煤炭价格基本由原煤炭工业部和国家物价局制定。1992 年后，煤炭市场逐步放开。2002 年，国务院决定对电煤试行市场定价，2004 年逐步取消电煤政府指导价，鼓励供需双方自主协商订货。2005 年，煤电联动措施启动，以不少于六个月为一个联动周期，若周期内平均煤价较前一个周期变化幅度达到或超过 5%，便调整电价。2006 年年底，煤炭订货会改为每年仅一天的供需视频会议及一周的煤炭合同汇总会，计划煤被"重点合同煤"代替，政府对电煤价格的干预弱化。不过"重点合同煤"仍是计划煤，如今合同煤和市场煤双轨运行，相当于一年期合同。

2012 年，由国家发展和改革委员会经济运行调节局牵头负责、经济体制综合改革司和价格司参与，共同讨论煤炭并轨方案。然而，各部门对并轨方案却有不同意见。发电企业觉得煤价仍有下行空间，最好在煤价稳定后并轨，并提出希望与煤电联动同步推进。煤炭企业在煤价下滑的大背景下，对并轨有一些期待，但希望坚持煤炭市场化方向。

我国国内煤炭价格在 2007 年后持续攀升，国家发展和改革委员会 2008 年夏天启动过煤价临时干预。2008 年的"煤炭产运需衔接会"上，煤电双方谈判破裂。此后，重点合同电煤价格由供需双方单独谈判决定。不过随后，煤价继续上涨，国家发展和改革委员会 2011 年年底对主要港口 5500 大卡的市场电煤平仓价格实行限价，不得超过 800 元/吨，但电厂仍然出现了大面积亏损。2012 年以来，煤炭价格持续下滑，煤炭企业叫苦不迭。煤电联动在 2009 年后没有启动过。此前实践显示，煤价高涨时，合同煤的履约率降低。煤价下行时，合同煤又成为煤炭企业的"护身符"（张旭东，2012）。如今，两种煤价格拉近，并轨迎来绝佳时机。

本节首先介绍了目前我国煤炭价格走势、合同煤规模及我国全社会用电量等煤炭和电力市场的相关现状。其次在此基础上，结合几家重点火电企业的经营现状计算了目前取消合同煤、一次性实现并轨将对电力企业经营的影响，以及如果通过电价来抵消并轨的影响将会导致终端电价上涨多少。最后，根据本章计算结果，分析说明了煤炭价格迎来改革良机。

4.1.1　双轨制运行现状及问题

1. 煤炭市场价格大幅度下跌

受国内需求疲软及国际煤价下降等因素影响，自 2011 年年底以来，国内市场煤价格整体一直处于下跌状态。如图 4-1 所示，从 2011 年 11 月底至 2012 年 3

月，国内市场煤价格跌幅甚至高达 20% 以上。2012 年春节过后至 3 月中旬短短两月间，山西地区动力煤累计下降 15~25 元/吨，内蒙古地区动力煤累计下降 20~25 元/吨，陕西地区动力煤累计下降 20~30 元/吨。而作为煤炭资源中转地，环渤海地区港口动力煤价格自 2012 年 2 月份以来便出现持续下跌。早在 2012 年 1 月份（合同煤汇总会刚结束不久），环渤海发热量 5500 大卡市场动力煤综合平均价格就跌破国家主管部门对电煤 800 元/吨的最高限价，且一直处于疲软状态。而在国家发展和改革委员会发布限价通知之前，2011 年 11 月 29 日，环渤海地区港口平仓的发热量 5500 大卡市场动力煤的综合平均价格报收高达 847 元/吨。2012 年 5 月份以来，国内煤炭价格更是出现大幅急剧下降。2012 年 5 月 2 日，环渤海发热量 5500 大卡市场动力煤综合平均价格报收为 787 元/吨。到 2012 年 8 月 1 日，该煤价指数跌破 630 元/吨，报收 626 元/吨（2012 年最低价，与国家最高限价相差 174 元），之后一直稳定在此水平，直到 2012 年 9 月份以后，国内煤炭价格出现缓慢回升。至 2012 年 10 月月底，环渤海发热量 5500 大卡市场动力煤综合平均价格回超 640 元/吨，达到 643 元/吨。2012 年 11 月份重现小幅下跌趋势，2012 年 11 月 21 日，国内市场电煤价格约为 641 元/吨，低于国家最高限价 159 元。

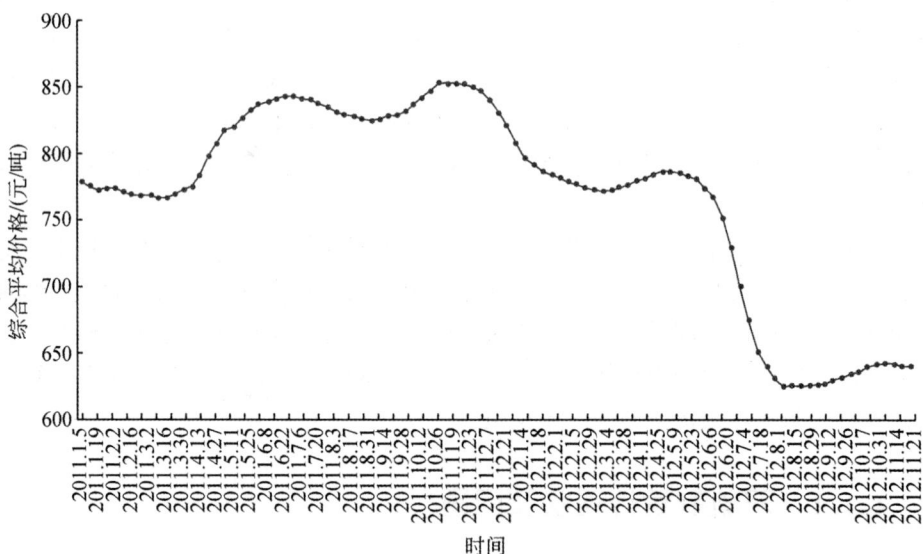

图 4-1　环渤海动力煤（5500 大卡）综合平均价格历史趋势

资料来源：海运煤炭网

　　由于 2012 年 10 月份煤炭进口量再度回升，环渤海动力煤价格指数再度回落。往年煤炭订货会前后，由于冬季储煤需求提升，煤炭价格都会有一定幅度上涨；但这次是个例外。海运煤炭网 2012 年 11 月 21 日公布的数据显示，环渤海地区港口发热量 5500 大卡市场动力煤综合平均价格报收 641 元/吨，与上期持平，比 11 月 7 日公布的指数下降 2 元/吨。在经过连续九周上涨一周持平后，环渤海动力煤综合价格出现回落。

　　从环渤海六个港口交易价格的采集计算结果看（表 4-1），本报告周期 24 个港口规格品中，价格持平的港口规格品由前一报告周期的 16 个减少到 12 个；价格下降的港口规格品由前一报告周期的 8 个增加到 9 个。发热量 5500 大卡市场动力煤在秦皇岛港、曹妃甸港、国投京唐港、京唐港、天津港和黄骅港的主流成交价格分别报收 635～645 元/吨、635～645 元/吨、630～640 元/吨、635～645 元/吨、645～655 元/吨和 640～650 元/吨。其中，在曹妃甸港的交易价格区间比前一个报告周期上涨了 5 元/吨；在京唐港的交易价格区间比前一个报告周期下降了 5 元/吨；在其他四港的交易价格区间与前一个报告周期持平。

表 4-1　2012 年 11 月 14～20 日环渤海地区主要港口 5500 大卡动力煤市场现货交易价格统计表

港口	本期价格 /（元/吨）	上期价格 /（元/吨）	环比增长 /%	去年同期 /（元/吨）	同比增长 /%
秦皇岛港	635～645	635～645	0.00	845～855	−24.71
黄骅港	640～650	640～650	0.00	840～850	−23.67
天津港	645～655	645～655	0.00	855～865	−24.42
曹妃甸港	635～645	630～640	0.79	850～860	−25.15
国投京唐港	630～640	630～640	0.00	840～850	−24.85
京唐港	635～645	640～650	−0.78	850～860	−25.15
环渤海地区	641	641	0.00	855	−25.00

资料来源：海运煤炭网

　　煤价重新回落将有助于煤炭价格并轨的顺利推行，煤电双方也比较容易接受，电价的问题暂时搁置也没有问题。但是，当前煤价低主要有两个原因：一方面需求不足，另一方面煤炭库存和国外进口煤数量相对较多。一旦经济恢复，需求上升，煤价可能再度上涨，所以在推行并轨的同时还应加快推进煤电联动进程，否则煤炭的市场化很有可能走回老路。

2. 重点合同煤违约现象严重

我国煤炭市场化进程历经 30 余年，煤炭价格由政府管制不断向市场定价改革。当前，我国煤炭仍采用价格双轨制，在价格调控下分为重点电煤合同价格和市场煤价格。煤炭市场发展平稳、市场煤及合同煤价差较小时，两者并存不会有太多异议。而一旦煤市进入低谷，价差被人为放大，煤企、电企必然有一方为私利而选择违约。

近几年来，在煤炭供应紧张、煤价暴涨、电价机制不完善的格局下，重点电煤合同极大地保护了发电企业的利益。发电企业以往一直是电煤价格并轨坚定的反对者，而煤炭企业希望终结双轨制。通常而言，合同电煤价格低于市场煤价格，一般差价在 200 元左右，每年重点合同量在 10 亿吨上下。对于煤炭企业而言，多不情愿履行重点合约，因为每多签一吨重点电煤合同，就意味着有 200 元的利益损失。由于市场煤和合同煤差价过大，煤炭企业往往采取一些其他手段，如降低煤质、违约等，减少行政控价对其造成的损益。因此，在煤炭供应紧张、煤炭价格高涨时，煤炭企业重点电煤合同兑现率往往较低，发电企业合同煤难以保证。而下游用户和中间贸易商为争取重点合同，往往费尽心机。因此，在煤炭产区滋生了诸多中介，甚至出现不少合同煤指标被倒卖等问题。

在每年的重点电煤合同汇总会期间，大部分电厂为保障供货，往往签订超过自身需求量的合同，但这些合同主要是"意向合同"，仅表示双方有交易的意向而建立初步的联系，至于煤炭的价格、供货量以及运力等问题都需要以后协商。煤矿迫于国家发展和改革委员会关于合同煤兑现率要求的压力，不得不签订这些合同。但有了合同煤后，电厂会根据当时市场情况来决定是否承认之前的市场煤合同。近几年现实情况表明，电煤合同的履约率呈不断下降趋势，2010 年 30 万吨以上重点电煤合同兑现率不足 50%。

2011 年年底，由国家发展和改革委员会核准的电厂基本上电煤重点合同的履约率最低都达不到 30%，重点合同煤的违约率最高达 70% 以上。而缺失的那部分重点合同煤则随着煤价的上涨被转为市场交易煤用来出售，后者要比前者平均每吨高 100 元左右。重点合同煤兑现率与火电厂所属集团自身的实力，以及在当地的规模与实力有很大的关系。除了国家发展和改革委员会核准的五大电力集团旗下的电厂和地方规模较大的电厂重点合同煤兑现率基本上都能在 30% 之上以外，其他的电厂很难保证较高的兑现率。以湖南为例，相关数据显示，总体来看，全省火电企业，2011 年电煤供应重点合同和市场合同兑现率均在 65% 左右。其中，华能国际旗下湖南华能岳阳电厂电煤合同兑现率普遍高于省内其他火电企业。2007 年全年电厂发电耗用原煤量为 300 万吨，其中重点合同煤占比 73%，兑现率为 93%。2008 年上半年接近 110 万吨的重点合同煤兑现率达到 100%。大唐发电在湖南的火电企业重点合同兑现率近两年有所上升，达到了 70% 以上，但其市场合同兑现率却不足 50%。而对于其他众多电企来说，能达到 90% 以上的兑现率可谓是望尘而莫及。

然而，2012 年以来，国内市场煤价格大幅下跌，合同煤和市场煤的差价缩小至几乎持平，甚至一些地区市场煤价格较之合同煤价格更低。国内煤、电市场出现逆转。往年因重点合同煤价格偏低而不愿履约的煤企如今却变得被动。一些电企选择了价格更为低廉的进口煤，而毁约与煤企签订的重点电煤合同。除了五大电力集团旗下的电厂和地方规模较大的电厂鲜有违约发生，其他火电企业重点合同煤违约率高达 70%。

往年各大电厂都是赶着参加调煤保电会议，存煤经常只够使用 7 天左右，所以常常到处求人买煤炭。2012 年很多电厂的库存都在 25 天以上，即便是在用电高峰，电力需求也并不大，发电厂日耗煤量基本没增加。数据显示，2012 年 7 月份，全国重点电厂日均耗煤量为 356.60 万吨，虽然与 6 月份相比，增加 25 万吨，增长 7.5%；但与 2011 年同期相比，仍然减少 36.40 万吨，下降 9.3%。而电力企业煤炭库存可用天数也均在 20 天左右，远远高于 7～15 天的合理天数。

以陕西省为例。2012 年年底，陕西地方煤矿电煤价格远低于省煤炭运销公司的供煤合同价格，发电企业采购国有重点煤矿电煤的积极性大幅受挫，甚至出现拒接现象。7 月份，陕西电网统调火力发电企业日均进煤 7.9 万吨，日均接卸省煤炭运销集团电煤仅 1.5 万吨左右，当月合同兑现率下降到仅为 15%。陕西省内发电企业累计拖欠省煤炭运销公司省内电煤贷款 31.3 亿元，已经影响到煤炭企业的正常生产。

煤炭企业、电力企业生存状况日益恶化是违约增加的一个重要原因。煤炭行业黄金十年已然过去，煤炭企业经营状况令人担忧。加上电力需求不旺导致电力企业盈利困难，煤炭企业和电力企业库存煤炭消耗量急剧下滑，大量积压不仅增加了财务支出，还严重阻碍了其正常经营和长期发展，已无力履约增加的煤炭库存量了。

火电行业占到我国煤炭消费量近 60%。合同煤违约现象频发的另一个原因还在于火力发电量的减少。一方面，2012 年国内经济增长放缓，下游用电需求量不足。另一方面，2012 年雨水充足，水电恢复迅速，水电较 2011 年同期有较大幅度增长，而电网是优先水电上网的。目前，火电厂很多机组都是停机一半左右。以宁夏为例，2012 年黄河水量特别大，7 月份宁夏的火电发电量较 6 月份下降了至少有 30%。宁夏有三个电厂，是为直供山东而建的，7 月份 1 千瓦的电都没有发。

国际煤炭价格下降，进口煤供应量增加，国内市场煤价格大幅下跌也是导致违约的一大重要因素。2012年上半年，我国累计进口煤炭13 985万吨，同比增长65.9%，其中6月进口2719万吨，创历史新高。例如，广州港进口动力煤为516元/吨，而同时期的秦皇岛动力煤价格高达630元/吨，价差114元。国外煤炭冲击导致煤价暴跌，市场煤更有吸引力。以追求利润为首要目标的电力企业必然更加倾向于消费市场煤。

根据2011年12月重点合同煤汇总会统计结果，2012年重点合同煤汇总量为12.77亿吨，比国家发展和改革委员会8.346亿吨的框架量超订约44%。其中，用于电力行业的合同煤汇总量计9.01亿吨，五大发电集团录入4.79亿吨。而根据国家发展和改革委员会在去年12月14日公布的《2012年跨省区煤炭铁路运力配置指导框架》规定，各铁路局2012年全年为电力行业配置煤炭运力为7.75亿吨。在这之前，2011年全国煤炭合同汇总量为9.32亿吨，其中重点电煤总量为7.69亿吨。

2011年，全国合同煤平均价格为560元/吨。据中国煤炭运销协会相关人士预计，2012年框架范围内合同煤的价格不会超过国家发展和改革委员会限定的5%的涨价幅度，也就是合同煤的价格不会超过588元/吨。

违约属市场不良行为，严重破坏信用体系建设。煤炭行业长期存在合同煤与市场煤两种价格机制并存的状况，曾为保障煤炭行业稳定发展做出过突出贡献。然而，随着市场经济的不断发展，煤炭行业结构优化进入关键阶段，合同煤制度已经严重阻碍了煤改的有序推进，退出历史舞台在所难免。[①]

3. 对火力发电行业现状及进一步走势的判断

2012年上半年，我国全国发电量达22 950亿千瓦时，同比增长3.72%。其中，火力发电量达18 712.47亿千瓦时，同比增长2.60%，占全国总发电量的81.54%。受经济疲软、电力需求较差、水电来水改善挤压火电等因素影响，火电利用小时数减少。上半年火电设备平均利用小时不足300小时，比去年同期下降近170小时，远低于2010年同期水平。在我国能源及电力结构中，超过60%的煤炭用于电力行业，以煤为主的火电发电量占发电总量的比例高达80%以上。统计数据显示，2010年我国用于发电的煤炭总量达15.45亿万吨。表4-2给出了2010年各个电网的耕煤情况。2011年全国重点发电企业累计煤耗13.65亿万吨，比2010年同期增长15.3%。从2011年2月至2012年3月，六大电厂（华能、

---

① 资料来源：《2012-2016年中国煤炭工业投资分析及前景预测报告》。

国电、大唐、浙电、上电、粤电）日均耗煤 63.35 万吨[①]。煤炭燃料价格直接影响着电力行业的运作盈亏。

表 4-2　2012 年 10 月全国重点发电企业耗煤情况

项目	本月数据				累积数据			
	本期/万吨	同期/万吨	同比/%	百分比/%	本期/万吨	同期/万吨	同比/%	百分比/%
发电企业	9 653	10 915	-1262	-11.6	106 857	112 082	-5 225	-4.7
华北电网	2 847	3 194	-347	-10.9	31 680	32 248	-568	-1.8
东北电网	1 193	1 382	-189	-13.7	13 234	13 777	-543	-3.9
华东电网	2 294	2 436	-142	-5.8	24 718	25 127	-409	-1.6
华中电网	1 407	1 648	-241	-14.6	15 973	18 844	-2 871	-15.2
西北电网	733	821	-88	-10.7	8 346	8 156	190	2.3
南方电网	1 179	1 434	-255	-17.8	12 906	13 930	-1 024	-7.4

资料来源：中国电煤网

根据国家统计局公布数据，2010 年我国全国发电量总计 41 413 亿千瓦时，2011 年我国全国发电量共计 47 217 亿千瓦时，累计增长率为 14.0%。其中火电发电量为 38 975 亿千瓦时，比重为 82.5%。2011 年 11 月全国火力发电量为 3063 千瓦时，2012 年 12 月全国火力发电量为 3425 千瓦时。2012 前三季度，全国发电量累计达 35 429 亿千瓦时，同比增长 3.0%；其中火力发电量同比减少-1.63%，总量为 27 789.81 亿千瓦时，占发电总量的 78.4%。2012 年 10 月，全国发电量为 3897.78 亿千瓦时，同比增长 3.4%。

用电量是最能准确反映实体经济运行状况的数据，从长远来看，两者之间是 1∶1 的关系。如图 4-2 所示，2012 年用电量增速回落主要受经济增速放缓影响，国家统计局和能源局发布的数据也印证了这一观点。受经济增长放缓等因素影响，2012 年以来，全社会用电量增速持续回落。2012 年第一、二、三季度全社会用电量同比分别增长 6.8%、4.3% 和 3.6%，GDP 增速分别为 8.1%、7.6%、7.4%，用电量与 GDP 增速都出现逐季回落趋势。根据中国电力企业联合会预测结果，第四季度我国宏观经济增长将趋稳回升，带动用电需求增速小幅回升，全国电力供需总体平衡，全国用电量为 12 400 亿千瓦时，同比增长 4% ~ 6%。2012 年全国用电量约 49 400 亿千瓦时，同比增长 5.0% 左右。按其中约 80% 来自于火力发电计，2012 年我国全国火力发电量约为 39 520 亿千瓦时。

① 资料来源：前瞻产业研究院煤炭行业检测分析小组整理。

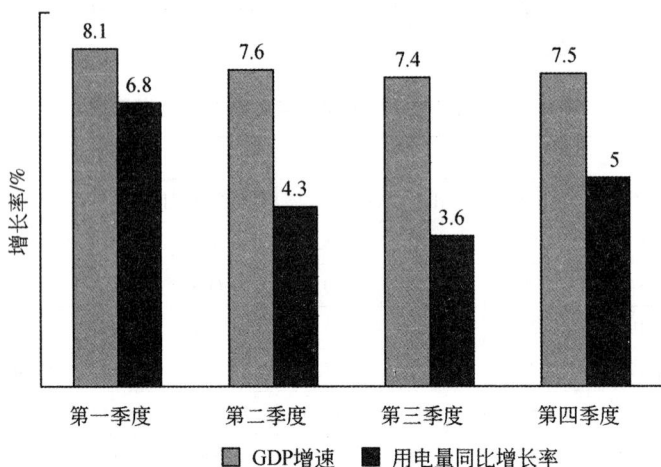

图 4-2 2012 年我国经济形势与全国电力需求

资料来源：中国电力企业联合会《2012 年前三季度全国电力供需形势及全年分析预测报告》

4.1.2 即时并轨对电力企业经营的影响

为测算即时并轨对电力企业经营的影响，我们首先选择了 9 家火电上市公司的数据，计算得出各企业对煤炭价格的敏感度。结果表明，按照目前的煤炭市场电价，如果即时推行并轨，则 9 家发电公司将会受到不同程度的影响。其中，粤电力受影响最大，其营业利润将会减少 2.26%；华电电力受影响程度最小，其营业利润将会减少 0.25%。而在 2012 年 9 月煤炭市场价格急剧下降之前，如果推行并轨，则火电公司受到并轨的负面影响显然更大。以 2012 年 5 月 29 日市场煤价为例，当期环渤海 5500 大卡煤炭市场综合平均价格为 774 元/吨，与最高限价 588 元/吨的合同价格相差 186 元。如果当时推行并轨，则粤电力的营业利润将会减少 7.94%，而华电国际的营业利润也会减少 0.86%，见表 4-3。

表 4-3 9 家火电企业营业利润对煤价敏感性及受并轨影响程度

企业	营业利润对煤价敏感性	11 月份并轨受影响程度/%	5 月份并轨受影响程度/%
粤电力	−0.251	−2.26	−7.94
通宝能源	−0.122	−1.10	−3.87
上海电力	−0.116	−1.04	−3.66

续表

企业	营业利润对煤价敏感性	11 月份并轨受影响 程度/%	5 月份并轨受影响 程度/%
漳泽电力	-0.083	-0.72	-2.54
华能国际	-0.076	-0.69	-2.41
建投能源	-0.061	-0.55	-1.93
申能股份	-0.035	-0.31	-1.10
国电电力	-0.034	-0.30	-1.06
华电电力	-0.027	-0.25	-0.86

　　如图 4-3 所示，很明显，当前并轨对火电企业营业利润的负面影响均小于 5 月份并轨引起的负面影响，且粤电力的这种差距最为明显；其次是通宝能源、上海电力；差距较小的分别是申能股份、国电电力和华电电力。由此可见，与即时并轨相比较，在煤价较高的 5 月份并轨不是个好时机。因此，在煤炭价格较低的时期进行并轨对火电企业的营业利润的影响会小于煤价较高时期。

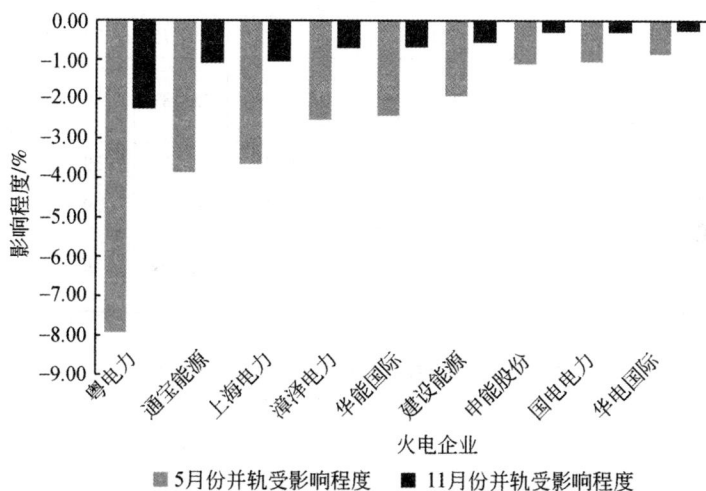

图 4-3　5 月份并轨与 11 月份并轨对火电企业营业利润影响程度差距

注：负号表示负面影响，在分析时考虑其绝对值，绝对值越大，对火电企业营业利润的负面影响越大

4.1.3　消除并轨影响如果体现在电价上意味着几分钱电价

　　在国家发展和改革委员会 2011 年年底调控措施的背景下，基于 2012 年我国

煤炭市场价格、合同煤规模，以及我国全社会用电量等煤炭和电力市场的相关现状，计算了取消合同煤，一次性实现并轨将对消费者用电成本的影响。我们对煤炭市场价格设定了三种情形，从而与国家规定的合同煤最高涨幅下的价格比较，计算得出并轨对电力行业带来的成本，并研究了这部分影响反映在电价上，需要上涨多少电价才能弥补电力行业由于煤炭价格并轨造成的燃料成本，见表4-4和表4-5。

表4-4　合同煤与市场煤一次性并轨的即时影响（11月份）

项目	市场价 /(元/吨)	合同价 /(元/吨)	差价 /(元/吨)		合同量 /亿吨	并轨成本 /亿元	火电发电量 /亿千瓦时	电价涨幅度 /(分/千瓦时)
最高价	800	588	212	电煤汇总量	9.01	1 910.12	39 520	4.83
				铁路运力量	7.75	1 643.00	39 520	4.16
				五大发电企业录入量	4.79	1 015.48	39 520	—
环渤海价	641	588	53	电煤汇总量	9.01	477.53	39 520	1.21
				铁路运力量	7.75	410.75	39 520	1.04
				五大发电企业录入量	4.79	253.87	39 520	—
秦皇岛价	640	588	52	电煤汇总量	9.01	468.52	39 520	1.19
				铁路运力量	7.75	403.00	39 520	1.02
				五大发电企业录入量	4.79	249.08	39 520	—

表4-5　合同煤与市场煤5月份并轨的影响

项目	市场价 /(元/吨)	合同价 /(元/吨)	差价 /(元/吨)		合同量 /亿吨	并轨成本 /亿元	火电发电量 /亿千瓦时	电价涨幅度 /(分/千瓦时)
最高价	800	588	212	电煤汇总量	9.01	1 910.12	39 520	4.83
				铁路运力量	7.75	1 643.00	39 520	4.16
				五大发电企业录入量	4.79	1 015.48	39 520	—

续表

项目	市场价/(元/吨)	合同价/(元/吨)	差价/(元/吨)		合同量/亿吨	并轨成本/亿元	火电发电量/亿千瓦时	电价涨幅度/(分/千瓦时)
环渤海价	774	588	186	电煤汇总量	9.01	1 675.86	39 520	4.24
				铁路运力量	7.75	1 441.50	39 520	3.65
				五大发电企业录入量	4.79	890.94	39 520	—
秦皇岛价	770	588	182	电煤汇总量	9.01	1 639.82	39 520	4.15
				铁路运力量	7.75	1 410.50	39 520	3.57
				五大发电企业录入量	4.79	871.78	39 520	—

　　在国家发展和改革委员会的调控措施下，5500 大卡电煤的市场价格最高不超过 800 元/吨，与 588 元/吨的合同煤限价相差 212 元/吨；而如果电煤的市场价格按 11 月份环渤海港口价或秦皇岛港价格计，则电煤的市场价和合同价则大致分别相差 53 元/吨和 52 元/吨。合同煤数量规模方面，我们参考国家发展和改革委员会在去年 12 月 14 日公布的《2012 年跨省区煤炭铁路运力配置指导框架》规定（各铁路局 2012 年全年为电力行业配置煤炭运力为 7.75 亿吨），假定合同煤数量为 7.75 吨。基于以上数据，我们计算得出合同煤和市场煤并轨所造成的成本；并且在环渤海港口市场煤价基础上，以电煤铁路运力配置量计算的并轨成本最终为 410.75 亿元。基于此，如果即时并轨，则只需要每千瓦时涨价 0.0104 元便能弥补并轨所增加的发电成本。同样的方法，我们利用 2012 年 5 月 29 日当期环渤海 5500 大卡动力煤市场综合平均价格计算得出，要上涨 0.0365 元/千瓦时才能弥补并轨成本。

　　"双轨制"的制定背景是计划经济时代，本意是为保障煤炭供应并扶持当时还很弱小的煤炭企业。但如今，"双轨制"影响了煤炭和电力行业的正常经营，也为相关政府部门和企事业单位提供寻租空间，引发腐败等问题。"双轨制"不仅阻碍煤炭价格的市场化改革，对电价的市场化也有一定的阻碍作用。市场煤和合同煤实现并轨是市场化改革的必然趋势。然而，选择合宜的并轨时机，对经济和社会也至关重要。不管是从发电企业还是电力价格下游传导的角度来看，由于受到经济形势的影响，国内煤炭价格大幅下降，这是推行并轨的时机。并轨必然造成电力行业发电成本上升，根据研究计算结果，在合同煤和市场煤几乎持平的现状下，这部分的成本分摊到单位电量上涨幅并不太大，可在企业自身承担与适当提高电价间相机抉择。时机一过则将会面临较大的宏观经济影响与社会成本。

4.1.4 电煤价格"双轨制"的改革时机

我国自 1993 年进行煤炭价格部分市场化改革，政府为稳定电价设定了国有大型电厂的电煤价格，从而形成了计划煤和市场煤并存的价格双轨制，也同时引发了多年来的煤电矛盾，以及由此导致的各种交易乱象和交易成本。目前，我国电煤市场仍采用价格"双轨制"，即在价格调控下分为重点合同煤价格和市场煤价格。重点合同煤指的是年初煤炭企业和电力企业签订合同、锁定一年供应量，同时铁路部分承认运力的那部分煤炭，每年国内重点合同量大致在 10 亿吨左右。与之相对应的是市场煤，即电力企业从市场采购的电煤，价格随行就市。在过去10 年中，合同煤的价格一直大幅度低于市场煤。

"双轨制"的制定背景是计划经济。"双轨制"的初始目的是保障煤炭供应扶持当时还很弱小的煤炭企业。当时，"双轨制"中合同煤的价格比市场煤高，对煤炭供应的稳定和煤炭企业的成长发挥了积极作用。但是随着经济发展和煤炭价格大幅度上涨，"双轨制"渐渐成为扶持电力，稳定电价的行政措施。"双轨制"导致的大幅差价，既阻碍了煤炭价格的市场化改革，也导致了煤炭市场的种种问题（如兑现率低、兑现质量差和中间环节收费）。近年来，重点电煤每吨价格一般低于市场煤 100~200 元左右，最高时差价达 400 元。合同煤的存在减少了煤炭企业的利润，因此兑现率越来越低。

对于目前煤炭来说，"双轨制"既不合理，也不公平。低价合同煤对于煤炭企业来说是一个沉重的包袱，简单说，每签一笔重点电煤合同，意味着每吨有数百元的利润损失。不公平之处在于这一损失不是由所有煤炭企业平均分摊。对于电力企业而言，合同煤本是保障电力企业煤炭需求和降低成本的一项优惠；但是，现实中的兑现率和兑现质量（加上中间环节成本），却令电力企业非常失望。

2011 年 11 月 30 日，国家发展和改革委员会发布《关于加强发电用煤价格调控的通知》，其中规定："2012 年合同煤价涨幅不得超过 5%，同时主要港口5500 大卡市场煤平仓价不得超过每吨 800 元。"然而，政策推出之后，一方面国内下游需求萎缩、上游供应宽松，投资和出口双双呈现疲态，国内经济增长整体放缓，主要高耗能产品增长明显回落；另一方面，2012 年以来，国际煤价整体呈下滑态势，导致进口煤大量涌入。在上述两方面因素作用下，2012 年（尤其是 5 月份）以来，国内煤炭价格出现大幅下降。目前市场煤的实际成交价已经与重点合同煤大致接近。疲软的经济和煤炭市场为电煤价格随行就市打开了空间，备受诟病的电煤价格"双轨制"迎来了改革良机。

在煤价、电价都在呼唤市场化改革的今天，"双轨制"除了限制煤价的市场化，对于电价的市场化也起到一定的阻碍作用。对于这一计划经济的残留，我们看到了现实执行中越来越多的矛盾和成本，也认识到了改革的必要。以往担心在煤炭价格较高的时候推行并轨，将会导致电力价格的较高涨幅，从而推高 PPI 和 CPI，给宏观调控带来压力，并且会提高企业和消费者的生产及生活成本。目前随着煤炭市场疲软，电力供应相对宽松，煤电价格体制改革迎来了历史机遇。相对低位的市场煤价一则可与重点合同煤较顺利地实现双轨合并，二则将为煤电联动重启提供一个很好的起点。我国目前所处的城市化工业化进程中刚性的能源需求压力和以煤为主的能源消费结构，决定了中长期煤炭需求仍将大幅度增长，如果不抓紧眼前这个机会，一旦经济好转，"双轨制"问题恐怕依然难以解决。

最后，值得一提的是，取消重点合同煤，破除计划煤和市场煤价格的双层交易机制，实现电煤价格的市场化改革，不仅需要及时抓住当前的并轨良机，还要求政府应减少对市场和价格的干预，将精力主要集中在健全法律法规、规范市场行为、推进市场化改革、避免改革中伴生的一些经济和社会问题。同时还需要同期推动电力体制和电价市场化改革，并且保证铁路运力。

4.2　为什么需要煤电联动

目前，中国煤电行业定价机制存在差异，即煤炭价格基本由市场决定，而电力价格由政府行政决定。一个产业链，某个环节实行计划价格，某个环节实行市场价格，称为"纵向价格双轨制"。煤电产业链上的纵向价格双轨制，不但造成电力行业严重亏损，还导致日益严重的"软缺电"问题。除了缺电本身对经济社会的负面影响，"软缺电"还造成了电力装机的浪费。煤电产业链包括煤炭、发电和电网，每个环节都需要关注，需要理顺。如果有的环节赚钱，有的不赚钱，就会产生电力短缺。一个电力产业链，某个环节实行计划价格，某个环节实行市场价格，这在理论上行不通，实践中也不可持续。经验告诉我们，三个环节必须兼顾，必须有一个价格机制把产业链有效地串联起来。煤电联动可以理顺煤电产业链。

电力过剩与短缺都会有经济损失。电力短缺的成本远大于电力过剩的成本，在电力装机不缺的情况下限电（"软缺电"），成本更大。如果发电企业到了需要"集体突围"寻找其他发展来盈利的境地，那么我们今后可能面临更大的行业矛盾和成本。最后，计划煤和市场煤的较大差价导致不稳定的电煤契约，难以保证稳定的供应。我国煤炭运输主要靠计划安排，没有稳定的煤炭合同，就很难安排运力。只要有比较大的差价，就一定有中介，就会产生交易成本。因此，价格机制扭曲的煤电市场，将导致更大的浪费、更高的成本和电价。然而，由于对能源价格改革的诸多影响难于把握，改革一再推迟，造成价格扭曲长期存在，供需失衡不断出现，如缺电。

煤炭是确保我国能源供应和电力供应最重要的能源资源。局部电力短缺频发，说明近年积累的煤电矛盾已经到了一个可能导致电力短缺的关键点。近期，政府调高了上网电价和限制煤价。但是，解决电力短缺，救急的事情可以交由地方政府，中央政府需要着眼长效机制（如煤电联动），以及解决煤电联动机制下的相关问题，包括补贴和抑制煤价上涨过快等。

中国政府曾经于2004年实施煤电联动政策，以缓解煤价上涨对电力行业形成的成本压力。之后由于煤价上涨过快，政府担心提高电价将对经济社会产生不良影响，而中断实施煤电联动。煤电联动是现阶段解决煤电矛盾的可行措施。煤炭是电力的主要燃料来源，煤电之间的矛盾焦点在价格，即"计划电"和"市场煤"的问题。如果不尽快解决煤电问题，电力供需平衡将非常脆弱，"电荒"将会由不同原因引发（包括煤电矛盾、异常气候等）而频繁出现。要理顺煤电产业链上的价格关系，可以有以下三个选择。

一是全部实行市场化。这是最终的改革目标，但现阶段显然行不通。

二是全部行政定价。对已经相对市场化定价的煤炭行业来说，这是由市场向计划的倒退。

三是煤电联动。这是中庸之道，即通过相对市场化的机制设计，要求产业链上的每个环节都消化一部分价格上涨压力，再辅之以税收、补贴等市场化的配套政策来影响市场并调控电价。这是目前最可行的价格机制，也符合整体能源价改市场化的发展方向。

煤电联动的好处很多，主要包括：可控地理顺发电产业链；可以最小化社会影响；可以在不改变整体能源体制和能源价格机制的前提下进行。而且，它最简便易行，如果连煤电联动都无法启动，其他改革就更难。

4.3　煤电联动机制设计的国际经验

4.3.1　美国、日本和中国的"燃料调节条款"的比较

美国的煤炭产业是完全市场化的产业，而美国本土的48个州中只有5个州进行了电力市场化改革，大多数电力产业仍然是受管制的。这种情况与中国目前的情况非常相似，在同样的情况下，美国的煤电关系可以理顺，而中国的煤电关

系却异常紧张，其原因就在于美国实现了煤电之间的价格传导机制，而中国却有其名而无其实。

燃料调节机制是国际上通行的理顺煤电上下游关系的政策工具之一，最早在在美国使用，目的是为了在快速上涨的煤炭价格环境中完善对电力产业的管制（公共事业规制中一个最主要的问题就是在一个变动的环境中要保持价格不变，而解决这个问题最简单和最常用的方法就是自动价格调整）。

表 4-6 是对美国、日本和中国燃料价格调整机制的具体内容的比较，主要的比较项目有燃料价格调整机制的联动对象、燃料成本传递比例、调整时间、测量燃料成本的基准、有无保护低收入者的措施、所使用的数据、对于使用预测数据进行联动的电力企业有无进行预测偏差纠正机制、价格调整的方向是单向还是双向。以上项目也基本上反映了燃料价格调整机制的主要内容。

表 4-6　美国、日本和中国燃料调节条款的比较

项目	美国燃料调节条款	日本燃料调节条款	中国燃料调节条款
联动对象	燃料价格与终端销售电价	燃料价格与终端销售电价	电煤价格与上网电价 上网电价与销售电价
燃料成本传递比例	大多数为燃料价格上涨的 100%，少数为部分调节	100%	煤炭价格上涨的 70%，另外 30% 由电力企业承担
调整时间	大多数为每月调整，也有季度和年度调整的	月度	一般为 6 个月
测量燃料成本的基准	目标热能比	—	首次煤电价格联动以 2004 年 5 月月底煤炭企业销售电煤的车板价为基准
保护低收入者的措施	—	对最小消费电量不进行联动	居民电价、农业电价和中小化肥电价保持相对稳定，一年最多联动一次
使用的数据	多数为预测数据，也有使用历史数据的	历史数据	历史数据
是否进行偏差纠正	使用预测数据的电力公司一般都有偏差纠正机制	—	—
价格调整的方向	双向。燃料价格上涨，则上调电价；反之，则下调电价	双向。燃料价格上涨，则上调电价；反之，则下调电价	单向

4.3.2   燃料调节条款国际比较的启示

美国和日本的燃料价格调整机制的主要目的是为了确保电力企业的财务安全，美国的燃料价格调整机制始于第二次世界大战时期，在两次石油危机中得到广泛应用，其产生的主要原因就是在两次石油危机中电力企业由于燃料价格的快速上涨威胁到了电力企业的财务安全，从而使得电力服务的供应无法满足。而日本是一个能源极度缺乏的国家，其能源供给的 95% 靠进口，这样，国际能源价格的上涨直接威胁到电力企业的财务安全，因此，为了保证电力企业不至于亏损以保护其提供电力服务的能力，日本电力监管部门应用了燃料价格调整机制。而中国燃料价格调整机制推出的背景与美国和日本不同，美国、日本和中国的燃料价格调整机制的不同背景在其内容中也得到了充分的体现。

例如，燃料成本传递比例方面，美国和日本大部分是 100% 燃料成本传递，而中国规定 70% 的燃料成本可以传递，另外 30% 的燃料成本由电力企业承担。再如，调整时间和使用的数据方面，日本和美国很多都是月度调整和季度调整，而且美国的联动机制中使用的数据有一大部分是使用电力企业的预测数据，这样可以更好地确保电力企业的财务安全，保护其提供电力服务的能力。但是，针对美国有使用预测数据的情况，在之后的时间里面会有偏差纠正机制，当实际燃料价格数据与预测数据不一致时，便进行调整。而日本和中国使用的是历史数据，因此，不需要这种纠正机制。另外，价格调整方向问题也反映了联动机制的不同目的。美国和日本都是双向调整，即当燃料价格上涨时，电力价格上涨，当燃料价格下跌时，电力价格也随之下跌，这体现了联动价格的主要目的是确保电力公司的财务安全，而非让电力企业获取额外利润。最后，日本和中国的燃料价格调整机制中都有保护低收入者的措施，如日本是对最小电量不予联动，而中国的联动机制要求居民电价、农业电价和中小化肥电价保持相对稳定，一年最多联动一次；美国则没有这方面的规定。

与其他国家相比，中国在建立煤电联动机制时尚存在一些技术层面的问题需要解决，首先中国还没有形成一个统一、规范的煤炭市场。煤炭价格基准的确定需要投入很大的精力进行煤矿成本核算，煤炭市场价格数据采集，煤电双方认可的煤炭价格指数的计算以及合理的中间环节加价比例的计算等。中国并没有建立起来一个完善的包含各区域市场的煤炭价格指数。其次相对于美国的发电企业，中国发电企业的研究能力不足。美国的大多数燃料价格调整机制都使用的是发电企业自己预测的燃料价格和数量等数据，基本上说明了美国的发电企业已经具备了预测燃料价格的能力，如果有燃料期货市场，就可以进行保值操作，这样可以进一步保障发电企业的财务安全。

4.4　如何设计煤电联动

4.4.1　煤电联动机制应具备的政策目标

目前中国煤电之间矛盾的关键是价格，即煤价市场决定，电价政府管制。在电力市场化和价格改革不能到位的情况下，目前找不到其他更好的解决办法，煤电联动仍然是解决煤电矛盾的有效手段。从 2004 年煤电联动机制建立以来，虽然有过多次的电价调整，真正的按照煤电联动机制调价只有两次。为什么煤电难以联动？

一般来说，电价有两个最基本的目标：第一是传递价格信号以帮助消费者和投资者对其消费和投资做出正确的决策；第二是保证受管制的电力企业能够收回合理的成本以确保其有能力提供电力服务。现在中国的电价现状是，受到行政管制的电价没有完成第一个目标，即并没有向投资者和消费者提供经济有效的价格信号以优化资源配置；也没能完成好第二个目标，电力企业没有收回合理的成本以确保其有能力提供电力服务。

理论上，煤电联动机制除了可以保证第二个基本目标，还可以有效地提高完成第一个目标的程度。煤电联动机制是在电价管制背景下，由于煤炭占电力企业成本比重较大，而电力企业对煤炭价格的控制力很小，为保证电力企业在煤价变动幅度较大时能够收益的一种机制。及时的联动价格调整可以提供相对有效的价格信号，这样，消费者可以意识到燃料价格的变化，并相应地做出反应，如节约使用电力。短期看，消费者的负担重了，但是可以保证消费者不缺电，所以，煤电联动对电力企业和消费者都是有益的。因此，世界各国在使用传统回报率管制的电力产业中，大多都使用联动机制来解决受管制的电价和价格波动性较强的燃料之间的矛盾，而煤电联动实质上是提供了在电价中反映煤炭成本变化的机制。

煤电价格联动机制不是中国独有的。煤电价格联动机制在国际上被称为燃料调节机制，许多国家都使用。由于目标有所不同，在燃料成本传递比例方面，美国和日本基本上是 100% 燃料成本传递，而中国规定 70% 的煤炭上涨成本可以传递，另外 30% 的燃料成本由电力企业承担。在调整时间和使用的数据方面，日本和美国很多都是月度调整和季度调整，而且美国的联动机制中有一大部分是使用电力企业本身的预测数据，提前联动，这是为了更好地保证电力企业的财务安全，保障其提供电力服务的能力。当然，因为使用预测数据进行提前联动，在之后的规定时间里面就有偏差纠正机制，也就是当实际燃料价格数据与预测数据不一致时，进行偏差纠正调整。而日本和中国使用的是历史数据，是滞后联动，因此不需要这种纠正机制。

另外，价格调整方向也反映了中国电价的一个基本问题。美国和日本都可以双向调整，即当燃料价格上涨时，电力价格上涨，当燃料价格下跌时，电力价格也随之下跌，这体现了联动价格的主要目的是确保电力公司的财务安全。由于中国的电价管制（没有调价到位）和历史的低价特征，煤电联动调价至今仍是单方向的，燃料价格上涨，电力价格随之上涨；当燃料价格下跌时，电价无法随之下调。例如，2008 年下半年煤价大幅度下降，电价没有下调。这体现了中国的煤电联动机制并不是单纯为了解决电力企业的燃料成本问题，而更多着眼于缓解电力企业的财务困难和解决短期煤电之间的矛盾。

并且，日本和中国的燃料价格调整机制中都有保护低收入者的措施，如日本是对居民最小电量不予联动，而中国的联动机制要求居民电价、农业电价和中小化肥电价保持相对稳定，一年最多联动一次，美国则没有这方面的规定。对于中国来说，现阶段电力补贴是可以接受的，但是无目标的补贴方式需要改革。

综上所述，美国和日本由于其燃料价格机制的主要目的是为了确保电力企业的财务安全，煤电之间的关系主要通过煤电一体化和长期合同等方式来解决。而中国的煤电联动由其产生的特殊背景，决定了其主要目的更多的是为了缓解发电企业的财务负担和解决煤电矛盾，还兼顾其他宏观社会问题，这种多目标性直接导致了联动机制无法顺利实施。事实也是如此，在 2005 年和 2006 年进行了两次煤电联动以后，就没有第三次的煤电联动。

当初在煤电联动机制建立时，对它的预期是：持续的煤炭价格上涨将一步步迫使政府走进"煤电联动"的困境，因为涨电价可能影响到经济增长和社会稳定和谐，这是政府不愿意做的事。但是，之后出现的更大问题是煤电不能联动，受通货膨胀等多种宏观决策因素的影响，2008 年的煤电联动并未如期执行，直接造成电力企业的大面积亏损和装机充裕情况下的局部性缺电。

当然，2008 年的情况比较特殊，我们也可以理解政府为什么不实行联动。但是，现在的情况已经基本改变，政府有必要尽快恢复煤电联动的权威性；否则，计划电和市场煤的矛盾将影响煤炭、电力行业的生产和供应，从而影响经济发展。

如果价格风险预期不明确，煤炭企业和电力企业就必须博弈，甚至与政府博弈，与消费者博弈。问题是，不能让煤电的价格博弈影响经济运行。有效推进煤电联动，需要有透明的规则，并且政府严格按照规则执行。如果政府认为在煤炭价格大幅度上涨的情况下，承诺严格进行煤炭联动有风险，建议实行"有限制"

的煤炭联动机制，即上网电价按规定联动，政府通过补贴电网来把握可接受的终端电价调整限度。中国电网只有两家，都是国有，补贴的方式可以比照石油补贴，应该比较容易。联动周期也可以根据市场变化适当调短，这样，就像成品油价格一样，至少上网电价可以有上有下。

政府对电价的管理体现在两方面：一是严格对电力企业进行成本和价格的监管，二是如果政府认为有必要维持相对稳定的电价水平，可以运用直接补贴，完善补贴的设计很重要。大多煤电企业都属国有，政府可以加大对煤炭资源税和企业合理税利的征收，用来补贴应该受到补贴的电力消费者，这在发达国家也是有的。

从经济学理论看，中国目前的能源和环境的许多问题（包括春运问题），都可以通过提高价格来解决，价格足够高（或让价格反映成本），需求就下去了。但是，从其他角度看待价格问题，会有很不同的结论，之所以政府定价，就是要解决平衡的问题。但是，我们不能为这个平衡付出太大的代价。

现阶段要走出煤电联动的困境，仅靠"透明的"和"有限制"的煤电联动可能还不够。要保证煤价、电价按时能联动，就不能出现类似 2008 年上半年煤价增长过快的情况。

首先，必须使煤价不能过快地上涨，电煤价格管制显然不是好办法，对解决问题的作用不大，还会造成扭曲。如果政府不直接干预煤价，那就必须降低煤炭运输成本，或者增加煤炭产能，造成煤炭供应相对宽松。

其次，在特殊的情况下，即当煤价出现 2008 年上半年那样的"疯"涨，可以考虑像对石油一样，对煤炭征收特别收益金。中国的煤炭资源基本是国有的，产量相对集中，以国有大型煤炭企业为主。对煤炭征收特别收益金，即通过测算煤炭资源的成本、各种费用和利润空间，保证留给企业足够的收入用于可持续发展的开支后，计算出特别收益阶段。煤炭特别收益金提供了卖多而不是卖高的动力，可以缓解煤价上涨的压力。政府还可以用特别收益金的收入建立特别基金来稳定电价，避免电价大幅度波动。

缓解当前煤电价格矛盾，还可以由煤电企业双方自主确定合同期，如根据市场变化按季度确定价格。运力是左右煤价的很大一个因素，运输成本占煤炭成本的很大比重。更科学地规划、设计运力，提高铁路运输效率，使运输更好地配合市场，对缓解煤电矛盾有很大帮助。

当然，根本的解决办法是，改革电力定价机制，推进电力市场改革，使电价能充分反映煤电成本和市场供需，提高发电用电效率。建立透明合理的电价形成机制，理清电力企业的成本，可以清楚地让消费者知道电价形成的每个环节，并明确哪些是由财政补贴的，补贴了多少。这样，公众可以清楚煤电企业的利润来源和利润幅度,从而也就能够接受煤电价格上涨和下调的事实。这都是老生常谈,这里是提醒大家,上述办法都应该是过渡性的,市场化改革才是最终目标。

改革中国煤炭联动机制,其重要性不仅是为了缓解发电企业的财务负担和解决煤电之间矛盾,更重要的是为发电投资提供一个可以相对确定的商业环境,为电力投资,尤其是民营和外企的电力投资提供一个可以预期的财务保障。

4.4.2　煤电联动机制的流程设计

从产业链各个环节的角度来看,煤电联动整体设计思路如下:煤电产业链包括煤炭、发电和电网三个生产阶段,涉及煤价、上网电价、输配电价和终端电价共四个价格环节,煤电联动可将各环节连接起来,理顺利益分配关系(图4-4)。除了合乎实际的联动计算公式,还可以考虑比较短的联动周期(如2~3个月),使得价格更贴近市场。同时,还可以设计一些配套政策以减少改革阻力,包括对消费者进行有目标的补贴,保障低收入人群的基本用电需求等。当煤炭价格上涨过快时,可以考虑采取资源税或者特别收益金等相对市场化的措施进行调控,使煤炭部门承担一定的价格上涨压力,但仍然保持市场为主的定价机制。根据煤电联动流程图,实施煤电联动的相关问题可以从以下几个方面讨论。

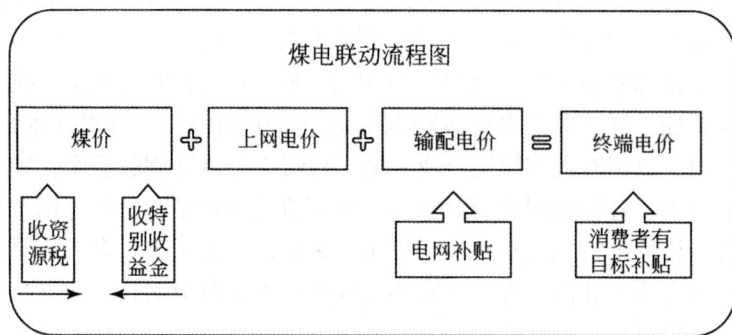

图4-4　煤电联动流程图

第一,煤电联动下的终端电价可控性。在煤电联动的机制下,如果政府想将终端销售电价维持在一个目标水平,可以考虑将亏损集中在电网环节,进行财政补贴。电网企业只有两家,相对分散的火电厂来说,实施补贴政策更容易、更准确,具体补贴形式可参照现行政府对石油的炼油补贴来设计。当然,电力补贴的成本不小。按目前的全社会用电量计算,每补贴一分钱电价大约相当于420亿人民币。因此,补贴需要慎重。

第二，上调终端电价和消费者有目标补贴。政府需要适当调高销售电价，减少补贴压力，并通过提高电价促进节能减排；同时，设计配套补贴政策，对目标群体（尤其是低收入家庭）进行直接补贴。这样做的好处是，既通过电价上涨促进能源利用效率提高，又通过补贴保障了社会公平。对于居民电价，其用电份额比较小（13%左右），近几年居民电价都保持不动，但不可能长期不动，需尽快推出居民阶梯电价改革，更公平有效地进行消费者补贴。

第三，征收特别收益金，减少煤价上涨动力。对煤电联动的主要担忧是，煤涨，电涨，煤再涨，因此煤电联动得以实施的前提是抑制煤炭价格快速上涨的动力。

第四，暂缓煤炭资源税改革。最近的资源税改革没有纳入煤炭，从煤电联动的角度看，短期可以考虑暂缓。现阶段我国煤炭市场基本上是卖方市场，煤炭资源税上涨意味着煤炭价格上涨，相应的，新增成本会很快转嫁给终端消费者和下游行业，包括电力行业。当然，时机合适，煤炭资源税需要进一步改革，这是不言而喻的。

第五，减少煤炭运输"拥堵成本"，缓解煤价压力。我国的原煤生产高度集中，大约2/3的煤炭来自于产煤大省，仅山西和内蒙古的煤炭产量就占全国煤炭总供给的40%。超过60%的煤炭需通过铁路运送到中国的其他用煤省份。2011年前6个月，全国累计消费了17亿吨煤炭，其中11亿吨是通过铁路运输的。煤炭运输成本可能高达其终端市场价格的50%，铁路运输又是最经济的运输方式，因此需要更有效地提高铁路运输能力。由于资源分布特征（煤炭远离市场）和需求迅速增长，我国铁路运力不足长期困扰煤炭运输。虽然近年来铁路运输能力迅速提升，但依然不能满足煤炭需求的增长。1999～2009年，煤炭出矿价与秦皇岛价之间的价差不断扩大。价差包括煤炭运输所有的中间成本，该价差与正常所需运输成本①之差可称为"拥堵成本"。2008年，煤炭出矿价与秦皇岛价价差达301元/吨，拥堵造成的各种交易成本（中介）达到近159元/吨，占该价差的近50%，即实际发生的煤炭运输成本中一半是交易成本。运力不足，加上电煤与市场煤的差价，使交易成本难以避免。不合理的煤炭运输成本导致浪费和更高的电力成本。

第六，建设坑口电厂，通过输电替代输煤。由于经济较发达、用电需求高的地区集中于东南沿海，而能源资源丰富地区则更多位于西部，优化煤炭运输是解决煤炭供应和煤炭成本的一个重要方面。我国处于城市化工业化阶段，煤炭需求

---

①　正常运输成本计算公式：整车煤炭每吨运价＝发到基价＋运行基价×运距。

仍将大幅度增长，煤炭运输的"拥堵成本"可能不断上升，对电厂买煤和煤炭终端价格产生很大压力。因此，政府需要考虑通过输电替代输煤，优化输电输煤比例，减轻输煤压力，减少"拥堵成本"，从而缓解煤炭价格上涨压力。由于输煤的"拥堵成本"比较高，对输煤输电进行简单的"点对点"比较会低估输电的经济性。

4.5 煤电联动实施的影响：基于可计算一般均衡模型

中国曾于 2004 年实施煤电联动政策，以缓解煤价上涨对电力行业形成的成本压力。之后由于煤价上涨过快，政府担心提高电价将对经济社会产生不良影响而中断实施煤电联动。因此有必要对于煤电联动的宏观经济影响展开分析：如果 2004 年以来，政府按相关规则如期实施煤电联动，会产生何种经济与社会影响？本节利用一个可计算一般均衡模型，模拟了煤电联动实施后，对中国经济、社会与环境等的各方面的潜在影响。

4.5.1 构建可计算一般均衡模型

1. 可计算一般均衡模型的基本设定

可计算一般均衡模型（computable general equilibrium model）是以一般均衡理论为理论基础，它可以广泛应用在资源环境、财政税收、国际贸易、能源及气候变化等领域，目前已经是政策研究领域的主流分析工具之一。尼克尔森指出，一个市场上产出的价格变化通常会对其他市场产生影响，而这一影响反过来会波及整个经济，甚至在某种程度上会影响原有市场上的价格-数量均衡。为了说明经济中这种复杂的相互关系，我们有必要超越局部均衡分析，建立一个可以同时考虑多个市场的模型。一般均衡模型是分析不同市场、不同产业、不同资源要素及不同机构之间相互关系的分析框架。过去由于数据的不充分和计算能力的限制，一般均衡分析方法应用范围有限。然而随着计算机运算能力的突飞猛进，一般均衡模型向可计算化发展。

最早的一般均衡模型来源于 Johansen（1960）的研究，随后，一般均衡模型的开发得到突飞猛进的发展，它被广泛地运用于分析评价税收政策、公共消费和社保支付、关税和能源环境政策等政策工具的宏观经济影响。具体而言，一般均衡模型以瓦尔拉斯一般均衡为理论基础，由一组描述模型中各经济主体的行为方程，以及它们各自所面临的技术、收入和制度约束条件构成。实现一般均衡的状态包括三个条件，消费者效用最大化、生产者利润最大化和市场出清。一般均衡模型的优点在于它有一致的理论基础，有明确的模型结构。一般均衡的缺点在于需要大量的工作，同时在参数设定和模型形式设定上较难。

Arrow-Debreu 一般经济均衡模型能采用三组"中心变量"加以描述并有效解决。

P：一个非负 n 维商品价格向量，包括所有最终产品，中间产品和生产的初级要素。

Y：一个非负的 m 维活动水平向量，经济部门被假定为规模报酬不变。

M：一个 h 维收入水平，包括模型中的每个家庭以及任何政府实体。

一般均衡必须满足三组非线性不等式系统。

（1）零利润

第一组均衡条件要求在均衡时，没有生产者能获得超额利润，也就是说，每单位活动投入的价值必须等于或大于产出的价值。用数学表达式写成

$$- \Pi_j(p) = C_j(p) - R_j(p) \geqslant 0, \quad \forall j \tag{4-1}$$

其中，$\Pi_j(p)$ 为单位利润函数，$C_j(p)$ 和 $R_j(P)$ 分别为单位成本和单位收入，它们分别定义为

$$C_j(p) \equiv \min \left\{ \sum_i p_i x_i \mid f_j(x) = 1 \right\} \tag{4-2}$$

$$R_j(p) \equiv \max \left\{ \sum_i p_i y_i \mid g_i(y) = 1 \right\} \tag{4-3}$$

其中，f 和 g 是刻画可行投入和产出的相应的生产函数。

（2）市场出清

第二组均衡条件要求在均衡价格和活动水平上，任何商品的供给必须等于或超过消费者的需求。用数学表达式表示为

$$\sum_j y_j \frac{\partial \Pi_j(p)}{\partial p_i} + \sum_h \omega_{ih} \geqslant \sum_h d_{ih}(p, M_h) \tag{4-4}$$

其中，左边的第一个加总是用 Shepard 引理表示的规模报酬不变生产部门商品 i 的净供给，第二个加总表示家庭拥有的商品 i 的总的初始禀赋；右边的加总项表示给定市场价格 p 和家庭收入水平 M 下家庭对商品 i 的最终总需求。

最终需求从预算约束效用函数中得到

$$d_{ih}(p, M_h) = \arg \max \left\{ U_h(x) \mid \sum_i p_i x_i = M_h \right\} \tag{4-5}$$

其中，U_h 是家庭 h 的效用函数。

(3) 收入平衡

第三个条件是在均衡时，每个代理者的收入必须等于要素禀赋的值。用数学表达式表示为

$$M_h = \sum_i p_i \omega_{ih} \tag{4-6}$$

我们经常用到非饱足 (non-satiation) 的效用函数，所以瓦尔拉斯法则将一直成立

$$\sum_i p_i d_{ih} = M_h = \sum_i p_i \omega_{ih} \tag{4-7}$$

总的市场出清条件采用均衡价格，零利润条件采用均衡活动水平，然后可得

$$\sum_j y_i \Pi_j(p) = 0 \tag{4-8}$$

而且有

$$p_i \left(\sum_j y_j \frac{\partial \Pi_j(p)}{\partial p_i} + \sum_h \omega_{ih} - \sum_h d_{ih}(p, M_h) \right) = 0, \quad \forall i \tag{4-9}$$

换句话说，互补松弛条件是均衡配置的一个特性。这意味着，在均衡时生产活动获得零利润；并且任何净回报为负的生产活动是无价值的。同样，任何价格为正的商品在总供给和需求之间总有一个平衡；任何超额供给的商品的均衡价格为零。

一般均衡模型在 Arrow-Debreu 的一般均衡理论框架下，明确定义了经济主体的生产函数和需求函数，从而能够反映多个部门、多个市场之间的相互依赖和相互作用的关系，揭示比部分均衡模型或宏观计量经济模型更为广泛的经济联系。通过一般均衡模型，研究者能够估计某一个特殊的政策变化所带来的直接和间接影响及其对经济系统整体的全局性影响。

值得注意的是，一般均衡模型不是计量经济模型，而是一个模拟模型，其政策分析属于比较静态分析的范畴，即比较实施不同政策对经济可能产生的不同影响，而没有考虑经济会如何发展，也就无法进行预测。为了弥补这一缺陷，一般均衡模型在朝动态化发展。一般均衡模型的优点在于它有一致的理论基础和明确的模型结构，其缺点在于需要大量的工作，同时在参数设定和模型形式设定上较难。因此，参数的选择以及一般均衡模型中生产函数和效用函数的设定，就要借助计量模型来进行估计。

从理论上讲，能源、经济和环境三者之间存在复杂的相互影响机理。图 4-5 是对能源、经济、环境三者之间的关系的具体描述，它构成能源环境问题研究的

理论基础。

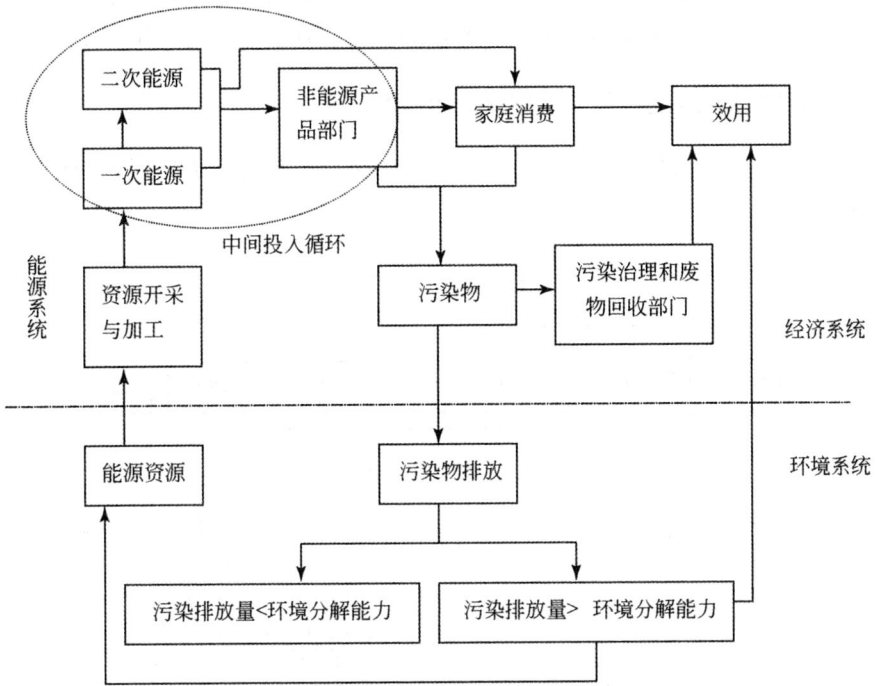

图 4-5 能源、经济、环境的相互作用示意图

首先，在当代社会发展以石化燃料为主要能源资源的背景下，能源必然是经济发展的重要动力保障，任何经济的持续快速发展都必须有长期稳定的能源供给作为保证。

其次，在经济发展过程中，为了扩大生产规模以及提高人民福利等，需要不断增加对土地、矿产、水资源、生物资源和能源的需求。为了满足这些需求，就必须加大对资源的开采力度，而能源消费的不断上升必然伴随着污染物的排放数量的不断上升，由此给环境带来了不容忽视的压力。一旦污染物的排放超出环境自身承受能力的临界点，环境质量就会退化。

最后，环境质量的恶化反过来必然影响能源资源的质量、劳动力质量等基础生产要素，并最终对经济造成一定的负面影响。具体而言，能源系统首先通过能源资源的开采和加工形成一次能源，并通过转化形成二次能源，以供生产部门中间投入和家庭部门的最终消费之用。社会的生产和消费的过程都会产生污染物，其中一部分污染物经过治理或回收利用，而没有经过治理和回收利用的污染物直接排放到环境系统中。当排放到环境系统中的污染物超出环境自身的分解能力时，环境质量就会退化。环境质量的退化直接影响消费者的效用，同时也会通过降低生产率而间接对生产和消费产生影响。同时，环境质量退化也会影响资源的存量，尤其是像生物资源类的可再生能源的存量，从而对经济系统产生影响。

2. 模型结构与生产、效用函数嵌套

根据图 4-5 对能源、经济、环境三者之间相互关系的分析构建的模型结构如图 4-6 所示。

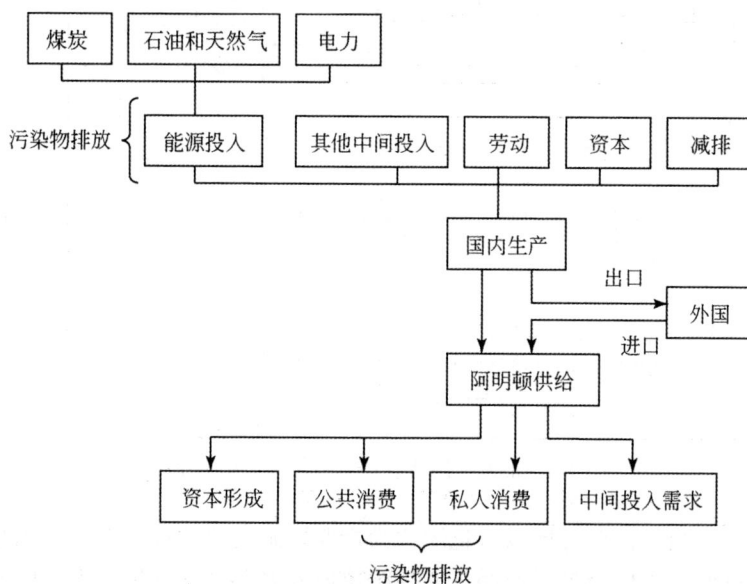

图 4-6　模型结构图

资料来源：林伯强和何晓萍，2008

其中，煤炭、石油天然气和电力是经济中的能源生产部门。对于国内生产，各部门生产活动的总投入包括能源投入、其他中间投入、劳动、资本和减排五种，而各部门的产出则形成国内总产出。这些产出的一部分用于出口，其余的用于供给国内市场。另外，国内市场也从国外进口商品，一般而言，国内生产的商品和进口商品之间并不具有完全的替代性，因此我们采用阿明顿总供给来反映这种性质。污染物的排放产生于对中间投入的消费和最终消费的过程中。为避免重复计算，在对二氧化硫和二氧化碳排放的处理中，我们只计算由一次能源消费产生的气体排放。

本书采用嵌套式的常替代弹性（constant elasticity of substitution，CES）函数来描述经济生产活动的生产函数和经济主体的效用函数。以两要素投入为例，

CES 生产函数的具体形式如下

$$Y(L, K) = (\alpha L^{-\rho}) + (1 - \alpha)K^{-\rho})^{1/-\rho} \tag{4-10}$$

其中，定义 $\sigma = \dfrac{1}{1+\rho}$ 为两要素之间的替代弹性。

与传统的柯布道格拉斯生产函数和里昂惕夫生产函数相比，CES 生产函数更具有一般性。当 $\rho \to -\infty$ 时，$\sigma \to 0$，CES 生产函数退化为里昂惕夫生产函数；而当 $\rho \to -0$ 时，$\sigma \to 1$，CES 生产函数退化为柯布道格拉斯生产函数。

另外，由于 CES 生产函数所具有的齐次性与替代弹性为常数的优良性质，它的引入可以大大减少对生产函数假定条件的限制，正是由于这个原因，CES 函数的这些特性增加了它在实际建模中的实用性。

更进一步，从理论上讲，一个包含能源投入三要素的嵌套式的 CES 生产函数，根据其嵌套形式的不同可写成如下三种形式

$$Y = A\big[\beta(\alpha K^{-\rho_1} + (1 - \alpha)E^{\rho_1})^{-\frac{\rho}{\rho_1}} + (1 - \beta)L^{\rho}\big]^{-\frac{1}{\rho}} \tag{4-11}$$

$$Y = A\big[\beta(\alpha L^{-\rho_1} + (1 - \alpha)E^{\rho_1})^{-\frac{\rho}{\rho_1}} + (1 - \beta)K^{\rho}\big]^{-\frac{1}{\rho}} \tag{4-12}$$

$$Y = A\big[\beta(\alpha L^{-\rho_1} + (1 - \alpha)K^{\rho_1})^{-\frac{\rho}{\rho_1}} + (1 - \beta)E^{\rho}\big]^{-\frac{1}{\rho}} \tag{4-13}$$

式（4-11）～式（4-13）反映的是不同的嵌套结构。其中，定义 $\sigma_1 = \dfrac{1}{1+\rho_1}$ 表示第一层嵌套关系的替代弹性，$\sigma = \dfrac{1}{1+\rho}$ 表示第二层嵌套关系的替代弹性。

黄英娜等（2003）的研究表明式（4-11）和式（4-13）是符合中国工业生产情况的。在实际建模过程中，我们首先采用式（4-13）描述生产函数中劳动、资本和能源之间的嵌套结构，其次在式（4-13）的基础上，再加入其他中间投入和减排活动投入，我们就可以描述生产活动的所有投入及各种类型投入之间的替代关系。图4-7 以树图的形式给出了一个对生产函数具体设定的更加形象的描述。

同样，由于 CES 函数的上述优点，模型中消费者的效用也采用嵌套式的 CES 函数来描述。该效用函数的具体结构如图4-8 所示。

4.5.2　社会核算矩阵构建与模型模拟

1. 社会核算矩阵与模型参数设定

应用 CGE 模型进行政策模拟首先要构建针对特定问题的社会核算矩阵（social accounting matrix，SAM），它在投入产出表的基础上，SAM 是构建 CGE 模

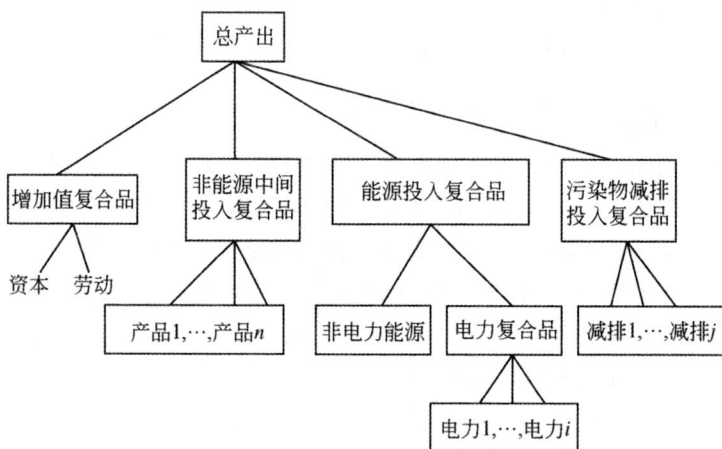

图 4-7　生产函数结构

资料来源：林伯强和何晓萍，2008

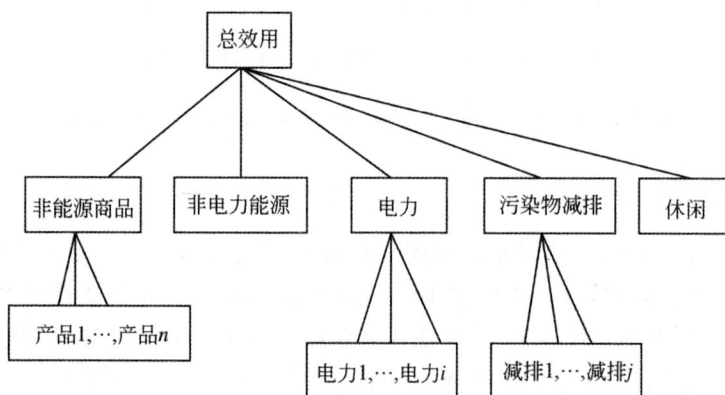

图 4-8　效用函数结构

资料来源：林伯强和何晓萍，2008

型的数据基础。SAM 在投入产出表的基础上通过加入机构等账户扩展而成，反映一定时期（通常为一年）内经济系统交易流向的方阵。作为对社会经济体系各个部门的统一核算体系，SAM 全面而又一致地记录了一定时期内一国（或地区）各种经济行为主体之间发生交易数额。它不仅继承了国民收入账户的概念，运用矩阵方法以平衡、封闭的形式记录了该国（或地区）国民经济各账户的核算数据，而且还对现有的投入产出表进行了扩充，使其不仅能表现生产部门与生产部门及非生产部门之间的投入产出、增加值形成和最终支出的关系，还能描述非生产部门之间的经济相互往来关系。

　　另外，SAM 还具有较强的账户分解与集结的灵活性。因此，用户可以根据侧重研究的问题对生产部门、商品部门、机构部门进行详尽的分解与集结。由于 SAM 自身的诸多优越性质，自 20 世纪 60 年代诞生以来，随着理论的不断完善和拓展，世界许多国家都陆续编制出自己国家或地区的 SAM 表，并在此基础上进行了大量的应用研究。到目前为止，它已被广泛应用在经济结构分析、收入分配、价格机制、政策模拟等许多经济研究领域。

　　此外，在 SAM 中可以对"商品"和"部门"进行区分，其目的在于允许多个部门生产同一种商品，也即允许同一种商品的生产存在不同的生产技术。传统的 SAM 包含六个账户：部门、商品、生产要素（劳动力和资金）、机构（家庭、企业、政府）、投资–储蓄以及国外部门。每个账户的行表示该账户的收入，列表示该账户的支出，根据复式记账原则，每个账户的收入必须等于支出，也即行和要等于列和。而对于每一个行为主体，每个部门行向量中各元素之和（总收入）等于相应的列向量中各元素之和（总支出），即表示该行为主体所面临的预算约束。

　　由于 SAM 是本章构建的能源环境 CGE 模型的数据基础。因此，首先介绍 SAM 的框架、编制原理和平衡方法。SAM 表是一个对称的方阵。表 4-7 给出了一个能源环境 SAM 的基本框架。每个账户的行表示该账户的收入，列表示该账户的支出，根据复式记账原则，每个账户的收入必须等于支出，也即行和等于列和。

表 4-7　能源环境 SAM 框架

项目			活动		商品		要素		机构		
			生产活动	减排活动	货物商品	清洁商品	劳动	资本	家庭	企业	政府
			1	2	3	4	5	6	7	8	9
活动	生产活动	1			国内商品供给						
	减排活动	2				污染物清除供给					
商品	货物商品	3	中间投入						家庭消费		政府购买
	清洁商品	4	减排成本								
要素	劳动	5	增加值								
	资本	6									

续表

项目			生产活动 1	减排活动 2	货物商品 3	清洁商品 4	劳动 5	资本 6	家庭 7	企业 8	政府 9
			活动		商品		要素		机构		
机构	家庭	7					家庭要素收入			企业转移	政府转移
	企业	8					企业要素收入				政府补贴
	政府	9	间接税		关税				收入税	直接税	
排污费		10	排污费								
出口退税		11									出口退税
资本账户		12							家庭储蓄	企业储蓄	政府储蓄
存货		13									
省际		14			省际调入						
世界		15			进口		国外要素收入				
总计		16	总投入		总吸收		增加值		家庭支出	企业支出	政府支出

项目			排污费 10	出口退税 11	资本账户 12	存货 13	省际 14	世界 15	总计 16
活动	生产活动	1		出口退税				出口	总产出
	减排活动	2							总产出
商品	货物商品	3			固定资产投资	存货变动	省际调出		总销售
	清洁商品	4			固定资产投资				总销售
要素	劳动	5							增加值
	资本	6							
机构	家庭	7						侨汇	家庭收入
	企业	8							企业收入
	政府	9	排污费					政府间经常转移	政府收入
排污费		10							排污费
出口退税		11							出口退税
资本账户		12						外国储蓄	总储蓄
存货		13			存货变动				存货
省际		14							
世界		15							世界收入
总计		16	排污费	出口退税	总投资	存货		世界支出	

资料来源：林伯强和牟敦国，2008

　　商品账户反映了国内商品市场的交易行为。商品账户的支出用于购入进口商品、国内生产的产品（包括来自贸易部门的服务）和支付关税；其收入来源于生产活动的中间需求消费、居民消费、政府消费和投资。商品账户的平衡意味着商品市场出清。

　　活动账户反映了厂商的生产行为。活动账户的支出用以购买中间投入品、雇佣生产要素来进行生产，并向政府支付间接税；其收入来源于国内市场的买卖以及出口。活动账户的平衡意味着厂商零利润。

　　在 SAM 表中对"商品"和"部门"进行区分目的在于允许多个部门生产同一种商品，也即允许同一种商品的生产存在不同的生产技术。要素账户反映各种生产要素的流向。要素一般包括劳动力和资本，有些 SAM 中还会加入土地账户。要素账户以工资和租金的方式从厂商的生产活动中获得收入，以及从国外部门获得要素出口收入；而后，要素收入在居民和企业之间进行分配。

　　居民账户、企业账户和政府账户统称为机构账户，它们共同反映国内社会机构之间的往来。居民的收入来源于要素收入和各种来自政府、企业或国外的转移支付，其支出主要由消费支出和所得税组成，剩余部分则转到资本账户中，形成居民储蓄。企业的收入主要来源于要素收入和各种转移支付，其支出则用于直接税和对外转移支付，余额进入资本账户，形成企业储蓄。政府的收入来源于各种税收以及国外的转移支付，支出主要用于政府消费以及对居民和企业的各种转移支付，其余额进入资本账户，形成政府储蓄。机构账户的平衡意味着机构的收支平衡。

　　资本账户反映资本市场的变动情况。其收入来源于各个机构账户的储蓄以及国外储蓄，其支出则体现在投资和存货变动上。资本账户的平衡意味着储蓄等于投资。省际账户反映了本省与周边地区的经济往来。省际调入表现为省外账户的收入，省外账户的支出则用于购买省际调出、购买该省的要素以及对该省的各种转移支付，其余额部分进入资本账户，形成省外储蓄。

　　国外账户反映了一国与世界其他地区的经济往来。一国的进口表现为国外账户的收入，国外账户的支出则用于购买该国的出口产品、购买该国的要素以及对该国的各种转移支付，其余额部分进入资本账户，形成国外储蓄。

　　传统的 SAM 虽然能够较为全面地对一国进行核算，但它没有体现能源战略调整对经济增长速度、单位 GDP 能耗、环境、就业的影响。为了在 SAM 中反映能源、环境和经济之间的相互作用，就必须对传统的 SAM 进行扩展，详细划分能源部门，并引入环境反馈因素。

　　能源环境 SAM 中的活动账户、商品账户、要素账户、机构账户、资本账户和国外账户的含义与传统的 SAM 一致。不同的地方在于能源环境 SAM 反映了企业的减排行为，将其视为一种活动。污染物减排部门生产污染物清洁服务，它作为一种中间投入被其他生产部门购入，在表中反映为活动账户中的"减排成本"。减排活动所获得的减排服务的价值则体现在"污染物清洁供给"上。另外，为了反映排污费和出口退税对节能减排和整体经济的影响，能源环境 SAM 将其独立出来，作为单独的账户处理。企业的排污费来源于生产部门的生产活动和家庭缴纳的垃圾处理费，而后支付给政府。出口退税来源于政府，而后支付给活动账户。存货账户的增加是为了反映存货的变动。

电力价格上涨一般会带来 GDP 增长的减退及居民福利的损失，但同时也可能带来能源利用效率的提高以及（能源生产和消费造成的）污染物排放的减少。因此，电价上涨对一个经济体来说，将造成多方面的复杂影响。Nakajima 和 Hamori（2010）的研究基于面板数据，证实美国放松零售电价管制后，并未对消费者的价格弹性系数造成影响。Akkemik（2010）利用 SAM 研究了土耳其电价改革对宏观经济与居民生活的影响，证实高耗能产业是受影响最严重的部门。Zarnikau 等（2007）研究了竞争性电力市场中商业部门销售电价的变化趋势。林伯强（2006）采用超越对数模型分析了提高电价对不同工业行业和地区造成的影响。于良春和张伟（2003）从强自然垄断行业的特征出发，研究了中国的电力定价问题。He 等（2010）基于 CGE 模型研究了中国煤炭价格上涨对电价的影响，以及电价波动对宏观经济的影响。林伯强等（2010）利用 CGE 模型分析了中国调整能源结构、增加能源成本的宏观经济影响。林伯强和牟敦国（2008）基于 CGE 模型分析了石油和煤炭价格上涨对中国经济各部门的影响，证明虽然石油价格上涨对整体经济发展具有负面影响，但煤炭价格的上涨会带来更为严重的后果。姚昕和孔庆宝（2010）也运用 CGE 模型研究了在能源运输中，提高输电比例对中国经济发展、能耗与污染物排放方面的影响。林伯强和何晓萍（2008）、Lin 和 Jiang（2010）分别基于 CGE 模型研究了征收资源开采税及实现能源补贴改革对中国宏观经济的影响。林伯强和李爱军（2010）采用一个 CGE 贸易模型，从竞争力角度分析碳关税对不同发展中国家的影响。姚昕和刘希颖（2010）运用 CGE 模拟了征收碳税对中国经济、能源与环境的影响。

考虑到所分析问题特点的具体情况，本章以中国 2007 年 42 个部门的投入产出表为数据基础，将 42 个部门合并整理成农业、轻工业、重工业、服务业、煤炭、石油、天然气、电力 8 个部门，来构建中国能源环境 SAM。构建 SAM 需要大量的数据基础，除投入产出表外，其他相关数据主要来自《中国统计年鉴 2008》《中国能源统计年鉴 2008》等。

运用 CGE 模型进行政策模拟涉及一系列重要的模型参数，如各种生产投入和消费投入之间的替代弹性，产出之间的转换弹性，收入、支出份额，税收税率，以及贸易参数等。CGE 参数的估计方法有一套规则，本书 CGE 的参数估计分为以下三种：①根据 SAM 表直接得出。模型绝大多数参数直接来自 SAM 表，如中间投入系数、份额参数、储蓄率、各种税率。②简单计量估计，如生产中的要素替代弹性。③参考前人研究，如进出口弹性主要参考范金（2004）的做法进行设定；效用函数中的参数来自林伯强和何晓萍（2008）的文献。

本章采用跨熵法（cross-entrophy method，CEM）对 SAM 模型进行平衡。跨熵法来源于 Shannon（1948）的信息理论，Jaynes（1957）首次将其用于统计推论。跨熵法利用了包括先验参数的所有可得信息，所要求的统计假设较少，其运用不要求明确设定似然函数。另外，它在数据缺失的情况下也能进行估计。鉴于这些优点，在此选择跨熵法来平衡 SAM 表。SAM 表的平衡及基于 CGE 模型的定量模拟都在 GAMS 系统（general algebraic modeling system）中实现，求解 CGE 模型采用的算法为混合互补规划（mixed complementarity programming）。

2. 煤电联动实施的宏观经济影响模拟结果

由之前章节可知，如果解决严格按 2004 年的煤电联动机制实行煤电联动的历史问题，上网电价与销售电价将分别上涨 0.0207 元/千瓦时和 0.0075 元/千瓦时。其中销售电价上涨幅度不到 0.01 元/千瓦时，对整体影响较小，在此选取严格按 2004 年的煤电联动机制实行煤电联动计算过程中出现的最大单次联动涨幅 0.0469 元/千瓦时模拟其宏观经济影响。该次联动应该出现在 2008 年 9 月，煤价上涨幅度达到 18.5%，为 2004 年制定煤电联动机制下单次出现的最大冲击幅度，根据当前煤炭价格走势，可以预见未来如此强度的冲击也很难出现。

模型模拟的结果见表 4-8。

表 4-8　煤电联动实施的宏观经济影响模拟结果　　　　　单位：%

项目	具体分类	模拟结果
对宏观经济的影响	GDP	−0.033
	就业	−0.019
	进口	0.016
	出口	−0.022
	福利	0.015
对各产业产出的影响	农业	−0.02
	轻工业	−0.087
	重工业	−0.26
	服务业	−0.012
对节能减排的影响	单位 GDP 能耗	−0.71
	二氧化碳排放	−1.35

第一，煤电联动后带来的电价上涨仅对 GDP 增长与就业水平具有较小的负面打击，两者分别下降 0.032% 和 0.019%。然而，居民福利会有小幅的改善，增长 0.015%。此外，煤电联动还会影响中国的国际贸易结构，带来进口部门的改善，增长 0.016%，而出口部门会受到负面影响，下降 -0.022%。对中国进出口贸易的影响，有利于转变中国经济对国际贸易的过度依赖，并促进政府与出口商从提高能效与增加产品附加值的角度出发，增强国际竞争力。煤电联动的积极影响体现在其显著的节能减排效果上，这说明实现低碳转型需要实施能源价格政策改革的配套措施。提高电价有助于减轻环境压力，带来单位 GDP 能耗和二氧化碳排放的较大幅度下降。二氧化碳排放将减少 1.35%，单位 GDP 能耗将减少 0.71%。

第二，如果实施煤电联动，电价上涨将带来中国经济产业结构的调整。虽然电价上涨会带来各产业生产成本的增加，但由于各产业在生产资料投入结构、能源消耗强度等方面存在差异，它们的产出下降幅度并不相同。其中，重工业和轻部门的产出受损最为严重，会分别下降 0.26% 和 0.087%。工业部门（此处主要指重工业）是能源消耗总量最大、能耗强度最高的部门，因此，通过能源价格调整促进其提高能效非常重要。而服务业和农业的产出将下降 0.02% 和 0.012%。动态地来看，电价上涨的效应经过中长期积累，有助于促进第三产业（特别是相对工业来说）的发展，并由此而推动中国产业结构的调整，也有助于节能减排。

3. 基于模拟结果的政策分析

基于上述研究结果，在权衡宏观经济影响与节能减排效果的基础上，我们得出重启煤电联动的政策建议，包括以下内容，其核心在于应将破解煤电矛盾的中长期机制作为下一阶段工作的重点。

第一，煤电联动可以减少经济运行成本。缺电的社会经济成本远大于电力供应成本，如何保障电力供应是"十二五"期间必须面对的一个重要问题。如果电力短缺由缺煤造成，那么解决手段只有两个，煤电联动或者抑制煤价；如若要保持煤炭的市场化改革方向，那么煤电联动就是唯一的选择。进一步说，在电力价格改革不能到位的情况下，煤电联动可能是目前解决煤电矛盾的最有效手段。因为，没有明确的电价机制，价格的风险预期就不明确，煤炭企业和火力发电企业就必然博弈，甚至与政府和消费者博弈。因此，避免煤电的价格博弈影响经济运行和社会稳定，就需要寻找有效透明的价格机制，并且严格按照价格机制执行。设计合理的煤电联动，不仅可为割裂的"市场煤"和"计划电"之间建立一个连通机制，缓解电煤紧缺及电力供给不足的问题，还有助于消除目前煤炭行业过高的交易成本，提高市场效率。

第二，以煤电联动为契机，进行主动的电价渐进性改革。我国在经济转型过程中，配套改革措施缺位，能源价格市场化很难一次性、整体性地完成跨越，因而选择渐进性的能源价格改革，符合中国的基本改革策略。但是，主动的渐进性改革是指有步骤、有计划、有目标的市场化改革。除了目标明确，还有时间要求，一旦确定改革，就坚定不移地推行。能源既是生产资料，也是生活资料。能源基本上与现代社会所有的经济活动和居民生活直接相关，这意味着能源改革的重要性、复杂性和敏感性，改革过程中也会存在和面临较多的社会、经济问题。但是，过多权衡各方面利弊容易错失改革良机，或者因为追求其他政策目标而暂缓能源价格改革，都会造成能源价格改革被延误或搁浅。我们的研究说明，煤电联动对于推动产业结构调整、促进节能减排都有积极影响；而且，按照目前的煤电联动计算公式，电价上涨对经济发展和居民福利的负面影响其实不大。为了保证煤电联动顺利推出，可以考虑通过配套补贴政策来降低这些负面影响。

第三，煤电联动可以成为电力价格市场化改革的一条主线。我们的动态研究说明，煤电联动的各种积极影响会随时间推移而逐步弱化，因此，它只能作为短中期解决煤电矛盾的政策选择。长期而言，电力市场化定价仍是改革的根本方向。以煤电联动为改革主线，电价市场化改革基本步骤大致可以分为时间界限不明的三段：首先，逐渐完善煤电联动机制，先在周期和联动幅度等方面使联动机制更为贴近市场，之后进一步将政府主导联动，改为一个由政府设定联动周期和幅度、企业自行联动的过程；其次，不断通过其他方面改革，如居民阶梯电价、简化电价结构、峰谷电价和分时电价等，逐步完善电价体系，为市场化改革做好相应配套工作；最后，待时机成熟，完成市场化改革，将电价交给市场。

第四，改革的时机很重要，可以影响改革效果和可接受程度。但是，除了改革时机本身的争议性，等待改革时机是个很不确定的事件。对于能源价格改革来说，最好的时机是能源价格低廉的时候，现在看来，这个时候可能很难等到，机会出现了能持续多久也存在疑问。因此，改革不能以等待时机为前提。无论改革与否，电价都会逐步上涨。透明的定价机制是赢得消费者理解的关键，是为消费者参与电力定价留有一席之地的表现。当然，如何定价，都离不开加强能源企业的财政廉洁和能源效率。

4.6　配套措施：煤炭特别收益金制度设计

实施煤电联动政策能够缓解煤价上涨对电力部门的压力。然而对于经济和消费者来说，煤电联动的一个难题，或者一个担忧是：煤电联动后电价动了，煤价接着动，经济和消费者如何承受？2010 年我国总发电量为 42 071.6 亿千瓦时，其中火电发电量为 33 319.3 亿千瓦时，占 79.2%。2007 年开始，国家放开了对电煤价格的管制，随着对中小煤矿关闭和限制的安全门槛提高，煤炭产业集中度提升，煤炭企业的定价话语权也得到了提高。近几年来国际能源价格的大幅上涨，国内煤炭需求的大幅增长，煤炭价格也一路高涨。2010 年全国煤炭产量达 32.35 亿吨，而国际煤炭价格也从 2007 年年初的 60 多美元/吨上涨 200 美元/吨，而国内煤炭价格也从 2007 年年初的 300 多元/吨上涨到 2010 年的均价 746 元/吨。如果政府不想管制煤价，就需要抑制煤价上涨的动力。在特殊的情况下，即当煤价出现快速上涨，可以考虑像对石油一样，由中央政府对煤炭征收特别收益金。

特别收益金又名"暴利税"，是针对行业取得的不合理的过高利润征税。通过测算各种资源的成本、各种费用和利润空间，保证留给企业足够的收入用于可持续发展的开支后，计算出暴利阶段，可以抑制垄断行业的高利润。

中国的煤炭资源基本是国有的，经过近几年的兼并重组之后，产量相对集中，以国有大型煤炭企业为主。当需求大幅增加带来煤炭价格上涨动力的时候，煤炭行业作为一个整体具有充足的议价能力。在煤炭采掘生产成本变化不大的情况下，煤炭价格的高涨使其成为又一名符其实的暴利行业。因此开征煤炭资源税对抑制煤炭价格的不合理上涨和煤炭企业利润的不正当上升有重大的现实意义。中央政府征收煤炭特别收益金给煤炭企业提供了提高产量而不是提高价格的动力，可以缓解煤价上涨的压力。同时，中央政府还可以用特别收益金的收入建立特别基金来稳定电价，避免电价大幅度波动。

本章首先考察国内和国际上征收特别收益金的政策设计，以期给我国对煤炭征收特别收益金提供借鉴，其次从理论上证明特别收益金的影响机制，并对不同的征收方案（如 100% 征收，80% 征收等）进行权衡，最后我们还将对特别收益金征收规模进行估算，用以判断该制度对煤电矛盾的缓解能力。

4.6.1　特别收益金的国际国内经验与比较

特别收益金并不是税收，但从征收目的和用途来看，特别收益金可以视为一种"暴利税"。国际上针对某些垄断行业或矿产资源的经济租金，征收过"意外利润税""资源租金税"和"超额利润税"等各种形式的税收。2006 年，我国也在资源方面做出了新的尝试，对石油开始征收特别收益金。这些税收和收益金的征收背景、征收方式和征收效果给我国煤炭特别收益金的开征提供了丰富的经验和良好的借鉴。

其中，从世界各国的实践来看实际开征资源租金税的国家包括澳大利亚、哈萨克斯坦、纳米比亚、巴布亚新几内亚、塞内加尔、乌兹别克斯坦等国，具体情况见表 4-9。

表 4-9　各国开征资源租金税情况

国家	税种名称	征税比率/%	附注
澳大利亚	石油资源租金税	40	对陆上油田征收权利金不课征石油资源租金税，对海上油田课征石油资源租金税不征收权利金
哈萨克斯坦	超额利润税	0~60	累进税率，如果矿业企业年度总收入与税前扣除部分的比例超过 1.25，就需要缴纳超额利润税
纳米比亚	石油开采公司附加利润税	—	当税后回报率超过 15% 时触发
巴布亚新几内亚	附加利润税	7.5~10	—
塞内加尔	附加石油税	根据合同规定	—
乌兹别克斯坦	超额利润税	50	对部分矿产资源开征，当矿产品售价超过规定价格时就超过部分缴纳

资料来源：施文泼和贾康，2011

1. 美国的"原油意外利润税法案"

"意外利润"指的是由于一些不被盈利企业控制的意外事件而给企业带来的非预期收益[1]，是与劳动、计划或者其他社会将会给予报酬的生产活动都无关的那部分经济收获。因此，意外利润税是一种非扭曲的政府税收收入来源。

在 20 世纪 70 年代之前，美国一直实行石油进口配额限制计划，目的是希望国内油价与国际油价"脱钩"，不受 OPEC 石油政策的影响。在进口限制的情况下，美国国内石油生产有了较大发展；但由于长期油价较低，国内石油需求不断攀升，供需矛盾突出，放开进口的呼声高涨。1973 年 4 月，美国政府宣布废弃进口配额限制制度，代之以收取进口许可费的制度（license-fee quota system）。到 1973 年年底，原油进口量与国内产原油量的比例就由 1970 年的 15% 提高到 35% 以上。国际油价也开始高涨，如果对原油价格不加管制，高油价可能会对美国国内经济与社会造成较大的冲击。美国国会在 1973 年 11 月 27 日通过了《紧急状态石油分配法案》（*Emergency Petroleum Allocation Act*，EPAA），这一法案一直执

---

[1]　资料来源：The Encyclopedia of Earth，Crude Oil Windfall Profit Tax Act of 1980，United States.

行到 1981 年 1 月里根总统上台。此后又通过一系列法案，其基本政策一直是对国产石油价格加以管制（包括原油和石油产品，石油产品中主要管制汽油、柴油和家用取暖油），使其低于国际油价。

根据《紧急状态石油分配法案》，政府制定了石油生产、加工、批发和零售环节的多重限价，并将可供美国使用的原油分成三类：第一类是进口原油，价格不受管制；第二类是"旧油"，在 1973 年 1 月 1 日前投产的油井所产出的石油中，各石油公司以 1972 年产量为标准，凡管制后任何月份所产的相当于 1972 年相应月份的原油产量，称为"旧油"，"旧油"价格从 1973 年 12 月一直被管制在 5.05 美元/桶；第三类是"新油"，指 1973 年 1 月 1 日前投产的油井中产出的超出部分和 1973 年 1 月 1 日以后投产的油井中产出的石油，"新油"价格不受控制。该制度的经济学原理是，控制"旧油"的价格以避免经济租金或意外利润，放开"新油"的价格以刺激投资和增加产量。按照该法案，国内石油精炼厂获得原油的价格是三类石油价格的加权平均值。[①]

油价管制使石油消费者和炼油厂获益，但扭曲了市场价格，通过实际上补贴进口石油的方式刺激了石油消费，从而进一步增加石油进口，从某种程度上抵消了政府为缓解能源危机所采取的其他政策的效果。为了放开油价管制，美国政府出台了一系列法案，在第二次石油危机的冲击下，国会终于在 1980 年 4 月通过了《原油暴利税法案》（Crude Oil Windfall Profit Tax Act），向石油公司征收税率为 50% 的意外利润税，希望通过税收从石油生产商和使用费收入者处分得由于解除价格管制而引起的额外收益的公平份额。由此获得的税收将用于为节约能源和为再生能源的生产提供税收优惠，并补贴低收入家庭因能源价格上涨造成的困境。

国际原油价格飙升时，石油开采企业按照一定的征收比例上缴利润，而一旦国际油价走低，原油的销售价格降到起征点之下，则政策自动废止。1988 年，国际原油价格大幅回落，美国政府将《原油暴利税法案》废除，从此后不再开征。美国总统布什于 2006 年 4 月月底驳回了对石油公司再次开征意外利润税的提案，指出石油公司应当运用超额利润投资设立新的炼油厂。

值得注意的是，美国《原油意外利润法案》中区别对待了新石油和旧石油。石油禁运之前的旧石油因为石油价格的突然升高获得了意外利润，给予征收重税；而禁运之后的新石油是在更高价格的激励下做出投资和生产决策的，生产者已经对于投资回报率重新做了评估，不存在意外利润，因此征税很轻或者根本不

---

① 资料来源：http://www.fgw.gov.cn/fgwjsp/shzj_ content.jsp? docid=324063&channelid=379.

征税。该法案主要针对那些刚好在石油价格飙升之前储备了大量原油的生产商。但是，在执行过程中也遇到了困难，征税抑制了石油公司对于美国国内石油行业的投资，他们将投资转移到税率更低、利润率更高的其他产油区。

美国意外利润税的开征将利润重新分配，在一定程度上缓解了价格放开后给经济带来的巨大冲击，补贴了家庭的能源使用，并且推出的时机恰到好处，与国际接轨后又适逢国际油价的下滑，使其改革得以顺利进行。

2. 英国的石油收入税

英国的矿业税收主要来自石油税。英国政府从石油开采中获得的收益较高，政府所得一般占整个油田勘探开采收入的70%～90%。主要包括权利金、公司税和石油收入税。

石油收入税（petroleum revenue tax）是对石油和天然气生产征收的一种特别营业税，是针对个体油田征收的，分别从各个油田产生的利润中收取，而不是从每个公司拥有的全部油田产生的总利润中收取，具有暴利税性质。

1975年以后，英国的石油生产有了较大发展，加之当时由于第一次石油危机使得国际石油价格暴涨，石油公司获得了大量利润，英国政府颁布石油税收法令，石油税制既要保证国家收益也要鼓励公司从事勘探和开发活动，税率为45%。

1978年，第二次石油危机带来的石油价格再次上涨，使英国政府连续提高石油收入税税率，从1979年1月1日起由45%增至60%，1980年1月1日又再次增至70%。到1983年，石油收入税上升到75%。

从1980～1993年，油价一直呈下降趋势，并在1986年以后经历暴跌。1993年3月，英国政府公布了石油收入税改革方案，从1993年7月1日起，正在生产的油气田的石油收入税税率降至50%；此外，1993年3月16日之后获准开发的公司其所有油田不再收取石油收入税。

石油收入税的取消鼓励了大油气田的开发，提高了新油田的潜在效益，但同时意味着英国财政不再从油价上涨、成本降低及高品位储量开发中获得任何意外的利润收入。

3. 澳大利亚的资源超级利润税和矿产资源租赁税

2010年5月2日，澳大利亚联邦政府宣布将征收资源超级利润税（resource super profits tax，RSPT），各种企业（公司、合伙企业、信托企业）都需要就其开采澳大利亚境内的非可再生资源赚取的"超级"利润，缴纳40%的税款。征税范围既包括新项目，也包括现有项目，涵盖澳大利亚境内所有的矿产和传统能源项目。RSPT 于 2012 年 7 月 1 日起实行。所得税金用于支付政府养老金改革、企业减税和基建项目等费用。

资源的开采将根据利润，而非产量或者收入，缴纳 RSPT。所谓"超级利润"，是指企业从开采资源的活动中，赚取的净利中超过投资人应得的合理回报部分。这个超过的部分实际上是 RSPT 应税收入超过其税前抵扣的部分。应税收入包括出售资源所得收入（或者在没有实际销售的情况下资源的市场价值），不包括出售资源项目所有权的收入。

根据计算，征收"超级利润税"将为澳大利亚政府每年增加数十亿澳元的税收，这部分收入将被用于改善公共福利，低收入者、临退休人员和小企业将成为主要受益者。

之所以出台这一政策，澳大利亚联邦政府表示，矿产资源属于所有澳大利亚人，因此，矿产资源带来的超利润应该被用于建设整个澳大利亚经济。必和、必拓和力拓等大型采矿集团利润快速增长，但上交给各州政府的特许开采税却增加缓慢，证明这些矿业企业的绝大部分利润已经流向了海外，因此澳大利亚政府有必要加税。

然而，该方案一经提出就遭到包括执政党、各大矿业巨头在内的澳大利亚相关利益集团的强烈反对。矿产资源大佬纷纷表示反对，抨击开征新的资源税将对采矿业造成损害。必和必拓声称，本企业的有效税率将由 47% 提高到 57%，是世界上最高的矿业税。各大矿业公司在矿业协会的组织下，在广播、电视和平面媒体上大做广告，宣传资源超级利润税对外来投资和矿业发展的危害。政府与矿业集团僵持不下，让时任总理陆克文和他领导的工党支持率直线下降，最终导致陆克文离职。

接替陆克文的澳大利亚总理吉拉德迫于形势向国内矿业集团妥协，改弦易辙，提出以矿产资源租赁税代替资源超级利润税。矿产资源租赁税征税范围小、税率低，而且设置起征门槛。

2010 年 7 月，吉拉德政府同必和必拓、力拓等三大矿业公司达成新的协议方案。新方案提出，整体税率从 40% 降至 30%，起征点则从盈利率高于政府 10 年期债券收益率的 6% 上调至高于 12%，而对年盈利水平在 5000 万澳元以下的小型矿产企业不征收该税。同时，除铁矿石和煤炭以外的其他所有大宗商品都被剔出征税范围，应税矿产企业从 2500 家骤减至 320 家。新方案规定，新投资项目可即刻获得税收减免收益，只在获取相当收益、收回前期投资后才会缴纳这项新税收；矿产企业向州政府缴纳的"开采使用费"将通过联邦退税等方式获得税收抵免，以避免联邦和地方政府的双重征税。据测算，矿产资源租赁税的边际有效税率将下降至 22.5%，大大降低了原资源税的负面影响，提升了投资回报率。

根据新方案，包括昆士兰州煤层气行业在内，陆地石油和天然气项目都将适用现有的石油资源租赁税，税率为 40%。另外，新税制允许矿产企业将现有资产以市值计算应课税额的基础，扩大折旧抵税。

2012 年 3 月 19 日，澳大利亚参议院最终通过了《矿产资源租赁税 2011》法律草案，法案规定矿产资源租赁税从 2012 年 7 月 1 日开始征收。根据最新通过的法案，澳大利亚联邦政府将向年利润超过 7500 万澳元的煤和铁矿石企业征收矿产资源租赁税，税率为应税利润的 30%。根据估算，将有约 320 家本地矿产企业进入征税范围，它们将在未来 3 年内为澳大利亚联邦政府贡献大约 108 亿税赋。

矿产资源租赁税是澳大利亚联邦政府为平衡矿业与其他经济部门的利益而推出的一项法案。近年来，澳大利亚矿业产业空前繁荣。矿业企业，尤其是大型矿业企业的利润不断创出历史纪录。2010 年下半年，必和必拓公司利润猛增 72%，达到 105.1 亿澳元。2011 年上半年，力拓集团净利润同比增长 30%，创下同期历史新高。据官方统计，2010~2011 年，澳大利亚矿产公司总利润高达 921 亿澳元。

但是，矿业企业的繁荣，却给澳大利亚的其他经济部门带来了一定程度的损害。由于矿业繁荣推高澳币价格，澳大利亚出口受到严重影响，零售、旅游、教育、房地产业都出现了下滑，"双速经济" 现象日益严重。虽然澳大利亚官方统计的失业率仅为 5.4%，但有关人士分析认为，在矿业以外的经济部门和地区，失业率已经达到 9% 左右。矿产资源租赁税旨在把矿业收入转移到其他经济部门，从而缓解这些经济部门所面临的出口竞争力下降和失业等问题。

4. 中国石油特别收益金

我国于 2006 年 3 月批准开征石油特别收益金。所谓石油特别收益金，是指国家对石油开采企业销售国产原油因价格超过一定水平所获得的超额收入按比例征收的收益金。[①]

我国石油特别收益金的征收对象为所有在中国陆地领域和所辖海域独立开采并销售原油的企业，以及在上述领域以合资、合作等方式开采并销售原油的其他企业，所有企业向财政部缴纳特别收益金。

与一般 "暴利税" 不同的是，我国石油特别收益金不是税收，而属于中央财政非税收入，纳入中央财政预算管理，用来补贴因成品油提价而受到影响的部

---

① 资料来源：财政部 2006 年 3 月 25 日发布的《石油特别收益金征收管理办法》。

分弱势群体和公益性行业。

　　石油特别收益金实行 5 级超额累进从价定率计征，按月计算、按季缴纳。其征收比率按石油开采企业销售原油的月平均价格确定。为了便于参照国际市场油价水平，原油价格按美元/桶计价。对石油开采企业销售国产原油价格超过一定水平（40 美元/桶）所获得的超额收入按最低 20%、最高 40% 的比例征收石油特别收益金。原油价格超过每桶 60 美元时，按最高比例 40% 征收。2006 年开征石油特别收益金时的具体征收比率见表 4-10。

表 4-10　石油特别收益金征收比率（2006 年）

原油价格/ （美元/桶）	40~45（含）	45~50（含）	50~55（含）	55~60（含）	60 以上
征收比率/%	20	25	30	35	40

资料来源：财政部 2006 年 3 月 25 日发布的《石油特别收益金征收管理办法》

　　石油特别收益金的开征增加了国家的财政收入，也在一定程度上调节了垄断企业的高额利润。特别收益金开征以来，中石油和中石化两大石油巨头上缴的特别收益金已经超过 4000 亿人民币。图 4-9 显示了 2007~2011 年中石油和中石化上缴的特别收益金。从图 4-9 可以看出，石油特别收益金的规模随国际石油价格的变化而变化，这是由于我国国内销售的原油参照国际原油价格定价。

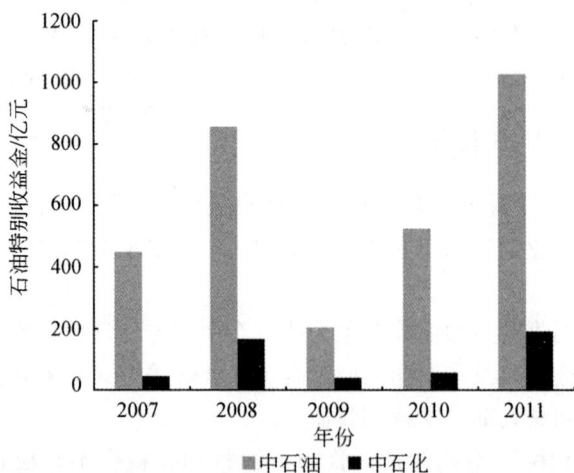

图 4-9　中石油和中石化 2007~2011 年石油特别收益金支出

资料来源：中石油和中石化 2008~2011 年年报

由于国际石油价格不断上涨，石油企业需要上缴的特别收益金也快速增加，石油企业负担加重。另外，由于我国石油开采资源越开越难，一些油田的边际开采成本已经远远超过 40 美元/桶。就国内形势而言，2011 年 11 月 1 日，资源税改革在全国推行，将"从量计征"改为"从价计征"，对资源产品的征收税率也提高了 5% 至 10%。资源税改革后，石油企业的负担将进一步增加，在这样的背景下，经国务院批准，财政部决定从 2011 年 11 月 1 日起，将石油特别收益金起征点从 40 美元/桶提高至 55 美元/桶。具体征收比率见表 4-11。

表 4-11 石油特别收益金征收比率（2011 年）

原油价格/ （美元/桶）	55 ~ 60（含）	60 ~ 65（含）	65 ~ 70（含）	70 ~ 75（含）	75 以上
征收比率/%	20	25	30	35	40

资料来源：财政部 2011 年 12 月 29 日发布的《关于提高石油特别收益金起征点的通知》

起征点的提高使石油生产和销售企业需缴纳的特别收益金大幅减少，以中石油为例，2012 年上半年，集团缴纳的石油特别收益金从 2011 年上半年的 510.76 亿元降低到 426.12 亿元，降幅达到 16.6%[①]。而以国际油价 100 美元/桶测算，特别收益金起征点提高至 55 美元/桶后，平均每桶油特别收益金减少 6 美元。以国内石油产量 2 亿吨（7 桶＝1 吨）计算，此次调整可以为石油企业减少税负 84 亿美元，折合人民币 530 亿元。

石油特别收益金是一种特殊的"暴利税"，但与"暴利税"的目的相同，是为了将企业的一部分超额利润收归政府，作为公共开支，由政府去完善公共事业，回报公众。自然垄断型企业的利润来自消费者，企业的超额利润应当留在政府手里，由政府支配去完善公共事业，回报消费者。相对于国际石油市场的自然垄断，中国的石油巨头主要依靠行政性垄断，市场因此更为封闭，从油源勘探到批发进口，全部由中石油、中海油、中石化三大巨头瓜分。而石油巨头们大赚其钱，却并不上缴利润。因为根据 1994 年实施的《国务院关于实行分税制财政管理体制的决定》的规定，1993 年以前注册的多数国有全资老企业实行税后利润不上缴，这意味着国家作为出资人并没有享受到出资人的权益。石油特别收益金的开征改变了这种情况，将企业的垄断利润一部分上缴国家，可以灵活调控，用于补贴低收入群体，也可在高油价时在石油的产业链上实行上游征税补充下游行业，最终会使公众收益。

---

① 资料来源：中国石油天然气股份有限公司 2012 年半年度报告。

根据公司年报统计，2006～2010年三大石油公司累计缴纳特别收益金3615亿元。使用管理规模庞大的资金如何是一个重要问题。特别收益金和燃油附加费一样是一种行政收费，由财政部主持收取，相比税收形式，特别收益金的形式更加灵活，可以随国际油价调整，而油价一旦走低，甚至可能取消征收。但是，正因为特别收益金不是税收，特别收益金的去处并不规范。财政部一直未公布特别收益金使用明细，官方虽然对特别收益金使用定调①，但是一直没有具体数据进行支撑。为了提高特别收益金的使用效率，今后应当建立相应的制度，使特别收益金支出管理更为程序化。同时还需加大信息披露力度，让人们了解特别收益金的具体投向。

4.6.2 煤炭特别收益金对于企业微观行为的作用机制

1. 煤炭特别收益金对煤炭企业的影响机制

假设煤炭市场是一个古诺垄断竞争的市场：有 N 家煤炭企业，在没有外生需求冲击情况下 $Q = \bar{a} - \bar{b}p$，p 为煤炭市场价格，$Q = \sum_{i=1}^{N} q_i$，q_i 是企业 i 的产量，即市场反需求函数为 $p = a - bQ$，其中，$a = \dfrac{\bar{a}}{\bar{b}}$，$b = \dfrac{1}{\bar{b}}$。进一步假设煤炭企业成本函数为 $TC_i = K + cq_i$，K 为不变成本，c 为边际成本。企业 i 的利润函数为 $\pi_i = pq_i - K - cq_i = (a - bQ)q_i - K - cq_i$，通过选择一个最优产量 q_i 实现其最大利润。

因此，我们对煤炭企业的利润函数求最大化，可以得到以下一阶条件为

$$a - b\sum_{j \neq i} q_j - 2bq_i - c = 0$$

我们假设所有煤炭企业都是同质，即 $q_i = q_j$，对于任意的 i，j，则可以得到对称均衡 $q_i^* = \dfrac{a - c}{(N + 1)b}$，煤炭价格 $p^* = \dfrac{a + Nc}{N + 1}$。

为了研究煤炭特别收益金在煤炭市场受到外生需求冲击情况下的作用。我们首先对市场需求函数引入一个外生冲击，假设正的外生需求会提高对煤炭的支付意愿，即市场需求函数可表示为：$Q = \bar{a} - (\bar{b} - \varepsilon)p$。反需求函数可以表示为 $P = \dfrac{\bar{a}}{\bar{b} - \varepsilon} = \dfrac{1}{\bar{b} - \varepsilon} = Q$。由此我们可以得到在正外生需求冲击下的古诺均衡

---

① 2007年10月31日，国家发展和改革委员会提出："征收特别收益金的收入，用于对成品油价格调整影响较大的困难群体和公益性行业的补贴。"

产量和价格分别为 $q_i^* = \dfrac{\bar{a}}{N+1} - \dfrac{c(\bar{b}-\varepsilon)}{N+1}$ 和 $p^* = \dfrac{Nc}{N+1} + \dfrac{\bar{a}}{N+1} \times \dfrac{1}{\bar{b}-\varepsilon}$。显然，煤炭价格 p 是外生需求冲击的非线性函数，且随着外生需求冲击的增加，价格不断上升。

为了抑制煤炭价格在受到外生需求冲击后的过大上涨，我们考虑这样一种煤炭特别收益金模式：如果煤炭成交价格 p 高于 $\bar{p}$，则对高出的部分 $(p-\bar{p})$ 征收比例 w 的特别收益金。在这种情况下，面对煤炭外生需求的增加，企业有两个选择：①在价格 $\bar{p}$ 下生产市场需求的数量 $\bar{q}$，此时企业利润企业利润 $\bar{\pi} = \dfrac{1}{N} [\bar{a} - (\bar{b}-\varepsilon)\bar{p}](\bar{p}-c) - K$；②生产少于 $\bar{q}$ 的数量，此时市场价格高于 $\bar{p}$，企业利润函数变为 $\pi_i = \bar{p}q_i + (1-w)(p-\bar{p})q_i - K - cq_i$。

对这个利润函数求最大值，得到以下一阶条件

$$w\bar{p} - c + 1(1-w)\left(\frac{\bar{a}}{\bar{b}-\varepsilon} - \frac{1}{\bar{b}-\varepsilon}\sum_{j\neq i} q_j - \frac{2}{\bar{b}-\varepsilon}q_i\right) = 0$$

假设 $q_j = q_i$，$\forall j$，i，则 $q_i^* = \dfrac{\bar{a}}{N+1} - \dfrac{c-w\bar{p}}{1-w} \times \dfrac{\bar{b}-\varepsilon}{N+1}$。故市场均衡时的价格 $p^* = \dfrac{N}{N+1}\left(\dfrac{c-w\bar{p}}{1-w} + \dfrac{\bar{a}}{\bar{b}-\varepsilon}\right)$。此时，企业利润为 $\pi_i^* = p^*q_i^* - K - cq_i^*$。显然，价格 p^* 是 w 的特别收益金征收比例的减函数和外生需求冲击 ε 的增加函数。

易证，存在一个大于 $\bar{p}$ 的价格 p^o，使得 $\bar{\pi_i} = \pi_i^*$；当 $\bar{p} < p < p^o$ 时，$\pi_i^* < \bar{\pi_i}$，即只有当最优产量下的市场价格高于 p^o 时，企业才会减少产量提高价格。由于 p^* 是外生的需求冲击 ε 的增函数，只有当外生冲击足够大的情况下，企业才会提高价格。

假设现在市场均衡价格为 $\bar{p}$。在没有煤炭特别收益金情况下，煤炭企业会根据市场的需求增加，提高煤炭价格。在 $w=1$ 极端的情况下，即煤炭企业上涨的价格部分都被征收，同时涨价会带来一部分销量的损失，因此，其最优的策略是在价格 $\bar{p}$ 供给市场所需的量。当 w 属于 0 和 1 之间的某一个值时，煤炭企业面对冲击是否涨价取决于冲击的大小。当冲击比较小时，如果煤炭企业涨价，只能获得其涨价的 $(1-w)$ 部分，但会降低销售量，因此涨价之后收益反而会降低；只有当冲击足够大时，煤炭价格涨价才是有利的。直觉上可以这么理解，特别收益金放大了煤炭价格上涨，进而在更大程度上降低需求量，因此煤炭企业涨价的激励就降低了。因此，煤炭企业有"卖更多煤而不是卖更高价"的激励。

2. 不同征收比例对企业微观行为及市场影响模拟

考虑以单价 650 元作为起征点，对超过 650 元部分设定 0，0.2，0.4，0.6，0.8 和 1 六档征收比例的情景。基于上述模型分析，模拟了市场价格在这六种不同特别收益金下面对市场外生需求冲击的反应。模拟结果如图 4-10 所示，当不存在特别收益金情况下（即 $w=0$），市场受到外生冲击时，煤炭价格立刻就突破 650 元，而且煤价上涨速度随着外生冲击的增大而增加。当存在特别收益金时，只有足够大的外生需求冲击才会使煤炭价格突破征收点。从图 4-10 看，我们还可以得到以下结论：①在征收特别收益金情况下，煤炭价格始终低于在不征收特别收益金的情况；②在相同的冲击下，征收的特别收益金比例越大，煤炭价格越低。因此，可适当通过特别收益金征收比例的调控应对煤炭价格上行压力。

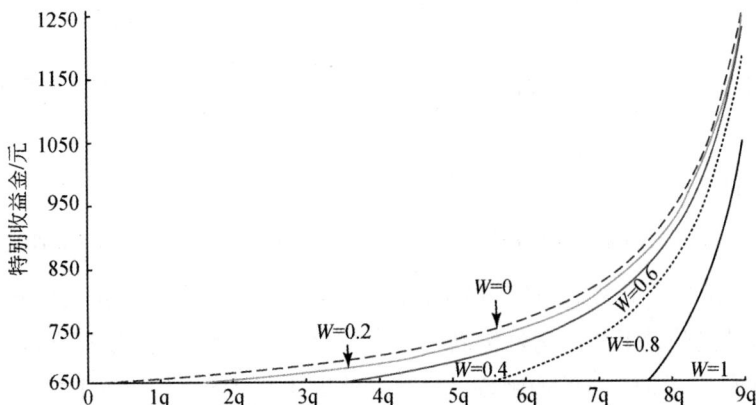

图 4-10　煤炭特别收益金的征收方案模拟

4.6.3　煤炭特别收益金机制运行模拟

对煤炭征收特别收益金一方面可以在一定程度上抑制煤价的迅速上涨，另一方面，征收的特别收益金纳入中央财政预算管理，可以为化解煤电矛盾的政策实施留出更大的余地。当煤价上涨超出发电企业承受能力，而终端电价受经济发展和物价水平的约束无法随之上涨的时候，可以将矛盾集中到电网，采取直接补贴电网的形式来化解这一矛盾。而特别收益金就可以成为补贴电网的资金来源之一。本节设计几种特别收益金的征收方式，计算出各种方式下煤炭特别收益金的征收规模，用以判断该制度能从多大程度上缓解煤电矛盾。

1. 煤炭特别收益金征收方式设计

不同交易地点、不同种类的煤炭交易价格差异很大，因此设计煤炭特别收益金征收方式时需要充分考虑到煤炭资源分布和交易的特点，有针对性地解决具体问题。

我国煤炭资源分布总体来说是"北多南少""西多东少"，与地区经济发展程度呈现逆向分布。经济发达的东部 10 省份（辽宁、河北、北京、天津、山东、江苏、上海、浙江、福建、广东），煤炭资源储量不足全国 8%，而新疆、内蒙古、山西、陕西、宁夏、甘肃、贵州 7 个西部和北部省份则占到全国的近 76%（刘振亚，2012）。煤炭资源分布不均，又受到运输形式单一、运输能力不足的制约，我国煤炭优先通过区域内的调节来实现区域煤炭供需平衡。同时，不同于原油生产企业主要集中为"三桶油"（中石油、中石化、中海油）的情况，我国煤炭的生产企业比较分散。这样的情况下，煤炭形成了几大分割的区域市场，每个区域市场之间价格差异很大。另外，我国煤炭资源煤种齐全，各大区域市场内部不同煤种之间价格也有很大差异。

设计征收煤炭特别收益金的主要目的在于解决煤电矛盾，而发电所需用煤是动力煤，因此，可以将特别收益金的征收对象设定为动力煤。

在各大区域市场中，环渤海 6 大港口（秦皇岛港、黄骅港、天津港、京唐港、曹妃甸港）的煤炭交易很具代表性。首先，煤炭从"三西"地区（山西、陕西、内蒙古西部）经铁路运到环渤海各大港口，再经海运运到东南沿海各煤炭消费地，这是我国煤炭运输的一条主要线路。2012 年上半年，环渤海六大港口煤炭发运量占 12 个北方港口下水煤炭总量的 87.8%。参照 2011 年年末国家发展和改革委员会对煤价提出的指导意见，对包括秦皇岛在内的北方港口 5500 大卡热量的电煤现货实行每吨 800 元的最高限价。此外，从 2010 年 4 月发布至今，环渤海动力煤价格指数能及时、客观反映环渤海地区煤炭现货交易价格水平和变化趋势，为计算特别收益金规模提供了方便。因此，本节征收方式的设计选择针对环渤海六大港口交易的动力煤。标准煤种为 5500 大卡热量的动力煤，其他煤种参照标准煤种，按不同价格收取。

与石油特别收益金类似，设计的煤炭特别收益金实行超额累进从价定率计征，征收比率按环渤海动力煤价格的月加权平均价格确定。不同设计方案的具体征收比率及速算扣除数见表 4-12。

表 4-12　煤炭（5500 大卡热量动力煤）特别收益金征收方式

方案	煤炭价格/（元/吨）	征收比率/%	速算扣除数/（元/吨）
方案一	650～700	20	0
	700～750	40	10
	750～800	60	30
	800～850	80	60
	850 以上	100	100
方案二	700～750	20	0
	750～800	40	10
	800～850	60	30
	850～900	80	60
	900 以上	100	100
方案三	700～750	30	0
	750～800	45	7.5
	800～850	60	22.5
	850～900	85	45
	900 以上	100	80

注：2011 年年末，国家发展和改革委员会提出对煤价的指导意见，2012 年度秦皇岛港在内的北方港口 5500 大卡热量的电煤现货价格不得高于 800 元/吨。所以在设计方案中，对超过 800 元/吨的价格采用较高的征收比率。计算公式为：特别收益金＝［（价格－最低起征点）×征收比率－速算扣除数］×成交量

2. 依据历史价格计算的特别收益金征收规模

为了考察不同设计方案的征收效果，本节利用煤炭历史价格和历史成交量来计算模拟不同方案下的煤炭特别收益金的征收规模。

根据秦皇岛海运煤炭交易市场中国价格协会发布的环渤海动力煤综合平均价格（5500 大卡），计算出 2011 年的月平均价格，作为模拟收取特别收益金的价格。可知 2011 年环渤海 5500 大卡动力煤年平均价格约为 816 元/吨。具体价格如图 4-11 所示。

其中，由于数据的可得性，本节煤炭的成交量使用 2011 年环渤海六大港口每月煤炭吞吐量（图 4-12）来近似计算，可知 2011 年北方六港总煤炭吞吐量约为 5.65 亿吨。

由于环渤海动力煤煤种主要有 4500 大卡、5000 大卡、5500 大卡和 5800 大卡等四种，需要再对不同煤种征收的特别收益金的计算稍作调整，调整后不同方

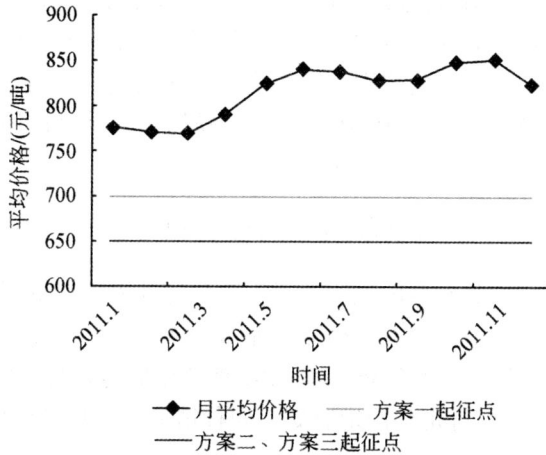

图 4-11　2011 年环渤海动力煤综合月平均价格（5500 大卡）

资料来源：秦皇岛煤炭网

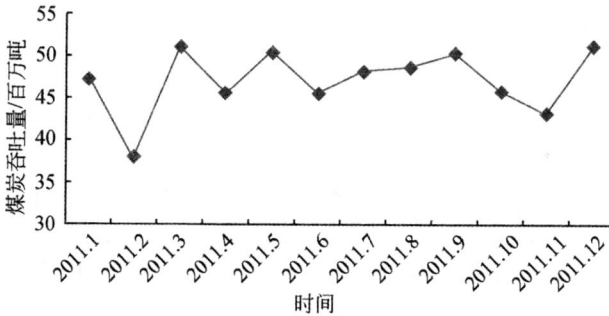

图 4-12　2011 年环渤海六大港口月煤炭吞吐量

资料来源：秦皇岛煤炭网

案的征收规模见表 4-13。

表 4-13　依据历史价格计算的不同方案的特别收益金征收规模

单位：亿元

项目	方案一	方案二	方案三
环渤海地区	378.7	209.6	251.7
全国	1136.1	628.9	755.2

注：2011 年，电力行业消费煤炭量约为 20 亿吨，如果对全国所有电煤收取特别收益金，特别收益金的规模粗略算为环渤海地区的三倍

2011 年，全国全口径发电量为 4.72 万亿千瓦时，其中火电发电量为 3.81 万亿千瓦时。如果将可得的煤炭特别收益金全部用于补贴电网，即提高火电的上网价格，那么按不同方式征收的特别收益金将可以使火电的上网价格分别每千瓦时上涨约 0.0298 元、0.0165 元、0.0198 元。这样的补贴可以在很大程度上缓解发电企业面临的煤价上涨导致亏损的困境。

3. 不同煤价情景下特别收益金的征收规模

为了考察今后特别收益金的征收效果，现假定几种不同的煤价走势，计算在不同情形下煤炭特别收益金的征收规模。假定一年内 12 个月每月环渤海动力煤成交量都为 0.47 亿吨（2011 年环渤海六大港口月平均煤炭吞吐量），并假设当期煤价为 700 元/吨，煤价走势假定有如下四种情形，计算结果如图 4-13 所示。

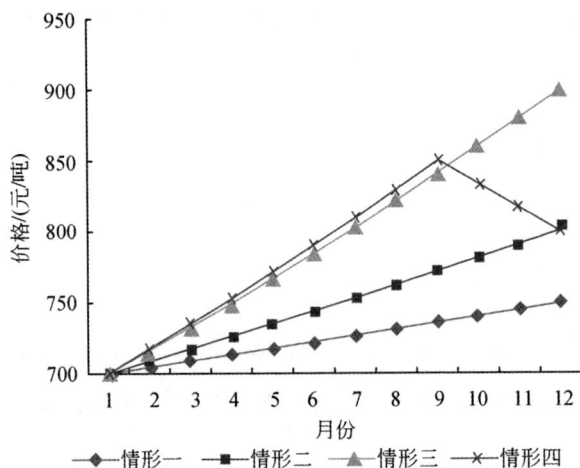

图 4-13　不同情形假定下动力煤价格（5500 大卡）

情形一：煤价平稳缓慢上涨。从第 1 个月的 700 元/吨，以同样的增速增加到第 12 个月的 750 元/吨。

情形二：煤价中速上涨。从第 1 个月的 700 元/吨，以同样的增速增加到第 12 个月的 800 元/吨。

情形三：煤价高速上涨。从第 1 个月的 700 元/吨，以同样的增速增加到第 12 个月的 900 元/吨。

情形四：煤价先快速上涨，后迅速回落。从第 1 个月的 700 元/吨，以同样的增速增加到第 9 个月的 850 元/吨，而再回落到第 12 个月的 800 元/吨。

经计算，不同征收方案在不同价格变化情形设定下煤炭特别收益金的征收规模见表 4-14。

表 4-14　不同煤价走势预期下特别收益金的征收规模　单位：亿元

项目	方案	情形一	情形二	情形三	情形四
环渤海地区	方案一	112.2	181.7	372.1	305.7
	方案二	27.9	70.1	207.2	154.8
	方案三	41.9	94.0	262.1	194.0
全国	方案一	336.7	545.2	1116.2	917.2
	方案二	83.7	210.2	621.5	464.5
	方案三	125.6	282.0	786.3	582.1

按一年火电发电量为 3.8 万亿千瓦时计算，不同征收方案在不同价格变化情形设定下特别收益金能支持的火电上网价格上涨幅度见表 4-15。

表 4-15　特别收益金支持的火电上网价格上涨幅度

单位：分/千瓦时

方案	情形一	情形二	情形三	情形四
方案一	0.9	1.4	2.9	2.4
方案二	0.2	0.6	1.6	1.2
方案三	0.3	0.7	2.1	1.5

据估算，煤价上涨 50 元，电价需上涨 0.0167 元。因此可以看出，对煤炭征收特别收益金虽然不能完全抵消煤价上涨对发电企业的影响，但也能够从很大程度上缓解这一问题。

综合本节以上分析，可以看出特别收益金的推出对于建立长期机制抑制煤炭价格上涨具有重要作用。其好处在于：当需求冲击较小，价格上升压力不大的时候，可以通过这样一个机制"自动"起到抑制的作用。当面临较大需求冲击时，此时特别收益金制度抑制作用失效，需要采取多重方案的"组合拳"慎重对待，但此时特别收益金制度与资源税等机制可以创造财政收入，可作为矛盾集中于电网后补贴的来源。在此仍需特别指出，尽管存在诸多好处，特别收益金机制作为解决煤电矛盾机制体制的制度性建设的一环，单凭此一项机制无法解决所有问题，但作为制度性建设的尝试，"有机制总比没有机制要好"，并且其更具有市场化的特点。

第5章 破解煤电矛盾需解决的历史问题研究

近年来，主要由煤炭和电力市场定价机制所引起的煤、电双方供需关系紧张和价格之争等一系列矛盾愈演愈烈。通过建立煤电联动机制来理顺煤电价格是结合目前我国国情的首选方案。但首先要解决的问题是：尽管我国2004年开始实施煤电联动，但实际电价调整幅度并未按照设定的规则运行。若严格按照当初设定的规则实时联动，则电价应如何变动？只有解决了这个问题，消除煤炭企业对于双轨制的不满并适度对电力企业进行补偿，才能进一步从中长期机制建设的角度破解煤电矛盾。

5.1 我国煤电矛盾历史问题综述

自20世纪90年代末以来，我国政府的能源管理和能源政策都在朝着市场化的方向前进，能源价格特别是煤炭价格在很大程度上实现了市场化。然而，我国能源改革和政策调整的一个重要问题是，更多地立足于短期利益，忽视长期战略规划和配套措施的建立。

这种侧重于事后解决问题、渐进式的政策调整，一方面降低了在向市场经济转型的过程中政策制定和实施出现重大失误的风险；但另一方面，由于忽略了能源体制改革和政策调整的整体性和长期性，效果往往大打折扣。一些措施不但扭曲了能源生产、分配和消费的市场信号，短期成效甚至可能需要付出长期的利益代价。

早期实行的煤炭价格双轨制，一方面对国有煤炭企业实行价格管制，另一方面取消了对乡镇私营小煤矿的价格管制，这就在国有煤炭企业和乡镇煤炭企业之间形成了一个不公平的竞争环境。因此，20世纪80年代涌现出了大量的乡镇煤炭企业。当时，乡镇煤矿的发展虽然解决了短期的能源短缺问题，但是造成了煤炭资源的极大浪费和严重的环境污染，并且影响了煤炭行业的整体可持续发展。

我国煤炭资源提供了69%的能源需求，80%的电力供应，因此煤炭在我国能源供应体系中占据了重要的位置。在煤价高涨期间，火电企业入不敷出，缺乏发电积极性。要提高火电企业的发电积极性有以下途径：一是降低综合入炉煤价；二是提高上网电价，或者两者同时施行。然而，降低煤价，煤炭企业不同意；提

高电价，电网公司不愿意。这就需要综合考虑煤价和电价，使得各方利益都得到
保证。本章首先对煤电相关政策改革、发展历程进行归纳和总结并提出政策建
议；其次测算如果严格按照煤电联动，政府需要一次性提高多少电价；最后提出
合同煤与市场煤并轨的影响与时机。

5.1.1　我国煤炭管理体制改革历程

我国煤炭管理体制改革主要经历了两大阶段，分别是 20 世纪 90 年代之前和
90 年代之后。总体而言，第一个阶段主要特征是政府对煤炭部门的控制权逐渐
减弱，煤企获得更多的自主经营权；第二阶段的主要特征是，中央政府对地方和
煤企控制权"收"与"放"的反复（表 5-1）。

表 5-1　中国煤炭管理体制发展历程

阶段	具体时期	主要特征
20 世纪 90 年代之前	新中国成立初期到 70 年代末	中国煤炭工业仿照苏联模式建立了一套计划经济管理体制。直到 20 世纪 70 年代末，煤炭工业管理权和定价权基本掌握在中央政府手中，实行统购、统销、低价的统配统分政策
	1977～1985 年	1977 年开始，煤炭工业管理体制进行调整，一些大型骨干煤炭企业陆续收回中央。到 1985 年，煤炭工业部的直属派出机构，代表煤炭工业部管理当地煤炭企事业单位；其他省（自治区）的煤炭工业管理部门作为同级政府的职能机构，管理本省（自治区）的煤炭企事业单位，与煤炭工业部属业务领导关系
	1988 年	1988 年，中央政府完成了第二次重大的能源体制改革和部门重组，成立能源部。原煤炭工业部的生产职能被分给新组建的中国统配煤矿总公司、原东北内蒙古煤炭工业联合公司和原中国地方煤矿联合经营开发公司，三大公司均由能源部归口管理
20 世纪 90 年代后	1993～1998 年	中国煤炭工业协会充当行业主管部门和煤炭企业之间的桥梁；三大公司——中国煤炭公司、国家地方煤矿开发公司和东北内蒙古煤炭工业联合公司，负责煤炭生产和运销；中国煤炭工业进出口总公司负责煤炭贸易和对外经济合作
	2000 年	国务院新一届政府在 2001 年 2 月 19 日将 9 个工业局撤销，同时组建国家安全生产监督管理局，与国家煤矿安全监察局合构（一个机构两块牌子），归国家经济贸易委员会管理。接着相继成立了由国家经济贸易委员会直属管理的 15 个协会，如中国煤炭工业协会
	现在	煤炭管理职能部门形成了多头管理。按照政府职能划分，煤炭资源管理属国土资源部，重点负责勘察、采矿许可证颁发；国有发展和改革委员会负责煤炭工业发展规划，重大项目立项核准，煤炭生产、经营许可证颁发；国家煤矿安全监察局负责煤矿事故调查处理，安全生产监察，安全生产、矿长安全许可证颁发；国有资产管理委员会负责国有大型企业领导干部的任免工作。各省份也相应对口管理，主要负责四大方面的管理，其余工作属煤炭工业局或煤炭工业办公室负责

新中国成立之初，中国煤炭工业仿照苏联模式建立了一套计划经济管理体制。为适应经济发展需要，1977 年，国家逐渐开始对煤炭工业管理体制进行调整，一些大型骨干煤炭企业陆续收回中央。一直到 20 世纪 70 年代末，煤炭工业管理权和定价权都基本掌握在中央政府手中，实行统购、统销、低价的统配统分政策。

1988 年，中央政府完成了第二次重大的能源体制改革和部门重组①，包括煤炭工业部在内的一些主管能源行业的部委被撤销，成立了能源部。中央政府剥离了对能源生产的行政控制，一些主要的能源行业主管部门被大型国有能源企业替代，负责能源生产。煤炭生产从政府剥离，转由大型国有煤炭企业负责。至此，煤炭工业改变了以往统一规划、开发和管理的行业管理组织结构，形成了多头管理体制。

总体来看，20 世纪 80 年代，政府对煤炭部门的控制逐渐减弱，煤炭企业获得了更多自主经营权。

1993～1998 年机构改革的结果是，中央所属国有煤矿由煤炭工业部负责归口管理，几个大型独立煤炭公司自负盈亏，中小型煤矿由各省、地方政府、集体或私人所有和经营。在中央政府的统一管理体制下，行业管理职能分散在众多部级行政机构和能源企业，各部门之间协调困难，职能交叉重复，效率低下。

到 1998 年，政企不分、部门职责交叉、效率低下等已经成了不可忽视的问题。为了减员增效，1998 年 3 月开始，中央政府进行了新一轮比较大的政府机构精简和国企重组。总体上，1998 年的改革意在使能源行业管理更趋于市场化。在这轮改革中，煤炭工业部改组为国家经济贸易委员会下设的煤炭工业管理局，但很快又被撤销，行政职能并入国家经济贸易委员会，行业协调联络职能则由中国煤炭工业协会取代；原煤炭工业部直属、直管的 94 家国有重点煤矿则下放到地方。煤炭行业管理由此形成的基本框架是：中国煤炭工业协会充当行业主管部门和煤炭企业之间的桥梁，三大公司——中国煤炭公司、国家地方煤矿开发公司和东北内蒙古煤炭工业联合公司，负责煤炭生产和运销，中国煤炭工业进出口总公司则负责煤炭贸易和对外经济合作。

---

① 在这轮机构改革中，原煤炭工业部的生产职能被分给新组建的中国统配煤矿总公司、原东北内蒙古煤炭工业联合公司和原中国地方煤矿联合经营开发公司，三大公司均由能源部归口管理。中国统配煤矿总公司负责管理统配煤矿和原煤炭工业部所属事业单位（不含东北内蒙古煤炭工业联合公司），原东北内蒙古煤炭工业联合公司负责管理东北三省和蒙东地区"三盟一市"（哲里木盟、兴安盟、呼伦贝尔盟和赤峰市）的煤炭企事业单位，原中国地方煤矿开发公司则负责协助能源部进行地方煤矿行业管理。此外，中国统配煤矿总公司和原东北内蒙古煤炭工业联合公司还都分别下设有煤田地质局，负责所辖地区的煤田地质勘探。

5.1.2　我国电煤供应政策改革历程

我国电煤供应政策改革的历程，至今大致可分为三个阶段（图 5-1）。

1. 1992 年以前，煤炭以计划分配为主

直到 20 世纪 70 年代，我国中央政府对煤炭价格一直实行高度集中的计划价格体制，煤炭价格一直实行中央统一计划价，即"内部调拨价"。不仅基本价格由国家制定，各种超产加价、地区差价系数、质量差价系数，均需严格执行国家规定。煤炭价格水平虽多次调整①，但一直保持低价政策。价格的主要功能是煤炭企业内部结算和核算，并根据下游行业的承受能力来反向确定，不反映煤炭供需关系。低价政策使煤炭企业长期亏损，煤炭增产很受影响。我国煤炭价格改革始于 20 世纪 70 年代末，大体上经历了一个计划管理、价格双轨制、价格放开和加强价格协调的过程。初期以价格调整为主，后期以价格放开为主。但总体上看来，煤炭生产和分配的基本特征还是国家计划。纳入统一分配的煤炭生产、运、需三者均采用指令性计划方式下达；国家统一分配和调拨的煤炭在全国煤炭生产、消费总量中占有绝对比重；国家对煤炭价格仍实行低价政策，由物价管理部门计划管理，煤炭企业亏损由财政全额补贴。这一时期，由于煤炭产量和铁路运力严重短缺，国家主要采取统一分配和调拨的方式，对煤炭价格实行统一计划管理。

在计划经济体制框架下也有调整式的改革。初期能源改革的政策着力点是解决供应不足问题。因此，当时的政策允许和鼓励集体、私人煤矿发展，实行承包责任制。到了 20 世纪 80 年代中期，电力部门成为能源行业的发展重点，为吸引各类非政府投资，中央开始改革能源价格和融资机制。

此次能源价格改革以渐进性和局部性为特征，特别是出于对社会因素和政治因素考虑，延缓了改革速度，造成的结果是行政制定依然是价格形成的主体，且调整极为缓慢。因此，尽管这种改革方式避免了出现大的政策失误和社会不稳定的风险，但是增量式调整扭曲了能源生产、分配和使用的市场信号，影响了煤炭企业的长期生存和发展能力。

---

①　1978 年以前，我国煤炭价格有两次较大的调整：第一次是 1958 年，当时煤炭价格过低，难以补偿生产成本，并且地区差价不合理，因此全国煤炭价格统一上调了 20%。第二次是 1965 年，在煤炭行业已连续三年亏损后，进行价格调整，原则是以质论价和同质同价，煤炭价格平均上调 13%。

（1）煤炭供应政策：价格双轨制和承包责任制

直到 20 世纪 70 年代后期，煤炭市场和煤炭价格一直受到国家严格控制。因煤炭企业亏损面过大，为缓解煤炭行业亏损局面，国家对煤炭价格进行调整。1979 年，国家将原煤平均售价上调 31.8%；1983 年，为弥补煤炭企业生产成本上升，对 22 个部属统配煤矿（产量约占全国煤炭产量一半以上）试行超产煤炭加价，但销售价格限制在国家规定的指导价格以内；同时，开始放开和鼓励地方私营办矿[①]。1984 年 10 月，为缓解煤炭行业亏损，国务院决定对地方煤矿计划外产量放开价格，允许自销并且价格随行就市，对乡镇小煤矿产量的价格管制取消。这样，就在局部实际上出现了政府定价和市场调节的价格双轨制。

1985 年，为了鼓励企业增产以满足煤炭需求增长，国家对全国统配煤矿实行行业总承包。政府指定煤矿企业的生产配额，超出配额的煤炭产量，企业可以自销。承包制以统配矿 1984 年产量 3.83 亿吨为包干基数，超过包干基数的增产煤加价 50%，超过递增计划的增产煤加价 100%，不纳入国家分配的价格不受限制。同年，又采取措施扩大统配煤地区差价，将执行差价的省区由 4 个增加到 14 个；调整煤种、品种比价，调整了精煤、块煤、末煤等 17 个品种和焦煤、肥煤、贫煤、褐煤 4 个煤种的比价。1985 年的煤炭平均价格增幅 17%，煤炭价格水平明显提高。这样，以实行承包责任制为标志，正式形成了行政定价和市场定价并存的双轨制体系。

价格双轨制和承包责任制的初衷是为了鼓励能源生产，解决国有煤矿长期亏损，同时防止煤炭价格过快上涨。然而，承包责任制依然有浓厚的计划色彩，受制于计划指标限制，因此难于脱离计划经济的根本弱点。尤其是，承包责任制的重点是鼓励企业增加产量，但没有鼓励企业降低成本和提高竞争力，因此，承包责任制并不是一个能与市场机制相容的长效机制。

1986 年起，为更好地回收增产超产煤的加价款，国家又将各种加价按统配矿计划销售平均分摊，加价幅度由国家核定。煤炭指令价格由国家颁布的统一出厂价格、统一加价幅度两部分组成。1987 年又增加指导性计划，即对超核定能力、超计划生产的煤炭实行加价议价政策，由全国平均加价改为分区核定加价。随后两年，对计划外煤炭加价政策进行了调整，包括减少统配煤炭承包基数，重新核定加价幅度，缩小煤炭产品灰分计价间隔，调整冶炼用精煤灰分基价和品种

---

① 1983 年 4 月，煤炭工业部发布《关于加快发展小煤矿八项措施的报告》；1983 年 6 月 28 日，煤炭工业部发布《关于进一步放宽政策、放手发展地方煤矿的通知》；1983 年 11 月 6 日，煤炭工业部发布《关于积极支持群众办矿的通知》。以上三项政策对于增加煤炭供应成果显著。

比价，扩大动力煤按发热量计价试点范围，调整部分地区的煤炭地区差价。

20 世纪	1949~1984 年政府制定价格	为了保证市场稳定，国家长期采用了煤炭低价政策。虽然在这短期间内国家对煤炭价格进行了五次调整，但都是微调并没有考虑煤炭价值补偿和市场决定价格问题，煤炭价格既不反映价值，也不反映供求关系。据统计，到 1985 年，我国的煤炭的平均售价才调高到 32.44 元/吨
	1985~1992 年价格双轨制	从 1985 年政府开始放开了煤炭市场价格。1985 年经国务院批准，全国统配煤矿实行投入产出总承包，实行指令性、指导性价格和协议价 3 种方式。1986 年起改为平摊加价办法，由国务院价格主管部门核定加价幅度，这种办法一直执行到 1992 年
	1993~2002 年煤炭市场价和电煤计划价	1988 年，中央政府完成了第二次重大的能源体制改革和部门重组，成立能源部。原煤炭工业部的生产职能被分给新组建的中国统配煤矿总公司、原东北内蒙古煤炭工业联合公司和原中国地方煤矿联合经营开发公司，三大公司均由能源部归口管理
21 世纪	2002 年以后煤炭订货会	2002 年，国家取消了电煤指导价，但为了促进煤、电双方顺利签订煤炭购销合同，在每年的煤炭订货会上仍发布一个参考性的协调价格，具体价格仍由供需双方协商确定
	2004 年煤电联动	2005 年 5 月和 2006 年 6 月，我国先后两次实行了煤电联动
	2005 年煤电长期合同	由于各种方式都不尽如人意，政府认为，应改进煤炭订货方式，推行长期交易合同。电煤供应具有长期、稳定的特点，买卖双方相对固定，适于签订长期合同。在煤、电双方供货合同中，逐步引入并推行长期交易合同，如实行差价合同等，规避市场风险，更好地发挥价格信号的引导作用，进而达到优化资源配置和促进结构调整的目的
	2006 年取消煤炭订货会	2006 年 12 月 27 日，国家发展和改革委员会下发了《关于做好 2007 年跨省区煤炭产运需衔接工作的通知》。其中指出全国煤炭订货会议从 2007 年开始不再召开，取而代之的是由国家发展和改革委员会牵头召开的电视电话会议。并且对煤炭产品定价提出了三项基本原则：一是继续坚持煤炭价格市场化改革方向，由供需双方企业根据市场供求关系协商确定价格；二是坚持以质论价、同质同价、优质优价的基本原则，对长期大宗合同可自愿协商价格优惠；三是继续实施煤电价格联动政策，理顺煤电价格关系，为电力竞价上网奠定基础
	2007 年完善煤炭价格市场化形成机制	2007 年《煤炭产业政策》提出要积极推进煤炭贸易市场化改革，建立健全煤炭交易市场体系，完善煤炭价格市场形成机制成为煤炭行业后期市场化运作的关键。根据国家发展和改革委员会的要求，力争在 3~5 年内建成以全国煤炭交易中心为主导，以区域煤炭交易中心为辅助，以地方煤炭市场为补充，以长期合同为基础，以电子商务等现代技术为手段的现代煤炭市场体系

图 5-1　中国煤炭价格政策发展历程

20 世纪 80 年代后半期，在国家对煤炭价格几次调整后，煤炭坑口平均价格由 22.7 元/吨上涨至 30.7 元/吨。然而，即使在煤炭价格普遍上涨之后，煤炭坑口平均价格也只达到实际成本的 60% 左右。此外，人为造成的国有煤矿和乡镇煤矿之间的价格差异，导致不同所有制煤矿面对一个不公平竞争环境。由于存在价格上限，国有煤矿没有足够资金进行再生产投入和扩大生产。相反，乡镇煤矿规模很小，生产建设的资本金要求很低，煤质也相对较差，因此实际的相对价格较高，从而鼓励了乡镇煤矿的发展。大量乡镇煤矿的兴起缓解了煤炭供给不足的局面，但也导致自然资源的低效开采和环境污染。

总体来看，煤炭价格双轨制实行初期，出现的问题主要由以下几点。

第一，煤炭价格管得严。1985 年，统配煤炭销量的 94% 按国家统一计划价销售。占销量 4.5% 的增产煤，虽然可加价，但加价数量和幅度由国家决定，甚至中煤、煤泥等洗煤副产品以及与煤炭共生的矿产品，价格也由国家统一管理。允许企业议价自销的煤炭，仅占煤炭销量的 1.5%。

第二，煤炭地区差价定得死。1985 年的统配煤中，超包干基数的增产煤，只能在限额内按一定额度加价 50%，不能浮动。国家对煤炭的品种和级别也都严格控制，无论是主管部门还是煤矿企业，都无权对优质、高需求的煤加价出售或者对劣质、滞销的煤降价处理。地区差价也被国家定死，主管部门和企业不能利用价格调节各地供求。

第三，计划内外煤价差异大。部分煤矿将部分计划内煤炭转为计划外出售，作为对偏低煤炭价格的补偿。1988 年，全国统配煤矿产量比计划超产 880 万吨，计划内欠供 3605 万吨，而计划外销售煤炭近 3600 万吨。计划外煤炭的大量增长，破坏了统配煤炭计划的严肃性，引发了煤炭价格和流通秩序的混乱局面。

1988 ~ 1989 年，国内宏观经济过热、煤炭市场供需偏紧、价格双轨制等多种因素，造成了煤炭价格和流通秩序混乱。1990 年，为了治理煤炭市场的混乱局面，国家对计划外煤炭实行最高限价。

不过，1988 ~ 1989 年煤炭价格和流通秩序的混乱局面，同煤炭价格双轨制的存在有一定关系，但也不能完全归咎于双轨制。原因很复杂：宏观经济过热，煤炭供求关系转为偏紧，煤炭生产增量连续几年低于消费增量，社会库存被消耗，煤炭供需缺口比较大。而且此前连续几年煤炭供需总体趋于缓和，因此社会库存不多，一旦煤炭供需突然转入偏紧，用户由观望市场转为抢购、多购，这样又人为加剧了煤炭市场紧张。短缺加上各种投机，造成了当时煤炭市场的混乱局面。

在市场机制下，能源供给不足通常会使能源价格上涨。价格上涨，一方面将刺激能源生产供给增加，另一方面则鼓励能源消费利用效率提高，从而使供需趋于平衡。而在 20 世纪 80 年代之前，由于从政策上人为长期压低了煤炭价格，政府不得不对煤炭生产提供大量补贴。虽然存在长期比较严重的供给不足，但是低能源价格政策仍极大地抑制了行业生产效率地提高。此外，能源价格所具有的整治敏感性、复杂性，减缓了改革步伐，对于能源价格问题，中央政府往往采取"调整"而不是"改革"。这就可以理解，为什么煤炭价格改革最初实行了双轨制，而且双轨制初期只允许国有煤矿配额之外的产量以高于计划价出售，价格还被限制在国家制定范围内，后期才允许超产部分价格自由浮动。

（2）电力市场规制：行政确定的多轨制电价

同煤炭价格同理，电价改革一样是为了缓解电力供应的严重短缺。1985 年，中央政府建立了一个多轨制、多元化的电价体系。但由此也产生了电价种类多及确定方式复杂混乱的局面，事实上没有人能完全了解，我国究竟有多少种电价及价格是如何确定的。电价常常取决于谈判结果，用电企业往往因欠费而被断电，这种时候又常常需要地方政府出面协调。总体来看，国有发电企业的电价确定有较大的主观性，价格普遍过低，不足以使发电企业支付贷款利息。除此之外，地方政府在电价之外任意加价和乱收费现象十分普遍，造成了电力成本提高和电力价格的进一步扭曲。为弥补煤价上涨后电力企业的成本增加，1985 年我国开始实施燃运加价。从 1985 ~ 1993 年，累计加价 0.15 元/千瓦时。加之各类税费，电价累计综合上涨 0.28 元/千瓦时。

长期人为压低的煤价政策再加上来自小煤矿的激烈竞争，国有煤矿长期亏损。2000 年以前，国有煤矿的整体情况是低效率、冗员和机械化水平低。据 1998 年《中国统计年鉴》可知，1992 年，93 家中央国有煤矿中只有 9.7% 没有亏损。尽管电力价格混乱，电力部门长期以来仍保持了盈利。其中部分原因可以归结为电价水平的多次调整，但根本原因是电力、煤炭部门采用了不同的定价机制。电厂投入成本（煤价）被人为压低，发电上网价格却是以市场为基础来制定。1990 ~ 2005 年，电力行业的利润年均增长率高达 20%。两个行业盈利能力的巨大差异，很难完全归咎于企业经营效率问题。

2. 1992 ~ 2002 年，煤炭价格逐步向市场化过渡

20 世纪 90 年代初，我国经济强劲增长，从而对加强能源供应和提高能源效率提出了更高的要求，能源价格改革步伐加快。20 世纪 90 年代的煤炭政策基本特点是：第一，煤炭资源配置始终是在国家指导下由煤炭供需双方以订货方式进行，但总体上煤炭资源的计划分配所占比重越来越小，交易订货和市场调节比重逐步加大。第二，煤炭运力计划一直由国家计划严格分配和管理。由于运力偏

紧，煤炭铁路运输部门在煤炭产、运、需衔接中居于极为重要的位置。第三，煤炭价格逐步放开。从 1993 年开始，除了电煤以外，其他煤炭价格全部放开。第四，煤炭和电力部门之间的改革并不平衡。煤炭价格逐渐放开，而电力价格一直由政府控制。从而形成"市场煤"和"计划电"的矛盾局面。第五，煤炭价格管理坚持了"统一领导、分级管理"原则，统配煤矿煤炭出厂价格由国务院物价主管部门管理，地方国营煤矿和乡镇集体煤矿煤炭出厂价则由省级物价部门管理，个体小煤矿实行市场调节价。

(1) 简化煤炭价格体系

从 1958 年第一次调整全国煤价，到 1992 年下半年煤价逐步放开的 34 年内，全国性的煤价调整共进行了 8 次[①]。到 1992 年，全国已形成了多种煤炭价格体系，包括指令性价格、指导性价格[②]、市场价格。统配煤炭价格形式非常繁杂，包括目录价格、增超产加价、指导性加价、计划外最高限价（包括定向煤价格）、价外加收专项基金等。煤炭销售中间环节比较多而且费用上涨幅度大，煤矿实际获得的价格上涨收益很少。多重价格体系加上中间环节的各种加价，造成这一时期的煤炭价格秩序十分混乱。调价幅度跟不上煤炭生产企业的增支幅度，企业亏损越来越严重。中间各种加价加重了煤炭消费用户负担，加价收益也不是由煤炭生产企业获得，国家还必须每年给统配矿提供巨额亏损补贴，年补贴额已由 1985 年的 3 亿元增加到 1992 年的 60 亿元。

针对上述情况，国家决定自 1992 年 7 月 1 日起施行"三年放开煤价，三年取消亏补"政策。在 1993～1995 年的 3 年时间内，逐步放开全部国有重点煤矿的价格，同时抽回原有的 60 亿元重点煤矿亏损财政补贴。1992 年已经放开了徐州和枣庄矿务局的煤炭价格；1993 年正式放开了东北、华东和湖南国有重点煤矿出厂价以及洗精煤和电力、冶金行业用动力煤价格；从地方煤矿上调的指令性煤炭，在取消补贴后也随行就市。1993 年放开价格的煤炭总量约为 2.1 亿吨。然而，价格放开之初，煤炭价格并没有立刻上涨，有些企业的煤价还不及原来的价格，煤炭企业减亏的难度反而加大。不过，1993 年煤价放开之初，对市场价格的影响不大，原因也是有多方面的。

第一，煤价放开是在煤炭供需矛盾持续和市场相对饱和的情况下进行的。1992～1994 年，我国煤炭社会库存量连续保持在 2 亿吨左右，比正常库存多

---

① 煤炭工业部政策法规司 1992 年发布的《国家将用三年时间放开国有重点煤矿煤炭价格》。

② 指导性价格中，除了原有的超包干基数加价 50%、超递增计划加价 100% 之外，还有地方煤出省加价 20 元，保钢、保电定向煤补贴价，生活用煤补贴价，保化肥出省煤加价 30%。

5000 万吨，即使放开煤价，价格也难有很大上行空间。

第二，小煤窑对国有统配煤的冲击也是价格难以上行的一个主要原因。小煤矿成本低，销售手段灵活，既挤占运力又占据部分市场，对国有重点煤矿造成很大冲击。据统计，1993 年乡镇集体煤矿产煤 4.72 亿吨，产量不但超过国有重点煤矿，每年还能以 2000 万吨的速度递增。

第三，煤价放开的过程中，统配煤矿遇到的最突出问题是受铁路运输制约，欠运过多。大量欠运使重点煤矿煤炭积压继续增加，煤矿被迫停产、限产。

第四，虽然煤炭价格在名义上放开，但事实上煤炭价格管制在许多地方仍然有效，煤炭低效分配依然存在，乡镇小煤矿还在继续增加。煤炭库存居高使价格难以上升，加之铁路运输制约，各种增支因素使国有煤炭成本大大增加，加上土地征迁费用和地方各种摊派性支出，财政减亏的难度进一步加大。

1994 年 7 月，国家放开其他煤炭价格（包括化肥生产用煤）。至此，除电煤外，全国煤炭市场价格全部放开，煤炭价格再没有计划内、计划外的区别，基本改变了以往"一煤多价"的局面①。

（2）建立煤炭交易市场

建立煤炭交易市场是放开煤炭价格的一个配套举措。1992 年 10 月，全国首家煤炭交易市场——天津煤炭交易市场成立，随后逐步引入煤炭市场交易机制。从 1994 年开始，东北、西北地区销售的煤炭退出全国煤炭订货，实行区内自行订货。1999 年开始实行重点订货，范围限于重点煤矿和电力、冶金等 8 个重点用煤行业，其他均由供需双方自主交易。纳入重点订货的资源量占全国煤炭总销量的比例不到 30%。到 1997 年，共有全国或区域性大型煤炭交易市场 8 家：上海、东北、秦皇岛、天津、郑州、太原、重庆和北京交易市场。1997 年通过 8 家煤炭交易市场配置的煤炭占总产量的 20%。在煤炭订货上按计划分配的煤炭比重由近 100% 降到 1997 年的 40%。煤炭价格初步形成了以市场为主的定价体系。煤炭销售向市场化和产运需综合平衡、全国订货和区域订货相结合、中长期合同订货、直销直供发展。

参加煤炭订货会的煤炭交易量大致情况是 2008 年 6.85 亿吨、2009 年 6.41 亿吨、2010 年 9.32 亿吨、2011 年 12.77 亿吨。在目前的煤炭市场上，合同煤占 60%～70%。其中，煤炭交易量中，全国订货会占 60%、区域订货会（山西、

---

① 实际上，1994 年还有 1 亿吨煤的价格没有放开，但属于煤质差、运输条件差的煤矿，放开收益不大。

陕西、内蒙古省内订货会）占 20% 、其他市场交易占 20% 。

电厂一般可以从三种渠道购买煤炭：一是重点电煤合同。执行政府指导价，由煤炭企业、电力企业和铁路部门三方共同签署，既有运力计划又有供煤合同。二是非重点电煤合同。同样执行政府指导价，但是没有铁路运输计划，因此这部分合同的履行就没有保障①。三是市场购买。前两类合同在每年的煤炭订货会上签订，由中央政府统一协调。重点合同煤的煤量，即计划内煤炭由国家发展计划委员会根据供需预测决定。

（3）电煤指导价

1993～1994 年的煤炭价格放开，使煤炭市场形成了市场定价为主的基本格局。然而，由于电力企业改革相对滞后，电力又是关系国计民生的重要行业，电煤价格始终由政府控制。1993 年煤炭价格开放后，煤电企业价格争议不断，引起了部分煤矿停止发煤、电网停止向煤矿供电等一系列矛盾。于是，1994 年 8 月，在国务院干预下，电煤价格上涨 4% ，才基本平息了煤电价格纠纷。为避免进一步的电煤价格纠纷，维护正常的社会经济秩序，国家从 1996 年开始对电煤实行指导价②。此后，历次全国煤炭订货会前夕，均由国家发展计划委员会发布电煤指导价，供需双方据此在订货会上签订煤炭购销合同。1996 年的电煤价格是上年实际结算价格基础上，限定全年平均每吨最高提价 8 元。但是，实际结算价还是由市场供求确定，最终确定的结算价与国家指导价不尽一致。

1999 年以后，全国煤炭产量控制目标没有实现，产量持续增长③，煤炭价格继续下跌，煤电货款拖欠越来越多。到了 2002 年年初，煤炭总量失衡的情况更加严峻：社会煤炭产量超过正常库存，其中电力库存达 1487 万吨，超正常库存290 万吨。煤炭价格大幅度下降，突破 10 元/吨大关。煤炭企业的亏损额减少，但亏损面仍远远超过控制指标。在这样的一个煤炭供过于求的买方市场背景下，国家决定从 2002 年开始放开电煤市场，取消电煤指导价。

---

① 重点合同电煤也就是俗称的"绿合同"煤；非重点合同煤也称为"白合同"煤，有合同但没运力计划；始于 2005 年的"白转绿"，是指获得铁路运力的议价煤。

② 国务院 1995 年 11 月批准《国家计委关于对电煤实行国家指导价格的请示》（计价格［1995］395号）。

③ 煤炭总量控制目标没有实现的一个重要原因是，乡镇煤矿关井压产的目标没有按预期实现。根据国家煤炭工业局的资料，1999 年有 21 个省（自治区、直辖市）的乡镇煤矿产量不但没有减少，反而都有不同程度地增长。小煤矿的关井压产没有真正做到一致性，关井数量增加，但压产数量并没有能减下来。

（4）整顿小煤窑，控制产能

20 世纪 80 年代以前，在计划经济体制和重工业优先战略指引下，中国煤炭行业实现了快速增长。煤炭产量从 1952 年的 6600 万吨提高到 1979 年的 6.36 亿吨。然而，煤炭产量快速增长并没有改变煤炭短缺的局面。据估计，在改革开放之初，中国的煤炭短缺大约在 30% 左右。在这种情况下，中央政府放宽了对煤炭行业的控制，允许地方、集体和私营煤矿进行煤矿生产建设。鼓励小煤矿的政策一方面促进了地方和乡镇煤炭行业的迅速发展，使煤炭产量迅速提高，同时也加剧了铁路运输紧张和生态破坏等一系列问题。

小煤矿繁荣是政府解决煤炭短缺的政策性产物，它曾有效地补充了国有煤矿的产能不足。放开小煤窑价格的第一年（1984 年），乡镇煤矿总数就由 1983 年的 46 000 多处增加到 61 000 多处，产量达到 2.17 亿吨，增量占全国增产总量的 50% 以上；产量占全国总产量的 27.5%、地方煤矿产量的 54.9%[1]。到了 20 世纪 90 年代末期，煤炭产能过剩、煤炭行业过度竞争、国有煤矿长期严重亏损、亚洲金融危机等一系列问题，使煤炭行业面临严重困境。因此，国家在 1997 年开始整顿办矿秩序、压缩非法小矿产量以及煤炭总量和煤矿库存量。1998 年实行"下放、关井后规范、监管"政策。到 1999 年年底，小煤矿由关井压产前近 7 万个，减少到 3.89 万个，约 3.12 万个非法小煤矿被关闭，削减小煤矿产能约 2.68 亿吨，全国煤炭产量比关井压产前的 1997 年减少 2.8 亿吨[2]。

与很多中国政府的其他经济政策一样，在小煤矿问题上，政策同样表现出了短期性和非一致性。煤炭短缺时，政府默许甚至鼓励小煤矿发展；过剩时，就关闭小煤矿或压低产量以保护国有大中型煤炭企业。对于小煤矿，始终没有一个明确、稳定和可以预期的政策规则，小煤矿长期得不到合理的产权保护。

3. 2003 年至今：煤炭市场化加深，煤电矛盾加剧

煤炭价格在走向市场化的过程中时有反复。虽然 2002 年国家宣布取消电煤指导价，但由于煤炭市场发育不成熟，煤价对物价有较大影响，煤、电价争端不断。经济社会发展或许可以没有煤，但是不能没有电；而中国的电力生产又必须依赖于煤。由于电力的严重短缺，中央政府不得不屡屡失信，再次拿起政府最熟悉的价格管制工具。

---

① 资料来源：《中国煤炭工业年鉴 1985》。

② 资料来源：《中国煤炭工业年鉴 2002》。

例如，国家会在每年煤炭订货会上发布一个参考协调价格，2002年和2003年的电煤订货会是在国家多次协调下才达成一致的。2004年8月，国家对河南、安徽、山东、山西和陕西5个煤炭生产省份的电煤价格实行临时干预，规定以当年5月月底电煤的实际结算车板价为基础，在不超过8%的幅度内煤电双方协商确定价格。2005年更被迫出台煤电联动。

然而，价格干预的效果并不理想。2005年，电煤价格上涨不仅没有得到遏止，甚至出现有史以来最严重的"煤荒"和"电荒"，重点合同电煤价格不断上涨。从1994～2005年，全国煤炭平均价格从108.94元涨到了270.20元，年均涨幅达14.4%。事实上，煤价快速上涨的利益并不完全由煤矿获得，其中煤炭流通环节费用上涨最快。据估计，目前煤炭流通环节的费用至少占煤炭出矿价与到厂价的50%以上。

在煤电矛盾的大背景下，国家要求放开煤炭价格和提高煤炭产量，各地却纷纷自行出台措施控制煤炭产量。例如，一些城市成立小煤窑结算中心，由电厂与结算中心结算煤款，从而压低了煤炭企业的生产积极性。一些地方还实行了各种煤炭加价。例如，2008年，山西、陕西煤炭加价分别为吨煤120元、150元，基本拉平了出省煤和省内煤的价格水平。巨大的利益空间，使个人、企业、事业单位以及政府纷纷介入煤炭交易，极大地扰乱了煤炭市场；种种名目的中间交易费用，如中间商代理费、"点装费"，还有铁路方面以各种理由不能完全执行运力计划①，更为煤电矛盾深化起了推波助澜的作用。

国家显然已经疲于应付煤电之间的价格纷争。2005年年底，国家正式宣布：从2006年开始，对电煤价格不再进行宏观调控，取消了价格干预，让电煤价格完全由市场调节，并将煤炭订货交易会更名为全国重点煤炭产运需衔接会。然而，2006年全国重点煤炭产运需衔接会仍是由国家出面，多数电煤合同才得以落实。2008年上半年，由于煤价上涨，发电行业80%出现亏损。为了保证发电企业的电力生产，国家不得不再次拿起价格干预武器，下发文件限制电煤价格上涨。2008年6月19日，国家发展和改革委员会《关于对全国发电用煤实施临时价格干预措施的公告》（［2008］46号），宣布提高电价0.25元/千瓦时，并对电煤坑口价实行临时管制。要求"至12月31日，秦皇岛港、天津港、唐山港等港口动力煤平仓价不得超过6月19日价格水平"。2008年7月23日，国家发展和改革委员会《关于进一步完善电煤价格临时干预措施的通知》（［2008］248

---

① "回空不及时"（即铁路车皮在货物送达后不及时返车），是铁路方面无法完成运力计划的通常借口，其他还有铁路"交接能力"不足。

号），不仅要求电煤价格要以 2008 年 6 月 19 日的电煤结算价为上限，并强调对重点合同兑现率加强监管，供煤企业不得将重点合同电煤交给关联销售公司进行销售，转变为市场电煤或其他用煤。2011 年 11 月 30 日，国家发展和改革委员会发布《关于加强发电用煤价格调控的通知》，其中规定："2012 年合同煤价涨幅不得超过 5%，同时主要港口 5500 大卡市场煤平仓价不得超过每吨 800 元。"电煤价格可以说是"放而未开"，煤炭价格双轨制并没有真正消失。

5.1.3　煤电矛盾问题及根源

我国的煤炭需求主要来自电力、钢铁、建材和化工四大行业。1985 年，四部门消费煤炭 38 521 万吨，占国内煤炭消费总量的 47.2%；电力体制改革之初的 2002 年，四部门煤炭消费合计 11.49 亿吨，占国内煤炭消费总量的 83.9%；电煤从 1985 年的 1.77 亿吨增加到 2002 年的 6.63 亿吨，占四部门的比例从 46% 增加到 57%。电煤消费占煤炭消费总量则从 1985 年的 21.7% 增加到 2007 年的 50.5%。2011 年电力行业煤炭需求达到 19.50 亿吨，同比增长 10.8%。2012 年，电力行业煤炭需求约为 20.50 亿吨，同比增长 6% 左右。2011 年全国重点发电企业累计煤耗 13.65 亿吨，比 2010 年同期增长 15.3%。

从产业组织理论来看，煤炭行业和燃煤发电是两个典型的上下游行业。在市场条件下，为节约双方交易成本，根据资产专有性、不确定性和交易频率，交易关系可以采取纵向一体化、长期合同或灵活现货市场的方式。但是，用产业组织理论却很难完全解释中国煤、电两大产业的复杂关系。一方面，煤炭价格已经放开很长时间，但电煤价格却长期处于政府管制，目前仍未完全脱离政府干预（如煤电联动和 2008 年年初的电煤价格干预）。另一方面，发电部门已经引入竞争，但至今电价仍受到政府的严格控制。在这种体制框架下，煤炭价格随着市场变化时，电力价格却不能根据资源要素成本进行调整，两大行业的纠纷不可避免。纵向产业链上的上、下游产业无法根据价格信号调节供给和需求，两个行业之间的产业关系即被扭曲，节约交易成本和提高效率难以实现。

1. 煤炭价格双轨制与市场扭曲

煤炭价格双轨制源于 1985 年的统配煤矿实行投入产出总承包。当时煤炭基本上处于供过于求的状态。反映在矿价上，很多乡镇矿出矿价仅仅略高于计划出矿价，而低于国营配矿平均价格；反映在销售上，各省煤炭生产能力闲置，有的运力不足，有的煤种质量差，易被小煤矿冲击。承包制规定：确定以 1984 年分配计划为包干基数，包干基数以内的实行平价，年度国家计划以内的超包干基数部分加价 50%。超计划生产的煤炭，如果纳入国家分配的加价 100%，不纳入国家分配的议价自销。根据承包制安排，国有煤矿首先要完成煤炭产量定额并按国家统一低价出售给电力、钢铁、冶金、化工、交通等重要下游行业，超定额煤炭才能在限定范围内加价。后来加价的这部分被改为指导性计划，从而形成煤炭计划价、指导价和议价并存的价格体系。

在上述体制下，通过国家计划指标下达给燃煤电厂的煤被称为计划煤。或者说，每年全国煤炭会上，电厂与重点国有煤矿签订计划供煤合同并安排了铁路运输计划的煤，又被称为重点合同煤。与之对应，电厂从煤炭交易市场上直接采购的煤炭称为市场煤。不同种类的电煤价格不相同。1990 年以来，除了煤炭市场极为低迷的 1999~2000 年，重点合同电煤价长期低于电煤市场价。如果再加上各种中间交易费用，两者价格差异最高时竟达到了 400 元/吨。

煤炭价格双轨制是我国计划经济向市场经济模式转变中的过渡产物。20 世纪 80 年代，价格双轨制不仅出现在中国煤炭行业，而且在农业、钢铁和劳动力市场等众多行业都曾出现。1985 年推出煤炭价格双轨制有两个目的：一是鼓励煤矿增加产量，二是保护低效率的下游产业。在经济过渡时期，价格双轨制发挥了特殊作用：①价格双轨制在价格改革难以较快完成，而统一价格又使煤炭企业严重亏损的情况下，部分缓解了企业的经营困难。②煤炭产量超基数和超计划的加价，极大地激励了煤炭企业的生产积极性。在统配煤矿实行总承包后，很快摆脱了天天追产量、催进度的被动局面。③价格双轨制激励企业多产便可多得，从而可偿还部分生产设备和安全设施欠账，使企业超亏得以部分弥补，还可以积累资金用于扩大生产。因此，增超产煤的加价政策起到了以"计划外"保护"计划内"的作用。

但同时，煤炭价格双轨制也暴露了一些特殊问题。首先是国内煤炭商品价格对价值的背离以及煤炭供需的矛盾。由于煤价始终被严格管制，企业缺乏自主定价权，每次调价都是因企业亏损被迫进行，政策调整缺乏整体方案和连贯性。可以说，双轨价格差异越大，这种背离程度也就越大，供需矛盾也会越突出。煤炭价格双轨制让有关方面始料未及却又会必然发生的一个后果是：计划内煤炭逐渐减少，越来越多的煤炭在计划外出售，人为低价的计划内煤炭难以维持，煤炭实行市场定价的压力增加。特别是在 20 世纪 80 年代后期到 90 年代初期，其他煤炭下游行业的市场逐渐放开，因此这些行业对煤炭市场定价并没有很大的抵触。但是，电力行业却是例外，电价一直受政府严格控制，电煤价格市场并轨存在很大的压力和顾虑。

1994 年之后，当政府完全放开煤炭价格控制后，煤电争端更加严重：一些电力企业无力按市场价格购煤，煤炭企业则拒绝供煤，当时停电经常发生。在此情况下，1996 年中央政府被迫再次规定，无论是国有、地方还是乡镇煤矿，所有对电厂供煤都执行国家指导价。此后，电煤的政府指导价尽管每年都有所提高，但始终还是低于市场价。虽然政府要求所有发电用煤执行政府指导价，但政策并不能完全落实。由于政府指导价低于市场价，煤炭企业普遍以各种借口不完全履行合同。而且，在中国的法律框架下，煤炭合同对煤炭企业来说是一个软约束，煤炭企业的违约风险和可能遭受的惩罚极为有限。另外，除了煤炭价格矛盾，煤炭运输能力严重不足也是煤电之争的另一个重要矛盾。很多情况下，即使电力企业能够以政府指导价拿到电煤合同，但如果不能拿到铁路运力指标，电煤合同也不会得到有效执行。例如，根据 2011 年 12 月重点合同煤汇总会统计结果，2012 年重点合同煤汇总量为 12.77 亿吨。其中，用于电力行业的合同煤汇总量为 9.01 亿吨；而根据国家发展和改革委员会在 2012 年 12 月 14 日公布的《2012 年跨省区煤炭铁路运力配置指导框架》规定，各铁路局 2012 年全年为电力行业配置煤炭运力仅为 7.75 亿吨。可见，并非所有煤、电双方预签的重点合同煤都能得到运力指标。

历次煤炭订货会上，发电企业一直是最大的买家。煤炭订货会实质成了煤、电行业讨价还价的场所，同时也都是一个极为艰难的过程。2002 年终于出现煤炭订货会历史上的首次失败：仅 9000 万吨重点合同电煤成交，只占当年电煤总量的 37.5%（中国煤炭工业协会，2003）。

出于对通货膨胀、社会稳定和影响电力行业竞争力的担忧，从电价逐步调整到煤电联动，国家对提高电价一直相当谨慎。电煤价格管制产生以下几个结果：一是由于低于市场价格，重点合同煤往往供不应求，国家由此不得不实行资源配给制，在订货会上按计划进行分配。二是计划煤和市场煤的价格差异产生了炒卖合同的行为。每次煤炭订货会上，都有大量"煤倒"炒卖电煤合同从中渔利。三是煤炭生产企业通过降低煤炭质量，使电煤变相涨价。目前的实际情况是，煤炭产能并不短缺，困难在于煤电双方的价格分歧，背后根源是煤炭市场定价和电力行政定价。作为中间协调者，政府深陷于一个两难的尴尬境地。

2. 电力市场化改革进程缓慢与体制弊病

煤电矛盾与所处的环境有着极大的关系，很大程度上也反映出了我国产业结构及体制上的弊病。

从煤炭变成电，再输送到终端消费者，其间主要有这样几个环节：首先是煤炭企业，其次是电厂，再次是电网，最后是用户。在煤电双方矛盾问题中，电网有着不容忽视的影响。在我国，电网处于完全垄断地位。由于其垄断性经营性质，发电企业并没有多少议价余地。目前的电力体系下，输配售没有分开，电力供需双方都单一对着电网，电网成了总的买家和卖家。在这种格局下，发电环节缺失竞争能力，"竞价上网"实质是"竞低价上网"，往往形成发电商与电网公司签订长期合同的形式。虽然国家鼓励大用户直供电，但是在电网完全垄断的格局下，这其实很难真正实现。这是煤电矛盾结构上的弊病，严重阻碍了电力行业的市场化进程，造成电力企业面对煤价波动时，没有伸缩余地。当煤炭企业大步走向市场的时候，电力企业却还在原地踏步，于是碰撞、争执和矛盾根本无法避免。可以说，煤电之争不仅仅是煤电双方的利益之争，同时也是体制之争，是计划经济无法适应市场经济的发展造成的。

电力作为国民经济动力的核心环节，这种权利和义务的失衡，必然导致整个能源系统出现混乱。目前，国内电力和煤炭都面临产能过剩，这为推动电力市场化改革提供了难得的机遇。由于近年来的拉闸限电使地方政府和企业参与电力改革的积极性十分高涨，也积累了相应的知识，并有所心理准备。从中国的人口资源现状看，资源性产品因为稀缺性其价格仍存在上涨的可能。只有电价维持在一个合理的水平，才能促进节能减排，能源安全才能得以保障。电力改革也许会带来一些代价，中国的历次改革都是先付出代价，最终以丰厚的收益得以回报。彻底改革中国电力的供需关系，不仅是中国经济体制改革的主要环节，也对政治体制改革产生深远而积极的推进作用。

3. 煤电矛盾的根源在于价格机制

煤电矛盾的根源在于我国煤电纵向不合理的价格机制，目前的重点在于尽快形成煤电联动，在中期建立能够传导上下游关系的机制，但应该注意到煤电联动机制只是建立长期机制的第一步，从根本上解决煤电矛盾尚需将更深层次的改革。煤电联动不触及电网公司的利益，所有的成本上升由电力终端用户承担。已实施过的几次煤电联动方案总不能使得各方满意。例如，煤炭成本如何在不同发电企业之间分配，零售电价上升如何在各省和各类最终用户之间进行分配。尽管近几年提出实行居民阶梯电价①，但也无法从根本上解决问题。煤电之争中很多规则并不明确，主观随意性强。最重要的是，煤炭联动政策使煤炭和电力双方对政策调整都有了预期，即煤价可以涨，电价也可以涨。参与博弈的不仅仅只是煤电双方，还有两大能源行业与中央政府的政策博弈，以及地方政府与中央政府之

① 阶梯电价：是指把户均用电量设置为若干个阶梯分段或分档次定价计算费用。对居民用电实行阶梯式递增电价可以提高能源效率。通过分段电量可以实现细分市场的差别定价，提高用电效率。2012 年 6 月 14 日，国家发展和改革委员会表示居民"阶梯电价"将于 2012 年 7 月 1 日在全国范围内实施。截至 2012 年 8 月 7 日，全国 29 个省份均已对外公布执行方案，九成提高了首档电量标准。

间的博弈。在过去将近 30 年的时间里，中国能源政策的侧重点逐渐经历了从煤到电的转变，煤、电行业的低位、盈利能力和议价能力也有类似转变。

5.1.4　结论及建议

从我国煤炭工业管理体制改革进程、电煤供应改革历程，以及长期以来越发激烈的煤电矛盾中，可以反映出以下几个重要问题。

首先，行政指令性经济短期内或许可以实现优先发展某些行业的目标，但长期中难以实现有效资源配置和促进生产效率不断提高。行政指令往往难以及时准确地捕捉和反映市场的价格信号，其结果必然是效率低下和扭曲市场。因此，市场化是大势所趋。

其次，中国的煤炭和电力行业是紧密联系、相互依赖的两大行业。然而，迄今为止，煤电行业体制改革和价格调整，缺乏统筹兼顾和政策一致性。特别是电力行业的市场化改革相对滞后，使煤炭和电力行业发展具有比较大的不平衡性。长期人为压低的电煤低价政策，防止了电力行业燃料成本波动风险，保障了电力行业的盈利和发展，却是以牺牲煤炭行业长期良性发展和资源低效利用为代价。而煤电联动政策尽管可以一定程度上缓解煤电矛盾，但却使煤炭工业和电力行业都有了提高电价来转移成本增加的预期，无益于煤电行业效率改进和竞争力增强，从长期来看，煤炭和电力行业都会受到伤害。

解决煤电矛盾是一项系统工程，既要深化电力体制的改革，实行科学管理，又要兼顾各方利益，公平竞争、消除垄断。这项工程虽然繁复，但从国家经济发展的长远考虑，必是利大于弊的。从方法论来看，解决煤电矛盾，不能靠政府年年介入，而是要下大决心进行电力体制的改革，打破电网垄断地位，从根本上解决问题。首先便是要将输电和配售电环节分开，使独立发电商面对的买方是数量匹配的多个配电商和大用户，从而实现发电企业的"竞价上网"和配电商及售电商的"竞价售电"。只有这样，才能彻底实现电力市场化，从而实现煤电定价机制的对接。这个过程虽持久且艰难，但其作用却能既治标又治本。不过，如果考虑到电价对社会经济的巨大影响，国家也可采取其他措施以缓解煤电双方的矛盾。例如，给电企或者煤企适当补贴，让双方都有利可图。或者，对电价实行差别管理，工业、商业用电价格市场化，居民用电实行阶梯制收费，农业用电国家发放补贴。这样可避免电价"一刀切"的弊端，使煤电双方有协商的余地。此外，还要鼓励煤电双方签订长期订货合同，使煤电企业的关系尽量少出现波折。

5.2 测算如果严格按照煤电联动，
政府应该一次性提高多少电价

为缓解我国煤电供需紧张关系，以及价格矛盾问题，我国自 2004 年颁布实施煤电联动政策。以 2004 年 5 月月底的电煤车板价为基础，原则上不少于 6 个月为一个周期，若周期内平均煤价比前一个周期变化幅度达到或超过 5%，则相应调整电价。其中 70% 的煤价涨幅通过提高上网电价和终端电价实施联动，由消费者承担；另外 30% 涨幅因素由电力企业自行消化。

2004 年至今，国家共进行了 7 次电价调整。然而，这与联动机制设定下实际应该调整的幅度并不一致。根据本节的测算结果，如果严格按照 2004 年的机制煤电联动，目前需要一次性提高 2.07 分/千瓦时上网电价，以及 0.75 分/千瓦时销售电价。该结果表明，两次调价之后煤电联动的历史"包袱"已经很轻，在当前通货膨胀压力不大的情况下，这正是解决煤电联动历史问题的大好时机。

5.2.1 我国煤电联动实施历程

中国煤炭行业从 1993 年开始改革，逐渐进行市场化，同时，为了确保国家用电安全和电价稳定，设定了国有大型电厂的电煤价格，形成计划煤与市场煤共存的价格双轨制。由于电煤占煤炭总量达 50%，大量低价电煤给煤炭企业带来了沉重的财务负担。经过十多年的发展，虽然煤炭价格的市场化程度加大了，但市场煤和计划煤之间的价格差距依然存在。近年快速上涨的煤炭价格对电力行业产生了重大的影响。

按照国家发展和改革委员会制定的实施方案，煤电联动机制以电煤车板价为基础，原则上不少于 6 个月为一个周期，若周期内平均煤价比前一个周期变化幅度达到或超过 5%，则相应调整电价。联动的标准为煤价涨幅的 70%，另 30% 的涨价因素由电力企业消化。具体内容包括以下几点。

第一，上网电价与煤炭价格联动。根据煤炭价格与电力价格的传导机制，建立上网电价与煤炭价格联动的公式。以电煤综合出矿价格（车板价）为基础，实行煤电价格联动。为促进电力企业降低成本、提高效率，电力企业要消化 30% 的煤价上涨因素。燃煤电厂上网电价调整时，水电企业上网电价适当调整，其他发电企业上网电价不随煤价变化调整。

第二，销售电价与上网电价联动。上网电价调整后，按照电网经营企业输配电价保持相对稳定的原则，相应调整电网企业对用户的销售电价。各类用户的销售电价中，居民电价、农业电价、中小化肥电价相对稳定，一年最多调整一次，调整居民用电价格应依法召开听证会，其他用户电价随上网电价变化相应调整。

第三，确定电价联动周期。原则上以不少于 6 个月为一个煤电价格联动周期。若周期内平均煤价比前一周期变化幅度达到或超过 5%，则相应调整电价；如果变化幅度不到 5%，则下一周期累计计算，直到累计变化幅度达到或超过 5%，进行电价调整。

第四，建立电煤价格信息系统及指标体系。设立分煤种的煤炭交易量、交易价格统计指标体系，确定统计标准、采价点、报送制度、统计方法等，并在此基础上计算平均煤价及变化幅度，定期对外发布，作为煤电价格联动的计算依据。

第五，按区域电网分价区实行煤电价格联动。由国家发展和改革委员会根据煤炭平均车板价变化情况，按区域电网或在区域电网内分价区实施煤电价格联动，并将具体实施情况报国务院备案。

5.2.2　如果严格按照煤电联动，政府应该一次性提高多少电价

2004 年年底，为了缓解煤与电之间的价格问题，推动煤炭及电力行业的市场化改革，国家发展和改革委员会发布了《关于建立煤电价格联动机制的意见的通知》（以下简称《通知》），启动了煤电价格联动政策。《通知》规定，原则上以不少于 6 个月为一个煤电价格联动周期，若周期内平均煤价比前一周期变化幅度达到或超过 5%，相应调整电价；如变化幅度不到 5%，则下一周期累计计算，直到累计变化幅度达到或超过 5%，进行电价调整。

上网电价调整公式：上网电价调整标准＝煤价变动量×转换系数[转换系数＝（1-消化比例）×供电标准煤耗×7000/天然煤发热量×（1+17%）/（1+13%）]。

销售电价调整公式：销售电价调整标准＝上网电价调整标准×比例系数 [比例系数＝ 1 /（1-输配电损耗率）]。

2006 年以来，虽然多次出现煤价上涨，对火电企业带来较大成本压力，但由于政府考虑电价上涨可能会影响经济增长和增加居民负担等经济与社会因素，煤电联动政策一直没有实施。在中国，煤炭成本占发电成本的 70%。近年来，煤价的大幅上涨导致了燃煤电厂的严重亏损，不实施煤电联动，政府除了控制煤价之外别无选择。

然而，通过建立煤电联动机制来理顺煤电价格，首先要解决两个历史问题：一是测算如果严格按照 2004 年的机制实施煤电联动，政府应该一次性提高多少电价；二是长期以来的市场煤与合同煤的双轨制问题如何解决。只有解决了这两个历史问题，解决煤炭企业的对于双轨制的不满并适度补偿电力企业，才能进一

步从中长期机制建设的角度破解煤电矛盾。

《通知》自提出至今，虽然煤炭价格上涨幅度屡次达到联动标准，但迫于管理通货膨胀等方面的压力，严格意义上的煤电联动政策仅于2005年和2006年实施两次。

第二次煤电联动自2006年6月30日起开始实施，因此以2006年7月的煤炭价格为基准（285.42元/吨），自2007年1月起（调整周期不少于6个月）推算联动周期，选择标准为周期内的平均煤价与基期相比涨幅超过5%。整个样本区间内，共出现5个联动周期，然后，根据煤电联动公式计算上网电价和销售电价的调整水平（表5-2，图5-2）。①

表5-2　严格执行煤电联机制的计算结果

时间	本期煤价均值 / （元/吨）	与上期相比煤价变动幅度/%	上网电价调整 / （分/千瓦时）	销售电价调整 / （分/千瓦时）
2007.09.01	300.08	5.14	0.96	1.03
2008.03.01	336.50	7.46	1.93	2.07
2008.09.01	438.09	18.54	4.69	5.03
2009.09.01	482.55	−5.12	−1.44	−1.55
2010.03.01	489.34	5.29	1.67	1.77
2011.02.01	511.28	5.13	1.16	1.22
2012.01.01	543.29	5.31	1.07	1.16
合计	—	—	10.02	10.72

在样本区间中，虽然未实施煤电联动，但仍然经历了数次电价调整政策，因此，需要从表5-2的计算结果中减去实际电价调整额：①2008年7月1日，上网电价平均上调1.7分/千瓦时，销售电价平均上调2.5分/千瓦时。②2008年8月20日，火电企业上网电价平均上调2分/千瓦时，2008年，中国火电发电量占总发电量的81.81%，因此，此次调整带来上网电价平均上涨1.64分/千瓦时。③2009年11月20日，非居民用电销售电价上调2.8分/千瓦时，2009年，非居民类电力消费量占全社会电力消费总量的88.13%，带来销售电价平均上涨2.47%分/千瓦时。④2011年的6月的电价调整对应的上网电价调整与销售电价的调整为1.9分/千瓦时、2.6分/千瓦时；2011年12月电价调整对应的上网电

---

① 以5000~5500大卡动力煤车板价（月度价格）为例，样本区间为2006年7月1日至2010年10月1日，数据取自中国经济数据库，供电煤耗与输配电损失取全国平均值，数据来自中国电力企业联合会。

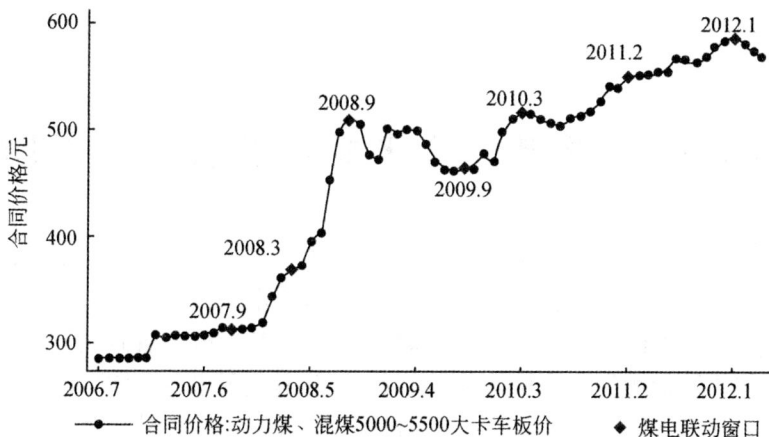

图 5-2　严格执行的煤电联动周期与调整窗口

资料来源：中国经济数据库

价调整与销售电价调整为 1.7 分/千瓦时、3.1 分/千瓦时①。得到电价应该调整而尚未调整的真实额度，见表 5-3。

表 5-3　电价需要调整的幅度　　　　　　单位：分/千瓦时

项目	上网电价调整	销售电价调整
煤电联动的电价调整幅度	10.02	10.72
电价实际上调幅度	7.84	9.97
电价需要上调幅度	2.07	0.75

　　从表 5-3 可以看出，在 2011 年两次调价后，如果严格按照 2004 年的机制煤电联动，目前需要一次性提高的电价幅度并不大，也就是说在两次调价之后煤电联动的历史"包袱"已经很轻，只是在上网电价上仍然欠电力企业 2.07 分/千瓦时的电价。在销售电价上仅需提高 0.75 分/千瓦时，在当前通货膨胀压力不大的情况下，解决煤电联动历史问题的时机已经显现。

① 资料来源：中国电力企业联合会、电力统计基本数据一览表（2009 年）、Wind、中金公司。

第6章 煤电一体化能否解决煤电矛盾

近几年，市场煤和计划电矛盾日益激化，火力发电企业大幅度亏损，成为导致电力短缺的一个主要因素。政府目前积极推进煤电一体化进程，将煤电联营作为长期政策，在审核批准方面给予特殊待遇。本章从煤电矛盾研究出发，根据国际煤电一体化经验和我国煤电一体化目的，首先对我国煤电一体化提出了几个方面的思考，其次分析了我国煤电一体化进程中存在的问题，最后对我国煤电关系的模式选择提出了相关的政策建议。

6.1 国际煤电关系模式和我国煤电一体化选择

6.1.1 国际煤电关系模式研究

产业链上下游的煤炭产业和电力产业之间的矛盾一直存在，其主要原因在于煤炭产业的市场化与政府对电力产业的管制造成了这两大产业之间关系的特殊性。在国际上主要的煤电产业关系治理方式有三种：现货交易、长期合同和煤电纵向一体化（图6-1）。电力企业和其煤炭供应商之间究竟该采用哪种治理方式呢？Joskow（1985）将这个问题与投资资产的专用性程度联系起来，用公式表示为

$$治理结构 = f(地点，运输，设计，采购策略等)$$

如果准备建设一座火电厂，有两种策略可以选择。第一种是将电厂建在供电地区附近，然后将煤炭从煤矿运输到电厂；第二种是将电厂建在煤矿所在地，然后投资建设高压线路将电输送到电力需求地。如何做出选择，取决于煤炭的坑口价格、运输煤炭的难易程度和成本，以及现存的电力传输设备的剩余传输能力等。电力公司也可以根据其将来的煤炭购买策略来设计电厂，如果电厂未来的煤炭是集中在一个煤田购买，那么锅炉可以专门针对特定的煤质设计，这样可以提高煤炭使用效率；如果电厂未来购煤的地方和品种都不确定，那么锅炉应该设计得对各种煤质都有一定程度的兼容性，不过，这种情况的煤炭燃烧效率会比较低，而相应的维护成本又会比较高。

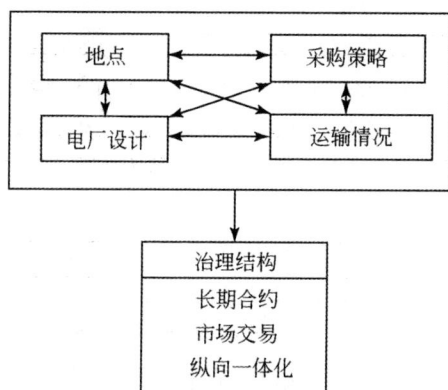

图 6-1　煤电关系的示意图

坑口电厂由于所在地点、运输或者设计等问题，适合针对单一煤炭的供应商，这样，坑口电厂比较适合采用垂直一体化的治理方式。而有良好运输设施且地理位置较好的电厂，如果其设计考虑了兼容性因素，那么就可以采用短期合约或者在现货市场进行交易的治理方式。

通过对美国煤电关系的具体剖析，总结得到：在 20 世纪 80 年代，美国 80% 的煤炭是用于发电的，50% 以上的发电量来自于火电。尽管大多数煤矿在地理上集中于四个区域，但是，煤炭市场分布非常广泛。整个市场上，煤矿的种类和煤炭的质量差异较大。铁路运输占据了整个煤炭运输 75% 的份额，是最主要的煤炭运输方式。在这个背景下，垂直一体化作为一种协调机制，在电力企业煤炭购买协调机制中仅占到 15% 的份额。另外，在这 15% 的份额中，只有一半的电力企业百分之百拥有其附属的煤炭企业。剩下 85% 的煤炭购买使用现货市场机制或者长期合约机制。平均来看，现货市场占到 15%，长期合约占到 70%，其中多数长期合约的期限超过 5 年，有些长达 50 年。

同时，Joskow（1985）的研究结果也证实美国电煤消费中只有不到 15% 采用纵向一体化的模式，而 85% 以上的电煤消费是通过市场机制达成交易的。在这85% 的市场交易中，通过现货市场达成交易的电煤比例随着时间的推进而逐步降低，到 1982 年这个比例只有 9.4%，而其余 90.6% 的市场交易通过各种不同年限的合同来治理。在合同治理中，5 年以上的长期合同占了主要的份额，约为83%。采用纵向一体化模式的大部分是美国西部的坑口电厂；现货市场和简单的短期合同主要出现在煤矿规模小、数量多、运输方式多样化的东部；大部分的煤炭纵向治理都是采用长期合同的方式。

与美国的煤电治理方式相似，加拿大、英国等发达国家和地区也以长期合同为主要的交易方式理顺煤电价格之间的关系。

实证结果也表明，煤电垂直一体化的推行会受到资源禀赋及地理位置等因素的制约，并不适用于大多数的煤电企业，具有较大的局限性，也不适宜大范围、大力度地推广；而煤炭合约则因为其较为灵活的处理模式成为更加普遍的煤电治理模式。总结美国煤电纵向关系处理，可以得出以下一些可供参考的国际经验。

第一，美国煤电一体化因石油危机而起，其主要目的是应对电力成本上升。虽然，目前我国煤电一体化基本上也是为了应对电力成本上涨，但与美国不同的是，我国有日益恶化的市场煤和计划电矛盾。如果我国政府推行煤电一体化的目的是为了可以不用提电价，通过一体化来内部消化煤价上涨的成本压力，保障电力供应，那么当煤价持续上涨时，电厂就有动力卖煤，而不是把煤炭用来发电。由于政府不能确定"电厂不销售自己的煤炭"，电厂可能选择卖煤炭不发电，那么鼓励煤电一体化来解决在"发电不赚钱，卖煤赚钱"情景下保障电力供应的初衷，将受到挑战。

第二，煤电一体化在美国曾经起到过较为重要的作用，但是，美国的经验说明，煤电一体化对于电厂要求较高，仅对于坑口电厂具有较好的适用性。即使这样，20 世纪 90 年代初，美国坑口电厂装机超过 2900 万千瓦，占燃煤发电总量的10%，但其中仅有 1/3 的坑口电厂采用煤电一体化运营，其余 2/3 的坑口电厂采用 20～50 年的合同模式运营（林伯强，2011）。在我国政府鼓励一体化的进程中，火力发电企业为了获取煤炭资源，规避电价风险，可能不会从煤电一体化的适用性考虑，因此政策只针对坑口电厂。而煤企为了实现一体化，或是为了做大，或是为了捡到亏损的便宜电厂，选择空间很大，不仅可以新建或购买电厂，还可以对其他省份的电厂进行参股、持股控制等。

第三，即使在 20 世纪 80 年代，美国煤电一体化的鼎盛时期，其所占的比例也很小，更小于现在的比例。国际上电力市场改革使煤炭的集中度提高，煤矿的运作也更加可靠、有效率。其他形式的公司，如电力行业、钢铁行业、石油企业的附属煤炭企业因竞争不利，几乎都离开了煤炭行业。因此，从市场的角度来说，煤电一体化可能不是最优的煤电关系模式。我国政府目前积极推进煤电一体化进程，并多次重申将煤电联营作为长期政策坚持下去，在项目审核批准方面会有特殊待遇。这样的行政推动可能会导致价格扭曲，从而增加今后的可持续发展成本。

第四，美国煤电的纵向一体化主要是以电力兼并煤炭为主。2007 年产量在10 万吨以上的 150 多个美国煤炭企业中，仅有 4 个煤企拥有电力公司或子公司，比例约为 3%。而我国目前的煤电一体化进程中，煤企比较强势。从产业链上下游的关系来说，煤企是资源上游行业，资源市场通常是卖方市场，煤炭的不可再生性导致的稀缺,使煤炭有相对市场优势。进一步说,煤炭的可储性和电力需要的瞬间平衡性,使得煤企拥有博弈的时间优势。更为重要的是,目前煤企利润丰厚而火力发电企业亏损严重,使得煤企在一体化过程中更具有兼并火力发电企业的资金实力。如果火力发电企业进一步亏损,我国煤电一体化的结果可能是煤企兼并火力发电企业。

第五,市场化的煤电一体化选择无可厚非。但是,如果政府仅将煤电一体化作为回避电价改革的一种政策手段,以便在电价调整不到位的情况下,维持电厂发电的积极性,那么,这将会给煤电一体化带来非市场的扭曲。如果再采用行政手段促成煤电一体化,更有悖于市场的专业化效率分工,扭曲将会进一步被加重,短期好处无法弥补长期损失,必须要谨慎对待。

实际上,中美两国煤电情况最根本的差异在于以下两点。第一点是在 20 世纪 80 年代,大多数美国电力公司都拥有燃料价格调整条款,这样即使煤炭价格上涨电力公司也可以有效地将成本转嫁给消费者。第二点是一旦长期合同违约,双方诉诸法律,美国法庭的执行能力很强,这对于合同双方是一个很强的约束,而中国目前的法律体系和法庭执行能力都相距甚远。鉴于以上两点,中国的煤电关系如果要像美国那样以长期合同为主要治理方式,还需要很长一段时间才能完善。

6.1.2　我国煤电一体化选择

结合我国实际情况,目前中国的煤电纵向关系的治理方式主要有以下四种:现货交易、战略合作、部分纵向一体化和完全纵向一体化。现货交易指煤电双方通过市场现货交易的方式来买卖电煤,电煤价格由市场价格决定。战略合作指的是煤电双方通过签订短期合同或者长期合同的方式,组成优势相长、风险共担的要素水平式双向流动的松散型组织。战略合作的特点在于煤电双方通过协议和契约方式连接在一起,进入和退出的成本和障碍都比较小,因而也比较不稳定。部分纵向一体化是指煤电企业通过参股或者控股等资本结合的方式,形成利益共同体,在共同体内煤电企业各自保持法人地位,共享收益、共担风险。部分一体化的特点在于煤电双方通过资本、股份或者契约连接,相对于战略合作提升了稳定性,进入和退出的成本要高。而完全纵向一体化是指煤电企业通过市场兼并形成一个煤电一体化的企业,成为一个法人企业。纵向一体化的特点在于形式稳定,进入和退出的成本都非常高。其中,战略合作、部分纵向一体化和完全纵向一体化之间既有区别又有联系,在于在一定条件下,三种治理方式可以相互转化。下面从这三种治理方式出发,分析各自的产出效应。

1. 煤电企业战略合作

假设一个区域内有两个煤炭企业，一个电力企业。分析在此种情况下，建立战略合作前后的区别。假设两个煤炭企业的单位成本相同，设为 C。

(1) 煤电企业建立战略合作之前

设 P_c 为煤电企业对电煤的成交价，P_e 为电力企业的电价，Q_1 和 Q_2 分别为两个煤炭企业供应的电煤数量，假设 $Q_1 = Q_2$，并假设电煤数量是用单位电力煤耗来表示的，这样电力企业使用 $Q_1 + Q_2$ 数量的电煤正好生产出 $Q_1 + Q_2$ 数量的电力。同时假设除电煤以外，不考虑电厂的其他成本。这样，两个煤炭企业与一个电力企业在战略合作之前各自的利润表达式分别为

$$\pi_{1c} = (P_c - C)Q_1 \tag{6-1}$$

$$\pi_{2c} = (P_c - C)Q_2 \tag{6-2}$$

$$\pi_e = (P_e - P_c)(Q_1 + Q_2) \tag{6-3}$$

假设政府根据电厂的产出来定价，即 $P_e = f(Q_1 + Q_2)$。

电力企业通过调整电煤购买量来最大化其利润，可以得出

$$\frac{\partial \pi_e}{\partial Q_1} = \frac{\partial \pi_e}{\partial Q_2} = f - P_c + f'(Q_1 + Q_2) = 0$$

其中，假设 $f_1 = f_2 < 0$，可以得出

$$Q_1 = Q_2 = \frac{P_c - f}{f'}$$

由于 $Q_1 = Q_2$，故 $Q_1 = Q_2 = \dfrac{P_c - f}{2f'}$。

将 Q_1 和 Q_2 的表达式代入式（6-1）和式（6-2），煤炭企业通过调整电煤价格从而使其利润最大化。可以得到

$$\frac{\partial \pi_{1c}}{\partial P_c} = \frac{\partial \pi_{2c}}{\partial P_c} = \frac{2P_c - (C + f)}{2f'} = 0$$

其中，$P_c = \dfrac{C + f}{2}$。

$$Q_1 = Q_2 = \frac{C - f}{4f'}, \pi_{1c} = \pi_{2c} = \frac{(C - f)^2}{8f'}, \pi_e = \frac{(C - f)^2}{4f'}$$

(2) 煤电企业建立战略合作之后

如果煤炭企业 1 与电力企业形成战略合作，设 x 为战略合作企业之间的电煤

价格，其他假设不变，即假设战略合作的形成对煤炭企业 2 的利润没有影响，这时两个煤炭企业和电力企业的利润函数可以表示为

$$\pi'_{1c} = (x - C) Q_1$$

$$\pi'_{2c} = \pi_{2c} = -\frac{(C - f)^2}{8f'}$$

$$\pi'_e = (P_e - x) Q_1 + (P_e - P_c) Q_2$$

电力企业利润最大化可以得到

$$\frac{\partial \pi'_e}{\partial Q_1} = f - x + f'(Q_1 + Q_2) = 0$$

得出 $Q_1 = \dfrac{x - f}{f'} - Q_2$，将其代入煤炭企业 1 的利润表达式，通过调整 x 使煤炭企业 1 的利润最大化，可以得到

$$\frac{\partial \pi'_{1c}}{\partial x} = \frac{2x - (C + f)}{f'} - Q_2 = 0$$

从而得到 $x = \dfrac{5C + 3f}{8} < P_c = \dfrac{C + f}{2}$，因为 $c < f$。代入 Q_1 的表达式可以求出 $Q'_1 = \dfrac{3(C - f)}{8f'} > Q_1 = \dfrac{C - f}{4f'}$，$\pi'_{1c} = -\dfrac{9(f - C)^2}{64f'} > \pi_{1c} = -\dfrac{(C - f)^2}{8f'}$，$\pi'_e = -\dfrac{23(f - C)^2}{64f'} > \pi_e = -\dfrac{(C - f)^2}{4f'}$。

　　上面的分析表明，在两个煤炭企业和一个电力企业的煤电关系中，如果其中一个煤炭企业和电力企业结成战略合作，则可在另一家煤炭企业的电煤价格和产量不变的情况下，增加其与电力企业间的电煤交易量，并降低其电煤交易价格；同时，战略合作双方的利润都有所增加。也就是说，在这种情况下，煤电企业的战略合作可以实现帕累托改进。

2. 煤电企业部分一体化

　　部分一体化即煤电企业通过参股或者控股等资本结合方式形成利益共同体，在共同体内煤电企业各自保持独立的法人地位，共享收益、共担风险。目前中国的煤炭产业已经放开竞争，基本上处于竞争市场结构当中；而发电市场目前为五大电力公司所垄断，属于寡头垄断的市场结构。因此，假设某一地区有 m 个煤炭企业和两个电力寡头企业。在煤电未部分一体化之前，m 个煤炭企业共同向两个电力企业提供电煤，假设电煤的竞争价格为 P_i（$i = 1, 2, 3, \cdots, m$），同时，假设这 m 个煤炭企业提供给电力企业的电煤价格都相等，煤炭企业生产的煤炭全部用来供给这两家电力企业生产电力。假设煤炭企业 1 可以与电力企业 A 部分

一体化，即两者组建一个企业集团，但是各自仍然保留自己的法人地位，根据刘劲松（2007）对部分一体化前后的状况进行对比可以得出如下结论。

第一，电力企业和煤炭企业部分一体化后减少了未部分一体化的煤炭企业的利润。

第二，煤炭企业和电力企业的部分一体化减少了未部分一体化的煤炭企业向部分一体化企业集团中的电力企业的煤炭供应量。

第三，煤炭企业和电力企业的部分一体化增加了集团内部煤炭企业向电力企业的煤炭供应量。

第四，未部分一体化的煤炭企业的利润转移到了部分一体化企业集团的煤炭企业。在这种情况下，其他煤炭企业往往也会产生与电力企业进行部分一体化的愿望，即很有可能会发生兼并的连锁效应。

3. 煤电企业完全一体化

（1）煤电企业完全一体化的效应

设 P_0 为政府控制的矿产资源开采的价格，包括权利金、矿产资源补偿费、探矿权费和采矿权费以及边际开采成本等。P_2 为电力企业的电力价格。因此，可以假设 P_0 和 P_2 由政府控制，为常量。设 P_1 为煤电企业的电煤成交价格，假设煤炭企业和电力企业的成本函数都为凸函数，即随着煤炭和电力产量的增加其成本是递增的。煤炭企业的成本用 $\frac{1}{2}C_1Q_1^2$ 来表示，电力企业除电煤以外的成本用 $\frac{1}{2}C_2Q_2^2$ 来表示。并且 $Q_2 = kQ_1$，说明电力企业的电煤有可能是由多个煤炭企业提供的，Q_2 为电力产量，Q_1 为煤炭产量。根据刘劲松（2007）的计算可以得出表6-1。

表6-1　煤炭企业和电力企业在不同情形下的利润情况

项目	煤炭企业先决策，决定价格；电力企业后决策，决定产量	电力企业先决策，决定价格；煤炭企业后决策，决定产量	完全一体化
煤电企业的利润 π_c	$\dfrac{(P_2-P_0)^2}{2(2C_2k+C_1)}$	$\dfrac{C_1(P_2-P_0)^2}{2(2C_2k+C_1)^2}$	$\dfrac{(P_2-P_0)^2}{2(C_2+C_1)}$
电力企业的利润 π_e	$\dfrac{(P_2-P_0)^2C_2k^2}{2(2C_2k+C_1)^2}$	$\dfrac{C_2(P_2-P_0)^2k}{2(2C_2k+C_1)}$	

从表 6-1 中，可以得出以下结论。

第一，在煤炭企业先决策，决定价格，电力企业后决策，决定产量的情况下，电力企业的利润水平要小于电力企业先决策，决定价格，煤炭企业后决策，决定产量时的电力企业的利润水平。

第二，在煤炭企业先决策，决定价格，电力企业后决策，决定产量的情况下，煤炭企业的利润水平要大于电力企业先决策，决定价格，煤炭企业后决策，决定产量时的煤炭企业的利润水平。

第三，煤电企业完全一体化后的总利润大于不完全一体化时煤电企业各自的利润水平之和。

总之，如果未完全一体化，煤电企业各自行动，在煤电博弈当中，先行者会具有优势。而完全一体化后煤电利润之和大于未完全一体化时煤电各自利润的总和。

（2）煤电企业完全一体化和煤电联动

完全一体化动机产生的原因在理论上主要有：当上游产品供给不确定时，下游企业存在一体化动机来获得信息（Arrow，1975）；企业可以通过纵向一体化作为保护，使中间产品合法避税（Stigler，1951），或者以完全一体化为手段来避免政府的管制；通过纵向约束或者纵向一体化可以消除外部性；通过纵向一体化可以增强、创造或消除市场力量；不同治理方式的权衡取舍主要基于节约交易成本。

Joskow（1985）对美国的煤电纵向治理结构进行实证考察发现，美国电煤消费中只有不到 15% 采用纵向一体化的模式。中国在 2008 年国家发展和改革委员会能源局发布《我国煤矿企业兼并重组报告》时首次提出鼓励电力等大型企业兼并重组煤矿，实现煤电一体化经营。各大电力企业对煤电一体化的号召做出了积极地响应。

假设，煤炭、电力上下游企业，其价格和成本等参数见表 6-2。

表 6-2　模型对电力上下游企业价格、成本参数设置

项目	价格	成本	产量
煤炭企业	P_c	$c = \bar{c} + \beta(a - bq)$	q/k
电力企业	P_e	$c = p_c + \bar{f}$	q

煤炭企业的成本由电力成本和其他成本 $\bar{c}$ 组成，其中 $a - bq$ 为电力企业的反需求函数 $p(q)$，这里 p 为电价，β 为与电力价格相关的系数，且 $0 < \beta < 1$。下游

电力企业的单位产品成本由煤炭价格 p_c 和其他成本 $\bar{f}$ 组成，电力企业每发电 k 千瓦时需要购买煤炭企业 1 吨煤（$k>1$），煤电企业产量分别表示为 q/k 和 q。煤电企业进行非合作的两阶段动态博弈，煤炭企业首先选择 p_c，然后电力企业根据上游煤炭企业价格选择电力产量 q。价格联动后，若煤价累计变化 d，则电价变动的幅度为 dx/k，其中 x 为升幅或降幅百分比。

1）价格联动前博弈分析。价格联动前，煤炭、电力企业未一体化的利润为

$$\pi_c(p_c, q) = (p_c - \bar{c} - \beta(q - bq))q/k$$

$$\pi_e(p_c, q) = (p_e - p_c - \bar{f})q$$

使用逆向归纳法求解两阶段博弈，首先电力企业将煤炭价格 p_c 当成给定的，选择 q 从而最大化其利润函数 π_e，这样可以求解出 q 为 p_c 的函数；然后，煤炭企业选择 p_c 从而最大化其利润函数 π_c，最后可以得出煤炭的均衡价格为

$$p_c = \frac{a + \bar{c} - (1 - \beta)\bar{f}}{2 - \beta}$$

电力产出为

$$q = \frac{a - a\beta - \bar{c} - \bar{f}}{2(2 - \beta)b}$$

这样，煤炭和电力企业的利润为

$$\pi_c = \frac{(a - a\beta - \bar{c} - \bar{f})^2}{4(2 - \beta)bk}$$

$$\pi'_e = \frac{(a - a\beta - \bar{c} - \bar{f})^2}{4(2 - \beta)^2 b}$$

煤电纵向一体化的总利润函数为

$$\pi_v = (p_e - c - \bar{f})q_v - (a - bq_v - \bar{c} - \beta(a - bq_v) - \bar{f})q_v$$

其中，下标 v 表示纵向一体化。一体化选择后企业选择 q 最大化利润 π_v 得到

$$q_v = \frac{a - a\beta - \bar{c} - \bar{f}}{2(1 - \beta)b}, \qquad \pi_v = \frac{(a - a\beta - \bar{c} - \bar{f})^2}{4(1 - \beta)b}$$

2）价格联动后博弈分析。假设煤价累计变动了 d，一体化前煤炭、电力企业的利润分别为

$$\pi'_c(p_c, q') = \left(p_c + d - \bar{c} - \beta\left(a - bq' + \frac{dx}{k}\right)\right)\frac{q'}{k}$$

$$\pi'_e(p_c, q') = \left(a - bq' + \frac{dx}{k} - (p_c + d)\bar{f}\right)q'$$

得到均衡煤炭价格和电力产出为

$$p_c = \frac{a - 2d + \bar{c} + \beta d - (1 - \beta)\bar{f} + \dfrac{dx}{k}}{2 - \beta}, \qquad q' = \frac{a - a\beta - \bar{c} - \bar{f} + \left(\dfrac{dx}{k} - \dfrac{dx\beta}{k}\right)}{2(2 - \beta)b}$$

此时，煤炭和电力企业的利润分别为

$$\pi'_c = \frac{\left(a - a\beta - \bar{c} - \bar{f} + \dfrac{dx}{k} - \dfrac{dx\beta}{k}\right)^2}{4(2 - \beta)bk}, \qquad \pi'_e = \frac{\left(a - a\beta - \bar{c} - \bar{f} + \dfrac{dx}{k} - \dfrac{dx\beta}{k}\right)^2}{4(2 - \beta)^2 b}$$

纵向一体化后的总利润为

$$\pi'_v = \left(a - bq'_v + \frac{dx}{k} - \bar{c} - \beta\left(a - bq'_v + \frac{dx}{k}\right) - \bar{f}\right)q'_v$$

此时，一体化后电力产出和利润分别为

$$q'_v = \frac{a - a\beta - \bar{c} - \bar{f} + \left(\dfrac{dx}{k} - \dfrac{dx\beta}{k}\right)}{2(1 - \beta)b}, \qquad \pi'_v = \frac{\left(a - a\beta - \bar{c} - \bar{f} + \dfrac{dx}{k} - \dfrac{dx\beta}{k}\right)^2}{4(1 - \beta)b}$$

以上结果见表 6-3。

表 6-3　模型的结果

项目	价格未联动		价格联动	
	未一体化	一体化	未一体化	一体化
π_c	$\pi_c = \dfrac{(a - a\beta - \bar{c} - \bar{f})^2}{4(2-\beta)bk}$	—	$\pi'_c = \dfrac{\left(a - a\beta - \bar{c} - \bar{f} + \dfrac{dx}{k} - \dfrac{dx\beta}{k}\right)}{4(2-\beta)bk}$	—
π_e	$\pi'_e = \dfrac{(a - a\beta - \bar{c} - \bar{f})^2}{4(2-\beta)^2 b}$	—	$\pi'_e = \dfrac{\left(a - a\beta - \bar{c} - \bar{f} + \dfrac{dx}{k} - \dfrac{dx\beta}{k}\right)^2}{4(2-\beta)^2 b}$	—
π_v	—	$\pi_v = \dfrac{(a - a\beta - \bar{c} - \bar{f})^2}{4(1-\beta)b}$	—	$\pi'_v = \dfrac{\left(a - a\beta - \bar{c} - \bar{f} + \dfrac{dx}{k} - \dfrac{dx\beta}{k}\right)^2}{4(1-\beta)b}$
q	$q = \dfrac{a - a\beta - \bar{c} - \bar{f}}{2(2-\beta)b}$	$q_v = \dfrac{a - a\beta - \bar{c} - \bar{f}}{2(1-\beta)b}$	$q' = \dfrac{a - a\beta - \bar{c} - \bar{f} + \left(\dfrac{dx}{k} - \dfrac{dx\beta}{k}\right)}{2(2-\beta)b}$	$q'_e = \dfrac{a - a\beta - \bar{c} - \bar{f} + \left(\dfrac{dx}{k} - \dfrac{dx\beta}{k}\right)}{2(1-\beta)b}$
p_c	$p_c = \dfrac{a + \bar{c} - (1-\beta)\bar{f}}{2-\beta}$	—	$p_c = \dfrac{a - 2d + \bar{c} + \beta d - (1-\beta)\bar{f} + \dfrac{dx}{k}}{2-\beta}$	—

　　从表 6-3 可以看出，在理想情形下，当价格未联动时，一体化后电力企业产出增加，煤电企业的利润之和上升。当价格联动后实施纵向一体化，上下游煤电企业的利润总和上升，电力企业产出增加。比较发现，价格联动后的电力产出和利润都要高于联动之前。

　　上述博弈模型假设煤电纵向一体化前后 c 和 $\bar{f}$ 是相同的，但是实际上由于规模经济或规模不经济，在煤电一体化以后这两种成本很有可能发生变化。如果这两种成本在一体化以后可以变得更小，那么煤电纵向一体化的确可以在减少煤电双方不确定性的情况下，实现一体化内部经济性，那就应该实行一体化。

但是，在一些情况下，煤电纵向一体化可能会使煤炭或者电力某一生产阶段的运营达不到规模经济的要求，从而增加生产成本；另外，纵向一体化后，企业的组织体系和管理制度都要相应调整，这有可能增加其管理成本。这两点在上述模型中体现为煤电纵向一体化后 c 和 $\bar{f}$ 比之前有所提高。

对以上模型经过计算发现，在价格未联动的情况下，只有当 $(\bar{c}+\bar{f})' < \dfrac{(a+\bar{c}+\bar{f})(1-\beta)}{2-\beta}$ 时，煤电纵向一体化才会优于非一体化，在价格联动后，只有

当 $(\bar{c}+\bar{f})' < \dfrac{\left(a-a\beta+\dfrac{(1-\beta)}{k}dx\right)\left(\sqrt{\dfrac{(2-\beta)^2k}{(k+2-\beta)(1-\beta)}}-1\right)+(\bar{c}+\bar{f})}{\sqrt{\dfrac{(2-\beta)^2k}{(k+2-\beta)(1-\beta)}}}$ 时，

煤电纵向一体化才会优于非一体化。尽管中国目前并没有详尽的一体化前后的成本对比情况，但是，20世纪80年代对美国的煤电纵向关系安排所做的研究表明，煤电纵向一体化仅占到总量的15%。Joskow（1985）表明，对于坑口电厂，从理论上看，纵向一体化是坑口电厂的最优治理方法，但是，考虑到煤炭生产者的规模经济以及一体化以后的不经济因素，在当时美国的21家坑口电厂中有10家采用了纵向一体化治理方法，另外11家都采用的是长期合同治理方法。

6.1.3 案例分析：澳大利亚的煤电一体化

下面将以世界上煤电一体化程度最高的澳大利亚为例说明其煤电布局，进一步明确纵向一体化的形成条件。

澳大利亚是世界上煤炭资源最为丰富的国家之一，同时也是世界第一大煤炭出口国，每年向国际市场出口约2亿~2.5亿吨的高质量煤炭，约占世界煤炭出口总量的1/3（何金祥，2008）。除了储量大这一优势以外，其煤炭埋藏条件也比较好，煤炭工业发展历史悠久，开采技术颇为先进。

澳大利亚的煤炭储量占全球煤炭储量的9.2%，一方面说明澳大利亚的煤炭资源在全球中占有优势地位，另一方面，也可以从长远看出煤炭产业在澳大利亚的重要地位。另外据勘测统计，澳大利亚90%以上的煤炭产于昆士兰州和新南威尔士州。

由表6-4可以看出，澳大利亚开采的煤炭一半以上用于出口。澳大利亚长期

居于煤炭出口国的第一位，煤炭成为澳大利亚最大的创汇产品之一，其出口主要供给环太平洋地区的国家，如亚洲的日本。日本煤炭主要依靠澳大利亚的出口，日本的煤炭进口量占到澳大利亚全部出口量的 50% 以上。澳大利亚大量出口的煤种有动力煤（主要用于发电）、炼焦煤（主要用于炼钢）。

表 6-4　澳大利亚 2000~2009 年煤炭产量、出口量及出口量占世界出口量的比例

年份	2000	2001	2002	2003	2004	2005	2006	2007	2008	2009
煤炭产量/百万吨	310.9	333.2	342.0	351.5	366.1	378.8	385.3	392.7	397.6	409.2
煤炭出口量/百万吨	186.8	194.4	204.2	216.2	224.6	233.7	238	247	252	260.1
出口量占世界比例/%	32.7	31.9	32.6	32	31	29.7	27.7	27.2	—	—

资料来源：BP, Statistical Review of World Energy 2010；Australian Commodity Statistics 2009；何金祥，2008

澳大利亚的煤炭消费市场近几年基本上饱和，消费量基本稳定略有增加。国内煤炭消费主要用于发电，电力的 80% 以上都源于燃煤（于文珂，2007）。由于煤矿条件好，维多利亚州的电力全部由褐煤坑口电站供应，昆士兰和新南威尔士的大部分电力也由坑口电站供应，坑口电厂的普及也方便了煤电联营。

澳大利亚煤炭市场也是完全放开的竞争性市场，实行联邦政府和州政府两级政府调控、企业自主经营的体制模式。总体来讲，澳大利亚的煤炭公司相对集中，各个煤矿基本归属于几个代表性公司，如 BHP、Tio Tinto、MIM、Peabody 等（许波云，2000）。这些煤炭企业规模较大，且多为大股东（大集团）控股，其他股东持股的有限公司，投资主体颇为多元。

由于澳大利亚是由 6 个州组成的联邦制国家，其对煤炭等矿产及基础产业的管理主要通过初级产业能源部，该部共分管两大块：一是农业，二是能源。部内管理系统分四级，即部、司、处、科，人员较少。政府对煤炭市场的管理主要侧重于宏观调控，不涉及生产经营活动，主要运用税率和银行存贷利率等经济手段来影响企业进行调控，同时协助联络出口及监督环保等。

由于澳大利亚的煤炭主要集中在新南威尔士和昆士兰，这两州分别设了矿产能源部。按照澳大利亚宪法规定，煤炭资源属州政府所有，州政府可以制定各行业法规并由相应的单位执行。州政府主要管理以下方面：土地的使用，公布勘探、采矿租借权和收取矿区使用费；为煤矿提供基础设施，确定相关费用；制定颁布矿井规程、劳工法和安全法规等。联邦政府与州政府实行分税制（牛克洪，1997）。

澳大利亚的电力市场改革取得了较显著的成效。澳大利亚建立了国家电力市场（national electricity market，NEW），覆盖了全国近 90% 的人口。在物理交易市场基础上构建了一个辅助服务市场，辅助市场与金融证券市场类似，交易非常频繁（王瑞琪等，2008）。澳大利亚还建立了两家永久性组织：电力市场规则管理委员会（National Electricity Code Administrator，NECA），主要负责制定电力市场规则；国家电力市场管理公司（NEMMCO），主要负责监管电力市场的操作和运行。澳大利亚电网实现了发、输、配电三个环节的分离，在发电和零售环节充分引入竞争。电力企业依靠提高生产率、降低成本实现其利润并维持竞争力，精简从业人数，改革后电价持续下降15%，其居民电价折合人民币只有约0.49元/千瓦时（周四清和马超群，2007）。相比较来讲，澳大利亚是电价最低的发达国家之一。

澳大利亚是世界上采用一体化方式进行能源开发的早期实践者，许多燃煤发电厂采用煤电一体化方式。澳大利亚的维多利亚州和新南威尔士州储存着丰富的褐煤和烟煤，澳大利亚在这两个州率先实践了煤电一体化，其装机容量占全国总容量的65%。

在煤炭价格不断上涨的背景下，即使一体化，放开煤炭市场，也存在煤电一体化企业在利益诱惑下转而卖煤而不发电，从而引起电力的短缺。在澳大利亚，由于天然气市场改革也促进了其他原料（如天然气）电厂与燃煤电厂竞争，廉价煤炭比以前更受欢迎，煤炭昂贵的西澳大利亚、南澳大利亚纷纷投资建设天然气电厂，这促使煤炭企业降低成本。由于澳大利亚电力改革与天然气改革是同时进行的，这不仅打破了电力市场、天然气市场的垄断，也促进了煤炭市场的竞争。

从发展阶段来看，澳大利亚本国地广人稀，能源丰富，并且其制造业发展已经成熟，国家总体用电量较为稳定（表6-5）。反观中国，由于工业化和城市化进程同步，工业发展迅速，大量农村人口逐步向城市转移，造成用电持续快速增长，能源约束问题远比澳大利亚严峻。

表 6-5 澳大利亚未来电煤价格趋势（参考价格）

年份	2000	2010	2020	2030	2000	2010	2020	2030
单位	\$/GJ	\$/GJ	\$/GJ	\$/GJ	INDEX	INDEX	INDEX	INDEX
维多利亚	1.0	1.0	1.0	1.0	1.00	1.01	1.00	1.00
新南威尔士	1.6	1.6	1.6	1.7	1.00	1.00	1.10	1.20
昆士兰	1.6	1.6	1.6	1.7	1.00	1.00	1.01	1.02
南澳大利亚	2.2	2.2	2.4	2.7	1.00	1.03	1.11	1.25
西澳大利亚	1.6	1.6	1.6	1.6	1.00	1.01	1.02	1.02

资料来源：武丹，2008

同时，澳大利亚电力市场改革的一项内容就是在销售环节引入竞争机制。其做法是允许用户自由选择零售商并签订零售合同，但是由于一开始小用户对此不敏感并且缺乏必要的知识，并未大规模转向这一机制，于是各州政府提供了一个称之为"安全网"的安排，以协助人们适应完全竞争的零售市场。

具体做法如下：①维多利亚州有资格提供并认定合同，现有的价格路径将持续到 2007 年 12 月 28 日。②南澳大利亚州也有资格确定合同价格，持续到 2007 年 2 月 28 日。③新南威尔士州对价格进行管制指导，持续到 2007 年 6 月 30 日。④ACT 设立过渡税直到 2006 年 12 月 31 日。

以上做法实质就是在过渡时期实行价格管制。税收或价格一般都定在较高的水平上，不同供应情形下的不同价格合同都会在市场合同中使用。

以搭积木的方式来聚合（基准）零售商的成本，这些成本包括：①批发价构成的成本。②输配电使用的电网费用。③市场费用，为达到 MRET、NGACS 的标准所发生的费用。④零售过程中发生的费用（包括账单、呼叫中心、公司费用等）。⑤净利率（利润率）。通过核定这些成本确定零售电价。在这样的管制中，会存在隐性或线性的空间保证竞争的发展。

通过市场签订的合同与管制性合同有一些重要的差别：客户自己与零售商签订的市场合同价格上有时会略有优势；管制性合同一般期限固定，如果擅自更改会有罚款等；市场合同零售商往往会提供一些其他方面的优惠和方便，如免去第一期账单等；市场合同除了提供电力产品外，还可能同时供应天然气等燃料以方便消费者。

从表 6-6 中可以看出，在反映成本的价格管制下，澳大利亚电力市场改革过渡时期的价格比较平稳，一定程度上得益于其电力市场在改革前就已有剩余生产能力且各年电力需求增长缓慢。相对于中国的情况，这样的条件在目前情况下还难以出现。因此一方面我们需要看到澳大利亚的市场运作模式对我国电力市场的借鉴意义，另一方面也要看到国情差别，电力市场改革需要因地制宜。

表 6-6　2004 ~ 2007 年管制价格升降情况

年份	2004	2005	2006	2007
新南威尔士	上涨 2.5% ~ 3%	上涨 2.5% ~ 3%	上涨 2.5% ~ 3%	—
南澳大利亚	下降 3%	不变	下降 1.05%	下降 1.05%
维多利亚	下降 2.4% ~ 1.9%	下降 1.5% ~ 0.5%	下降 0.9% ~ 0.5%	下降 0.9% ~ 1.5%

资料来源：Energy Retail Regulation，ACCC Conference

对于中国而言，澳大利亚电力改革最为值得学习的在于实现发电及售电市场的竞争。在市场完善的情况下，一体化才能真正实现其作用。从某种程度上讲，一体化的形成是自然的，由禀赋所决定，但是如果将其作为一种解决问题的手段，在市场不完备的情况下，则无异于饮鸩止渴，最终引发市场的倒退。澳大利亚的成功在于其市场竞争的完善，由电网本身特性保持其垄断地位，政府制定价格的过程中考虑到投资、维护等费用，发电及售电环节的竞争则保证了最后终端用户价格反映电力成本，也就是说电力价格将会反映煤炭成本。

要做到发电、售电环节的竞争，中国还有很长一段路要走，因此在现阶段盲目地提倡煤电一体化是得不偿失的。煤电一体化首要的条件，就是保证发电企业和零售商有足够的数量，这要求有完善的市场准入规则及严格的市场监管。如果要达到零售市场的完全竞争，还需要广大消费者有充分的相关知识和信息去选择零售商，需要消费者保护机构及机制。这一过程需要循序渐进。澳大利亚在用户自由选择零售商的过程中，政府实行了"安全网"的政策，保证在过渡时期内缺乏相关信息的消费者能够继续以合理的价格消费电力。

另外，澳大利亚天然气改革带来的市场竞争及天然气发电的发展，也一定程度上保证了煤炭及整个电力市场的竞争。我们看到，虽然相比燃煤发电，天然气及其他可再生能源发电的比例在澳大利亚还比较小，但由于发电的竞争性，保证了当某种燃料（如煤炭）价格上涨过高时，将发生能源之间的替代，由此价格上涨将会受到一定程度的抑制，保证了竞争性。因而，对于中国来讲，电力市场的改革要和其他能源市场的改革同步进行，保证各种燃料之间的充分竞争性。

此外，我们必须要重视澳大利亚与中国国情的差别，因地制宜，找到最适合中国的道路。首先是人口及地理之间的差别。澳大利亚地广人稀，煤炭资源丰富且质量好，国内能源需求基本饱和，每年超过一半以上的煤炭用于出口，其能源约束要比中国小。其次，澳大利亚产业结构与中国不同，其制造业比重较小，而中国处于工业化和城市化进程中，现在及将来的能源需求增速远高于澳大利亚。最后，澳大利亚6个州，各州发展情形及能源约束各不相同，其电力改革采取差别化的方式循序渐进地进行；而中国，地广人多，30多个省份的发展情况及能源条件差异更是多种多样。因而，电力改革需要在统一的指导思想下，采取差别化的方法，找到最适合各地的方案，循序渐进地进行改革。

6.2 我国煤电一体化进程中的煤电博弈

6.2.1 我国的煤电治理方式

实际上，现在中国煤电双方所构成的市场结构是一种双边垄断（BM）结构，其不同的治理方式具有不同的特点、优缺点及适用条件，具体见表6-7。选择不同的治理方式应该是企业的决策，因此，企业应该根据各种治理方式的特点自行选择适合自己企业的治理方式。

表 6-7　不同的 BM 结构和所有权的优缺点

类别	国家所有的 BM	竞争性的 BM	双边持股	纵向一体化
所有权	一个所有者，国家	两个不同的所有者	一个所有者	一个所有者
结构	BM 中两个企业	BM 中两个企业	对两个企业持股，两个利润中心	一个企业，两个成本中心
核算	分开	分开	分开	共同
电价	管制的、长期的	市场的	市场的	市场的
煤炭价格	管制的或者要经过核准	自由谈判	协议买卖价格	没有
BM 的目标	管理或交易联合目的的实现	利润最大化	利润最大化	利润最大化
共同目标	政府目标的实现	不确定	所有者利润最大化	所有者利润最大化
交易成本	高	非常高	高	低
机会主义行为的概率	有	有且高	有受到股东管理的约束	小
优点	可以从国家的角度进行协调	生产有效率	资本较大	共同的目标，经济上有效
缺点	国家所有权，市政控制，缺乏效率	利益冲突，双方更多时候是敌对而非合作	利益冲突，官僚问题	煤炭价格的取消会为煤炭的经济评价产生问题
威胁	集团利益控制	次优选择	次优选择	BM 和煤矿发展最优化的问题

如果煤电都是国家所有，则为表 6-7 中的第一种情况，这种情况下只有一个所有者国家，煤电双方分开核算，但是电价受到国家管制。国家对煤电进行管理的目标是实现政府目标，这样，如果出现了煤电矛盾，国家可以从所有者的角度进行协调，但其缺点在于缺乏效率。实际上，这种情况就是中国在煤炭行业改革前的状况。

第二种情况是煤炭市场和电力市场都市场化的情况，这种情况下煤电是完全独立的，各自追求利润最大化。其优点在于生产有效率，资源可以通过市场有效配置，但是缺点在于交易成本高，双方在讨价还价的过程中容易产生利益冲突。

第三种情况是一个股东，两个利润中心，也就是说煤电生产是独立的，但是股东只有一个，最终的目标是集团利润最大化，这样，电煤采取集体内协议价格。其弊端在于无法综合考虑煤电整体的成本最小化问题，而且容易出现利益冲突和官僚问题。

第四种情况就是煤电完全一体化，一个股东，两个成本控制中心。其优点在于可以统筹考虑煤电生产和运输的特性而使得成本最小化。其缺点在于有可能产生管理不完善的情况。

以上四种情况，后两种更加适合中国目前的煤电关系状况。煤电完全一体化仅适用于坑口电厂。

就我国现状而言，主要煤炭供给区域包括"三西"地区、中原地区、东北地区、西北地区、西南地区。"三西"地区包括山西、陕西和内蒙古西部，是中国最重要的产煤基地，煤炭资源量占资源总量的65%。"三西"地区的煤炭地理条件好，煤质优良，煤种丰富。"三西"地区约2/3的煤炭供应华东、华中、华南、华北和东北地区，正是这种煤炭的不均匀分布造成了中国独特的西煤东运特点。西煤东运的铁路主要由大秦线、朔黄线、石太线、侯月线、陇海线和宁西线组成。大秦线是中国最大的运煤铁路专用线，连接着"三西"地区的主要的产煤基地和华东的主要口岸。

中国的"三西"地区与美国的东部地区比较相似，煤电关系可以借鉴现货交易或者短期合同模式，煤电双方都可以以相对小的成本进行煤炭供应者或者购买者的转换。但是实际上，中国和美国煤电情况的最根本的差异在于两点：第一是在20世纪80年代美国大多数电力公司都拥有燃料价格调整条款，这样即使煤炭价格上涨电力公司也可以有效地将成本转嫁给消费者；第二是一旦长期合同违约，双方诉诸法律，美国法庭的执行能力很强，这对于合同双方是一个很强的约束。而中国目前的法律体系和法庭执行能力都相距甚远。

鉴于以上的原因，对于中国目前的情况来讲，目前有动力理顺煤电关系的主体是电力企业和政府，煤炭企业在供不应求的情况下，短期并没有任何动力改变现状。短期解决煤电关系，确保电煤供应，在电价不变的情况下供应足够的电力，是政府的当务之急，同时也是电力公司的义务。因此，短期看来，在中国，煤电一体化将是一个趋势；但是这种方法是头痛医头，脚痛医脚。大规模的煤电一体化，一方面有违市场化进程，是将已经市场化了的煤炭产业，以另外一种形式变回计划化。另外一方面，中国的煤炭和电力产业都是顺周期产业，当电力需求增加的时候，煤炭的需求也增加，此时产生的煤电矛盾，电力企业在政府的支持下通过煤电一体化来解决，这种解决方法是滞后的。往往在大规模的煤电一体化以后，电力企业终于可以不受电煤的约束而全力以赴生产电力的时候，经济周期发生了变化，电力需求下降了，此时，煤炭的需求也会下降。那么，本来针对电力需求过剩、煤电关系紧张而组成的煤电一体化企业将面临电力、煤炭都亏损，煤电一体化无法继续，可能解体的情况，而且这种解体也是滞后的。一体化行为总是具有时滞，从而使得一体化的效果大打折扣。鉴于以上两点，从长期来看不应该大规模地选择煤电一体化。这或许也是美国大多数煤电企业选择了长期合同而非煤电一体化来治理煤电关系的主要原因。

6.2.2　我国煤电一体化进程中的煤电博弈：矛盾的根源

1. 煤电双方的议价能力

我国的煤炭生产企业主要包括三类：①中央国有重点煤矿企业（控制权属中央国资委①），平均规模约 1000 万吨，约 100 家；②国有地方煤矿企业（控制权属地方国资委）；③乡镇和民营煤矿企业。后两类通常被称为小煤矿。

中央国有重点煤矿和地方国有煤矿具有公共事业属性，是煤炭供应的中央计划或地方计划指标的主要承担者；乡镇企业则是纯商业实体，煤炭产销完全商业化。在煤炭生产企业中，国有重点煤矿企业产量份额并不明显占优。1980~2005年，国有重点煤矿的产量在煤炭总产量中的比重从 55% 下降到 47%。2008 年，三类煤矿企业的煤炭产量分别约占全国总产量的 51%、14% 和 35%。因此，尽管乡镇和民营煤矿企业的规模无法与国有重点煤矿相提并论，但从产量来说对于电煤供给的贡献却举足轻重（图 6-2）（国家电监会研究室电煤课题组，2010）。

中国多数煤炭企业，即使是那些相对大规模的国有煤炭企业也并不符合国际经济规模标准。2005 年，1000 万吨规模以上的煤炭企业只有 32 家，占煤炭生产能力的 44.3%；而 3000 万吨规模以上的煤炭企业只有 10 家（Wang, 2006）。至2007 年年底，全国规模以上煤炭企业达到 6770 家，其中，原煤年产量超千万吨的企业 34 家，规模过亿吨的企业产量所占比重达到 45%；大中小煤矿的产量比重大约是 50∶12∶38。产量前 5 名的煤炭企业年产量仅占总产量的约 20%，垄断特征并不突出。因此，虽然中国煤炭行业规模庞大，但各煤炭企业的生产规模却相对较小，煤炭市场基本可以看成是一个完全竞争的市场。

在世界上大多数国家，包括发达工业国家，电力行业的自然垄断特性也十分突出。在中国，长期计划经济使得中国电力行业的垄断地位更为突出。为了维持经济稳定，公用电力事业基本上是中国渐进式改革最后才触及的部门。目前发电行业虽然已经引入竞争，但大部分电力公用事业本质上还是由国家最终所有和控

---

① 国务院国有资产监督管理委员会，简称国资委。

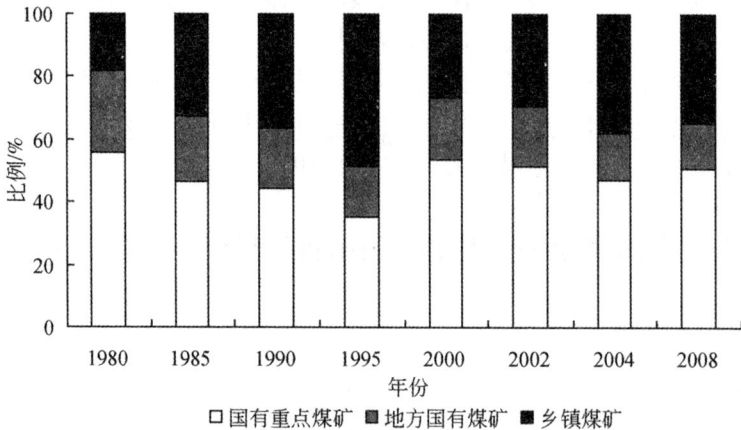

图 6-2　按煤矿所有制划分的原煤产量比例

资料来源：中国煤炭工业年鉴（1980～2006 年）；《中国统计年鉴》（2006～2009 年）；王庆一，2005

制，受到中央或地方政府的保护。电力行业的特点及其在国民经济中的重要地位、历史上长期的电力短缺和来自利益部门的巨大压力，使电力改革举步维艰。

2002 年电力体制改革后，新组建的五大发电集团联合成立了"中国电力工业燃料公司"，代表电力企业与相对分散的煤炭企业讨价还价，其他独立发电企业也可以加入各省燃料公司。相比之下，发电行业的产业集中度要大于煤炭产业。五大发电集团的发电量占 2007 年总发电量的 42%。根据 2007 年电煤占煤炭需求的比例大致估算，五大发电集团占煤炭总需求的比例近 30%。煤电双方都具有一定的议价能力。

2. 煤电行业盈利能力

近 20 年以来，我国煤电关系由于市场关系和政策变化等因素，经历了较为明显的市场格局的变迁。

一方面，从 1993 年起我国逐步放开了煤炭市场，但国家为了保障电力供应和促进电力行业的发展，对电煤价格水平一直严格控制。另一方面，电价由行政制定，电价结构比较复杂和混乱，国家按照固定回报率制定上网电价和零售电价，电网企业从发电和零售之间的差价获取利润。在上述定价政策下，在 2002年电力体制改革之前，厂网一家的电力企业长期赢利，而且利润额远远高于煤炭行业，两者利润额差距逐年增大。即便是在厂网分开之后的近几年，在国内煤炭市场价格整体大幅上涨的情况下，2003～2007 年五大发电集团的利润也在逐年上升，仅在 2008 年出现亏损亏损额为 322 亿元，全国火电行业整体亏损额 700

亿元（中国电力企业联合会，2009）。

　　与煤炭行业长期历史欠账（特别是国有大中型煤矿历史负担重、投入不足）相比，电力行业显然更有资金实力。与煤炭行业的蓬勃发展相反，2008 年开始，煤炭价格走高，发电成本不可避免地增加，而国家对电力价格有严格的管控，电力价格不能随着能源成本地增加而提升，因此电力行业的巨额利润时代暂时结束了。电力行业成为亏损较大的行业。

　　与电力行业相反，煤炭行业经历了长时期的亏损之后，终于迎来了行业的春天。据国家煤矿安全监察局调度中心数据显示，1989～2003 年，国有重点煤矿共生产 146.2 亿吨煤炭，占全国产量的 80%，14 年间其效益只在 2003 年微利，其他年份全部亏损。2003 年，全国规模以上煤炭企业的利润总额仅为 137.7 亿元（含中央财政煤炭企业补贴收入），其中国有及国有控股煤炭企业利润总额 87.1 亿元。在 1046 户国有及国有控股煤炭企业中，原中央财政 81 户重点煤炭企业补贴前亏损面达 62%[①]。从 2008 年开始，随着经济的快速增长，煤炭的刚性需求逐渐体现，煤炭价格逐年走高，并且在 2008 年之后的几年里保持着绝对优势，不仅利润总额反超电力行业，并且有递增的趋势。至此，煤电布局的主导局面发生了逆转，如图 6-3 所示。

3. 煤电产业链的纵向价格双轨制是煤电矛盾的根源

　　电力行业为了稳定煤炭价格，采取了以下一些办法：①集中采购。电力体制改革之前，电力系统的电力燃料管理由中国能源燃料公司（简称中能公司）负责协调、监督、指导，中能公司旗下还有各省相应的燃料公司。2002 年电力体制改革之后，电煤管理体制也出现较大变化。电煤采购由单一垄断采购转为一定规模的集团采购。2002 年 12 月全国电力冬储煤会上，国家电力公司要求电煤采购管理仍沿用中能公司模式，实行联合采购。目前，煤电合同谈判和签订均是五大发电集团对煤矿集团，或独立发电企业对煤矿企业单独进行。五大发电集团的行动对煤电谈判结果的影响至关重要。②进口煤炭。一些发电集团在条件具备的情况下进口煤炭，利用国际资源调节国内价格。③与煤炭企业签订中长期供需合同。④煤电联营，通过兼并、收购和建设煤矿，从源头上稳定煤炭供给。

　　有观点认为，煤电联营并不符合专业化分工要求，不符合煤电各自的行业特性，并非资源优化配置的有效手段。现实的情况是，为数不多的几个煤电联营成功案例中，电力企业可以获得的煤矿资产大致属于煤质较差（3000 大卡左右的

---

① 资料来源：煤炭工业协会统计与信息部发布的《2003 年全国规模以上煤炭企业经济运行分析》。

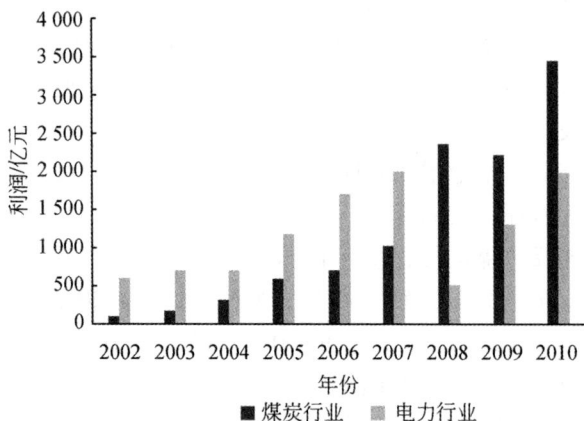

图 6-3 煤电行业利润对比

注:《中国统计年鉴》中,煤炭工业实际上包括了国有和规模以上非国有全部工业(年产值500万元以上)煤炭开采与洗选业;电力行业包括了全部国有和规模以上非国有电力、热力的生产和供应业利润总额

资料来源:《中国统计年鉴》(2003～2011年)

劣质煤)、开发生产条件已经成熟、无需进行过多前期勘察的老矿,资源并不多。电力企业一般以控股形式进入。电力企业投资煤矿,在资源勘探、储量开发上缺乏专业的技术力量,储量资源开发难度较大,仍然需要委托第三方的勘察设计机构进行,开发和运行成本都比较大,与地方获得资源采矿权的谈判也困难。例如,中电投控股内蒙"火凌河"煤矿、华能收购内蒙海拉尔伊敏河吨煤矿、国电收购平庄煤矿等。

从历史上看,煤炭企业也有一些相应的对策,包括以下几点。

第一,联合销售。大多煤炭企业小、散、弱,经常各自为战、竞相压价。为加强市场风险抵御能力,煤炭行业进行了联合销售,通过建立区域性、跨地区的煤炭联合销售机构,增加应对电力行业的筹码。1997年原开滦矿务局、赤峰矿务局、霍州矿务局等煤炭企业成立了华北炼焦煤销售联合体;1998年陕西省成立了煤炭运输销售集团公司;此外还有山西省的焦炭销售联盟、河南煤炭销售总公司。2000年中国煤炭运销协会和14个国家大型炼焦煤生产企业成立的中联煤炭销售有限责任公司、晋冀鲁豫陕5省煤炭企业及神华集团实行了煤炭销售联席会议制度,西南、西北、东北地区煤炭企业实行了煤炭销售联席会议制度。

第二,降低煤炭质量,变相提高煤价。部分中小煤炭企业在供应电厂的煤炭中,通过掺水和粉碎的煤矸石降低煤炭质量,应对重点合同电煤与市场煤差价不断拉大的问题。煤炭企业认为,同价才能同质,不同价无法同质。这种方法在实际操作中也比较有效，既保证了签订的电煤合同量，又减少了煤炭企业的利润损失。可以说，这是电煤限价的必然结果之一。然而，电煤整体质量下滑增加了电厂煤耗，发电企业生产成本剧增，又危及电力供应和电网稳定运行，对社会经济运行带来了成本。

第三，煤炭大集团。各省通过收购、兼并、整合的方式不断扩大煤炭企业规模，形成企业集团。例如，山西将原西山、汾西、霍州三个矿务局合并组建为山西焦煤集团公司。

此外，煤电双方都有各自的攻守同盟。历次煤炭订货会之前，煤电双方都会各自召开预备会，确立谈判的运量、价格、需量，订立攻守同盟。这种形式类似于串谋的卡特尔组织，但中国目前并没有相应的法律法规对这些行为进行规范。然而，由于又有各自的利益，这种联盟并不坚固，既有竞争也有联合。例如，一些发电企业在预备会确定了总量分配方案之后，常常擅自在谈判中同意煤方涨价要求。由于煤炭交易总量一定，电力联盟只要出现一方失守，其他发电企业为了获得煤炭运量，就会出现内部恶性竞价，这也是造成煤炭订货会电煤价格抬高的部分原因。然而，目前煤炭行业、电力行业和政府部门已经采取的所有措施，都具有短期性、应对性，是短期对策而不是长期战略。

煤电一体化进程中，目前煤炭企业比较强势。首先，从产业链上下游的关系来说，煤炭企业是资源上游行业，资源市场通常是卖方市场，煤炭的不可再生性导致的稀缺，使煤炭有相对的市场优势。其次，煤炭的可储性和电力的瞬间平衡，使得煤炭企业拥有博弈的时间优势。再次，目前煤炭企业利润丰厚而电力企业亏损严重，使得煤炭企业在一体化过程中更具有兼并电力企业的资金实力。在政府鼓励的一体化进程中，煤炭企业的选择空间很大，不仅可以新建火电厂、购买电厂，还可以对电厂进行参股、持股控制。如果煤炭价格持续上涨，煤炭企业将有更强大的实力对电力企业进行兼并；但是，煤炭企业也有以下三个方面的困扰。

其一，煤炭价格不断上涨，煤炭不愁销路，盈利状况好；但一体化后的企业是否会发生由于电力部门亏损而导致企业整体盈利水平下降？因此，煤电一体化后，煤炭企业除了做大规模，或者能买到便宜电厂，其他的吸引力应该不是很大，相对而言，煤炭企业对煤电一体化的动力比较小。

其二，国际上比较理想的煤电一体化常常是坑口建电厂，把电卖给电网；但是，我国目前这样做有一定困难。出于火电厂布局的考虑，国家发展和改革委员会对规模以上的火电项目有着严格的审批程序，审批不易，即使审批通过，在电厂的并网发电方面仍可能受到各种阻碍，电厂难以顺利发电。这样，煤炭企业的注意力就放在并购现有的电厂，不一定是建设坑口电厂。

其三，我国地理资源分布不平衡，主要的产煤地区普遍缺水，如山西、陕西等地。因此在这些煤炭富庶、水资源紧缺的地区建设坑口电厂，会面临比较复杂的水资源和环境方面的问题，也会加大煤炭企业建火电厂的难度。

一体化博弈中，火力发电企业显然具有充分的一体化意愿和动力。煤炭价格上涨和电价受控的现实，使得火力发电企业亏损严重，他们急于获得稳定的低价高质煤，以保障及时和充足的电煤供应（林伯强，2011）。从 2004 年开始，我国火力发电企业就开始积极地进入煤炭行业。五大电力集团通过入股、控股或并购煤矿为自身寻找煤炭来源。有消息称，华能集团 2010 年煤炭产量超过 6000 万吨；华电集团通过控股参股 2013 年煤炭产量可能超过 1 亿吨；中电投集团 2010 年的煤炭产量将达到 7000 万吨；大唐集团 2007 年就开始地质储量约 211 亿吨的 12 个煤炭项目的前期工作。2009 年以来，通过新建、并购、参股等方式进军煤炭行业的行动在电力行业愈演愈烈，未来 5 年，华能、大唐、国电、华电、中国电力投资集团等五大发电集团煤炭规划产能将年均增长近 30%，煤炭自给率由现在的 20% 提高至 40%。与此同时，在煤企存在优势的情况下，神华集团也大力加快进军电力行业的步伐。截至 2011 年年底，神华集团电力装机容量达到 4890 万千瓦，一跃成为全国第六大发电企业，并在 2011 年 1~8 月发电量增长率达 30%，远高于全国平均水平。

可以说，目前中国煤电一体化的出现及发展，在很大的程度上归因于煤炭价格快速上涨所造成的成本的上升。在缓解能源成本上涨的压力的同时，我们也应当警惕煤电一体化的模式可能带来的市场化改革的倒退。同时在煤电一体化过程中，煤与电双方均介入到不熟悉的领域，一些项目建设的投入难免重复，双方业务磨合的过程中，生产效率均低于行业平均效率，这样的整合得不偿失。近年，一些一体化的电力公司，主要靠其煤炭收入补贴电厂的亏损，而其煤炭成本却高于煤炭行业的平均水平。同时由于资金投入的分散，提升公司自身生产效率、技术水平及管理质量等真正有利于公司发展的行为却相对被弱化，从而造成了企业的倒退，完全与政府的初衷相违背，也与企业自身的发展目标相违背，得不偿失。

煤炭企业赚钱，所以强势，电厂亏钱，所以弱势，让弱势企业去兼并强势企业，难度可想而知。不论用控股、参股还是别的途径收购煤炭企业都需要大量的资金支持，但是近些年火力发电企业亏损日益严重，收购煤炭企业所需的大量资金无疑将对本就紧张的财务状况造成很大压力。短期内，财务成本加大，自身没有盈利能力，收购煤炭企业对火力发电企业来说，需要付出更大的代价。除了资金问题外，火力发电企业进入煤炭行业还存着诸多障碍。首先，在煤炭需求依然强劲、煤价不断上涨的情况下，煤炭市场前景看好，地方政府并不情愿出售煤矿，可能设置各种障碍性的准入条款。例如，煤炭资源整合中，电力通常没有资格参与资源整合，这使得电力进入煤炭行业的计划难以实现。内蒙古等地区就设置了各种门槛、条款，阻碍火力发电企业进入煤炭行业。其次，尽管火力发电企业加大了开发煤炭资源的力度，但国内优质的煤炭资源已基本被瓜分完毕，今后火力发电企业能比较容易进入的可能是褐煤、贫煤这种发热量低的煤炭资源，而开发国外煤炭资源则更加困难。最后，国土资源部对煤炭探矿权申请设限，火力发电企业开采煤炭资源的难度很大。

6.3　煤电一体化能否解决煤电矛盾

对比国际煤电关系模式还可以发现，市场是主线。在市场化前提下，才能够科学有效地选择煤电关系模式。也就是说，需要在市场化基础上科学地选择现货交易、合同交易及煤电一体化等煤电关系模式，才能够有效保障电力供应，稳定电价，并且维护宏观经济平稳增长。因此，我国鼓励煤电一体化应该尽量注重市场化手段。

目前美国的煤电关系模式主要是长期合同。根据国际能源署对美国 20 世纪 90 年代电力和煤炭市场的研究，电力市场改革会迫使电力企业改变煤炭策略，将长期合同适当变短以保持交易的灵活性。当然，根据我国煤电状况，选择长期合同模式也有一定的困难。发达国家的能源和电力需求已经基本平稳，而我国处于城市化和工业化的进程中，是能源需求和电力需求高速增长的阶段，供需关系具有波动性较大的特征，加上政府对电价的管制，维持煤炭价格和电力价格的稳定比较困难，建立长期合同也比较困难，近年煤炭合同签订和执行中的种种问题也说明了这一点。因此，政策如何鼓励和保障长期合同关系，是理顺煤电关系的重要一环。

推动煤电一体化，政府显然需要考虑会不会对社会效率产生负面影响。煤炭行业进入电力行业或电力行业进入煤炭行业，显然都会影响行业本身的效率。电力企业缺乏煤炭勘探、开采、经营管理经验。煤炭勘探、开发是专业技术性的工作，如果电力企业缺乏煤炭人才和管理经验，可能造成电力企业在对煤炭企业实施并购的过程中，出现对煤炭资源价值评估偏差、对煤矿项目的监管不够有效等情况。还有很重要的一点，我国煤炭行业机械化水平不高，井下作业人员较多，煤矿安全问题尤为重要，对于不具备专业管理和技术优势的电力企业来说，谨防安全事故的发生必须提高安全生产的投入，成本必然上升。同样，煤炭企业也缺乏电力人才和管理经验。电力是资金技术密集行业，煤炭企业进入电力企业是从低端进入高端产业，缺少技术管理优势。对煤电双方来说，都存在专业、技术、管理的问题。

政府鼓励煤电一体化的目的很重要。如果政府的目的是为了可以不用提电价，通过一体化内部来消化煤价上涨的影响，保障电力供应，则需要考虑一个重要的隐忧：如果煤价持续上涨，电厂就会有动力卖煤炭，而不是把煤炭用来发电。由于政府不能明确规定"电厂不销售自己的煤炭"，电厂可能选择卖煤炭不发电，那么鼓励煤电一体化来解决在"发电不赚钱，卖煤赚钱"情景下保障电力供应的初衷，将受到挑战。

由于电价的扭曲，煤电一体化很难是一个市场化过程，无论如何，政府都无法置身之外。但是，行政干预下煤电一体化可能加大市场扭曲，加大可持续成本。政府鼓励煤电一体化，应该尽量避免使一体化成为不想涨电价的权宜之计。政府需要尽快理顺煤电价格矛盾，使煤电一体化成为有效率、可持续的市场行为。如果不解决煤电价格矛盾，一体化很可能只是为了回避矛盾，不仅不能解决矛盾，还可能走进另一个矛盾。

因此，我国需要结合国际经验和现阶段煤电关系的基本现状，选择有效的煤电关系模式。无论采用何种煤电关系模式，都要求理顺煤电之间的价格矛盾，才可能避免煤电关系的扭曲。解决目前煤电矛盾，保障电力供应，更有效的办法是进行价格的煤电联动，兼顾电力企业的成本，逐步实现电价的信号传递作用，同时支持市场化改革方向。在此基础上的煤电关系模式选择，才是有效的和最小成本的。

第7章 解决煤电矛盾的产业布局与价格引导机制

中国产业布局不平衡问题较为突出，能源资源禀赋的地理布局与工业地理布局也存在一定的错配。本章第一节在研究美国五大湖地区工业布局的基础上，详细分析了中国能源密集（主要是高耗电）产业与中国能源资源的错配情况，得出的结论是我国电力弹性系数大于并接近1的状况将持续较长一段时期，对欠发达地区来说尤为如此。因此，在今后一段时期我国的电力工业仍要优先发展，并且从环境及经济成本最小化的角度出发，探讨了输煤和输电的合理比例，认为西电东送和大型电站群的电力输送将是中国电力工业长期面临的问题，远距离大容量输电和受端高密度受电是必然趋势。

第二节首先简单回顾了中国电价机制及改革历程，尽管取得了一定的成果，但中国的电价仍由政府主导，整体水平偏低。能源价格干预虽然可以使名义价格处于低位，但会抑制能源供给、刺激需求，会导致隐性的通货膨胀。因此，需要将价格信号引入能源消费行为的引导中，通过建立价格机制消除市场扭曲。我国要建立透明合理的能源价格机制，让能源价格反映稀缺和环境成本。消除价格管制往往可能意味着价格的上涨，本章将引入电力价格变动对各行业影响的数值模拟，以明确价格引导机制的影响，还将特别研究电价调整对特定行业（高耗电、一般耗电和低耗电产业）的影响。

偏离市场价格的能源价格水平意味着补贴的存在。中国长期扭曲的电力价格机制即是能源补贴的一种形式，本章还将估算中国化石能源发电补贴规模，以及新能源发展所需补贴规模。取消化石能源补贴，价格的提高能促进能源效率的提高，进而减少能源消费；同时会对经济发展产生一定的负面影响。但是，如果将取消化石燃料补贴节省的部分资金投入到清洁能源部门，对宏观经济则有显著的正影响，而且投入越多正影响越大。

7.1 破解煤电矛盾的产业布局引导机制

7.1.1 能源密集产业布局的国际经验——以五大湖地区为例

1. 五大湖地区的资源优势

五大湖（Great Lakes）是美国和加拿大之间 5 个相连湖泊的总称，自西向东依次为苏必利尔湖、密歇根湖、休伦湖、伊利湖和安大略湖。由于美国在五大湖之间开通了运河，5 个湖泊连为一体，是世界最大的淡水湖水系，面积达 24.6 万平方公里，所蓄淡水占世界地表淡水总量的 1/5，因而有北美洲地中海之称。这一区域面积仅占美国国土面积的 6.9%，但人口却占全国总人口的 18%，城市人口比重达 74%①。

密西西比河纵贯大平原，在中部同五大湖又有运河相连通，通过圣劳伦斯河、伊利运河和哈得孙河通往大西洋。沿岸拥有许多优良海港，形成联系全国的内陆水运网。五大湖和密西西比河水系共占全美内陆水运周转量的 80%。

五大湖区及其附近拥有多种丰富的矿产资源，大部分矿产品可以自给。东部阿巴拉契亚山区有丰富的煤矿，有些煤层直接露出地表，开采便利；五大湖西部有大量的铁矿。美国 80% 的铁矿石来自苏必利尔湖西北岸和南岸，平均品位大约 31%，其中密歇根州和明尼苏达州的梅萨比地区最为丰富（图 7-1）。

2. 以资源主导的五大湖产业布局

五大湖沿岸资源丰富、水源充足，并且作为最早的殖民地区，工业化进程最先发生在这里。钢铁、机械、汽车、化工等传统工业大部分集中分布，其周围发展出了庞大的工业城市，其中较著名的有美国的芝加哥、底特律、休斯敦、纽约、匹兹堡、达拉斯、亚特兰大、洛杉矶、旧金山、西雅图等，以及加拿大的多伦多、蒙特利尔等。以美国为例，这里拥有采煤、钢铁、机械制造等重工业部门，全国的钢铁、汽车、化学等工业大部分分布在这一地区，因而被称为美国的"制造业带"。另外，五大湖区周围的农牧业也很发达，将内陆的工业、农业产品运往东海岸的港口（如纽约），需要便宜的交通运输方式。因此，除了横贯全美的铁路系统之外，五大湖区也成了世界上最为重要的内陆航运系统。尤其是在

---

① 资料来源：http://www.goofb.cn/index.php? doc-view-84676.

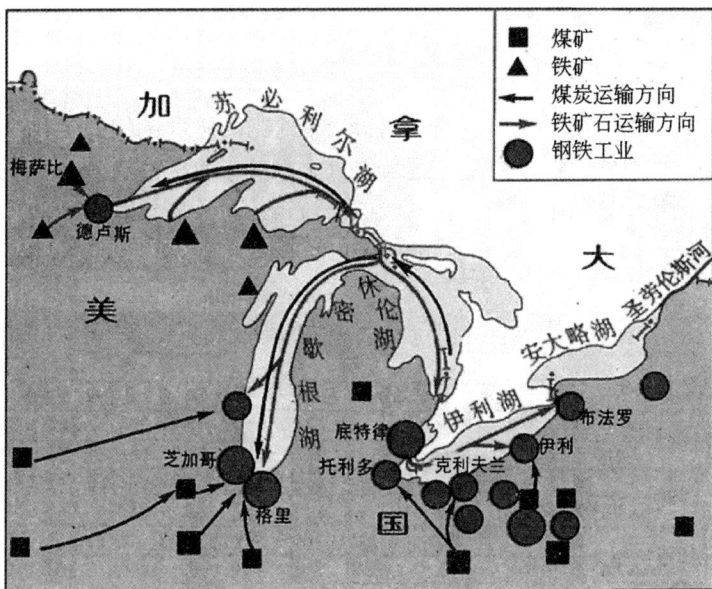

图 7-1　美国五大湖区煤、铁矿石产地及钢铁工业分布示意图

资料来源：http://bitbee.jnedu.net.cn/Html/D/7603238b-2f19-4dae-8106-ee8a26abe45c.html

19 世纪末 20 世纪初，连接五大湖区和哈德孙河的航路开凿之后，这一航路就越发重要，因而也促进了五大湖区发展为重要的工业及农业中心。

3. 美国五大湖区的发展历程

由于农牧业发展的基础是水源，五大湖区吸引了大量美国人民前来定居。大批的移民带动了当地农牧业的大规模发展，相应的一系列商业、城镇及农畜产品加工工业等也随着发展了起来，并且兴建了运河、铁路网和公路网，为工业发展创造了条件。

数据显示，五大湖区农业产值仅次于中央西北区，居于第 2 位。种植业以大豆、玉米、燕麦为主，畜牧业以乳牛、肉牛业和养猪业为主。这一地区还是世界上生产率最高的农业区。此外，在伊利湖南岸和密歇根湖东岸，也有较集中的果园区。丰富的农畜产品为农产品加工业等轻工业的发展奠定了基础，使这里成为全美最大的肉、乳加工工业地带①。

具体而言，这一地区的发展可以划分为以下四个阶段（高相铎和李诚固，

---

① 选自曹琦主编的《中学百科全书·地理卷》。

2006)。

（1）初始发展阶段

通过对五大湖区发展历程的描述可知，在整个 19 世纪的上半叶，五大湖区的产业结构都主要是以农业为主，这是由五大湖区丰富的水源所决定的。在这种产业结构背景之下，农业经济占主体地位，城市化进程缓慢。

（2）工业化快速发展阶段

1865～1890 年为五大湖区工业加速推进阶段，工业化和城市化均快速发展。在南北战争后，五大湖工业区的城市大多都迅速完成了由商业城市向以大机器工业为基础的工业城市的过渡，并形成了一个完整的重工业区。工业化成为促进人口增长和城市化发展的主要推动力，而该地区的重工业区也被称为美国"制造业带"。1890～1920 年为五大湖区的鼎盛发展阶段，工业化达到最为繁荣的阶段。

（3）衰退阶段

1920～1985 年五大湖工业区产业结构进入转型时期，工业化发展由盛到衰。20 世纪 20 年代，五大湖工业区的城市人口及城市化水平虽然仍在提高，但增长的速度已落后于美国西部和南部的新兴地区。到 20 世纪 30 年代，五大湖工业区工业城市中的克利夫兰、圣路易斯、托莱多、阿克伦和扬斯敦人口甚至开始减少。第二次世界大战以后五大湖工业区这个老工业基地经济增长乏力，甚至被称为"冰雪带"。

（4）复兴阶段

1985 年后五大湖工业区在制造业和农业的带动下，产业结构发生了转变，经济也开始复兴。产业结构开始"去工业化"，许多大都市区由制造业中心转变为管理咨询、商务、法律、贸易、旅游等服务业中心，产业结构由工业型变为服务型。与此同时，农业及其加工业也开始有了稳步的增长，食品生产工业复兴。

美国五大湖区重新认识老工业基地的现实优势，确立了新的主导产业部门。它抓住高校、科技等优势，在波士顿地区建立了美国的第二个"硅谷"，发展出数以万计的高新技术企业，形成了高新技术产业开发带，给传统老工业基地注入了新活力。

4. 美国五大湖区发展的经验及教训

由美国五大湖区的发展阶段可以看出，传统的老工业区几乎都是以煤炭、钢铁和机械制造等重工业占绝对比重的老工业区。20 世纪 60 ~ 70 年代初以后，由于资源和环境的约束、技术条件的变化及外部市场环境的竞争压力，伴随主导产业的衰退而出现了失业等经济和社会问题，世界主要老工业区先后陷入了结构性危机之中。自 20 世纪 80 年代以来，经济转型、产业升级和环境的保护与重建，一直是五大湖区的发展主题。

(1) 能源安全问题

美国历史上曾发生过几次有名的大停电事故。1965 年 11 月 9 日，在美国东北部的 7 个州，10 多个城镇的电力供应突然中断，受影响人口达 4000 万。1996 年 7 月 2 日，爱达荷州输电线路发生的故障使美国西部 15 个州和加拿大及墨西哥的部分地区断电，影响到约 200 万人生产、生活。1996 年，美国西部 9 个州发生断电事故，致使这一地区的空中和地面交通陷入混乱，许多工厂被迫停产。1998 年 1 月，由于气候反常，许多输电线由于结冰而折断，造成大面积断电，影响人口达到 31 万人。2003 年，美国纽约、底特律和克里夫兰及加拿大的多伦多、渥太华等城市均发生停电事故，这是北美历史上最大范围的停电，估计受影响的人口中加拿大约有 1000 万，美国则高达 4000 万。

造成北美 2003 年大停电事故的技术原因，有以下几种可能：①存在保护和安全自动装置拒动问题，造成事故扩大；②电网安全稳定措施不全面或未能发挥应有的作用，解列措施不到位，不及时；③气温过高，联络线潮流重，初始故障后造成系统稳定破坏；④系统备用不足，电厂解列保安系统和低频减负荷措施不协调，造成频率、电压波动，形成"雪崩"效应（蔡心一，2004）。

除技术原因外，更为直接的原因要追溯到美国的电力系统管理体制问题。由于美国电力私有化起步很早，大量发电、供电和电力零售业公司在用电市场上激烈竞争，并且在安全管理、运行方式安排、负荷平衡、事故处理、继电保护、安全自动装置等方面都是各自为政，给系统稳定带来安全隐患。而不同于美国的私有方式，中国把电力行业和军工行业同样看待，保留在国家控制领域内，实行统一调度、分级管理。一旦联网，便有更高一级的电网调度机构负责协调电网运行的各个方面，而且有《电网调度管理条例》《电网安全稳定条例》等作为法律保障，因此从这些方面讲，中国的电力相对安全。

但北美大停电事故为同样处于满负荷运行的中国电网敲响了警钟。近年来"电荒"经常出现，拉闸限电的省市猛增，甚至有一些是能源输出大省。因此，我们不能把电力工业等同于一般的行业，也不能把电力产品看成一般的商品，电力建设要以满足经济和社会发展需要为目标，要与经济、社会和环境协调同步发展。建设周期长和电能难以储存、区域性强等特点，电力工业需要在更高层次上长远考虑，提前进行部署规划。电力的重要性毋庸置疑，一旦出现类似美国和加拿大这样的大停电或者电力供给不足，就会对国民经济发展带来严重的负面影响。

(2) 环境污染及治理

在工业发展过程中，五大湖地区受到严重的工业污染威胁，并且来自美国方面的污染要比加拿大严重。首屈一指的是对水体的污染，密歇根湖岸的美国加里钢厂和休伦湖岸的加拿大帝国炼油厂是两大污染源。污染主体是硝酸和氮化物等，其中还包括含铅的乙二醇以及铬、镍、锰等金属（李文政，2006）；而且每8个月就有一种外来水生物种入侵，这使得入侵水生物种达到了160个，造成了严重的生态破坏和经济损失，对依赖于五大湖生存的植物和动物带来了威胁。沿湖许多地区也因邻近湖滩地区污水大量排放而受害。

五大湖面临的这些压力在不断加剧，但人们往往认为有足够的时间来减轻这些压力以恢复五大湖，因此应对这些压力的措施常常会迟延。在五大湖许多地方，也是环境压力达到了一定程度，人们才明白需要开展行动，恢复和保护五大湖。

除密歇根湖之外，其余四湖均为美国和加拿大的界湖，因而在湖水的治理上，需要两个国家进行合作。从美国1972年和1974年分别出台《洁净水资源法》和《安全饮用水法》，着手治理五大湖水系的污染问题开始，时间已经走过将近40年。在此期间，美国不断完善法律法规体系，并通过与加拿大签署发展计划、共同宣言等形式来一并维护五大湖区的生态环境。湖区的治理是一个长期的过程，其所需的费用也非常高昂。

(3) 产业结构向多元化发展

鼎盛时期的布法罗是仅次于芝加哥的美国第二大铁路枢纽，20世纪四五十年代，其在商业、铁路、钢铁、汽车制造、五大湖航运及谷物储藏等产业上也都占有一席之地。而如今的布法罗，已近乎一座荒废的工业城。究其原因，是布法罗在20世纪五六十年代的产业转型升级中没有抓住机遇，实现从工业重镇向高科技转变的产业升级。而在转型中抓住机遇并且较为成功的城市也很多，主要包括有钢铁城之称的芝加哥和以汽车闻名的底特律等。

芝加哥是美国传统的制造业基地，并一度有美国心脏之称。然而随着产业结构老化、污染加剧，大工业时代的繁华逐渐被老旧的城市建筑和污浊空气所取代。随后芝加哥用了25年，从传统的制造业基地转变为以服务业为支柱的多元化经济。能在较短时间内完成经济转型，除传统的金融贸易、信息咨询等行业较发达和交通运输网络中心这些优势外，主要是归功于芝加哥建立起了政府、市场、社会的协作机制。先由民间组织提出发展规划和新技术的应用等，再由政府推动实施。类似招商引资的工作都由民间组织来完成，因为对企业需要什么样的商业环境和市场，他们的触觉比政府更加敏锐，提出的建议和制定的标准既能切合实际，又能引领产业发展的方向。成功的产业结构转型使得现在的芝加哥已经成为美国中西部的最佳投资地区，许多著名企业将总部设在这里，如波音、摩托罗拉、美国联合航空、英国石油公司等。

汽车城底特律的转型相较芝加哥要艰难得多。随着汽车厂的不断迁出，底特律经历了40余年的经济衰退。从传统的汽车制造向汽车研发转型，成为唯一的选择。通用、福特、克莱斯勒这三个汽车业巨头，仍然留在底特律。通用把研发方向定在清洁能源汽车上，而底特律由传统的汽车制造向汽车研发转型，凭借的主要是丰厚的人才储备。

在资源方面，美国也开始重视资源管理与环境保护等的结合。为实现资源管理与产业管理、生态管理的"理性"结合，国际上存在三种较有代表性的资源管理模式。一是资源管理与产业管理相结合的模式。加拿大和澳大利亚最典型，采取这种模式的国家主要特征是：资源丰富；生态环境压力相对小；依托于资源的产业发育非常成熟。二是资源管理与生态管理相结合的模式。在资源利用和管理过程中强调资源的合理利用、环境保护和生态平衡，以美国最为典型。实行这种模式的国家的特点是：资源丰富，多样化，生态压力较大；自由市场极为发育，只有对市场进行规范才能引导产业健康发展。三是资源管理、产业管理和生态管理并重模式。在资源管理方面采用资源、产业和生态管理相结合的模式，以日本最为典型。处于后工业化阶段的发达国家，普遍重视产业发展和生态保护问题，并且早在20世纪80年代后期就已经开始由消耗资源的资源型管理模式向保护生态环境的生态型管理模式转变。第三种模式也成为未来的发展趋势。但是，发展中国家和经济转轨国家中的资源大国，则难以照搬这三种模式，需要结合本国实际情况进行探索。资源型城市的转型，对原有产业结构和发展态势进行改造和提升，是一项系统工程。体制、文化、环境、资金、技术、人才、产业生命周期等因素及城市定位的差异，决定了不同的资源型城市必须采取不同的转型模式。

如何选择非资源型产业的替代产业？这是资源型城市转型所必须考虑的关键问题。许多情况下，多数资源枯竭型城市选择以重组第二产业为切入点，但无法全部解决就业、社会保障、环境保护等问题。所以，应根据国家空间规划和布局，综合考虑产业、资源、环境因素，根据国家对城市的功能定位和市场需求，确定替代产业。例如，在加拿大、美国、澳大利亚等现代矿业发达的国家，先进生产技术的广泛使用使这些国家的资源型产业从业人员相对较少，加上居民具有很强的迁徙性，城市转型比较容易完成。

依托于传统工业发展现代制造业，也是一个再城市化的过程。一些资源仍旧比较丰富的矿区，可以采取提高资源采收率技术，发展精深开采和精深加工，在深部和周边挖掘资源潜力，充分利用剩余资源和伴生资源，以此拉长产业链条，加快发展接替产业，由单一的资源主导产业结构向多元化主导产业结构转变。

利用周边资源，甚至可以利用国外资源继续延伸传统产业。最初的工业化一般都是靠煤钢联盟发展起来的。除煤钢联盟外，煤电联盟、煤电铝联盟，也是一些可行的例子。美国休斯敦采取的就是这种产业链延伸的做法，休斯敦石油化工和石油科技的开发，带动了为其服务的电力、机械、钢铁、水泥、造纸、粮食、交通等相关产业的发展。

在转型过程中，西方资源型城市大多数均将高新技术产业部门作为其主要接续产业部门，通过高新技术产业的发展促进原有产业结构的调整和产业升级换代。通过制定相关鼓励政策，促进新产业的建立和发展，从而达到产业再造和城市转型的目的。休斯敦修建宇航城就是一个实例。新型产业植入一般有两个原则：一是产业高级化，二是产业辐射力强。

转型过程中可以发展第三产业，特别是旅游业。旅游业是彰显资源枯竭型城市资源特色，实现资源价值的重要手段。资源枯竭型城市具有与其他城市不同的特点，其旅游资源具有垄断性和独特性，具有发展旅游的潜力和优势。以五大湖区为例，其本身的自然环境及条件都很适合发展旅游业。国际上资源枯竭城市转型的一些共性经验，值得我们借鉴。

首先需要国家行动计划。在资源枯竭城市的转型过程中，许多国家的政府以行政行为矫正市场失灵，通过转型目标的确定和转型计划的制订去规范城市转型行为。例如，在欧洲，国家在矿业城市转型和可持续发展上是主动的而不是被动的，是有长远规划的而不是盲目的，政府行动也十分敏捷，因而企业发展不会慌乱，矿业社区发展较为平稳。

其次是组建专门机构。无论是发达国家还是发展中国家，依靠单纯的市场机制很难完成资源型城市的转型。为了做好资源型城市转型，很多国家设立了专门机构，制定城市或地区转型的长期规划。美国的经济开发署通过采取补助或贷款的形式帮助五大湖地区的传统工业进行再开发。

再次是产业转型应同国土整治结合。国际上资源枯竭城市转型的实践与规划理念的演变相关，资源枯竭城市转型，需要国土空间规划并加强国土综合整治。例如，法国洛林，把煤炭产业转型同国土整治结合起来，同时列入整个地区规划。德国鲁尔工业区在处理资源枯竭型城市经济转型时也把环境修复同国土整治结合起来。日本为解决矿工失业，将恢复矿区生态环境同扩大矿工再就业结合起来，出台了《特别矿害临时措施法》和《临时煤炭矿害复旧法》，把矿工再就业和矿区环境修复工作用法律的条文规定下来。

最后是各项优惠措施，特别是土地优惠措施，可以吸引外部资本进入资源枯竭城市改造，还可以补贴生产。正常做法是建立资源开发和生态环境补偿机制。例如，美国煤矿自建成投产开始就提取煤矿衰老报废资金，由煤矿公司集中掌握使用，积累资金用于煤矿衰老转产及煤矿关闭后职工安置、塌陷地补偿和恢复地貌等事宜。世界多数国家都实行矿山恢复环境保证金制度，但也需要注意解决政府过分补贴对地区经济结构转型和长远发展的副作用。

7.1.2　中国能源密集产业布局的现状

1. 影响工业布局的主要因素

如图 7-2 所示，影响工业布局的因素主要包括自然条件和社会经济因素两大方面，不同行业的影响因素又有不同。根据主要的影响因素，可以分为原料指向型、运输指向型、市场指向型、廉价劳动力指向型、技术指向型，这些分类的前提是在市场经济条件下追求利润最大化。

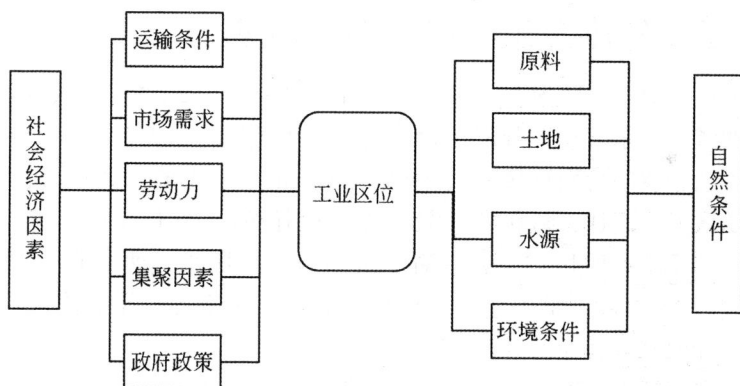

图 7-2　工业布局影响因素

处于不同的发展阶段，影响因素也有所不同。以钢铁为例，图 7-3 显示随着技术的发展，冶炼 1 吨钢铁所耗原材料及能源不断减少，随之影响钢铁行业布局的主要因素也发生变化。19 世纪钢铁业的主要布局是以能源资源为主导（如五大湖区的芝加哥），20 世纪初则是以矿石原料主导，第二次世界大战结束后则以消费市场为主导。

除企业自身从利润最大化出发考虑工业布局外，一个国家及地区的政策因素也是影响工业布局的一个重要因素，对于长期处于计划经济及转型经济过程中的中国来说，更是如此。例如，20 世纪 50 年代初因国防需要而建立的重庆钢铁基

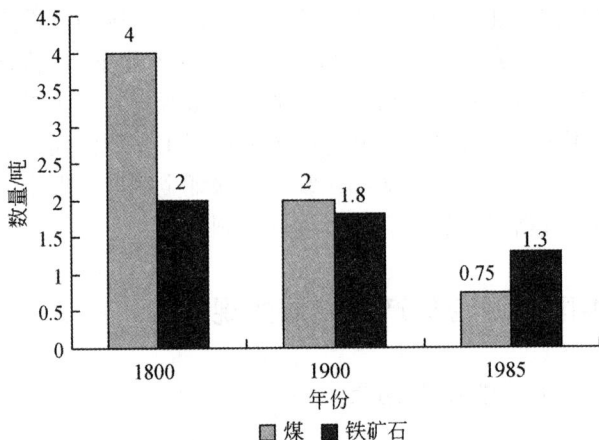

图 7-3　世界冶炼 1 吨钢铁所需原料平均水平变化

地、攀枝花钢铁基地；20 世纪 80 年代由于改革开放所建立的经济特区；20 世纪末为缩小地区差距而建立的三峡工程、青藏铁路等。

2. 中国能源密集产业布局现状及历史渊源

中国从地理上大致分为七个地区，包括华东（江苏省、浙江省、安徽省、福建省、江西省、山东省、上海市和台湾省）、华南（广东省、广西壮族自治区、海南省、香港和澳门特别行政区）、华北（河北省、山西省、北京市、天津市和内蒙古自治区）、华中（湖北省、湖南省、河南省）、东北（辽宁省、吉林省、黑龙江省）、西南（四川省、云南省、贵州省、重庆市、西藏自治区）、西北（宁夏回族自治区、新疆维吾尔自治区、青海省、陕西省、甘肃省）。本章将以此分区讨论能源密集产业的分布情况。

相较于美国五大湖地区资源与能源密集产业匹配的布局模式，中国资源禀赋与能源密集产业的布局存在不对称。

能源密集型产业主要包括金属冶炼及加工业、非金属矿物制品业、造纸及纸制品业和有色金属冶炼及加工业。以钢铁工业为例，我国与世界钢铁业布局趋势有大致相同的规律。新中国成立初期，主要遵循资源主导，建设了一批靠近铁矿或煤炭资源地的钢铁厂，如鞍钢、本钢、首钢、包钢等大型钢铁厂，各省也在靠近铁、煤矿资源的地区建立了一大批中小企业。改革开放后，随着钢铁需求的大幅增长，进口铁矿石的需求逐年增加，沿海地区占据了较大的优势，宝钢便是在此背景下建立的。江苏、山东等省需求的大幅增加推动了本地钢铁企业的兴建，钢铁工业发展逐渐向钢材市场容量逐渐增多的地区转移，形成以市场为主导的布局趋势。

　　虽然钢铁工业属于能源密集型，但是考虑到原料、运输、用水等因素，未必一定根据一次能源分布而布局。如图 7-4 所示，近年来中国各地区钢铁产量比重较为稳定，华东占比最大，约在 35% 左右，华北次之，华中占比约 10%，东北9%，西南与华南大致为 5%，华南略高，西北占比最小，2010 年占比仅 3.43%。

　　未来中国钢铁工业布局需要注意的是，首先，中国钢铁的原材料中进口铁矿石所占比重近年来一直上升，因而，钢铁工业发展应逐步向利用进口矿条件较好的沿江、沿海地区发展。其次，中国地域辽阔，运输费用对成本影响较大，因而普通钢材品种的生产应尽可能面向本地市场。再次，对于北方严重缺水的省份，钢铁企业不宜继续扩大规模；首都、大城市以及重要旅游城市、风景名胜地区的钢铁企业，应积极创造条件逐渐缩减生产能力；各省份的大中钢铁企业发展趋势应是多形式的联合与重组。

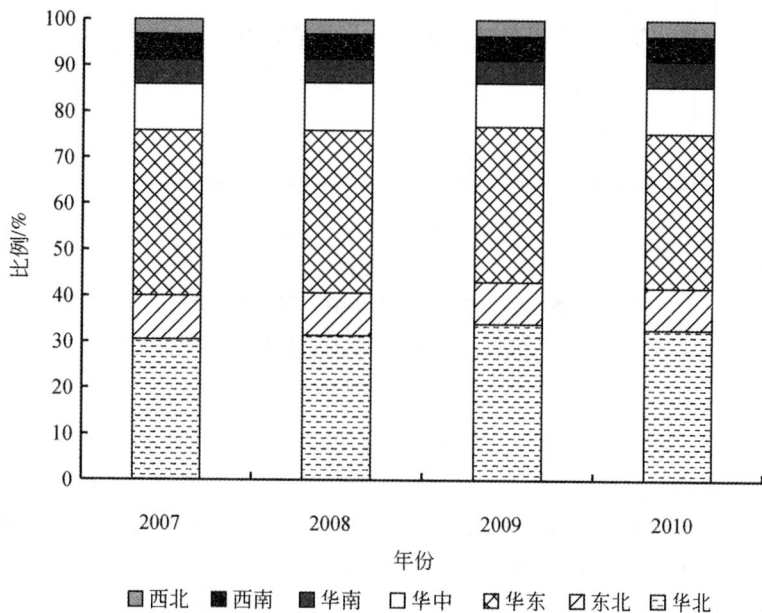

图 7-4　地区钢材产量占比趋势

资来源：《中国统计年鉴》

　　另一个靠近消费地区生产的产品是化肥。如图 7-5 所示，化肥产量各地区比重与各地区农业产值大致相符。中国农业产值各地区比重相比，仍然是华东最大，华中次之接着作次为，西南，华南，华北，东北和西北；化肥产量各地区比重按高到低分别为华中，华东，西南，西北，华北，华南和东北。化肥产品（包括氮肥、磷肥、钾肥）的同质性较高，上游厂商多以规模化的生产为主，经营和竞争的核心在于向上游占据资源（煤、磷矿、钾矿）。相较于钢铁产业，化肥更趋向于向资源产地集中，氮肥产地将主要集中在具有石油、煤炭和天然气优势的地区，磷肥产地主要集中在云南、贵州、湖北和四川这些磷矿资源丰富的省份，钾肥产地则以青海地区和新疆地区为主。

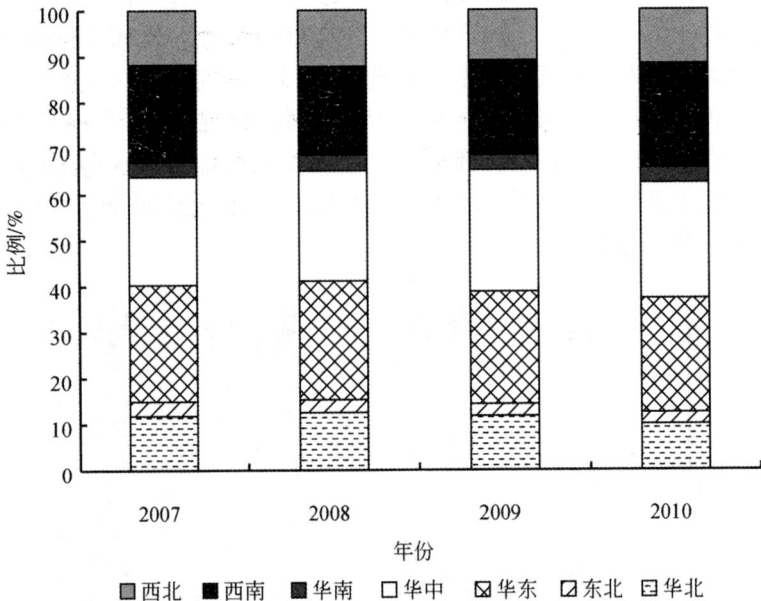

图 7-5　地区化肥产量占比趋势

资料来源：《中国统计年鉴》（2008～2011 年）

高耗能产品纸制品，在中国的产量分布则差异较大，造纸行业的制约因素主要包括原料、降雨量、水资源、水环境及生态等。华东地区总产量占到全国50%以上，主要是得益于该地区丰富的水资源、先进的造纸器械工业，其次为华中和华南，华北、西北和西南占比最小（图 7-6）。

综合对几种主要能源密集产业的地区分布的分析，可以看出，中国的能源密集产业的分布与经济水平的相对分布存在一致性，整体上仍然是集中在东部。

7.1.3　中国能源空间分布与能源消费的错配

1. 中国能源资源的空间分布

根据工业指向原理，一方面，能源工业基本上属于原料指向性的工业，所以能

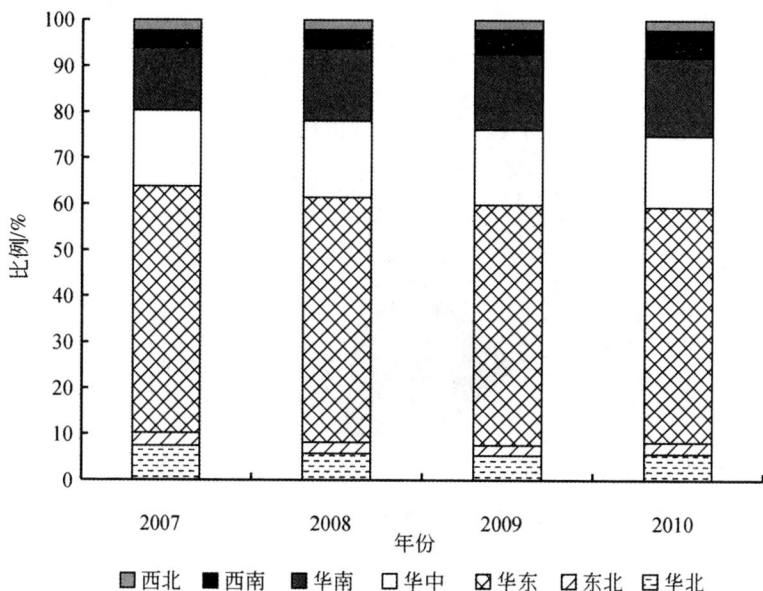

图 7-6　地区纸制品产量占比趋势图

资料来源:《中国统计年鉴》(2008~2011 年)

源工业的布局地点应靠近自然资源丰富的地区;另一方面,能源产业的产品直接供应制造业,其工艺和动力设备的耗能量很大,又需要制造业、采掘业等部门的协作,所以能源工业的布局地点又应尽量靠近消费地。我国有许多自然资源,大部分分布在中西部地带,如石油、天然气、煤炭、水力资源等各种一次能源。因此,我国的能源、原材料工业分布在中西部地区,符合能源产业布局的第一个要求。

中国工业却主要分布在东部。一方面是历史的原因,中国东部地区工业最早起步,并且由于人口的密集,市场的集中于东部;另一方面,地理优势使得东部工业得到远快于西部的发展。因此,中国工业布局与资源禀赋存在不对称,进而与能源产业的布局也存在一定的不对称。

根据图 7-7 和图 7-8,中国油气资源主要分布在西北地区,包括塔里木盆地、鄂尔多斯盆地、松辽盆地、渤海湾盆地、四川盆地、准格尔盆地、柴达木盆地、东海大陆架。全国主要分为六大油气区。

东北油气区,包括大庆油田、吉林油田和辽河油田。大庆油田位于黑龙江西部、松辽平原中部,地处哈尔滨、齐齐哈尔之间;吉林油田位于吉林省松原市;辽河油田主要分布在辽河中上游平原以及内蒙古东部和辽东湾滩海地区。

渤海湾油气区,包括冀东油田、大港油田、华北油田、胜利油田、中原油

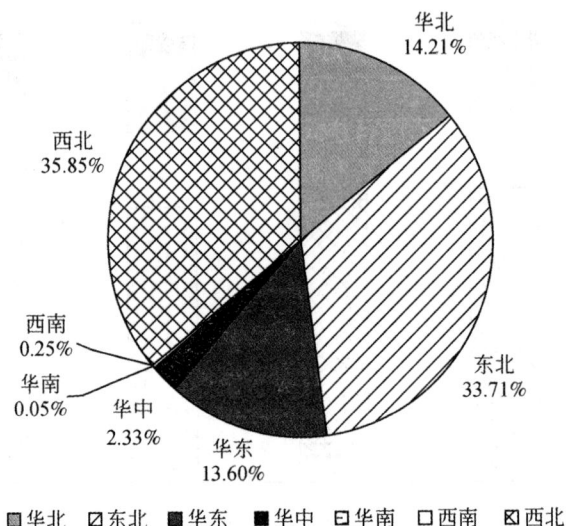

图 7-7 中国石油储量分布图
资料来源：《中国能源统计年鉴》

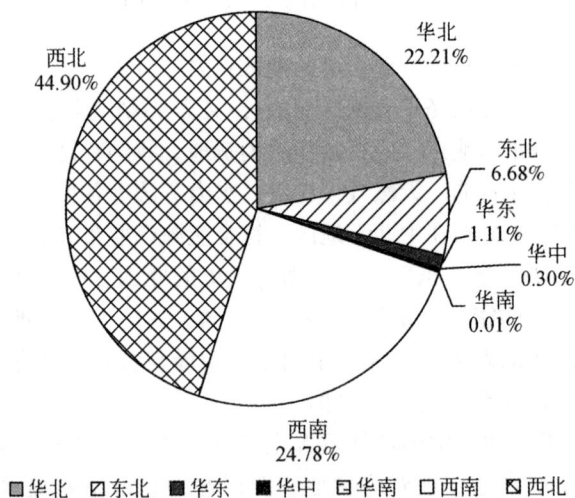

图 7-8 中国天然气储量分布图
资料来源：《中国能源统计年鉴》

田。冀东油田主要位于渤海湾北部沿海，开发范围覆盖唐山、秦皇岛、唐海等；大港油田位于天津市大港区，勘探区域包括大港区及新疆尤尔都斯盆地；华北油田位于河北省中部冀中平原的任丘市，包括京、冀、晋、蒙区域的油气生产区；

胜利油田位于山东省东营市；中原油田包括河南省濮阳地区的 14 个油气田、四川普光气田和内蒙古 18 个勘探区块。

长江中下游油气区，包括河南油田、四川油田、江汉油田和江苏油田。河南油田地处河南西南的南洋盆地，矿区横跨南阳、驻马店、平顶山三地市；四川油气田主要位于四川盆地，包括中石油西南石油局、中石化西南油气田、普光油气田；江汉油田主要分布在湖北省境内的潜江、荆州等 7 个市县和山东寿光市；江苏油田主要分布在江苏的扬州、演成、淮阴、镇江 4 个地区。

鄂尔多斯油气区，包括长庆油田、延长油田。长庆油田地处陕甘宁盆地；延长油田地处鄂尔多斯盆地东部，属于低渗透油田。

青海—甘肃油气区，包括玉门油田和青海油田。玉门油田位于甘肃玉门境内；青海油田位于青海省西北部柴达木盆地。

新疆油气区包括克拉玛依油田、吐哈油田、塔里木油田和塔河油田。克拉玛依油田地处新疆克拉玛依；吐哈油田位于新疆吐鲁番、哈密盆地境内；塔里木油田位于塔里木盆地；塔河油田位于塔里木盆地北部的塔克拉玛干沙漠。

中国海洋石油资源量约为 24.6 亿吨，占全国石油资源的 23%，海洋天然气资源量占到总资源量的 30%。渤海湾主要优势在原油，南海海域优势则在天然气。渤海湾地区已发现 7 个亿吨级油田，规划到 2020 年实现油气产量超过 4000 万吨，建成"海上大庆"；东海油气区目前只有春晓油气田和平湖油气田；整个南海的地质储量大致为 230 亿～300 亿吨，其中一半以上储量分布在应划归中国管辖的海域，有"第二个波斯湾"之称。

中国煤炭分布主要集中在华北和西北，华北占到 60.17%，加上西北地区储量，大约占到 75%，如图 7-9 所示。中国水资源量相对煤炭、油气资源较为分散，整体上集中在西部、南部，如图 7-10 所示。总结中国能源资源分布状况，可以总结为西多东少，北多南少。但是中国工业分布的特点则是东部、南部占比相对较大，与能源资源分布呈现一定的不对称。

图 7-11 总结了中国各地区一次能源资源、GDP、电力消费量、发电量、钢材产量、化肥产量、第一产业和第二产业占全国的比重。不同于一次能源分布与工业分布不对称的现状，发电量与电力消费基本匹配，与 GDP 和第二产业占比也基本一致，由此也可以看出，现有的能源运输体系依然是以一次能源的输送为主，而非以电力的输送为主。

2. 基于省际面板数据的电力需求分析

新中国成立初期中国电力工业的规模很小，全国发电设备总容量只有 184.86 万千瓦，年发电量仅 43.1 亿千瓦时。主要分布在东北地区和东南沿海地区，电

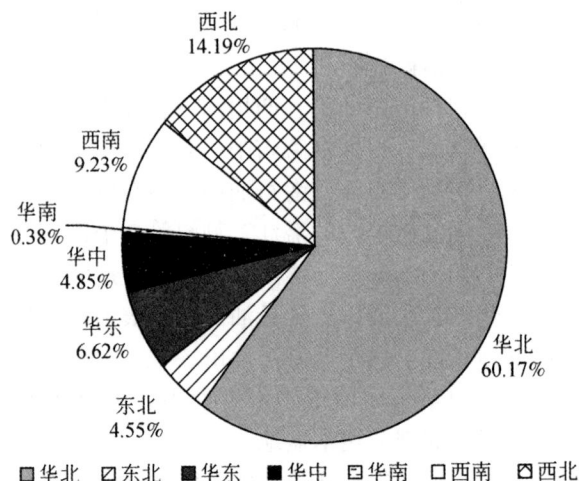

图 7-9　中国煤炭资源分布图

资料来源:《中国能源统计年鉴》

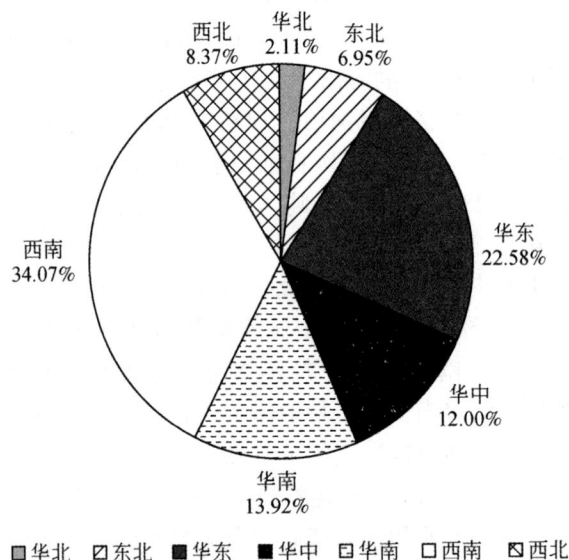

图 7-10　中国水资源分布

资料来源:《中国能源统计年鉴》

力主要供应大城市，中小城市和农村基本上处于无电状态。水电比重仅为17.3%，主要分布在东北部。

　　新中国成立后，电力工业发展较快，并且电力工业布局不断得到调整，水电比重不断上升。中南、西南、西北三个地区电力工业比重上升较快，全国电力工

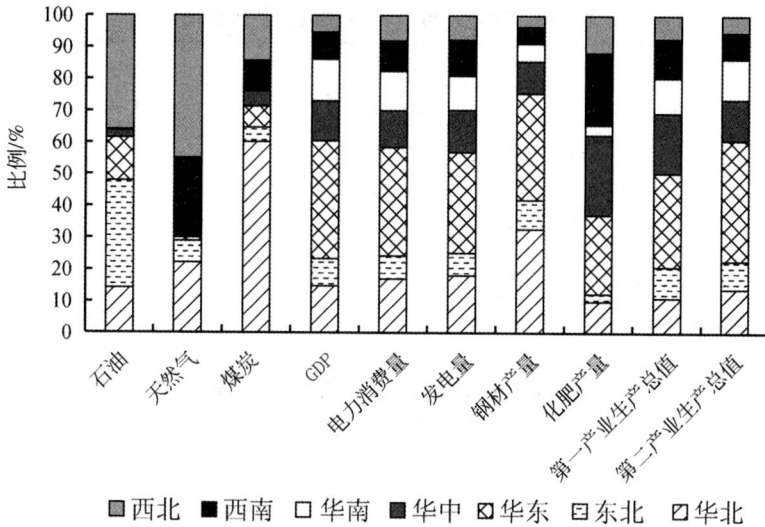

图 7-11　各地区能源资源、电力供需、主要高耗能产品产量及一、二产业全国占比
资料来源:《中国能源统计年鉴》,《中国统计年鉴》

业区域布局趋向合理化,农村无电的状况初步得到了改善。

改革开放以来,中国经济飞速发展,电力工业发展中加快了坑口、港口火力发电站的建设,建成华北煤电基地;积极发展水电,建设西南、西北水电基地,但是整体上水电比重有所下降;提出适当建设核电,逐步兴建东南沿海的核电基地。中国电力装机容量,电力装机构成以及电力生产构成如表 7-1、表 7-2 及表 7-3 所示。

表 7-1　2005～2010 年中国电力装机容量

年份	2005	2006	2007	2008	2009	2010
总装机容量/万千瓦	51 718	62 400	71 800	79 273	87 409	96 219
水电	11 738	13 000	14 800	17 260	19 629	21 340
其中: 抽水蓄能						(1525)
火电	39 137	48 400	55 600	60 286	65 108	70 663
其中: 燃煤					(59 900)	(65 011)
其中: 气电	(1 022)	(1 625)	(2 202)	(2 407)	(2 534)	(2 668)
核电	684	684	885	908	908	1 082
风电	126	261	591	839	1 760	3 107
其他						26
其中: 太阳能						(24)

资料来源:《中国电力年鉴》(2006–2011 年)

表 7-2   2005～2010 年中国电力装机构成   单位:%

年份	2005	2006	2007	2008	2009	2010
火电	75.67	77.56	77.44	76.05	74.49	73.44
水电	22.70	20.83	20.61	21.77	22.46	22.18
核电	1.32	1.10	1.23	1.15	1.04	1.12
风电	0.24	0.42	0.82	1.06	2.01	3.23
其他	0.063	0.088	0	0	0.004	0.028

资料来源:《中国电力年鉴》(2006～2011 年)

表 7-3   2005～2009 年中国电力生产构成   单位:%

年份	2005	2006	2007	2008	2009
水电	81.88	82.69	82.98	80.48	80.30
火电	15.88	15.21	14.79	16.88	16.57
核电	2.12	1.91	1.89	1.97	1.89
其他	0.11	0.19	0.34	0.67	1.24

资料来源:《中国电力年鉴》(2006～2011 年)

根据装机及发电量,中国电力生产及消费仍以火电为主。中国以煤为主的能源结构长期内无法改变,各类化石能源的利用中以煤炭燃烧造成的污染最严重。同时中国已经是世界二氧化碳和二氧化硫第一排放国。中国各地人口密集程度和收入水平不同,因而各地环境成本差异显著。世界银行和全球环境基金估算了各地区火力发电污染排放的环境成本,结果表明,在经济发展水平较为落后、人口分布又较为稀少的省份,污染造成的单位经济损失远低于经济发展水平高、人口分布稠密的省份。通过环境资源优化配置,可以使整体环境污染成本最小。

在中国进行能源和环境资源优化配置有其可能性和必要性。一方面,统一的政治体制为中国能源和环境资源的优化配置提供了可能性。与美国不同,中国各省都执行国家统一的环保标准,省区之间的电力输送更容易协调。另一方面,污染排放的经济损失与人口密度、收入水平正相关,人口集中、收入高的地区受环境污染负面影响更大。由于中国各省区在自然条件和经济发展水平上有着较大差异,同样的污染在各省造成的经济损失也有较大差异。这种差异性为在全国范围内合理配置环境资源提供了可能性和必要性。通过合理规划电源布局和电力传输,可以使各地边际环境成本趋同,从而实现能源和环境整体成本最小化(林伯强和姚昕,2009)。

　　中国地区之间经济发展和电力消费有明显差异：受端①人均收入水平和电力消费水平均高于全国平均，送端和自给区则均低于全国平均，其中自给区最低。区域电力消费与经济发展水平的格局基本一致。采用包括截面各省份和时间序列数据的面板数据（原因主要在于面板数据包含较多数据点，可以提供较大的自由度，结合截面变量和时序变量的信息，能显著减少缺省变量带来的问题，还能反映收入水平变化和地区发展差异对电力消费和收入关系的综合影响）对各地区人均电力需求进行实证分析。模型所取截面个体包括中国 29 个省、直辖市和自治区。由于数据的获取性问题，未将西藏自治区包含在内，并对四川和重庆数据进行了合并。按照区域之间的主要电力流向和负荷分布，将 29 个省（直辖市、自治区）分别并入受端、送端和自给区三个区域。鉴于自给区仅包括 4 个省，面板模型中将送端地区和自给区并为一个横截面，分别考察以下三个横截面的电力消费：受端地区、送端加自给区、全国。

　　Medlock 和 Soligo（2001）的能源需求模型由消费函数推导而来，其特点是，能源需求的收入弹性是收入水平的函数。随收入水平可变的能源需求弹性的隐含之意为：能源需求的增长方式随经济水平而改变。长期能源需求函数的表达式为

$$\mathrm{ec}_t = A P_t^{b_1} y_t^{b_2 + b_3 \ln y_t} \tag{7-1}$$

式中，A 为技术水平，视为外生给定变量。ec_t、P_t、y_t 分别为人均能源需求量、能源价格和人均收入。对式（7-1）两边取对数可得

$$\ln \mathrm{ec}_{t,\,i} = a_{i,\,j} + b_1 \ln P_{t,\,i} + b_2 \ln y_{t,\,i} + b_3 (\ln y_{t,\,i})^2 \tag{7-2}$$

　　式（7-2）表示能源需求的长期均衡方程。短期消费水平会偏离长期均衡值，需要考虑实际水平向长期均衡的动态调整。采用 Medlock 和 Soligo（2001）的局部调整公式

$$\ln \mathrm{ec}_{t,\,i} - \ln \mathrm{ec}_{t-1,\,i} = \gamma(\ln \mathrm{ec}^*_{t,\,i} - \ln \mathrm{ec}_{t-1,\,i}) \tag{7-3}$$

式中，γ 为调整速度，得到短期动态方程为

$$\ln \mathrm{ec}_{t,\,i} = a_{i,\,j} + \beta_1 \ln P_{t,\,i} + \beta_2 \ln y_{t,\,i} + \beta_3 (\ln y_{t,\,i})^2 + (1 - \gamma)\ln \mathrm{ec}_{t-1,\,i} + \varepsilon_t \tag{7-4}$$

式中，$b_k = \beta_k / \gamma$（$k = 1, 2, 3$）。将式（7-2）和式（7-4）分别作为长期和短期电力需求的基本方程。利用方式（7-2），可得到长期电力需求的收入弹性 $b_2 + 2b_3 \ln y_{t,j}$ 和单位产值电力消费（电力强度）的收入弹性 $(b_2 - 1) + 2b_3 \ln y_{t,j}$。弹性

<hr>

　　① 以国家电网公司对电力受送区域的划分为准，受端含 19 个省份：浙江、上海、福建、江苏、安徽、天津、河北、北京、山东、河南、湖北、湖南、江西、辽宁、吉林、黑龙江、广东、广西、海南；送端包括山西、陕西、宁夏、内蒙、新疆、四川；其他为自给区，包括贵州、青海、云南和甘肃。由于 1997 年后才有单独的重庆统计数据，为口径一致，将四川和重庆数据进行合并。

大小取决于收入水平变化和参数 b_2，b_3。如果 $b_2 > 1$，$b_3 > 0$，那么两个弹性都是递增的；如果 $b_2 > 1$，$b_3 < 0$，则两个弹性都将随收入水平提高先增后降，其间经过一个拐点，使电力消费和收入水平之间呈倒 U 形。其中，当电力需求收入弹性为 0 时，人均电力消费到达极大值点，对应人均收入 $y_{t,j} = \exp(-b_2/2b_3)$；人均电力需求收入弹性为 1 时，单位产值电力消费达到极大值，对应人均收入 $y_{t,j} = \exp((1-b_2)/2b_3)$。

基于 Medlock 和 Soligo（2001）的需求方程式（7-2）和式（7-4），只有两个解释变量，收入水平和价格。这意味着经济中影响电力消费的其他因素，如经济结构调整、工业化、城市化都体现在收入水平与电力需求的非线性关系中。为了更清楚地考察工业化和城市化对电力需求的影响，该模型也将城市化和工业化作为控制变量同时引入方程。因此，电力需求短期动态方程和长期均衡方程分别为

$$\ln ec^*_{t,i} = a_{i,j} + b_1 \ln P_{t,i} + b_2 \ln y_{t,i} + b_3 (\ln y_{t,i})^2 + b_4 \ln popu_{t,i} + b_5 \ln zgy_{t,i}$$

$$(7\text{-}5)$$

$$\ln ec^*_{t,i} = a_{i,j} + b_1 \ln P_{t,i} + b_2 \ln y_{t,i} + b_3 (\ln y_{t,i})^2$$
$$+ b_4 \ln popu_{t,i} + b_5 \ln zgy_{t,i} + b_6 \ln zec_{t,i-1} \quad (7\text{-}6)$$

式中，$ec_{t,i}$ 代表人均电力消费量，$popu_{t,i}$ 和 $zgy_{t,i}$ 分别代表城市化和工业化水平，$P_{t,i}$ 代表电价水平，$y_{t,i}$ 代表人均收入。研究样本为 2000～2006 年的非齐平行数据。以人均 GDP 作为衡量收入水平的指标；电力需求以人均用电量表示；城市化水平仍以城镇人口在总人口中的比例表示；这里的工业化指标为重工业产值占工业总产值的比重。中国的电价情况是各类电价水平不等，各地电价差异较大。在煤电资源丰富的送端和自给地区，电价总体水平较低，在资源匮乏但电力消费较高的受端地区，电价总体水平较高；电价调整受政府管制，价格水平总体偏低。尽管近几年有所提高，但幅度不大，不足以反映资源稀缺和环境成本。电力消费是一种必需品，在电价水平被人为压低的情况下，小幅调高价格可能不足以对电力消费造成显著影响。但是，各地区之间电力价格的相对水平可能会对电力消费尤其是高耗能行业的电力消费产生显著影响。明显的区域电价差异，是影响各地工业特别是高耗能产业流向的一个重要因素。与发达国家居民用电占据较大比例不同，中国电力消费以工业为主。送端和自给区（主要是中西部地区）的电价相对较低会吸引高耗能产业大量进入，从而导致这些地区电力消费水平尤其是单位产值耗电水平较高。统计数据表明，送端地区和自给区的重工业产值在工业总产值中的比例至少高于全国平均水平 5 个百分点。因此，以相对价格作为价格变量，更易于考察电价差异对电力消费水平的影响。相对电价指标＝各省区平均销售电价/全国平均销售电价。

模型中，各省人均 GDP、人口总量、工业和重工业产值、价格指数、各省电

力消费总量数据均来自历年《中国统计年鉴》或《中国经济数据库》。个别年份和省份的用电量短缺数据根据国家电网公司统计资料补充，各省平均销售电价数据来自国家电网公司内部统计资料。电价水平和人均 GDP 分别折算为 2000 年不变价格水平。各变量均取对数。

表 7-4　面板模型估计结果

方程	变量	全国		受端		送端+自给区	
		参数	t 值	参数	t 值	参数	t 值
短期方程	P	−0.028	−1.596	−0.037	−1.543	−0.66	−2.522
	Y	2.616	2.955	2.156	3.916	2.523	1.302
	Y^2	−0.099	−2.851	−0.079	−3.359	−0.081	−0.813
	popu	0.201	2.727	0.215	2.388	0.217	2.327
	zgy	0.159	1.267	0.292	1.978	0.485	2.042
	ec（−1）	0.225	0.713	0.242	0.832	−0.019	−0.091
长期方程	P	−0.055		−0.049		−0.521	
	Y	3.042		2.842		4.471	
	Y^2	−0.115		−0.104		−0.191	
	popu	0.334		0.283		0.255	
	zgy	0.276		0.385		0.41	
	adjusted R^2	0.992		0.994		0.99	

通过模型识别及回归，表 7-4 给出了估计结果。调整的 R^2 较高，表明估计效果较理想，模型对于中国电力消费有较好的解释力。各参数符号与预期一致，价格参数为负，工业化、城市化参数符号均为正。长期方程中的人均收入一次项参数>1、平方项参数<0，表明电力消费与收入水平之间存在着倒 U 形的非线性关系。

价格：相对电价变量的估计参数为负，说明相对较高的电价抑制了电力消费。研究过程中，也有采用电价水平对数而不是相对电价作为价格变量，发现其参数符号虽为负，但不显著。原因在于中国电价存在一定程度的扭曲，价格水平没有真正反映资源耗减和环境成本，电价水平提高对电力需求的抑制作用不显著。因此，本书中最终采用了相对价格指标。相对价格对于电力消费有着显著影响，从而印证了最初的假设：地区之间电价水平的相对差异是引导高耗能行业在区域之间流动的重要因素。

人均 GDP：人均收入的一次项参数均显著，且符号均为正，平方项系数符号为负。与最初假定相一致，长期电力需求是收入水平的非线性函数，并且二者之间呈现倒 U 形关系。由人均 GDP 一次项和平方项的估计参数，可计算电力强度和人均耗电到达峰值的收入拐点（这一拐点仅仅表示不考虑工业化和城市化影响的情况下，人均电力消费和电力强度峰值所对应的人均收入水平）。所得到的全国人均用电峰值对应的人均 GDP 水平为 567 788 元，而 2006 年中国的人均 GDP 仅为 13 285 元（2000 年价格水平），与峰值相较甚远。这说明：首先，中国还处于人均电力消费的低水平阶段，电力消费还将有较长的上升时期和较大增长空间；其次，收入水平和电力需求之间存在非线性关系，在收入水平较高的阶段，人均电力消费增长速度会比较低，这与发达国家的经验一致。

城市化和工业化：城市化和工业化参数均显著为正，城市化和工业化进程加快促进了用电需求增长。根据对全国截面的估计参数可以计算出，如果仅仅考虑经济增长（人均收入水平）的影响，单位产值耗电将在人均 GDP 为 7293 元时达到峰值，这相当于全国 1999 年左右的人均 GDP 水平。但是，城市化和工业化改变了电力需求增长曲线的形状和峰值位置。参数符号都为正，说明二者至少推高同样收入水平下的电力需求，还有可能使到达峰值的时间向后推移。

在电价由行政决定而被人为压低的情况下，电价绝对水平的变动不足以对整体电力消费造成显著影响。但各地区之间电力价格的相对差异可以显著影响电力消费，送端和自给区域的价格弹性大于受端及全国平均水平，说明目前的低价能源（包括电价）管制政策，使价格不能充分反映源稀缺和环境成本，鼓励了能源的低效利用，特别是推动了高耗能产业的迅速扩张，尤其是推动了高耗能行业在东部地区的扩张。各地区电力消费的收入弹性相差不大，考虑到西部人均收入水平现阶段仍旧较低，因而未来电力需求增长潜力依旧较大。

电力需求与能源需求相比较，根据多数国家来看，1973 年石油危机之前，能源及电力弹性系数均大于 1；石油危机之后，由于产业结构的变化，能源弹性系数小于 1，但节能需要增加电力的比重，电力弹性系数仍高于 1。对于西部、北部经济欠发达地区本身而言，其工业化城市化进程相较于东部、南部地区迟缓，从一个侧面也表明未来能源需求尤其是电力需求增长的潜力。表 7-5 表明亚太地区多数发展中国家、地区及一些发达国家的电力弹性系数均大于 1，在一个国家实现工业化的过程中尤其如此，许多发达国家在进入工业化后的相当长时期内，电力弹性系数仍然超过 1。我国电力弹性系数大于并接近于 1 的状况也要持续较长一段时期，对欠发达地区来说尤为如此。因此，在今后一段时期我国的电力工业仍要优先发展。

表7-5 世界部分国家、地区电力弹性系数

国家或地区	时段/电力弹性系数			
日本	1960～1965 年/1.10	1966～1970 年/1.12	1971～1973 年/1.11	1971～1975 年/1.14
马来西亚	1993～1995 年/1.50	1995～2000 年/1.4	2000～2005 年/1.10	
菲律宾	1993～1998 年/1.41	1998～2005 年/1.40	1993～2005 年/1.41	
印度	1993～1997 年/2.50			
中国台湾地区	1988 年/1.40	1989 年/1.55	1990 年/1.44	1991 年/1.42

资料来源：高宏等，1997

3. 电力布局优化与能源综合运输体系

目前，中国的远距离、大容量能源输送方式主要有运煤、输油、输气三种。由于油气资源稀缺，燃油燃气电厂数量不多。通过比较长距离输电与输煤方案的优劣，模拟了成本最小的运输方式，并且与现状对比，见表7-6。据估计，最优能量传输方式下社会总成本为3877.8亿元，而现状下能源流动成本是6927.6亿元。将电网纳入能源运输体系以输电替代部分输煤，可使社会总成本下降44%，相当于每年节约3049.8亿元。在受端的能源输入中，电力与煤炭的比例大约为1∶16，即电力输入仅占全部能量输入的6%。在最优能量传输方式中，电力输入占整个能量输入的46%。能源流动现状与社会总成本最小方案之间还有很大差距。通过对比能源运输现状和最优运输体系可以发现，在合理范围内逐步提高输电比重有利于降低能源运输体系的社会总成本。

表7-6 现状与成本最小的传输方式比较

项目	运输方式	东北	华北	华中	华东	华南
成本最小的运输方式	煤炭运输/万吨	5 815	20 441	5 973	19 426	11 434
	电力输送/亿千瓦时	976	3 433	1 004	3 262	1 920
能量传输现状	煤炭运输/万吨	10 131	34 126	13 497	34 147	18 413
	电力输送/亿千瓦时	133	762	-464	388	558

因此，西电东送和大型电站群的电力输送将是中国电力工业长期面临的问题，远距离大容量输电和受端高密度受电是必然趋势。目前，我国电网的主网架大部分是以500千伏电压等级为主，线损率达7.71%，输配电煤耗为25克/千瓦时。随着西电东送规模和电网负荷密度地不断扩大，土地资源也将成为电网建设的重要制约因素。这些都要求根据一次能源分布和负荷预测，调整东部沿海地区的电源结构，优化电网布局，以降低输电损失，提高输电效率。

7.2　破解煤电矛盾的电力价格引导机制

7.2.1　中国电价机制与改革进程

按照传统的经济学理论，某种商品的价格是买卖双方共同决定的，消费者在预算约束下，最大化其效用函数，得到需求曲线；生产者在一定的生产技术条件下，最大化其利润函数，得到供给曲线，需求曲线和供给曲线相交，共同决定了市场出清的价格和产量。然而，电价的确定却往往要复杂得多，其原因在于：首先，电力工业具有一定的自然垄断性质，虽然随着电力市场化改革的进展，发电环节和售电环节被认为不具有自然垄断性质而引入竞争，但输电网络和配电网络依然具有自然垄断的性质。因此，最终电价往往由管制性部分（输配电成本）和竞争性部分（发电成本）组成。其次，电力是不可储存的，我们无法通过存货机制来平衡电力供需的失衡。这样，当高峰需求来临时，为实时保证足够的电力供应，需要启动一些边际成本更高的机组，所以最后一单位电力供给的边际成本可能是实时变化的。由于电力的不可储存性，而电力需求必须实时被满足，需求的变化将导致不同边际成本的发电机组的启动，所以其价格也应该是变化的，它往往根据消费数量或消费时段不同而存在差异。

电力市场化下，电力工业被分解成发电环节、输电环节、配电环节和售电环节，用电电价将由上网电价和输配电成本组成。关于电价的计算方法，当前主要有：①综合成本法，是将计算期内的所有供电成本，包括容量成本和电量成本分别分摊到所有用户身上。②长期边际成本，是为了满足未来用电负荷需求微增变化所产生的供电成本的微增变化，它也分容量电价和电量电价计算，容量电价等于容量成本对负荷容量的导数，电量电价等于电量成本对负荷电量的导数。③短期边际成本，它反映的是短时间内的供电成本变化情况，通常是 1 天以内的时间，当这种测算的时段间隔越小时，就形成了实时电价。

中国的电价一直是根据历史水平以及需要的新增费用（燃料、建设、运营与维修成本，以及规定利润的平均值）而行政性地决定（添加）。通常电价制定、调整是一个特别复杂而又敏感的问题，各级政府的许多职能机构以及各方的利益主体都参与协商过程。电费方案由省电力公司与省政府（主要是省物价局）联合起草，并报上级（主要是国家发展和改革委员会）审批，需要较长时间的评估与协商。改革开放以来，中国电价机制经历了一系列变革，特别是 1985 年后推行的"还本付息电价""燃运加价"等项政策，对扭转长期存在的全面缺电局面起到了作用。2001 年后推行以"经营期电价"取代"还本付息电价",则在促进电力企业加强管理、提高效率等方面取得一定的成效。2005 年 4 月初,国家发展和改革委员会出台了《上网电价管理暂行办法》《输配电价管理暂行办法》和《销售电价管理暂行办法》。这三个文件是根据国务院办公厅颁发的《电价改革方案》要求制定的,表明我国向电价改革的长期目标迈出了重要一步。内容涉及上网电价、输配电价、销售电价等方面,提出上网电价将与燃料价格实行联动。这些文件的出台为今后电价的具体制定和实施提供了原则依据。文件中涉及的"政府价格主管部门制定的上网电价,同一地区新建设的同类型发电机组将实行同一价格,并事先向社会公布;原来已经定价的发电企业上网电价也将逐步统一",在目前具有重大实践意义。以前上网电价比较混乱,三个文件的规定改变了同类机组在同一地方或类似地方不同电价的现象,将为以后的竞价上网奠定良好基础。输配电价和销售电价分类的具体核定仍需要大量工作。

　　与世界上其他国家的电价水平相比,我国的电价整体处于较低的水平。图 7-12 为 2000～2007 年,美国、中国和巴西三国平均销售电价走势。从绝对量来看:在比较的三个国家中,中国的电价水平最低;在 2000～2004 年,美国的电价水平最高,但从 2005 年开始巴西的销售电价水平超过了美国。从相对变化走势来看:2000～2007 年,这三个国家的销售电价水平都在逐年提高,但其中美国的增长率最低,为 4.15%,中国的增长率为 5.28%,巴西平均销售电价增长率最高,为 8.98%。

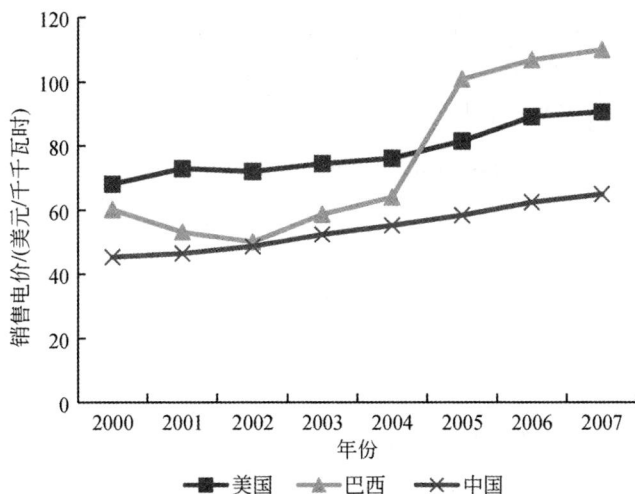

图 7-12　美国、中国、巴西电价水平走势
资料来源:国网北京经济技术研究院.2007.能源与电力价格年度分析报告

将我国的工业电价、居民电价与世界上主要国家的工业电价与居民电价水平

相比（表7-7），我国的电价水平也处于比较低的水平。2007年我国平均工业电价约为上述国家和地区平均值的70%，接近世界中等水平，处于倒数第十位；2007年，我国居民电价为上述国家和地区平均值的40%，处于倒数第三位，居民电价远低于世界平均水平。并且销售电价尤其是居民电价偏低，与工业电价形成了倒挂现象，价格信号扭曲，既不公平，对整个电力工业运行也不经济，不利于引导用户合理用电，节约资源。

表7-7　2007年中国电价与其他国家的比较　单位：美元/千瓦时

国家	中国	巴西	美国	韩国
工业电价	0.074	0.105		
居民电价	0.064	0.155		

　　在销售电价偏低的情况下，中国上网电价却高于世界平均水平。2007年，中国上网电价约为0.049美元/千瓦时，美国、澳大利亚、挪威、芬兰、丹麦、韩国等国家的城市平均为0.383美元/千瓦时，我国上网电价为上述国家城市的1.27倍。输配电价相对则偏低，2007年我国输配电价（含线损）折合美元为0.022美元/千瓦时，占销售电价比例为31%，低于巴西（57%）、美国（44%）、英国（49%）、法国（38%）的水平，与韩国（27%）相当。表7-8为国际输配电价占销售电价的比例，比较说明，中国的输配电价占销售电价比例也最低。目前全国平均上网电价是373.28元/千千瓦时，中国电网企业平均销售电价为533.51元/千千瓦时[①]，输配电价占销售电价比例约为30%，远低于英国、加拿大、德国、澳大利亚和日本。

表7-8　国际输配电价占销售电价的比例

国家	输配电价占销售电价的比例/%
英国	58.1
加拿大（渥太华省）	41.1
德国	65.8
澳大利亚	41.4
日本	49.7

　　资料来源：转引自国务院发展研究中心.2004.中国电价与电力发展报告

---

　　① 根据2008年9月国家电力监管委员会发布的《2007年度电价执行情况监管报告》，2007年我国平均上网电价和售电价为336.28元/千千瓦时和508.51元/千千瓦时。2008年至今，经过两次调价，上网电价和售电价分别上调37元/千千瓦时、25元/千千瓦时，即目前上网电价和销售电价分别为373.28元/千千瓦时和533.51元/千千瓦时。

7.2.2 电价变动对价格水平及行业产出的影响

控制能源价格持续上涨，就必须将需求控制在合理水平。能源价格干预虽然可以使名义价格处于低位，但会抑制能源供给，刺激需求，会导致隐性的通货膨胀，一旦价格干预放开，将引发更严重的报复性的通货膨胀。因此，需要将价格信号引入能源消费行为的引导中，通过建立价格机制消除市场扭曲，避免能源消费的无效率和不公平，放大需求等。通过建立透明合理的能源价格机制，让能源价格反映稀缺和环境成本。本节将会引入电力价格变动对各行业的影响的数值模拟，以明确价格引导机制的影响。我们将会对所使用的投入产出模型和模拟结果分别进行介绍。

1. 投入产出模型构建

由于电力在国民经济中的重要作用，在此采取投入产出算法测度电力价格上涨对国民经济各部门的传导效应。国民经济中成千上万种实物产品在生产过程中发生着形式多样的生产、分配、中间使用的相互联系，产品生产过程中凭借这种相互消耗，形成了错综复杂的关系，因此可以使用投入产出模型来分析电价变动对高耗电行业的影响。我们首先来介绍一下所使用的投入产出模型。

在投入产出模型中，直接消耗系数、完全消耗系数等都是非常重要的概念。其中，直接消耗系数的计算公式如下

$$a_{ij} = \frac{x_{ij}}{q_j} \tag{7-7}$$

式中，a_{ij} 是 j 部门对 i 部门的直接消耗系数，x_{ij} 是 j 部门生产中消耗的第 i 部门的产品数量，q_j 是 j 部门的总产出。

直接消耗系数矩阵是指在生产经营过程中第 j 产品（或产业）部门的单位总产出所直接消耗的第 i 产品部门货物或服务的价值量，将各产品（或产业）部门的直接消耗系数用表的形式表现出来，就是直接消耗系数表或直接消耗系数矩阵，通常用字母 A 表示。直接消耗系数矩阵 A 是由直接消耗系数构成的矩阵 $(a_{ij})_{m \times n}$，根据投入产出的平衡关系，则有下列关系式成立

$$A = (a_{ij})_{m \times n} = X \times Q^{-1} \tag{7-8}$$

式中 X 是直接消耗矩阵 $(x_{ij})_{m \times n}$，Q^{-1} 是由产出矩阵 Q 的逆矩阵，Q 是由产出构成的列矩阵 $(q_j)_{n \times 1}$，其形式为

$$Q = \begin{pmatrix} q_1 & \cdots & 0 \\ \vdots & & \vdots \\ 0 & \cdots & q_n \end{pmatrix} \tag{7-9}$$

$(I - A)$ 是里昂惕夫矩阵，即

$$I - A = \begin{pmatrix} 1 - a_{11} & \cdots & - a_{1n} \\ \vdots & & \vdots \\ - a_{m1} & \cdots & 1 - a_{mn} \end{pmatrix} \tag{7-10}$$

式中，完全消耗系数和完全需求系数矩阵的计算公式为

$$B = (I - A)^{-1} - I = \begin{pmatrix} b_{11} & \cdots & b_{1n} \\ \vdots & & \vdots \\ b_{m1} & \cdots & b_{mn} \end{pmatrix} \tag{7-11}$$

式中，完全消耗系数 b_{ij} 是生产每单位产品 j 最终产品所需要直接消耗的产品 i 与全部间接消耗的产品 i 的数量之和。

完全需求系数的计算公式为

$$\overline{B} = (I - A)^{-1} = \begin{pmatrix} b_{11} + 1 & \cdots & b_{1n} \\ \vdots & & \vdots \\ b_{m1} & \cdots & b_{mn} + 1 \end{pmatrix} \tag{7-12}$$

投入产出表反映了经济中各个部门之间实物产品使用的相互影响，使用投入产出模型可以通过部门之间的联系，模拟出一个部门变动对其他部门所产生的影响。同时，电力部门产品主要作为其他各部门的投入物品，电力产品的价格变动，通过部门间的生产联系以及部门间投入产出传递，从而对各部门的产品价格产生影响。

依据总价值=中间投入价值+初始投入价值，即

$$P_j X_j = \sum_{i=1}^{n} P_j X_{ij} + G_j + V_j + M_j \tag{7-13}$$

式中，P_j 是第 j 种产品的价格，G_j 是折旧额，V_j 是劳动报酬，M_j 是纯收入。

对式（7-13）进行变形，两边同时除以 X_j，可以得到

$$\begin{aligned} P_j &= \sum_{i=1}^{n} P_j \frac{X_i}{X_j} + g_j + v_j + m_j \\ g_j &= G_j / X_i \\ v_j &= V_j / X_i \\ m_j &= M_j / X_i \end{aligned} \tag{7-14}$$

将它写成矩阵形式为

$$P = (g + v + m)(I - A)^{-1} \qquad (7\text{-}15)$$

同时，从投入产出价格模型可以推导出价格影响模型，这里讨论当一种（些）产品价格发生变化后对其他产品价格的影响。我们以一种产品（设为第 n 种产品）价格的变化对其他产品价格的影响为例说明。

设第 n 种产品价格变化为 ΔP_n，则其他 $n-1$ 种产品价格受到的影响 ΔP_{n-1} 可用式（7-16）表达

$$(\Delta P_1, \ \Delta P_2, \ \cdots, \ \Delta P_{n-1}) = \Delta P_n(a_{n1}, \ a_{n2}, \ \cdots, \ a_{nn-1})(I - A)^{-1} \quad (7\text{-}16)$$

式中 A_{n-1} 为去掉第 n 行、第 n 列后的直接消耗系数矩阵。

2. 电力价格变动对行业产品价格的影响

电力作为产品生产过程中的重要中间投入品，其价格变动将会导致高耗电行业产品生产成本变动和价格变动。本节使用投入产出模型对电力价格变动对各个行业产品价格的影响进行了数值模拟。

值得注意的是，电力价格变动会对整个经济产生较为复杂的影响。一方面，电力作为中间投入品会对各个行业产生直接影响，这部分影响可以反映在投入产出模型中的直接消耗系数中；另一方面，电力价格变动也会产生间接影响，通过不同行业部门之间错综复杂的投入产出关系发挥作用，这部分影响可以反映在间接消耗系数当中。从这个意义上讲，电力价格变动所产生的影响差异，可以与我们直觉上的高耗电行业和低耗电行业的划分产生一定差异。

表 7-9 列出了当电力价格上升 10% 时，各个行业产品价格的变动情况。表 7-9 中列出了除电力行业之外的其他 41 个行业的模拟结果。经过观察可知，燃气生产和供应业、水的生产和供应业的产品价格上升幅度最大，其中燃气生产和供应业的产品价格将会上升 3.1%，水的生产和供应业的产品价格将会上升 2.6%。该数据表明，这两个行业产品价格受电力价格上涨的影响最大。该结果符合预期，这主要是由电力中间投入品在这两个行业所有中间投入品中所占比重较大造成的。与此同时，文化、体育和娱乐业的产品价格将会上升 2.0%，非金属矿物制品业的产品价格将会上升 1.9%，金属冶炼及压延加工业的产品价格将会上升 1.7%，金属矿采选业的产品价格将会上升 1.6%，造纸印刷及文教体育用品制造业的产品价格将会上升 1.6%，非金属矿及其他矿采选业的产品价格将会上升 1.4%，纺织业的产品价格将会上升 1.4%，化学工业的产品价格将会上升 1.4%。以上数据表明，电力价格上涨将会对不同行业造成不同程度的影响。

表7-9 电力价格上升10%对各个行业产品价格的影响

位次	行业名称	是否为重点关注的高耗电行业	价格变动比例/%
1	燃气生产和供应业	不是	3.1
2	水的生产和供应业	不是	2.6
3	文化、体育和娱乐业	是	2.0
4	非金属矿物制品业	是	1.9
5	金属冶炼及压延加工业	是	1.7
6	金属矿采选业	不是	1.6
7	造纸印刷及文教体育用品制造业	不是	1.6
8	非金属矿及其他矿采选业	不是	1.4
9	纺织业	不是	1.4
10	化学工业	是	1.4
11	租赁和商务服务业	是	1.4
12	煤炭开采和洗选业	是	1.3
13	通用、专用设备制造业	不是	1.3
14	通信设备、计算机及其他电子设备制造业	不是	1.3
15	教育	是	1.3
16	金属制品业	不是	1.2
17	信息传输、计算机服务和软件业	是	1.2
18	电气机械及器材制造业	不是	1.1
19	仪器仪表及文化办公用机械制造业	不是	1.1
20	建筑业	不是	1.1
21	木材加工及家具制造业	不是	1.0
22	卫生、社会保障和社会福利业	不是	1.0
23	交通运输设备制造业	不是	0.9
24	工艺品及其他制造业	不是	0.9
25	研究与试验发展业	不是	0.9
26	综合技术服务业	不是	0.9
27	居民服务和其他服务业	不是	0.9
28	石油和天然气开采业	是	0.8
29	纺织、服装、鞋帽、皮革、羽绒及其制品业	不是	0.8
30	石油加工、炼焦及核燃料加工业	不是	0.8

续表

位次	行业名称	是否为重点关注的高耗电行业	价格变动比例/%
31	废品废料	不是	0.8
32	住宿和餐饮业	不是	0.8
33	房地产业	是	0.8
34	水利、环境和公共设施管理业	不是	0.8
35	公共管理和社会组织	是	0.8
36	食品制造及烟草加工业	不是	0.7
37	交通运输及仓储业	不是	0.7
38	批发和零售业	是	0.7
39	邮政业	不是	0.6
40	农、林、牧、渔业	不是	0.4
41	金融业	不是	0.4

根据表 7-9 中的数据所示，总体而言，重点关注的高耗电行业受到电价波动的影响相对较大。不过，一些不属于重点关注的高耗电行业的产品价格也可能会较大，如燃气的生产和供应业、水的生产和供应业。与此同时，房地产业、批发零售业产品价格所受的影响相对较小，这主要是由电力中间投入品在其所有中间投入品中所占的比重较小导致的。因此，电力价格波动对不同产业的影响，既要看它是否属于高耗电行业，还要看它与其他行业部门之间的投入产出联系。

3. 电力价格上涨对国民经济各部门的传导效应

模拟结果显示，电力价格上涨将会导致其他行业产品价格上涨。同时，产品价格的上涨将会导致产品需求和产品产出水平的下降。我们将分别介绍电力价格变动对各个行业产出的影响。

我们用下列公式计算各个行业产出水平的变化

$$\Delta Q_m = \left(\frac{Q_{1m} - Q_{0m}}{Q_{0m}} \right)$$

$$Q_{1m} = Q_{0m}(\Delta PQ_m)^{\omega_m} \tag{7-17}$$

$$\Delta PQ_m = PQ_{1m} - PQ_{0m}$$

式中，ΔQ 表示各个行业产品产出水平的变化，m 表示各个行业部门，Q_1 表示电力价格变动后的产出水平，Q_0 表示电力价格变动前的产出水平，ΔPQ 表示各个行业产品价格水平的变化，PQ_1，PQ_0 分别表示电力价格变动后的价格水平和电力价格变动前的价格水平，ω 表示各个行业产品需求的价格弹性。

表 7-10 列出了当电力价格上升 10% 时，各个行业产品产出水平所受到的影响。在计算过程中，我们根据姚枝仲等（2010）和余军（2011）来设定不同产品需求的价格弹性。表中列出了 42 个部门产出水平所受到的影响。

经过观察表 7-10 可知，相比较而言，电力、热力的生产和供应业产品产出水平所受到的影响最大，燃气生产和供应业，水的生产和供应业，文化、体育和娱乐业，非金属矿物制品业，金属冶炼及压延加工业，金属矿采选业，造纸印刷及文教体育用品制造业，非金属矿及其他矿采选业，纺织业产出水平受到的影响相对较大。同时，总产出水平下降 0.7%，这表明提高电价将会造成总产出水平下降。

表 7-10　电力价格上升 10% 对各个行业产品产出水平的影响

位次	行业名称	产出水平变化比例/%
1	电力、热力的生产和供应业	−2.8
2	燃气生产和供应业	−0.9
3	水的生产和供应业	−0.8
4	文化、体育和娱乐业	−0.6
5	非金属矿物制品业	−0.6
6	金属冶炼及压延加工业	−0.5
7	金属矿采选业	−0.5
8	造纸印刷及文教体育用品制造业	−0.5
9	非金属矿及其他矿采选业	−0.4
10	纺织业	−0.4
11	化学工业	−0.4
12	租赁和商务服务业	−0.4
13	煤炭开采和洗选业	−0.4
14	通用、专用设备制造业	−0.4
15	通信设备、计算机及其他电子设备制造业	−0.4
16	教育	−0.4
17	金属制品业	−0.4
18	信息传输、计算机服务和软件业	−0.4
19	电气机械及器材制造业	−0.3
20	仪器仪表及文化办公用机械制造业	−0.3

续表

位次	行业名称	产出水平变化比例/%
21	建筑业	-0.3
22	木材加工及家具制造业	-0.3
23	卫生、社会保障和社会福利业	-0.3
24	交通运输设备制造业	-0.3
25	工艺品及其他制造业	-0.3
26	研究与试验发展业	-0.3
27	综合技术服务业	-0.3
28	居民服务和其他服务业	-0.3
29	石油和天然气开采业	-0.2
30	纺织、服装、鞋帽、皮革、羽绒及其制品业	-0.2
31	石油加工、炼焦及核燃料加工业	-0.2
32	废品废料	-0.2
33	住宿和餐饮业	-0.2
34	房地产业	-0.2
35	水利、环境和公共设施管理业	-0.2
36	公共管理和社会组织	-0.2
37	食品制造及烟草加工业	-0.2
38	交通运输及仓储业	-0.2
39	批发和零售业	-0.2
40	邮政业	-0.2
41	农、林、牧、渔业	-0.1
42	金融业	-0.1
总产出水平		-0.7

7.2.3　建立价格引导的行业影响研究——基于微观调查数据

在针对六省（江苏、辽宁、河北、河南、广东和云南）的实地工业调查得到的合并数据（林伯强，2006）的基础上，可以建立电力供需影响模型，电价在供给函数中作为投入品的价格，而在需求函数中作为替代（互补）品的价格，研究电价调整对特定行业的影响。该问卷调查共 900 份问卷，问卷调查收集了代表性工业的相关资料，其他数据来源于各类统计年鉴的省级时间序列数据。供给方程的变量大多来源于调查：数量数据按实物形态计算；电价单位是分/千瓦时；劳动和资本（投入要素）的价格按工资和利率计算。工业部门按照电力消费水平分为三类：高耗电工业（机械和冶金）、一般耗电工业（化工和纺织）和低耗电工业（食品和电信）。

问卷调查表明，工业生产高度依赖电力。关于被调查企业每年总能源消耗中电力、煤炭、石油、天然气四类能源各自的比重，统计结果显示，这些企业的平均能源投入高度集中于电力，电力消耗比重达到82%，煤炭和石油分别占17%和1%，天然气利用量很小。这与日常观察的结果是一致的。研究使用了6个被调查省的电力公司提供的2002年省分类电价数据。表7-11中的电价是各类消费者的终端用户电价。尽管电价水平在各省之间有差异，其中广东最高，而云南最低，但各省的电价结构极为相似。电价差异主要反映了电力供应成本的差异。例如，云南主要利用水电，所以电价最低。在各类消费者的终端用户电价中，趸售用户电价最低，而商业用户电价最高。

表7-11　2002年各类终端用户的实际电价　　单位：分/千瓦时

项目	河南	辽宁	江苏	河北	云南	广东
居民	33.45	35.34	40.94	37.49	33.2	64.4
非居民	40.44	63.47	73.32	55.98	41.6	—
大工业	35.01	40.27	45.75	39.96	29.5	61.6
小工业及非工业	41.95	62.03	61.99	51.3	41.0	71.9
商业	55.71	74.48	85.31	70.69	62.9	97.2
农业	32.43	36.36	36.99	34.62	22.8	59.2
趸售	32.17	36.29	24.12	32.23	25.0	—
销往其他省	48.53	19.82	13.56	—	22.0	—

资料来源：林伯强，2006

表7-12是2002年6省的终端用户平均电价、估计的支付意愿（WTPe）和长期边际成本（LRMC）。WTPe根据最佳备择供电成本来估算，LRMC根据省级最小成本电力规划估计。表7-12表明，除了河南和广东以外，各省工业电价都接近于LRMC。河南的工业电价比LRMC低9.3%，而广东的工业电价却比LRMC高19.8%。如果向边际成本调整，广东的工业电价需要降低而河南的工业电价需要提高。

表 7-12　2002 年 6 省电价有关数据　　　　单位：分/千瓦时

项目	河南	辽宁	江苏	河北	云南	广东
工业电价	35.01	40.27	45.75	39.96	29.51	61.55
WTP	52.87	49.45	49.43	44.09	38.90	94.58
LRMC	38.61	38.58	45.76	39.68	30.80	51.40
WTP/电价	151.01	122.80	108.04	110.34	131.83	153.66
LRMC/电价	110.28	95.80	100.02	99.30	104.38	83.51

资料来源：林伯强，2006

对设定的供给和需求函数的参数都进行估计后，所有需求和供给变量的符号与预期一致。最终产品价格对电价的弹性见表 7-13。

表 7-13　最终产品价格对电价的弹性

省份	高耗电		一般耗电		低耗电	
	冶金	机械	化工	纺织和服装	食品和饮料	电信与设备
江苏	0.19	0.23	0.15	0.16	0.08	0.09
辽宁	0.21	0.23	0.12	0.09	0.09	0.06
河北	0.17	0.19	0.10	0.08	0.06	0.06
河南	0.20	0.20	0.12	0.09	0.07	0.07
广东	0.24	0.26	0.21	0.22	0.16	0.11
云南	0.18	0.19	0.08	0.08	0.07	0.06

资料来源：林伯强，2006

表 7-13 显示，在不同省份同类工业对电价变动的反应不同。例如，冶金工业在广东的弹性系数是 0.24，而在河北只有 0.17。从各省的情况看，广东的平均反应强度高于其他省，原因是广东的电价较高，工业环境的竞争性更强。在同一省份，机械工业对电价最为敏感。以江苏为例，与食品工业相比，机械工业对电价的敏感性要高近 2 倍。总体上看，高耗电工业比低耗电工业对电价更加敏感。

以表 7-13 中最终产品价格关于电价的弹性为基础，估计出 6 省电价变动对工业竞争的影响。另外，如果实际电价调为 WTPe 和 LRMC，会出现什么情况？表 7-14 和表 7-15 给出了电价调整到 WTPe 和 LRMC 后，对 6 省的工业产品价格的影响。总体上看，电价向 WTPe 变动对各类工业都有很大影响，工业产品价格平均上涨 4.3%，其中广东涨幅最高，达到 10.8%。

表 7-14 采用 WTPe 电价对产品价格的影响　　　　单位:%

类别	工业	省份					
		江苏	辽宁	河北	河南	广东	云南
高耗电	冶金	1.52	4.71	1.79	9.98	12.73	5.83
	机械	1.86	5.14	1.93	10.14	14.19	6.19
一般耗电	化工	1.18	2.84	1.00	5.99	11.13	2.65
	纺织	1.26	2.07	0.82	4.64	11.72	2.41
低耗电	食品饮料	0.65	1.94	0.66	3.8	8.75	2.10
	电信	0.73	1.39	0.60	3.37	6.07	1.87

资料来源: 林伯强, 2006

如果根据供电经济成本或 LRMC 调整电价, 结果显示广东、辽宁、河北的工业产品价格将下降, 而河南和云南的价格将有所提高 (表 7-15)。江苏工业电价接近于 LRMC, 因此受电价调整的影响不大。从 2001 年的平均情况看, 除河南以外, 电价向经济成本的变动可以提高所有工业的竞争性。

表 7-15 使用 LRMC 电价对产品价格的影响　　　　单位:%

类别	工业	省份					
		江苏	辽宁	河北	河南	广东	云南
高耗电	冶金	0	-0.87	-0.12	2.01	-3.91	0.80
	机械	0.01	-0.95	-0.13	2.04	-4.36	0.85
一般耗电	化工	0	-0.52	-0.07	1.21	-3.42	0.36
	纺织	0	-0.38	-0.06	0.94	-3.60	0.33
低耗电	食品	0	-0.36	-0.04	0.77	-2.69	0.29
	通信	0	-0.26	-0.04	0.68	-1.87	0.26

电力短缺影响的一个重要方面是电价上涨。对不同电价涨幅对工业产品价格的影响进行模拟, 表 7-16 ~ 表 7-21 列出了 6 省受到影响的模拟结果。提高电价对各省以及各省的不同耗电工业有不同幅度的影响, 但总趋势是一致的。总体而言, 电价变动对工业产品价格的影响不仅取决于电价变动本身, 还取决于耗电量。同预期的一样, 同等幅度的电价变动对高耗电工业的影响大于低耗电工业。

所有工业对电价变动都敏感。较大的电价变动导致工业产品价格上涨得较高。如果电价提高 5%，广东的工业产品的平均价格提高 1%。除此之外，电价上涨对用电大户和电价较高的省份影响更大。

自从 2002 年出现电力短缺以来，政府已经提高了工业电价。如果电价上涨部分被转嫁给终端消费者，可能出现通货膨胀压力。如果不能转嫁给消费者，则企业的财务状况将受到影响。对于收益率达到 10% 的工业来说，电价提高 5% 或许还可以承受。但是，工业收益率一般在 6% 左右，那么 5% 的电价涨幅将使它们损失 15%～20% 的利润。

表 7-16　江苏省电价影响模拟

类别	工业	电价涨幅/%						
		5	10	15	20	30	40	50
高耗电工业产品价格变动	冶金	0.95	1.89	2.84	3.78	5.67	7.56	9.46
	机械	1.16	2.31	3.47	4.62	6.93	9.24	11.56
一般耗电产品价格变动	化工	0.73	1.46	2.19	2.92	4.39	5.85	7.31
	纺织	0.78	1.57	2.35	3.14	4.70	6.27	7.84
低耗电工业产品价格变动	食品	0.41	0.81	1.22	1.63	2.44	3.25	4.07
	电信	0.46	0.91	1.37	1.83	2.74	3.65	4.57

表 7-17　辽宁省电价影响模拟

类别	工业	电价涨幅/%						
		5	10	15	20	30	40	50
高耗电工业产品价格变动	冶金	1.03	2.07	3.10	4.14	6.2	8.27	10.34
	机械	1.13	2.25	3.38	4.51	6.76	9.02	11.27
一般耗电产品价格变动	化工	0.62	1.25	1.87	2.49	3.74	4.98	6.23
	纺织	0.46	0.91	1.37	1.82	2.73	3.64	4.55
低耗电工业产品价格变动	食品	0.43	0.85	1.28	1.71	2.56	3.41	4.26
	电信	0.31	0.61	0.92	1.22	1.83	2.45	3.06

表7-18   河北省电价影响模拟

类别	工业	电价涨幅/%						
		5	10	15	20	30	40	50
高耗电工业产品价格变动	冶金	0.86	1.73	2.59	3.46	5.19	6.92	8.65
	机械	0.93	1.87	2.80	3.73	5.60	7.46	9.33
一般耗电产品价格变动	化工	0.48	0.97	1.45	1.93	2.9	3.86	4.83
	纺织	0.39	0.79	1.18	1.58	2.37	3.16	3.95
低耗电工业产品价格变动	食品	0.32	0.64	0.95	1.27	1.91	2.54	3.18
	电信	0.29	0.58	0.88	1.17	1.75	2.34	2.92

表7-19   河南省电价影响模拟

类别	工业	电价涨幅/%						
		5	10	15	20	30	40	50
高耗电工业产品价格变动	冶金	0.98	1.96	2.93	3.91	5.87	7.82	9.78
	机械	0.99	1.99	2.98	3.97	5.96	7.95	9.94
一般耗电产品价格变动	化工	0.59	1.17	1.76	2.35	3.52	4.70	5.87
	纺织	0.46	0.91	1.37	1.82	2.73	3.64	4.55
低耗电工业产品价格变动	食品	0.37	0.74	1.12	1.49	2.23	2.98	3.72
	电信	0.33	0.66	0.99	1.32	1.98	2.64	3.30

表7-20   广东省电价影响模拟

类别	工业	电价涨幅/%						
		5	10	15	20	30	40	50
高耗电工业产品价格变动	冶金	1.19	2.37	3.56	4.75	7.12	9.49	11.87
	机械	1.32	2.64	3.97	5.29	7.93	10.58	13.22
一般耗电产品价格变动	化工	1.04	2.07	3.11	4.15	6.22	8.30	10.37
	纺织	1.09	2.19	3.28	4.37	6.56	8.74	10.93
低耗电工业产品价格变动	食品	0.82	1.63	2.45	3.26	4.89	6.52	8.15
	电信	0.57	1.13	1.70	2.26	3.40	4.53	5.66

表 7-21　云南省电价影响模拟

类别	工业	电价涨幅/%						
		5	10	15	20	30	40	50
高耗电工业产品价格变动	冶金	0.92	1.83	2.75	3.66	5.50	7.33	9.16
	机械	0.97	1.95	2.92	3.89	5.84	7.78	9.73
一般耗电产品价格变动	化工	0.42	0.83	1.25	1.67	2.50	3.33	4.16
	纺织	0.38	0.76	1.14	1.52	2.27	3.03	3.79
低耗电工业产品价格变动	食品	0.33	0.66	0.99	1.32	1.98	2.64	3.30
	电信	0.29	0.59	0.88	1.17	1.76	2.35	2.94

7.2.4　改革能源补贴，建立电力价格引导机制支持清洁能源发展

任何使消费者接受的价格低于市场价格，或者生产者接受的价格高于市场价格，或者采取降低消费者和生产者成本的措施，就是能源补贴（OECD，1998；IEA，1999）。能源补贴的形式多样，较多地体现为政府对能源价格的管制，特别是在发展中国家。中国长期扭曲的电力价格机制即是能源补贴的一种形式，本节在设定参考价格及各能源需求的弹性，并且考虑了各化石能源发电的外部成本（表 7-22）的基础上，估算出了中国化石能源补贴规模（表 7-23）。

表 7-22　各能源发电的外部成本　　　单位：欧分/千瓦时

项目	煤炭	石油	天然气	水电	风电	太阳能发电	生物质发电	核电
下限	4.1	4.4	1.3	0.4	0.1	0.6	1.2	0.2
上限	7.3	7.0	2.3	0.5	0.2	1.5	1.6	0.4

资料来源：厦门大学中国能源经济研究中心工作论文

表 7-23　2007 年化石能源补贴规模

项目	补贴率/%	补贴量/亿元	占总补贴比例/%	占 GDP 比例/%	取消补贴减少的能源需求	减少的能耗/万吨标准煤
煤炭	34.6	4162.2	37.01	1.67	286.2 万吨	204.5
汽油	23.7	1274.1	11.33	0.51	349.5 万吨	5.14
燃料油	32.1	557.1	4.95	0.22	299.4 万吨	4.28
柴油	22.7	2407.5	21.41	0.96	764.9 万吨	11.1

续表

项目	补贴率/%	补贴量/亿元	占总补贴比例/%	占 GDP 比例/%	取消补贴减少的能源需求	减少的能耗/万吨标准煤
天然气	30.1	964.0	8.57	0.39	110.9 亿立方米	14.7
火电	8.2	1881.9	16.73	0.76	484.7 亿千瓦时	5.95
合计	—	11 246.8	100.00	4.51		245.7

资料来源：厦门大学中国能源经济研究中心工作论文

通过表 7-23 可以看出，在考虑了各能源的外部成本以后，2007 年中国实行低价的能源政策导致的终端能源补贴规模高达 11 246.8 亿元，占当年 GDP 的 4.51%。其中包括汽油、柴油和燃料油在内的成品油补贴最多，达 4238.7 亿元，占当年 GDP 的 1.69%。这主要是因为 2007 年国际油价的持续增长，但国内油价的上调则相对滞后。其次是对煤炭的补贴，达到 4162.2 亿元，占总补贴的 37.08%，占当年 GDP 的 1.67%。主要原因是电煤价格及政府对运输能力的管制使得煤炭价格实际上放而未开。对电力消费的净补贴达到 1881.9 亿元，占总补贴的 16.7%，占当年 GDP 的 0.76%。取消能源补贴，将减少能源消费 245.7 万吨标煤，约占 2007 年一次能源消费总量的 9.25%。这表明取消能源补贴，能源价格地提高能促进能源效率地改进，进而减少能源消费。

2007 年中国清洁能源发展得到的补贴约为 53.79 亿元，这部分是财政实际支付的。但要满足可再生能源的上网需求，特别是风电和太阳能发电，相比目前一年不到 2 亿的可再生能源发电，电网介入补贴，对电网的投资将大幅增大，这也必将增加清洁能源的发电成本。此外，清洁能源发电过程中产生的外部成本也应纳入实际发电成本，即目前对清洁能源的补贴并没有完全弥补所有的发电成本。清洁能源的完全成本包括生产成本、满足清洁能源发电对电网的新增投资成本和外部成本。为了完全弥补清洁能源的发电成本，需要的补贴规模见表 7-24。

表 7-24　2007 年清洁能源发电的补贴估计

项目	弥补所有成本需要的补贴/亿元	
	下限	上限
水电	—	—
风电	86.01	142.09
太阳能发电	0.29	0.52
生物质发电	27.1	38.48
核电	46.01	59.38
总计	159.41	240.47

资料来源：厦门大学中国能源经济研究中心工作论文

如果完全弥补清洁能源的发电成本,那么 2007 年对清洁能源补贴将达到 159.4 亿~240.5 亿元。这说明目前的补贴规模远不能弥补清洁能源的发电成本,对于激励清洁能源的发展作用有限。因此,要在中国提高清洁能源发电比例,需要进一步大幅增加对清洁能源的补贴。在纳入所有成本后,水电的成本价格远低于最终销售电价,所以对水电补贴为零。对风电的补贴最多,主要是因为新增输电线投资主要由风电引起。生物质发电和核电的新增成本主要是外部成本的增加引起的。

通过构建中国能源环境一般可计算均衡模型,可以模拟取消能源补贴以及在取消后将部分补贴再分配后的宏观经济影响见表 7-25 和表 7-26。

表 7-25　能源补贴取消的宏观经济影响　　　　　　　　单位:%

项目	GDP	就业	单位 GDP 能耗	二氧化碳排放	二氧化硫排放
变化率	-6.52	-5.86	-9	-10.66	-10.8

资料来源:厦门大学中国能源经济研究中心工作论文

表 7-26　增加清洁能源投入的宏观经济影响　　　　　　单位:%

项目	GDP	就业	单位 GDP 能耗	二氧化碳排放	二氧化硫排放
下限	0.034	0.026	-0.075	-0.055	-0.017
上限	0.046	0.033	-0.099	-0.076	-0.023

资料来源:厦门大学中国能源经济研究中心工作论文

根据表 7-25,取消补贴后福利有较大幅度的下降,同时对宏观经济有负面影响。GDP 和就业将分别下降 6.52% 和 5.86%。对环境的影响均为负,即减少环境的污染,单位 GDP 能耗将降低 9%。影响最大的是二氧化碳和二氧化硫的排放,将降低约 10%。这说明对于中国这样的发展中国家,提高能源价格是改善能源效率和减少排放的关键因素。但由于现在转型阶段的特殊性,经济增长直接与社会发展和稳定紧密联系,能源补贴改革导致的对 GDP 和就业等宏观经济变量的较大的负面冲击将成为一个现实的挑战。CGE 模拟结果也证实,简单取消能源补贴并不是一个合理的政策,应该寻求更完美的政策组合。

将取消化石燃料补贴节省的部分资金投入到清洁能源部门,结果表明:将各种清洁能源的新增补贴投入到各清洁能源部门,对宏观经济有显著的正影响,而且投入越多正影响越大。由于计算的补贴增量以区间表示,因此分为下限和上限的不同影响,见表 7-26。

当新增投入为下限时,GDP 与就业将分别增长 0.034% 和 0.026%,单位 GDP 能耗将降低 0.75%。对环境影响为负,即可以减少环境污染。二氧化碳和二氧化硫的排放将分别增长 0.055% 和 0.017%。当新增投入为上限时,即进一步增加清洁能源的投入,GDP 和就业将分别增长 0.046% 和 0.033%,单位 GDP 能耗下降 0.099%。二氧化碳和二氧化硫的排放将分别减少 0.076% 和 0.023%。这里 CGE 模拟的从化石能源部门转移到清洁能源部门的补贴数额不大,仅占化石能源补贴总额的 0.01% ~ 0.02%,随着转移的补贴数额地增加,宏观经济影响的效果会更显著。对清洁部门新增的补贴仅用于完全弥补清洁能源的发电成本,如果在此基础上进一步增加对清洁能源的补贴,促进经济增长和就业、减少排放的效果将更为显著。

7.2.5   小结

电价是连接电力企业与下游用电产业的纽带,合理的电价水平不仅关系到电力企业的运营状况,同时对下游产业的发展也至关重要。

对于政府来讲,政府要想调整产业结构,尤其是其内部工业结构,不仅可以采取对电价水平高低进行调整的方式,同时还可以根据产品对电价的敏感性来调整电价,在不影响电力企业成本分摊的基础上,起到调节用电企业规模的作用。

目前来看,存在多种手段来保障能源,包括电力的供需平衡。有的手段属于技术手段,有的手段属于经济手段。尽管这些手段都可以确保能源供需平衡,但是这些手段所产生的经济影响和环境影响却未必会相同。

保证能源供需平衡的经济手段,以上述分析的电力(或能源)价格上升为例进行说明。以提高能源价格为代表的经济手段,是从能源需求角度出发来确保能源供需平衡的。电力价格上升会降低电力需求量,从而可以导致能源供需平衡,因而它也是一种确保能源供需平衡的手段。这种手段是通过价格机制来发挥作用的,因而又是一种经济手段。

第8章　煤炭企业经营成本的案例分析

国家目前的煤炭价格水平评估，以及下一阶段的政策调整，在很大程度上需要对目前煤炭企业的经营状况特别是生产成本进行摸底。本章选取具有代表性的动力煤上市公司作为样本企业，对煤炭企业的经营情况进行了分析。主要结论有以下几个方面。

第一，对煤炭企业历史经营情况分析发现，2003~2010年煤炭行业经历了一轮高速成长。然而近两年煤炭行业净利润增速放缓，煤价、成本、产销量的影响都存在，其中煤价涨幅缩小是主要因素。在这种情形下，煤企盈利的核心便归结到吨煤成本的控制。

第二，吨煤成本的上升主要原因是成本的刚性上涨。包括各种显性、隐性的政策性成本（煤价调节基金、安全费、行政收费）不断增加；煤炭企业近年的扩张带来的企业的财务费用增加；原材料、动力燃料等价格上涨。若能控制成本增速，煤炭企业的盈利空间在较长时期内仍能保障。

第三，2012年以来，煤炭价格的下跌使得各大煤炭企业自寻出路，纷纷向电力行业和煤化工行业扩张。因而，随着煤炭市场疲软，电力供应相对宽松，煤电一体化改革迎来了历史机遇。

8.1　典型煤炭行业上市公司选取

8.1.1　煤炭行业经营现状

煤炭是中国最主要的一次能源，在能源供给中长期处于主导地位，从统计数据看，煤炭占我国能源消费的比例一直维持在70%左右，煤炭产业价值链巨大。随着我国经济的快速、稳定发展，对煤炭的需求也逐年增加。2000~2010年煤炭产量及销售量一直保持着稳步增长。我国的煤炭产地也比较集中，全国80%的新增原煤产量由内蒙古、山西、陕西三省贡献。目前规划和建设中的亿吨级煤炭能源基地有14个，这些大型煤炭基地的规划和建设以大型煤炭企业为主体。国家重点支持大型煤炭企业重组，并鼓励通过合资、合作等方式吸引不同类别的投资者，参与煤炭企业股份制改造。

　　煤炭行业处于产业的上游和价值链的最底端，煤炭四大下游产业分别是电力、钢铁、建材、化工，基础设施建设和我国工业水平的整体发展与这些产业息息相关。随着我国经济的高速发展，鉴于目前阶段经济高耗能的增长模式和投资拉动的增长方式，四大行业的发展会对我国煤炭行业起到巨大的拉动作用。

　　作为煤炭企业的代表，煤炭上市公司也更受人关注，大部分煤炭上市公司都是在原有集团总公司的基础上通过设立股份公司改造上市，具有极大的发展空间。由于国家对于煤炭行业产业结构的关注以及煤炭工业"十二五"规划的制定，煤炭上市公司也必将与煤炭行业一起迎来总体效益提升的关键时期。

　　2011 年主要煤炭上市公司中，中国神华原煤产量最高，为 28 190 万吨，其次为中煤能源、兖州煤业、露天煤业、平煤股份，分别为 12 916 万吨、5568 万吨、4400 万吨、386 万吨（图 8-1）。

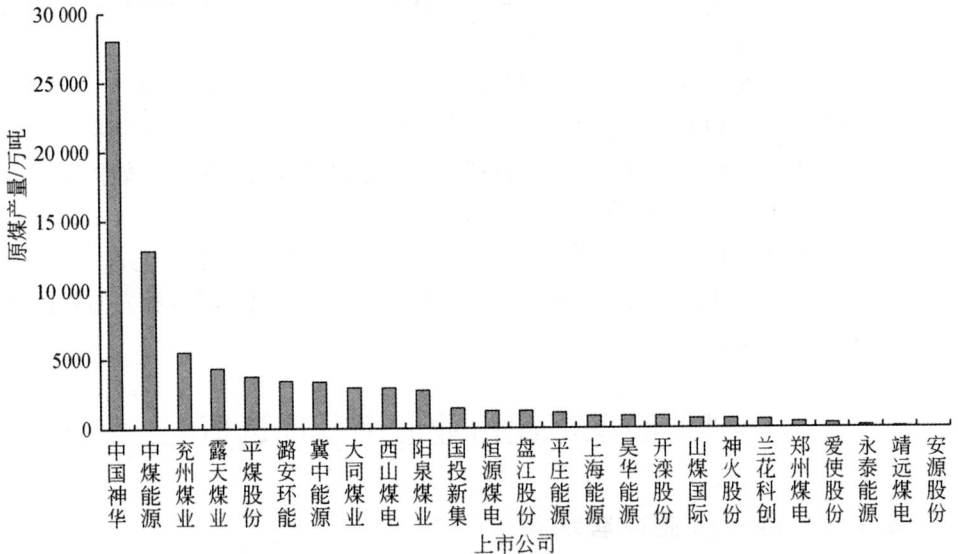

图 8-1　煤炭行业上市公司 2011 年原煤产量

　　不考虑非煤业务的影响，2011 年以原煤产量计算的吨煤净利水平最高的是兰花科创，盈利能力为 261 元/吨，其次是山煤国际、中国神华、上海能源、神火股份，盈利能力分别为 225 元/吨、183 元/吨、158 元/吨、156 元/吨（图 8-2）。

　　近几年受成本快速增长影响，煤炭行业毛利率出现了明显的下降。从煤炭行业上市公司整体来看，毛利率从 2008 年的 41.8%，持续下滑至 2012 年一季度的27.9%（图 8-3）。2011 年煤炭行业净资产收益率（ROE）较 2010 年略提高了

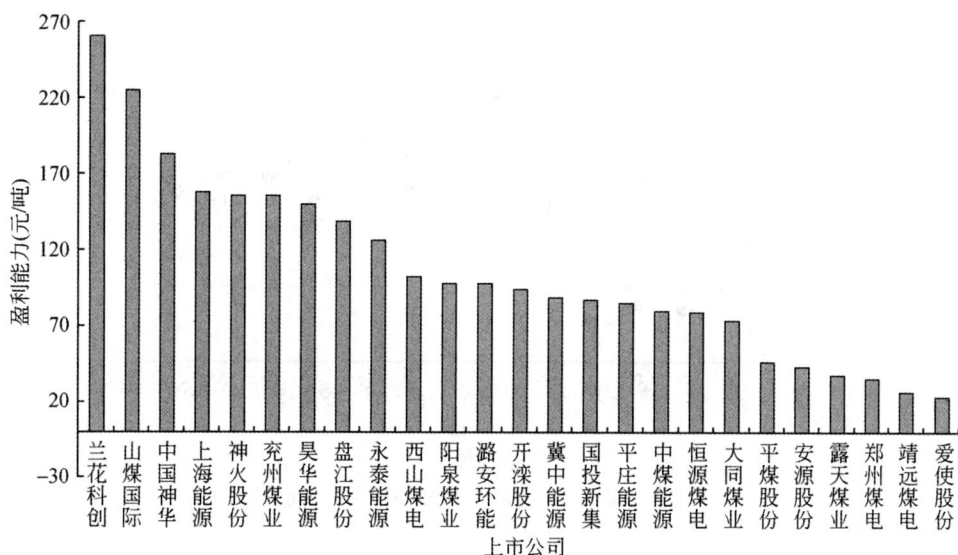

图 8-2　煤炭行业上市公司 2011 年以原煤产量计算的吨煤净利

0.1 个百分点，为 19.8%。2012 年一季度煤炭板块整体的 ROE 为 4.67%，简单年化 ROE（一季度 ROE×4）为 18.7%，略低于 2011 年的水平。

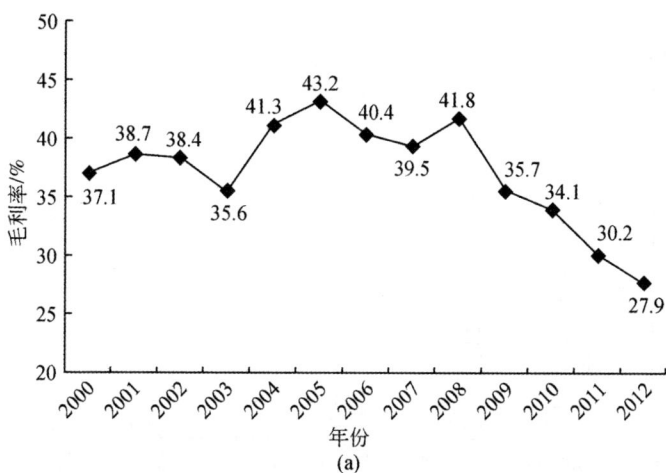

(a)

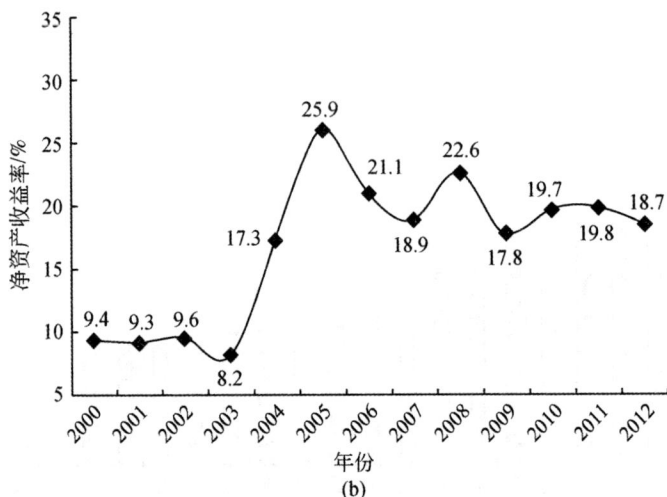

图 8-3　煤炭行业整体毛利率和净资产收益率

8.1.2　典型煤炭行业上市公司选取及简介

国家目前的煤炭价格水平评估，以及下一阶段的政策调整，在很大程度上需要对目前煤炭企业的经营状况特别是生产成本进行摸底。在此选取 8 家具有代表性的动力煤上市公司作为样本企业：中国神华、中煤能源、兖州煤业、大同煤业、恒源煤电、露天煤业、国投新集、平庄能源，来分析目前煤炭企业的经营成本。图 8-4

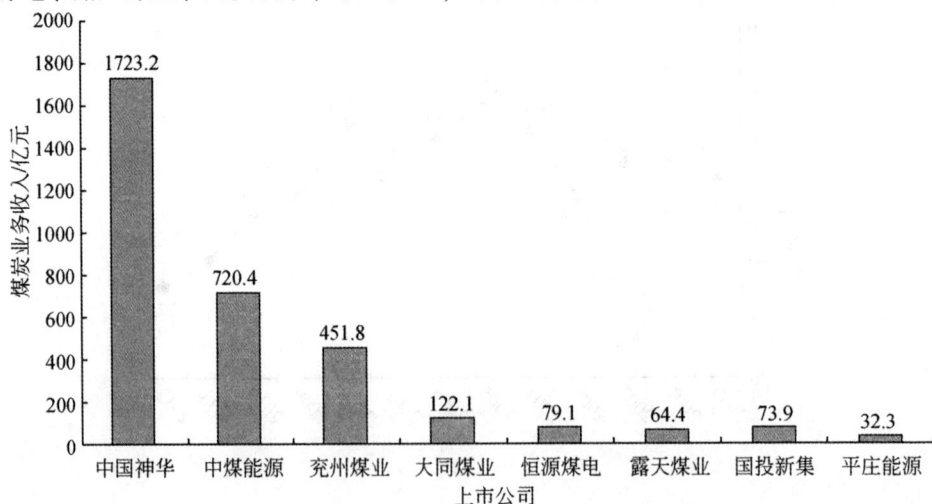

图 8-4　2011 年典型动力煤上市公司煤炭业务收入

反映了以上 8 家公司 2011 年的煤炭业务收入情况，前四家规模较大，煤炭业务收入都超过 100 亿元，其中规模最大的中国神华，其 2011 年煤炭业务收入达到 1700 多亿元，规模最小的平庄能源，2011 年煤炭业务收入约为 32 亿元。

本书选取的 8 家样本公司既有业务遍布全国的中国神华和中煤能源，又包括了内陆的露天煤业、国投新集和平庄能源。表 8-1 分别对 8 家样本企业的基本情况加以说明。

表 8-1　动力煤上市公司基本情况

重点动力煤上市公司	所在地	主要煤矿分布	煤炭资源量/亿吨	可采储量/亿吨	煤炭业务收入占总收入比重/%	合同煤比重/%
中国神华	北京	内蒙古、陕西、甘肃	254.0	152.5	82.8	45
中煤能源	北京	山西、内蒙古、陕西	196.4	—	81.1	55
兖州煤业	山东济宁	山东、山西、内蒙古	46.3	18.7	92.6	18
大同煤业	山西大同	山西、内蒙古	73.0	46.4	84.7	70
恒源煤电	安徽宿州	安徽、内蒙古、山西	—	7.9	95.2	50
露天煤业	内蒙古霍林郭勒市	内蒙古	—	21.5	99.1	80
国投新集	安徽淮南	安徽、山西	101.6	19.8	91.8	70
平庄能源	内蒙古赤峰	内蒙古	—	3.2	81.9	80

1. 样本企业简介

（1）中国神华

中国神华能源股份有限公司（中国神华）由神华集团有限责任公司（神华集团）独家发起，于 2004 年 11 月 8 日在中国北京注册成立。中国神华是世界领先的以煤炭为基础的一体化能源公司。

中国神华是中国上市公司中最大的煤炭销售商，拥有最大规模的煤炭储量。公司的煤炭业务已经成为中国煤炭行业大规模、高效率和安全生产模式的典范。公司拥有神东、准格尔和北电胜利三大矿区。2011 年 12 月 31 日，中国标准下本集团的煤炭资源储量为 254.00 亿吨，煤炭可采储量为 152.54 亿吨；JORC 标准下本集团的煤炭可售储量为 93.46 亿吨。中国神华的煤炭业务中合同煤占比达到四成以上，且又拥有下游的发电业务，煤电一体化的经营模式抗市场波动的能力较强。

2011 年，公司加强煤炭生产技术管理体系及配套制度的建设，集团井工矿采区回采率达 80.9%，露天矿采区回采率达 97.3%。采用适应神东等主力矿区的选煤工艺和煤泥减量技术，煤炭提质加工技术进一步提升。2011 年，公司持续做好环境保护与节能减排工程在矿区、电厂、铁路、港口、航运的实施，公司环保资金投入 7.3 亿元，节能资金投入 2.6 亿元以上。

(2) 中煤能源

中国中煤能源股份有限公司是由中国中煤能源集团有限公司（原中国中煤能源集团公司），于 2006 年 8 月 22 日独家发起设立股份有限公司。公司拥有丰富的煤炭资源，煤炭储量居全球煤炭上市公司第五位和中国第二位，是中国第二大煤炭企业、中国最大的煤矿机械制造企业。公司还是中国最大的煤炭出口企业和中国最大的独立炼焦企业之一。2011 年中煤能源首次实现了商品煤产量超亿吨，达 10 279 万吨，同比增长 8.9%，全年实现商品煤销售量为 13 470 万吨，同比增长 14.9%。

公司高度重视环境保护的社会责任，以建设环境友好型企业为目标，积极投身于环境保护的治理工作，促进企业与当地社会和环境的协调发展。此外，公司还大力发展循环经济。公司所属矿区生产和生活废水经处理后用于生产、绿化和道路洒水甚至生活用水，全部得到复用，矿区废水实现零排放。公司所有洗煤厂洗煤用水和所有发电厂循环冷却水全部实现了闭路循环。两个露天矿均被国家煤炭工业协会评为特级安全高效矿井。

(3) 兖州煤业

兖州煤业股份有限公司是由兖州矿业（集团）有限责任公司作为主发起人成立的股份有限公司。兖州煤业是中国唯一一家在境内外三地同时上市的煤炭企业。集团总部位于中国山东省境内，本部辖兖州、济东两大煤田，拥有兴隆庄煤矿、鲍店煤矿、东滩煤矿、南屯煤矿、济宁二号煤矿、济宁三号煤矿 6 座现代化大型煤矿，拥有已探明及推定储量为 18.99 亿吨。公司在山西、山东巨野、澳大利亚拥有煤炭资源和煤炭深加工项目，分别拥有澳思达煤矿、天池煤矿、赵楼煤矿，新增可采煤炭储量 1.85 亿吨，其中澳思达煤矿、天池煤矿已分别于 2006 年 10 月和 11 月投入商业生产，赵楼煤矿于 2009 年 12 月正式生产。此外，公司还在加拿大拥有钾矿资源，是以煤炭、煤化工、电力和钾矿为一体的国际化矿业集团。兖州煤业的合同煤数量和现货煤各占一半，而电煤合同在合同煤中的比重较大。

(4) 大同煤业

大同煤业股份有限公司是由大同煤矿集团有限责任公司为主发起人，联合中国中煤能源集团公司（原名中国煤炭工业进出口集团公司）、秦皇岛港务集团有限公司（原名秦皇岛港务局）等其他 7 家发起人共同发起设立的股份有限公司。

大同煤是中国煤炭最早的品牌，不但品质好，且储量丰富。大同煤田瓦斯量少，地下水少，排水设备功率小。目前开发的煤层为侏罗系煤层，为天然优质动力煤，传统所言"大同煤"即指公司所属各矿所产煤炭，在整个大同矿区各煤矿中品质最高，可采储量达到 3.80 亿吨。募集资金拟投资建设的塔山矿井项目，开采煤系为石炭二叠系煤系，其可采储量达 30.71 亿吨，矿井设计服务年限 122 年。

多年以来，大同煤业积极推进科技进步，鼓励自主创新，力图使自己成为技术密集型企业，成为中国煤炭开采业中最具科技含量、最具创新活力的企业。公司依托大同煤矿集团有限公司国家级的技术中心的优势，积极推进信息化建设，对生产指挥调度、瓦斯监测监控、企业物流、财务、计划管理等十多个系统实行了信息化管理。公司加快了劳动密集型向技术密集型的转变，基本实现了矿井规模大型化、采掘作业机械化、巷道支护锚索化、皮带运输高速化、监测监控信息化。据最新统计，我国采煤机械化程度平均为 42%，国有重点煤矿为 75%。目前，大同煤业的综采机械化程度达到 100%，高于国有重点煤矿企业平均水平 15 个百分点。

(5) 恒源煤电

安徽恒源煤电股份有限公司由安徽省皖北煤电集团有限责任公司（简称皖北煤电集团）作为主发起人，联合安徽省燃料总公司、合肥四方化工集团有限责任公司、合肥开元精密工程有限责任公司等 5 家公司共同发起设立。

公司地处经济发达的华东地区，坐落在全国 13 个亿吨级煤炭基地之一的两淮基地，目前下辖 7 对矿井、6 座配套选煤厂，年生产能力为 1280 万吨、年洗选能力为 970 万吨。公司煤种齐全，主要有贫瘦煤、1/3 焦煤、气肥煤、无烟煤、主焦煤等；煤炭产品主要有混煤、洗末煤、冶炼精煤等；煤炭质量优良，低硫、低磷、低灰、高发热量，有"绿色环保"能源的美称，广泛应用于电力、冶金、石化、建材、炼焦、高炉喷吹、民用等领域，是理想的动力用煤和生活用煤。

(6) 露天煤业

内蒙古霍林河露天煤业股份有限公司是经内蒙古自治区人民政府内政股批字〔2001〕60 号文批准成立的全国首家大型露天煤业上市公司。

露天煤业地处内蒙古东部，是我国五大露天煤矿之一。公司生产的优质褐煤具有低硫、低磷、高挥发分、高灰熔点的特点，其燃烧反应充分、燃烧后不结焦，平均发热量为 3150 大卡/千克，是符合环保要求的电厂"绿色燃料"。公司采取露天开采的模式具有作业安全、煤炭资源利用率高、开采效率高、开采成本低、建设周期短等优点，2011 年公司原煤年生产量突破 4300 万吨，属高产高效煤矿。

（7）国投新集

国投新集能源股份有限公司是由国投煤炭公司、国华能源有限公司和安徽新集煤电（集团）有限公司共同出资组建的股份有限公司。

新集矿区地处安徽省北部淮河北岸，横跨淮南、阜阳、亳州三市。矿区总井田面积约为 1092 平方公里，煤炭储量为 101.6 亿吨。矿区于 1989 年 12 月开工建设，因创造性地运用项目法人责任制，创造了闻名全国煤炭行业的新集模式和新集经验，成为全国煤炭行业改革的一面旗帜。已投产矿井包括：新集一矿、新集二矿（花家湖矿）、新集三矿、刘庄煤矿、口孜东矿，在建矿井有刘庄矿二期、杨村煤矿、罗园煤矿、口孜西矿、连塘李矿、展沟煤矿和板集煤矿。

（8）平庄能源

内蒙古平庄能源股份有限公司其前身是 1993 年 3 月 18 日设立的内蒙古草原兴发股份有限公司。公司主营业务为煤炭开采、洗选加工、销售。公司拥有风水沟矿、西露天矿、六家矿、古山矿、老公营子矿及物资供应公司、煤炭销售公司等资产，年煤炭生产能力为 900 万吨左右。2011 年赤峰市经济委员会将所持平煤集团 3% 股权无偿划转给国电集团，公司三季报披露，国电集团成为公司实际控制人后，控股股东平庄煤业承诺在元宝山露天煤矿和白音花露天煤矿具备上市条件后，择机将两个煤矿置入上市公司，完成平庄煤业整体上市。如果按照白音华煤矿达到 1500 万吨的生产能力和元宝山煤矿 1000 万吨生产能力计算，公司的煤炭生产能力为 3700 万吨左右。位于赤峰市元宝山区境内的矿区面积为 210 平方公里，煤田面积为 81 平方公里，位于内蒙古锡林郭勒盟白音华煤田一号露天的矿区面积为 17.82 平方公里。

2. 样本企业相关情况对比

（1）经营分布情况

8 家样本企业的主营业务除了煤炭，还有其他的一些业务。以 2011 年各企业年报数据为例，具体见表 8-2。

表 8-2　2011 年企业业务分布情况

企业名称	煤炭	电力	热力	铁路运输	航运	港口	煤焦化	煤化工	煤矿装备	其他
中国神华	√	√	×	√	√	√	×	×	×	×
中煤能源	√	×	×	×	×	×	×	×	×	√
兖州煤业	√	√	√	√	×	×	×	√	×	×
大同煤业	√	×	×	×	×	×	×	×	×	×
恒源煤电	√	√	×	×	×	×	×	×	×	×
露天煤业	√	×	×	×	×	×	×	×	×	×
国投新集	√	×	×	×	×	×	×	×	×	×
平庄能源	√	×	×	×	×	×	×	×	×	√

注："√"表示公司当前具有的业务，"×"表示公司当前不具有的业务

根据 2011 年营业收入数据，将每个样本企业的业务分布情况用饼状图的形式表示。前四家企业，中国神华、中煤能源、兖州煤业和大同煤业的主营业务收入占比情况，如图 8-5 所示。

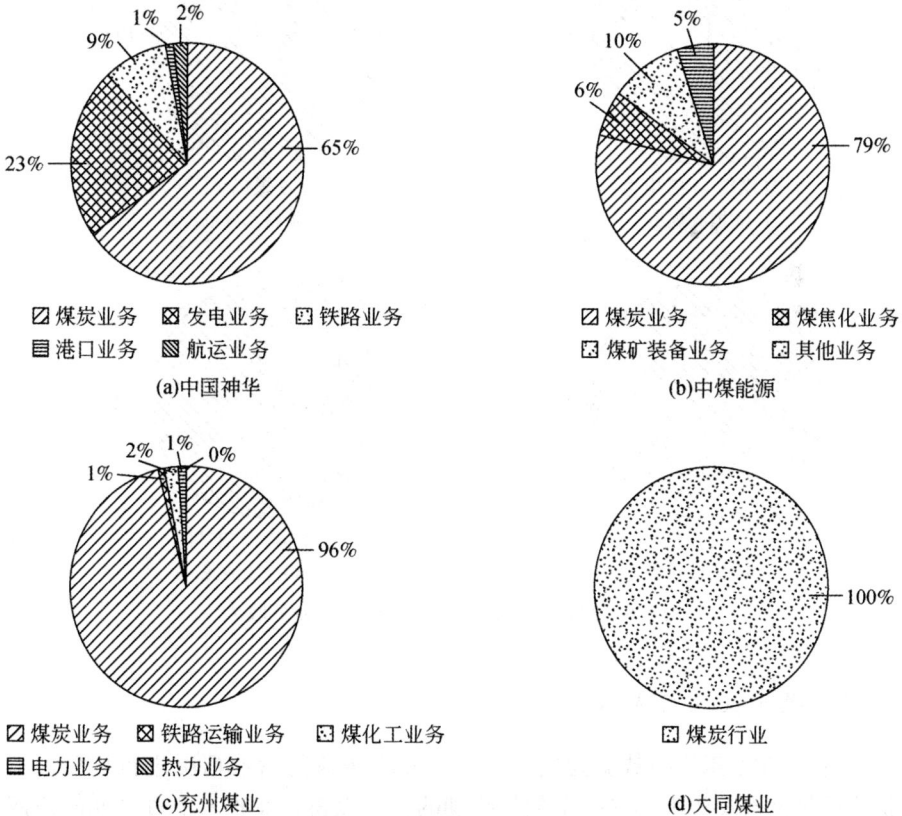

(a)中国神华

(b)中煤能源

(c)兖州煤业

(d)大同煤业

图 8-5　2011 年前四家煤炭企业主营业务收入

中国神华的五大主营业务中，煤炭业务占据主要地位，为 65%，发电、铁路、港口、航运业务各占 23%，9%，1%，2%；中煤能源的主营业务中煤炭业务同样占据主导地位，占 79%，煤焦化和煤矿装备分别占 6% 和 10%，还有 5% 的其他业务；兖州煤业的煤炭业务占全部主营业务的 96%，其他铁路、煤化工、电力和热力业务合计仅占 4%；大同煤业的主营业务比较单一，仅为煤炭。

后四家企业恒源煤电、露天煤业、国投新集和平庄能源的主营业务收入占比情况如图 8-6 所示。

这四家企业的主营业务收入都比较单一，大部分是煤炭收入，平庄能源存在其他业务，包括材料销售、煤炭代销、工程施工及其他收入，占主营业务收入的 18%；恒源煤电存在电力业务，收入仅占 1%。

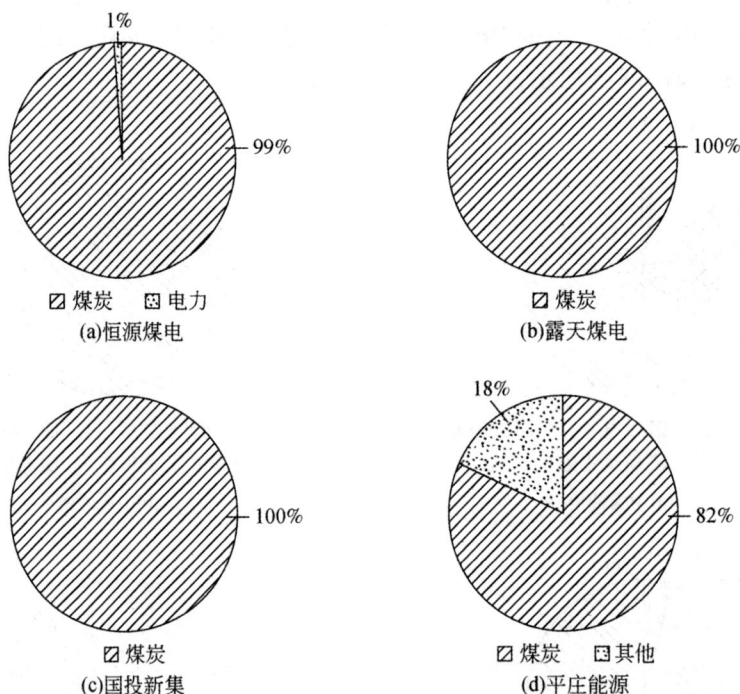

☑煤炭 ▦电力
(a)恒源煤电

☑煤炭
(b)露天煤电

☑煤炭
(c)国投新集

☑煤炭 ▦其他
(d)平庄能源

图 8-6　2011 年后四家煤炭企业主营业务收入

(2) 经营收入与成本

下面以 2011 年年报数据为例，对 8 家样本企业的营业情况进行比较。不同企业的营业收入及成本不是一个数量级别的，所以将营业收入上百亿元的前四家煤炭企业和后四家煤炭企业分别进行对比。

　　图 8-7 显示了前四家煤炭企业中国神华、中煤能源、兖州煤业和大同煤业的营业收入和营业成本对比情况。营业收入和营业成本差距最大的是中国神华，显示了其作为中国最大的煤炭企业的强劲实力。除此之外，中煤能源和兖州煤业的营业收入成本差距也较大，四家企业中只有大同煤业的营业收入和营业成本差距较小，盈利能力较差。

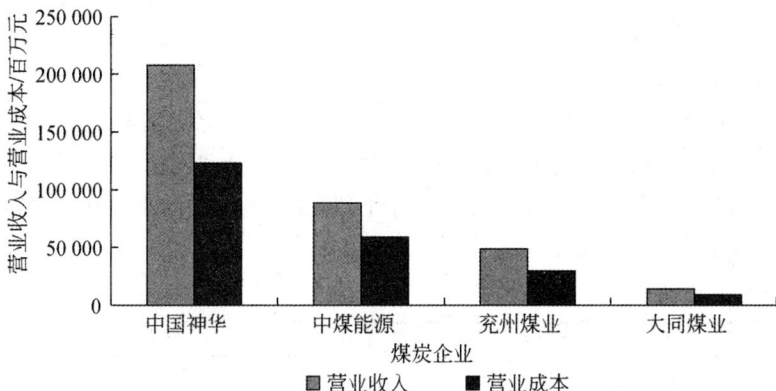

图 8-7　2011 年前四家煤炭企业营业收入与营业成本对比

　　图 8-8 给出了后四家煤炭企业恒源煤电、露天煤业、国投新集和平庄能源的营业收入和营业成本的对比情况。四家企业中营业收入和成本差距较大的是恒源煤电和国投新集，平庄能源的营业成本最小，这和它的规模有一定关系。

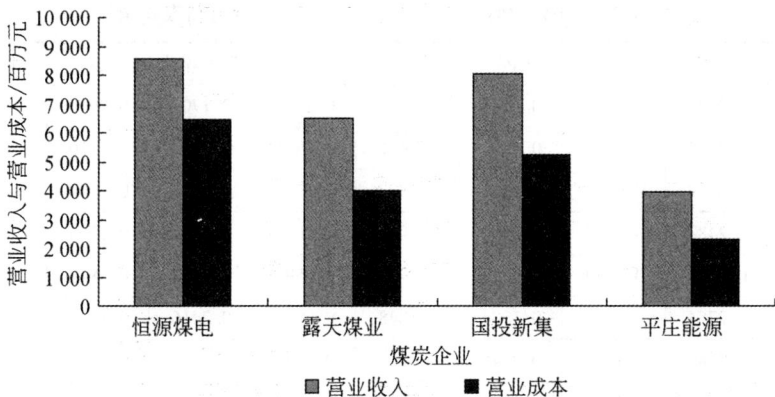

图 8-8　2011 年后四家煤炭企业营业收入与营业成本对比

8.2 煤炭企业的经营情况与财务分析

8.2.1 煤炭企业平均利润分析

2003～2010 年，煤炭行业经历了一轮高速成长。国家统计局数据显示，全国煤炭行业利润总额从 137 亿元增长至 2900 亿元；原煤产量从 18.4 亿吨增长至 32.4 亿吨；秦皇岛 5500 大卡动力煤价格，从 270 元/吨涨至 800 元/吨。2010 年、2011 年和 2012 年一季度，煤炭行业上市公司（A 股 25 家主要煤炭上市公司）归属于母公司股东的净利润总额，同比增速分别为 31%，17% 和 6%，剔除掉权重最大的 3 家上市公司（3 家占全行业利润的 2/3），行业净利润总额同比增速分别为 34%，14% 和 8%。

本书主要对样本企业的偿债能力、经营能力以及财务风险敞口进行分析。首先需要了解样本企业及煤炭行业平均利润率走势情况，具体如表 8-3 和图 8-9 所示。8 家样本企业的平均利润率都经历了不同程度的波动。2010 年和 2011 年，煤炭行业上市公司（A 股 25 家主要煤炭上市公司）归属于母公司股东的净利润总额，同比增速分别为 31% 和 17%，剔除掉权重最大的 3 家上市公司（3 家占全行业利润的 2/3），行业净利润总额同比增速分别为 34% 和 14%。但是，近两年，由于煤价、成本、产销量的影响，煤炭行业主要利润①增速放缓，其中煤价涨幅缩小是主要因素。

表 8-3   2004～2011 年煤炭企业、行业平均利润率走势

年份	中国神华	中煤能源	兖州煤业	大同煤业	恒源煤电	露天煤业	国投新集	平庄能源
2004	0.2009	0.0921	0.2028	—	0.2608	0.1707	0.0919	−0.0257
2005	0.2814	0.1176	0.2232	—	0.1821	0.2814	0.1116	−0.0491
2006	0.2559	0.0958	0.1834	0.1323	0.1749	—	0.1254	−0.5215
2007	0.2483	0.1375	0.1609	0.1067	0.1645	0.2442	0.1195	−0.1677
2008	0.2728	0.1317	0.2837	0.1753	0.1596	0.2234	0.1813	0.1813
2009	0.2754	0.1489	0.1906	0.1848	0.0987	0.2416	0.1895	0.1977
2010	0.2589	0.1162	0.2448	0.1205	0.1358	0.2801	0.1783	0.2143
2011	0.2190	0.1124	0.2181	0.0987	0.1229	0.2349	0.1639	0.2050

① 煤炭上市公司的主要利润 = （煤价−成本）×自产煤销量×（1−所得税税率）。

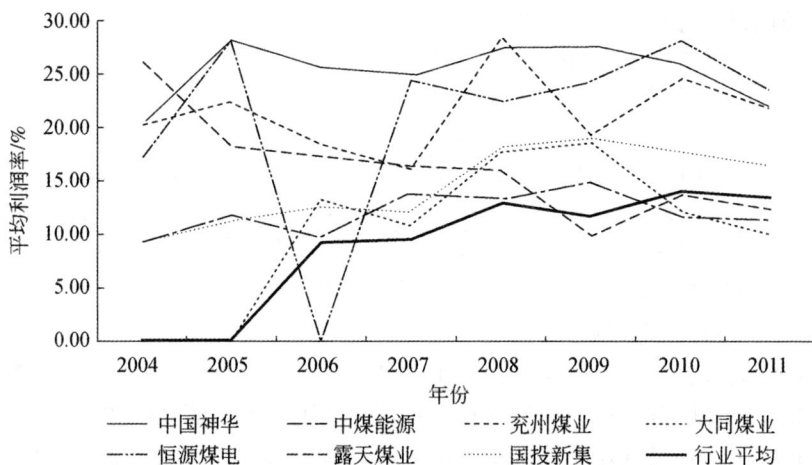

图 8-9　2004～2011 年煤炭企业、行业平均利润率走势

表 8-4 给出了近几年的全国代表地区煤炭均价变动情况。2009 年四季度国内现货煤价出现一轮快速上涨，涨幅在 20% 以上；2010 年全年多个地区的煤炭均价较前一年上涨约 20%；2011 年全年多个地区的煤炭均价较前一年上涨约 10%；到了 2011 年四季度，煤价微涨之后，从 11 月起煤价就开始持续下跌，2012 年一季度均价较前一年同期几乎没有上涨。

表 8-4　2009～2012 年全国代表性地区煤炭年度均价变化情况

年份	秦皇岛 5500 大卡动力煤均价 /(元/吨)	同比 /%	唐山肥精煤均价 /(元/吨)	同比 /%	平顶山主焦煤均价 /(元/吨)	同比 /%	邢台 1/3 焦精煤均价 /(元/吨)	同比 /%
2009	607	—	1216	—	1181	—	1081	—
2010	751	24	1459	20	1458	23	1281	19
2011	824	10	1563	7	1599	10	1378	8
2011 第一季度	777	—	1560		1595	—	1378	—
2012 第一季度	778	0	1550	−1	1620	2	1430	4

资料来源：煤炭资源网

8.2.2　样本煤炭企业的经营能力、偿债能力以及财务风险状况

通过对财务报表进行分析，可以发现企业的经营能力、偿债能力以及财务风险状况。

管理用财务分析核心公式为

$$权益净利率=\frac{税后经营净利润}{股东权益}-\frac{税后利息费用}{股东权益}$$

$$=\frac{税后经营净利润}{净经营资产}\times\frac{净经营资产}{股东权益}-\frac{税后利息费用}{净负债}\times\frac{净负债}{股东权益}$$

$$=\frac{税后经营净利润}{净经营资产}\times\left(1+\frac{净负债}{股东权益}\right)-\frac{税后利息费用}{净负债}\times\frac{净负债}{股东权益}$$

$$=净经营资产净利率+（净经营资产净利率-税后利息率）\times净财务杠杆$$

根据该公式，权益净利率的高低取决于三个驱动因素：净经营资产净利率、税后利息率和净财务杠杆，使用连环替代法可以测定每个驱动因素对权益净利率的影响程度。连环替代法是将分析指标分解为各个可以计量的因素，并根据各个因素之间的依存关系，顺次用各因素的比较值（通常为实际值）替代基准值（通常为标准值或计划值），据以测定各因素对分析指标的影响。以大同煤业 2011 年 12 月 30 日为例，分析了影响权益净利率高低的三个驱动因素，净资产收利率为 11%，其中总资产净利率贡献 5.8%，净财务杠杆贡献 1.8%（图 8-10）。

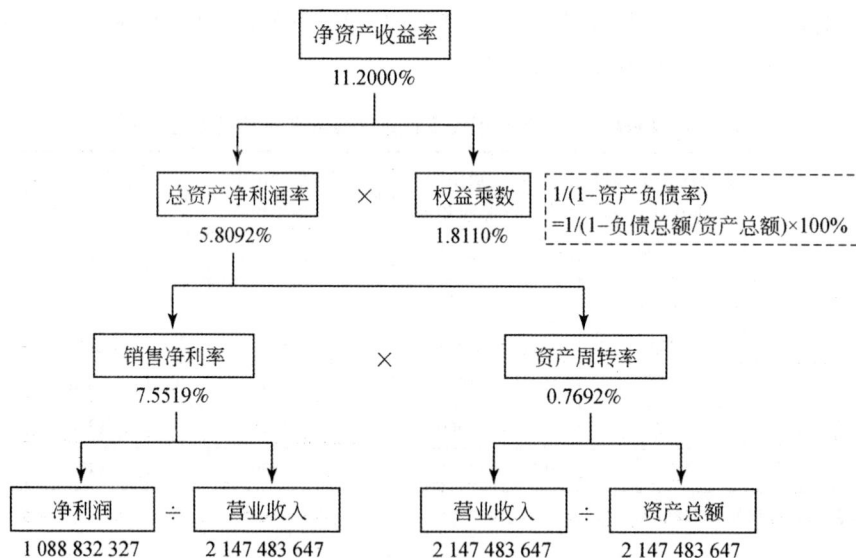

图 8-10 大同煤业 2011 年年底财务分析

通过对 8 个样本企业的财务报表进行分析，结果显示只有中国神华、中煤能源和平庄能源 2008 ~ 2011 年权益净利率存在连续两年有所提高，其余 5 家企业的权益净利率均有所下降，下降速度最快的是大同煤业，从 2008 年的 37.1% 下降到 2011 年的 10.6%。权益净利率的下降不利于企业的持续经营，所有降低企业权益净利率的因素都会不利于企业经营的持续性，如原材料价格上涨、上网电价的调整不到位等。每个企业的权益净利率的具体情况如图 8-11 所示。

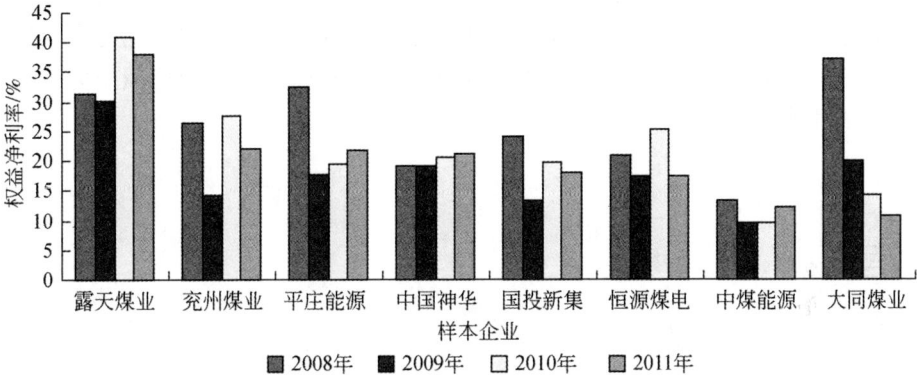

图 8-11　2008 ~ 2011 年样本企业权益净利率

8.2.3　偿债能力及持续经营能力分析

企业偿债能力及持续经营能力分析所使用的数据均来源于各企业 2011 年年报，使用的是原报表数据，并未经过转换。

1. 企业偿债能力分析

偿债能力是企业偿还各种到期债务的能力。当一个企业没有能力偿还其所欠债务时，通常被称为无偿债能力。债务时间的长短分为短期债务和长期债务，所以偿债能力分析也分为短期偿债能力分析和长期偿债能力分析。

企业偿债能力的衡量方法主要有两种：一是比较可供偿债资产与债务的存量，资产存量超过债务存量较多，则认为偿债能力强；二是比较经营活动现金流量和偿债所需现金，如果产生的现金超过需要的现金较多，则认为偿债能力强。

短期偿债能力是指企业偿还流动负债的能力，它主要是通过企业资产的流动性及其金额大小来表现的。短期偿债能力主要采用流动比率、速动比率和现金比率指标来衡量。流动比率是流动资产与流动负债之间的比值，一般来说，流动比率越高，短期偿债能力越强。速动比率是速动资产与流动负债之间的比值，其中速动资产是流动资产扣减存货和待摊费用后的余额。由于从流动资产中剔除存货,速动比率比流动比率更能客观地反映企业的短期偿债能力。一般认为,速动比率应保持在 1 以上,以保证能如期偿还流动负债。

样本企业的短期偿债指标如图 8-12 所示,从图 8-12 中我们可以看出,平庄能源、大同煤业、中煤能源三家公司短期偿债能力较强。而兖州煤业、恒源煤电、露天煤业、三家公司的流动比率和速动比率均不足 1,这说明短期内流动资产无法偿还短期负债,存在一定的偿债压力,特别是国投新集的流动比率和速冻比率只有 0.328 和 0.202,从指标上看该两家公司将面临严峻的偿债压力,运营不当将发生财务危机。

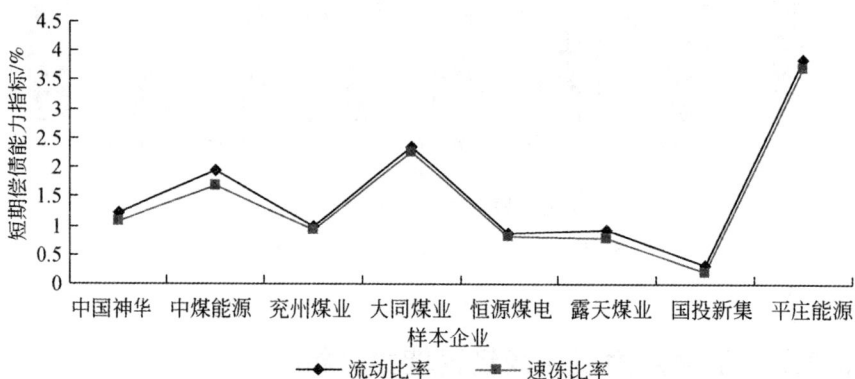

图 8-12 2011 年样本企业短期偿债能力指标

长期偿债能力是指企业偿还长期负债本金和支付利息的能力。长期偿债能力分析,主要通过计算负债比率和长期资本负债率两项财务分析指标来进行评价。资产负债率①是衡量企业负债水平及风险程度的重要标志。资产负债率越低,说明以负债取得的资产越少,企业运用外部资金的能力较差。资产负债率越高,说明企业通过借债筹资的资产越多,风险较大。因此,资产负债率应保持在一定的水平上为佳。长期资本负债率②是指非流动负债占长期资本的百分比,表明企业用资产偿还债务的能力。长期资本负债率高,属于高风险高报酬的财务结构,但对债权人利益的保障程度较低;长期资本负债率低,属于低风险低报酬的财务结构,但对债权人利益的保障程度较高。

如图 8-13 所示,平庄能源的长期偿债能力最强,其次是大同煤业和中国神华,中煤能源和露天煤业的长期偿债能力相当,长期偿债能力最差的是国投新集。

---

① 资产负债率=负债总额/资产总额×100% 。
② 长期资本负债率= [非流动负债÷(非流动负债+股东权益)] ×100% 。

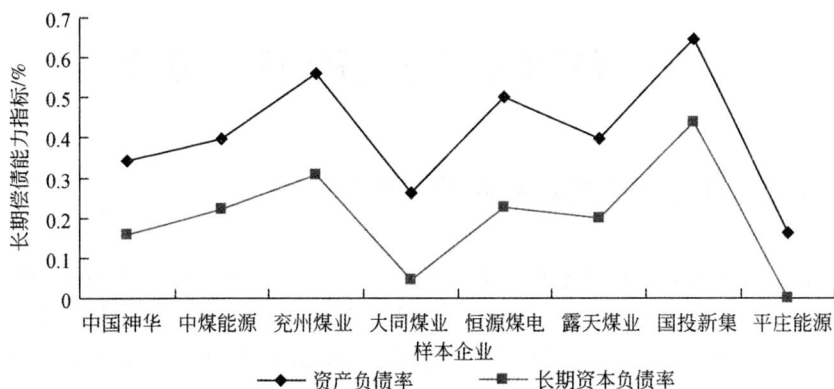

图 8-13　2011 年样本企业长期偿债能力指标

通过以上分析，国投新集的短期和长期偿债能力都是最差的，存在着非常高的经营和财务风险，还本付息能力值得怀疑。煤炭价格上涨会提高企业的流动负债，从而降低企业的流动比率、速动比率和现金比率，降低企业的偿债能力，财务风险会提高。

2. 企业持续经营能力分析

在分析企业持续经营能力时，主要是考察企业的盈利能力，如果其盈利能力强，则持续经营的能力和可能性较大，反之，则较小。该部分采用销售净利率、资产净利率和权益净利率三个主要盈利能力指标来分析样本企业的盈利能力。

如图 8-14 所示，8 个样本企业的三个指标值基本保持在 10% ~ 25% 这一区域，权益净利率从高到低分别是露天煤业、兖州煤业、平庄能源、中国神华、国投新集、恒源煤电、中煤能源和大同煤业。

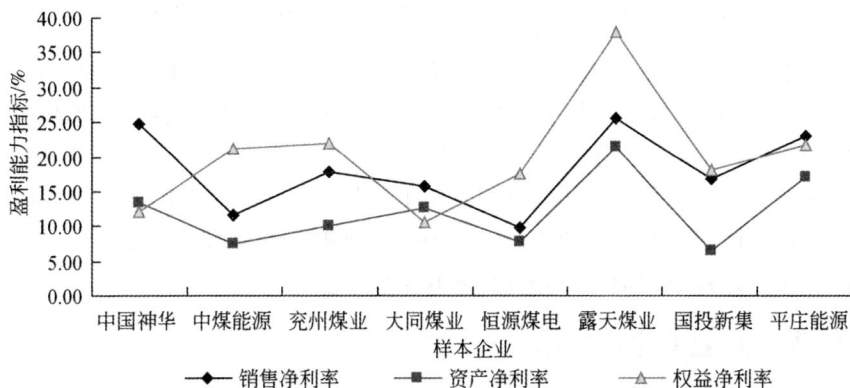

图 8-14　样本企业盈利能力指标

8.3　煤炭企业成本与利润情况分析

8.3.1　煤炭企业成本利润核算模型

目前，不少研究资源问题的学者和机构在自己的研究领域内从不同角度探讨了煤炭企业的成本核算。为了弥补传统成本核算的不足，全面、完整地反映煤炭资源开发的耗费，本部分将煤炭资源的外部成本也纳入煤炭企业成本管理的范畴，形成煤炭企业成本的核算框架，用公式表示为

$$C = R_c + P_c + S_c + E_c \tag{8-1}$$

式中，C 为煤炭企业成本，R 为煤炭企业资源成本，P 为煤炭企业生产成本，S 为煤炭企业安全成本，E 为煤炭企业环境成本。

影响煤炭企业成本的因素非常复杂，既包括客观地质条件等因素，也包括成本管理等主观因素，而且在不同的生产阶段，各因素的影响程度也不完全一致。从煤炭企业成本构成来看，影响因素和影响程度也各不相同。将企业成本的内涵扩大为资源成本、生产成本、安全成本和环境成本，一方面完善了煤炭开发的补偿范围，另一方面则对煤炭成本管理提出了更高的要求。

1. 煤炭企业的资源成本

煤炭企业的资源成本是以矿业权价款为主的相关成本。根据我国相关法规，取得矿业权是开发资源的前提。目前矿业权价款及税费基本上都是从量计征或收取，用公式表示为

$$R_c = \sum_{i=1}^{n} \text{Wai} \times \frac{1}{(1+r)^{i-1}} + Q \times T_R + Q \times R \times P \times \delta \tag{8-2}$$

式中，Wai 为煤炭开采净利润，r 为折现率，i 为年序号（$i = 1, 2, 3, \cdots, n$），n 为计算年限，Q 为煤炭产量，T 为煤炭资源税税率，R 为煤炭销售单价，P 为煤炭资源补偿费费率，δ 为资源回收率系数。

可见，影响煤炭企业资源成本的因素主要包括：煤炭资源储量、资源可采储量、煤炭销售价格、矿井生产能力、矿山服务年限、资本市场状况、煤炭资源税税率、煤炭资源补偿费费率和资源回收系数等。

2. 煤炭企业的生产成本

煤炭企业的生产成本实际上就是煤炭的制造成本，是企业成本最主要的部

分。但由于煤炭资源的特殊性，也为了核算方便，这里仍按照成本项目来进行分析。将原煤生产成本项细分为材料费用、电力费用、人工费用、折旧费、井巷工程费用、大修理费用和其他费用七项。

（1）材料费用和电力费用

生产成本中的材料费用由本期原煤生产中所消耗的材料数量和材料的价格决定；电力费用同样也是由本期生产中使用的电力和当期电力单价决定。在材料价格和电力单价相对稳定的阶段，生产成本中材料费用和电力费用的高低主要取决于材料和电力的消耗。

（2）人工费用

人工费用主要包括生产人员的工资、福利费及相关的津贴。在计件工资制度下，工人的工资与原煤产量成正比，与此相关的职工福利费同样与原煤产量成正比。而相关的津贴受产量的影响，但并不完全与之成正比。因此，在煤层地质条件好的区域，各种材料、电力消耗比较少，生产顺利，产量稳定且较高，因而各种奖金和津贴较高。相反，在煤层地质条件较差的区域，各种材料、电力消耗较大，且受地质条件的影响，生产不稳定，产量降低，因而各种奖金津贴较低，成本费用中人工费用的比重降低。

（3）折旧费和大修理费用

折旧费和大修理费都与机器设备直接相关，因此，矿井生产的机械化程度对折旧费和大修理费的影响很大。当然，随着机械化程度地提高，一方面，矿井的安全状况会有保证，另一方面工人的工作效率会快速提高，矿井的产量也会随之大幅度提高。因此，尽管总的折旧和大修理费用增加了，但每吨煤炭所摊得的折旧费和大修理费用却因产量地提高而呈降低的趋势。

（4）井巷工程费用和其他费用

井巷工程费用是井工开采矿产资源特有的费用，是为了保证矿井再生产的顺利进行，开掘生产必需的巷道所发生的各种耗费。巷道的掘进长度、掘进断面、支护方式与煤层的赋存情况、煤炭开采工艺、运输方式等都有直接的关系。煤层地质构造越复杂，无效进尺就会越多，井巷工程费用就会越多；地质构造越复杂，井巷的维护费用就越高。当然，井巷工程费用还和矿井所处的不同阶段密切相关。同时，其他费用与矿井生产的稳定性也密切相关。在矿井正常生产情况下，其他费用也正常；但在矿井生产受地质条件等影响而出现不稳定时，费用会不断增加。

3. 煤炭企业的安全成本

煤炭企业的安全成本是指为预防安全事故的发生所花费的相关费用和出现安全事故后的相关处理费用。特殊的工作环境决定了煤炭资源开发的高危行业性。尽管现代科技进步已经使煤炭生产的安全状况大为改观,但安全一直是煤矿生产的头等大事。从安全成本分为保证性安全成本和损失性安全成本的角度来看,安全成本主要受煤炭赋存地质条件的影响,同时还要受到职工整体素质和当期政策的影响。目前煤炭企业是按照30元/吨的标准预先提取安全费用,集中统一使用。

4. 煤炭企业的环境成本

煤炭资源开发是将赋存于地层中的资源开发出来,打破了一定区域内地层的平衡,必然会对矿区资源环境造成影响,且这一影响具有滞后性和累计性。煤炭资源开采的特殊性决定了煤炭企业的环境成本特点显著。根据煤炭生产的特点及煤矿区生态环境的不可逆性、累积性,结合煤炭企业环境成本的基本特点,可将煤炭企业环境成本概括为七个方面的内容:煤炭资源开发造成的矿区生态环境损害成本、矿区环境保护与预防成本、矿区恢复与治理成本、矿区环境影响成本、矿区环境改善成本、矿区产业替代与转产成本和矿区环境管理与教育成本。

8.3.2　典型煤炭企业经营收入与成本分析

根据公司层面的微观数据,2007～2011年8家动力煤公司煤炭业务的经营情况见表8-5。

表8-5　煤炭企业营业情况

| 年份 | 恒源煤电 | | | 露天煤业 | | | 国投新集 | | | 平庄能源 | | |
	吨煤成本/(元/吨)	吨煤收入/(元/吨)	吨煤业务毛利率/%	吨煤成本/(元/吨)	吨煤收入/(元/吨)	吨煤业务毛利率/%	吨煤成本/(元/吨)	吨煤收入/(元/吨)	吨煤业务毛利率/%	吨煤成本/(元/吨)	吨煤收入/(元/吨)	吨煤业务毛利率/%
2007	—	—	—	61.60	93.50	34.14	244.40	358.70	31.85	127.00	179.51	29.28
2008	—	—	—	67.40	103.50	34.82	261.90	458.40	43.09	116.50	237.17	50.87
2009	398.67	518.00	22.99	75.00	113.00	33.06	281.20	426.00	34.01	137.00	219.00	37.33
2010	456.00	623.00	26.81	78.00	131.00	40.46	321.00	496.00	35.28	165.00	278.00	40.58
2011	492.01	687.23	28.40	90.92	146.50	37.90	348.27	533.96	34.80	164.49	301.87	45.60

续表

年份	中国神华			中煤能源			兖州煤业			大同煤业		
	吨煤成本/(元/吨)	吨煤收入/(元/吨)	吨煤业务毛利率/%	吨煤成本/(元/吨)	吨煤收入/(元/吨)	吨煤业务毛利率/%	吨煤成本/(元/吨)	吨煤收入/(元/吨)	吨煤业务毛利率/%	吨煤成本/(元/吨)	吨煤收入/(元/吨)	吨煤业务毛利率/%
2007	212.9	315.4	32.50	147.8	320.7	53.90	211.0	432.78	51.24	179.03	333.89	46.26
2008	238.1	378.6	37.61	231.0	431.8	46.49	315.2	663.91	52.52	170.80	481.40	64.52
2009	248.5	387.9	36.73	248.56	427.0	41.81	275.4	529.16	47.50	209.42	432.52	51.58
2010	277.5	430.0	35.50	296.0	480.0	38.33	335.0	663.50	48.99	245.00	457.00	46.39
2011	302.6	444.93	32.00	334.74	534.82	37.80	398.21	703.19	43.40	275.52	513.67	46.30

从近年来煤炭行业经济效益指标趋势来看，2005 年以来毛利率呈缓慢下降趋势，而销售利润率呈上升趋势，如图 8-15 所示，这主要是由于销售费用、管理费用、财务费用等期间费用的比率在下降。煤炭企业盈利的关键指标是企业的毛利率，在销售价格受到控制的情况下，盈利的核心便归结到煤炭企业的吨煤成本。

如图 8-16 所示，从吨煤收入来看，8 家公司 5 年间都呈上升状态，多数公司在 2008 年的吨煤收入凸现出一个高点，这与当年煤炭价格高涨有关。前四家大型煤炭企业的吨煤收入分布比较集中，而后四家的吨煤收入与成本曲线十分分散，吨煤收入与成本主要由煤炭企业的煤炭品种和交易地点决定，如露天煤业，其产品主要为低发热量的褐煤，故吨煤成本很低。

如图 8-17 所示，从吨煤成本看，前四家企业的成本线也比较集中，吨煤成本近年来呈较快上升趋势，而后四家其趋势各不相同，但总体来说呈上升趋势。

吨煤成本的上升主要原因是成本的刚性上涨。煤炭行业因工作环境恶劣，工人劳动强度大，国内开采环境日益恶化，工作风险系数不断提高，传统矿区多次爆发矿难已经使行业面临"招工难"的困局。所以，煤炭企业各种补贴、津贴较高，工资成本在总成本的比重达 35%，在各行业中占比最高，是影响煤炭成本的一个重要因素。

2011 年，煤炭行业上市公司的人均工资（用"支付给职工以及为职工支付的现金"除以年报中员工总数）平均涨幅为 16%（高于当年煤价涨幅 6~7 个百分点）；2010 年这一涨幅为 23%（与当年煤价涨幅相当）。

图 8-18 给出了 8 家煤炭企业 2009~2011 年人均工资总额的变动情况，8 家煤炭企业的人均工资全部呈上涨趋势。2011 年中国神华人均工资总额最高，为 17.4 万元；国投新集的人均工资最低，为 7 万元。表 8-6 反映了人均工资的增速，2011 年中煤能源和大同煤业的人均工资增速最大，中国神华最小。

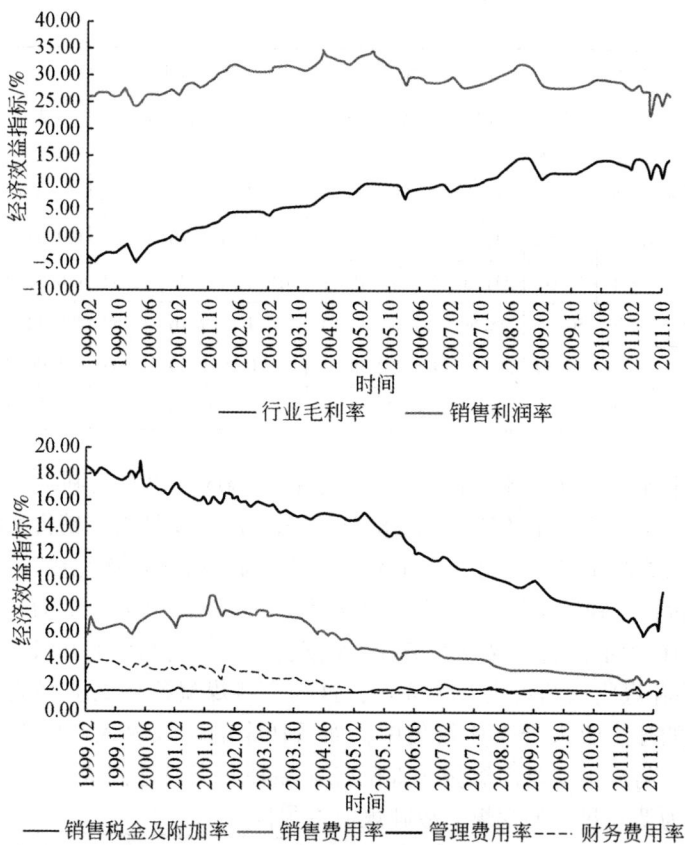

图 8-15　煤炭行业经济效益指标
资料来源：Wind 数据库

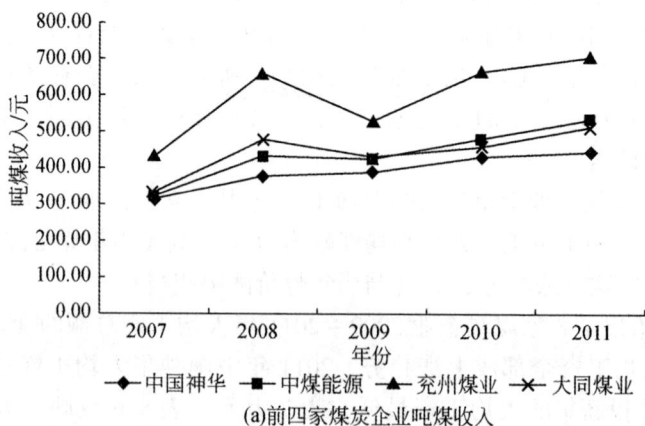

(a)前四家煤炭企业吨煤收入

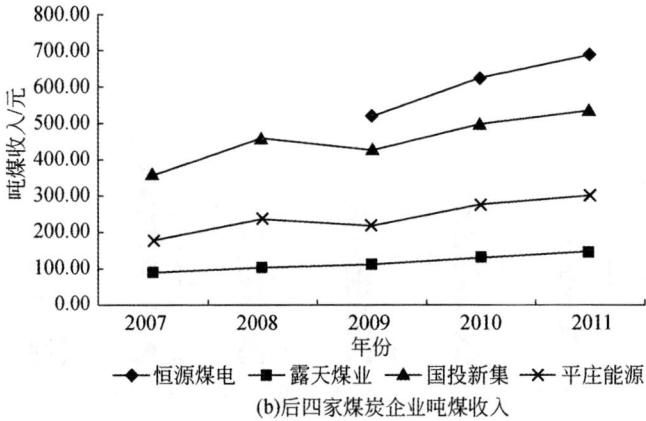

(b)后四家煤炭企业吨煤收入

图 8-16　2007～2011 年动力煤上市公司吨煤收入

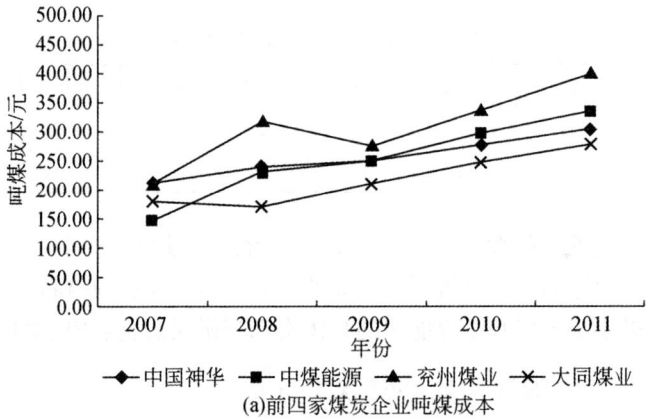

(a)前四家煤炭企业吨煤成本

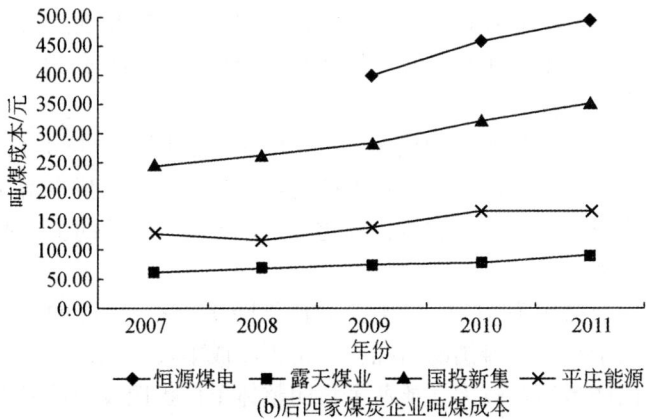

(b)后四家煤炭企业吨煤成本

图 8-17　2007～2011 年动力煤上市公司吨煤成本

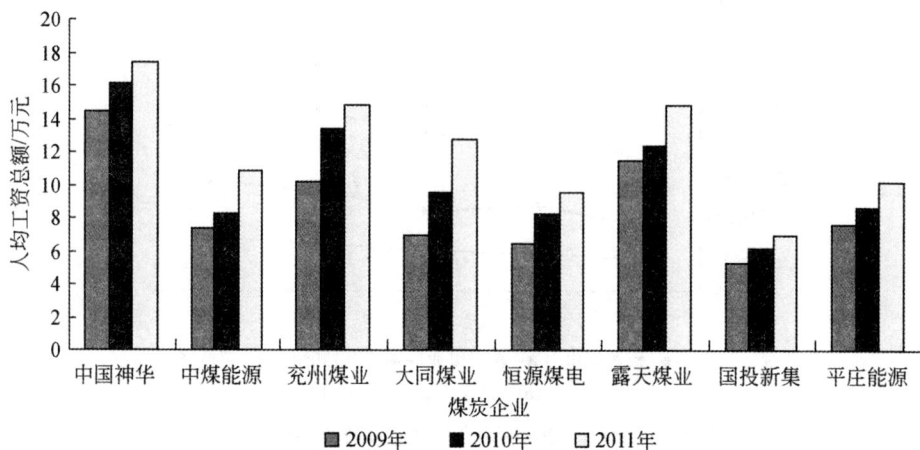

图 8-18　煤炭企业人均工资总额

表 8-6　煤炭企业人均工资增速

年份	中国神华	中煤能源	兖州煤业	大同煤业	恒源煤电	露天煤业	国投新集	平庄能源
2010	12	12	31	37	26	8	16	14
2011	8	34	11	33	17	20	14	18

此外，各种显性、隐性的政策性成本（煤价调节基金、安全费、行政性摊派）也在不断增加；紧缩的货币政策则令企业的财务费用增加；原材料、动力燃料等也在上涨。下面以中国神华和中煤能源的具体案例分析煤炭企业成本的变化。

1. 案例一：中国神华的经营状况分析

中国神华煤炭部分 2011 年自产煤总成本为 327.48 亿元，比上年增长 25.9%，单位成本为 116.0 元/吨，同比增长 7.5%。影响单位生产成本的主要原因包括以下四个方面。

第一，原材料、燃料及动力成本为 22.8 元/吨，同比增长 4.1%，增长的主要原因是随着开采延伸，煤炭开采相关的配件、材料及动力成本增加。

第二，人工成本为 14.6 元/吨，同比增长 3.5%，增长的主要原因是员工人数增加及工资上涨。

第三，折旧及摊销为 21.3 元/吨，同比下降 9.7%，下降的主要原因：一是煤炭销量增幅大于折旧及摊销的增幅；二是折旧成本较小的北电胜利露天矿、宝日希勒露天矿的产量增幅较大，摊薄了集团整体单位折旧及摊销成本。

第四，其他成本为 57.3 元/吨，同比增长 18.6%，主要原因是环保相关支出的增加。其他成本包括三个组成部分：①与生产直接相关的支持，包括维简安全费、洗选加工费、矿务工程费等，约占 61%；②生产辅助费用，约占 6%；③征地及塌陷补偿、环保支出、地方性收费等，约占 33%。

从上面的分析中可以看出，中国神华的煤炭生产成本中占最大比例的是其他成本。进一步分析中国神华的历年成本组成，如表 8-7 和图 8-19 所示，从 2005～2010 年（2007 年除外），其他费用占总成本的比例逐年上升，从 2005 年的 16.2% 上升到 2010 年的 49.3%，其他成本平均占总成本的 44% 左右。

表 8-7　2011 年中国神华煤炭分部经营成果

项目	单位	2011 年	2010 年（重述）	变动	变动原因
营业收入	百万元	172 318	131 649	30.9%	煤炭销售量增加及煤价上涨
营业成本	百万元	117 234	85 071	37.8%	主要是外购煤采购成本及自产煤生产成本增加
其中： 1. 自产煤生产成本	百万元	32 748	26 010	25.9%	主要是煤炭产量增加及单位生产成本增加
2. 外购煤生产成本	百万元	45 753	26 437	73.1%	1. 外购煤销售量增加，2011 年外购煤销售量为 105.0 百万吨（2010 年为 72.0 百万吨（重述）），同比增加 33.0 百万吨，增长 45.8%），占总销售量的比例由 2010 年的 23.0%（重述）增加到 2011 年的 27.1%。 2. 外购煤单位采购成本增加，2011 年为 435.7 元/吨（2010 年为 367.2 元/吨（重述）），同比增加 68.5 元/吨，增长 18.7%
毛利率	%	32.0	35.4	下降 3.4 个百分点	—
经营收益	百万元	46 007	37 970	21.2%	—
经营收益率	%	26.7	28.8	下降 2.1 个百分点	—
经营收益与报告期平均资产总额的比值	%	24.9	27.0	下降 2.1 个百分点	—

资料来源：中国神华 2011 年年报

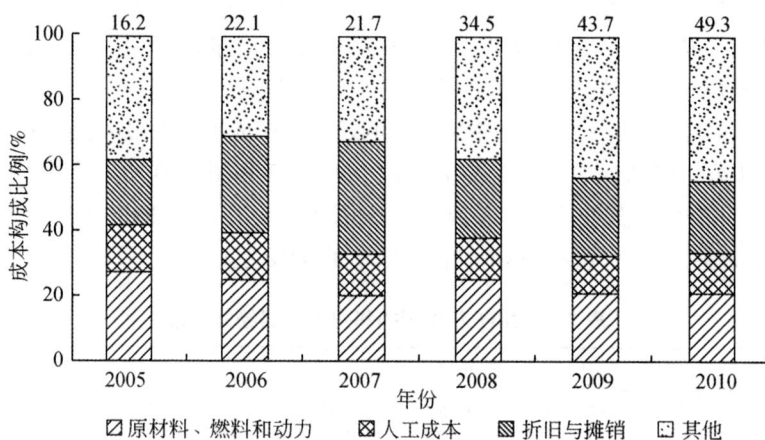

图 8-19 2005～2010 年中国神华成本组成

资料来源：中国神华历年年报

2. 案例二：中煤能源的经营状况分析

2011 年，中煤能源的营业成本从 2010 年的 474.49 亿元增长至 589.97 亿元，增幅为 24.3%，主要原因是公司买断贸易煤销量同比大幅增加以及生产经营规模扩大、材料价格上涨和投入使用的生产设备设施增加使有关成本相应增加。公司营业成本具体构成情况见表 8-8。

表 8-8 2011 年中煤能源总营业成本组成

项目	2011 年总营业成本/亿元	比重/%	2010 年总营业成本/亿元	比重/%	增减额/亿元	增减幅/%
材料成本（不含外购入洗原料煤成本及买断贸易煤成本）	159.04	27.0	143.10	30.2	15.94	11.1
外购入洗原料煤成本	22.11	3.7	16.28	3.4	5.83	35.8
买断贸易煤成本	210.59	35.7	145.77	30.7	64.82	44.5
人工成本	40.80	6.9	37.68	7.9	3.12	8.3
折旧及摊销	35.29	6.0	32.20	6.8	3.09	9.6
维修支出	5.14	0.9	3.69	0.8	1.45	39.3
安全维简费	25.75	4.4	23.53	5.0	2.22	9.4
煤炭可持续发展基金（准备金）	20.05	3.4	14.81	3.1	5.24	35.4
矿山环境恢复治理保证金	11.65	2.0	10.94	2.3	0.71	6.5

续表

项目	2011 年总营业成本/亿元	比重/%	2010 年总营业成本/亿元	比重/%	增减额/亿元	增减幅/%
煤矿转产发展资金	5.82	1.0	5.47	1.2	0.35	6.4
煤矿外包矿务工程费	19.23	3.3	14.23	3.0	5.00	35.1
其他成本	34.50	5.7	26.79	5.6	7.71	28.8
公司营业成本合计	589.97	100.0	474.49	100.0	115.48	24.3

资料来源：中煤能源 2011 年年报

2011 年，中煤能源煤炭业务的营业成本从 2010 年的 349.56 亿元增长至 450.91 亿元，增幅为 29.0%，具体情况见表 8-9。

表 8-9　2011 年中煤能源总煤炭业务成本组成

项目	2011 年煤炭业务成本/亿元	2010 年煤炭业务成本/亿元	增减额/亿元	增减幅/%
材料成本（不含外购入洗原料煤成本及买断贸易煤成本）	50.50	42.65	7.85	18.4
外购入洗原料煤成本	22.11	16.28	5.83	35.8
买断贸易煤成本	210.59	145.77	64.82	44.5
人工成本	29.87	27.97	1.90	6.8
折旧及摊销	29.52	26.71	2.81	10.5
维修支出*	5.60	4.09	1.51	36.9
安全维简费	25.75	23.53	2.22	9.4
煤炭可持续发展基金（准备金）	20.05	14.81	5.24	35.4
矿山环境恢复治理保证金	11.65	10.94	0.71	6.5
煤矿转产发展资金	5.82	5.47	0.35	6.4
外包矿务工程费	19.23	13.23	5.00	35.1
其他成本	20.22	17.11	3.11	18.2
煤炭业务营业成本合计	450.91	349.56	101.35	29.0

资料来源：中煤能源 2011 年年报

2011 年，中煤能源自产商品煤销售成本为 237.45 亿元，同比增加 36.67 亿元；自产商品煤单位销售成本为 237.10 元/吨，同比增加 13.40 元/吨。主要项目变动情况见表 8-10。

表 8-10 2011 年中煤能源自产商品煤单位销售成本组成

项目	2011 年单位销售成本/(元/吨)	2010 年单位销售成本/(元/吨)	增减额/(元/吨)	增减幅/%
材料成本（不含外购入洗原料煤成本）	50.42	47.52	2.90	6.1
外购入洗原料煤成本	22.08	18.14	3.94	21.7
人工成本	29.83	31.16	-1.33	-4.3
折旧及摊销	29.48	29.76	-0.28	-0.9
维修支出	5.59	4.56	1.03	22.6
安全维简费	25.71	26.22	-0.51	-1.9
煤炭可持续发展基金（准备金）	20.02	16.50	3.52	21.3
矿山环境恢复治理保证金	11.63	12.19	-0.56	-4.6
煤矿转产发展资金	5.81	6.09	-0.28	-4.6
外包矿务工程费	19.20	15.85	3.35	21.1
其他成本	17.33	15.71	1.62	10.3
自产商品煤单位销售成本合计	237.10	223.70	13.40	6.0

资料来源：中煤能源 2011 年年报

中煤能源自产商品煤单位材料成本同比增加 2.90 元/吨，主要是露天矿部分设备老化进入大修期、井工矿工作面掘进的延伸，以及材料价格上涨等因素使消耗的配件、建工材料、火工品等成本相应增加。

此外，2011 年年初山西地区天气寒冷以及当地铁路部门安全管理的要求，便铁路运输的煤炭产品喷洒防冻液支出同比增加。单位外购入洗原料煤成本同比增加 3.94 元/吨，主要是受本期外购入洗原煤量增加以及外购入洗原料煤总成本增加的影响。

单位人工成本同比减少 1.33 元/吨，主要是受自产商品煤销量增加的摊薄效应影响。单位维修成本同比增加 1.03 元/吨，主要是因为公司所属矿区部分生产设备集中维修发生的费用增加。

单位煤炭可持续发展基金（准备金）同比增加 3.52 元/吨，主要是因为上海能源公司根据江苏省徐州市有关文件规定，自 2011 年 1 月份起吨煤计提 20 元的煤炭可持续发展基金；公司所属在晋企业按照山西省有关规定，自 2011 年 3 月 1 日起计提煤炭可持续发展基金标准提高 3 元/吨（动力煤由 13 元/吨增加到 16 元/吨，焦煤由 20 元/吨增加到 23 元/吨）。

单位其他成本同比增加 1.62 元/吨，主要受所属矿区发生的环境恢复治理费用、结算的劳务费以及井下中小工程开支增加影响。

从表 8-10 中还可以看出,中煤能源以煤炭生产为最主要业务,单位自产煤生产成本中占最大比例的是原材料成本。进一步分析中煤能源近几年的自产煤成本组成(图 8-20)可以发现,总成本中占最大比例的还是原材料、折旧、维修成本,2007~2010 年平均占 43.8%。除此之外,值得注意的是税费支出费用的增加,从 2007 年的 9.4% 提高到 2010 年的 29.8%,平均成本占总成本的 23.8%。

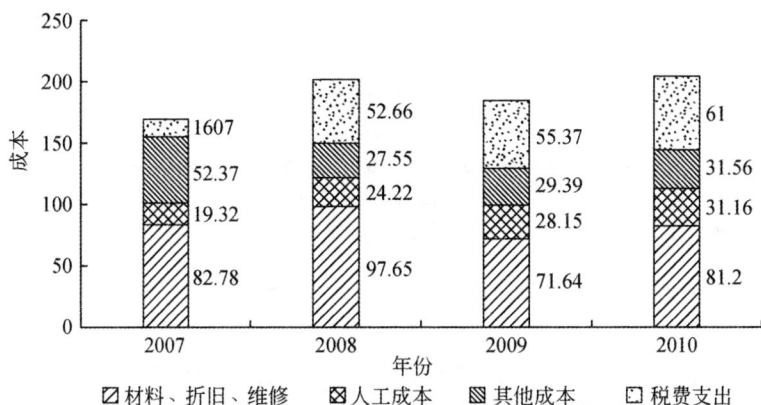

图 8-20　中煤能源成本组成

资料来源:中煤能源 2011 年年报

对于煤炭企业而言,吨煤成本的控制是盈利的关键。在没有实行价格控制的情况下,煤炭企业的吨煤收入与煤价同步增长,吨煤成本也稳步升高,若能控制成本增速,煤炭企业的盈利空间在较长时期内仍能保障。

8.3.3　煤价变动对煤炭企业盈利的影响分析

分析企业盈利情况,需要关注的指标是煤炭业务的毛利率,如图 8-21 所示。前四家大型煤炭企业的毛利率总体上要高于后四家规模较小的煤炭企业;但 2009 年以来,前四家煤炭企业的毛利率呈缓慢下降状态(基本也可认为平稳),而与此相反,后四家煤炭企业的毛利率表现出上升趋势。中煤能源的煤炭业务毛利率一直呈下降趋势,不过 2010 年后趋于平缓;而恒源煤电的煤炭业务毛利率明显且一直低于其他煤炭企业。

2006 年以来,除 2008 年煤炭价格高涨并大幅波动外,总体上煤价一直保持平稳上升趋势,秦皇岛 5500 大卡动力煤年均平仓价从 2006 年的 427 元/吨涨到 2011 年的 819 元/吨。各公司吨煤收入基本由煤价决定,2007~2011 年吨煤收入

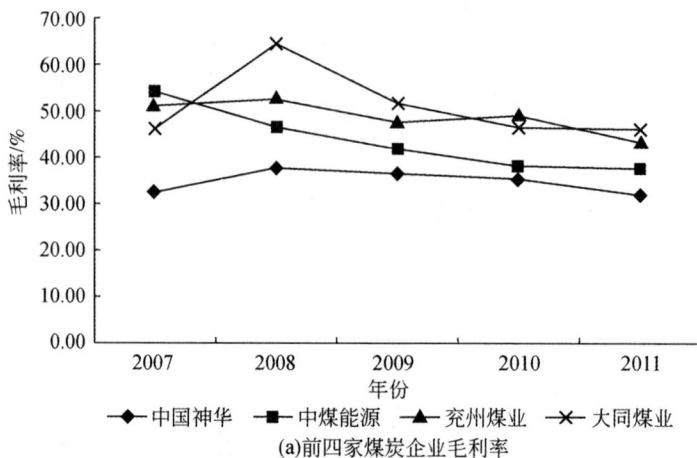

(a)前四家煤炭企业毛利率

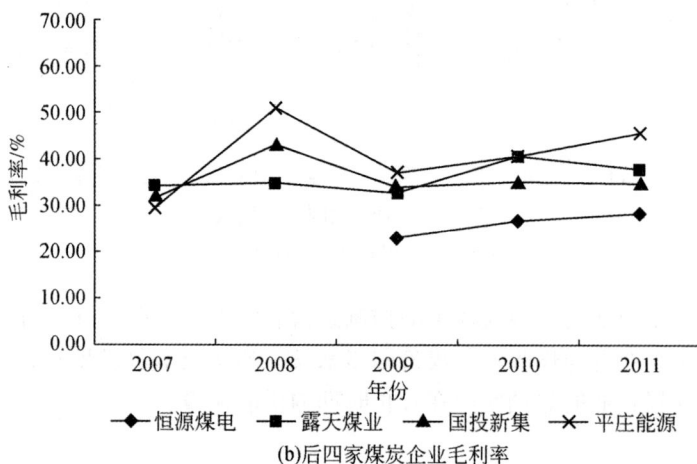

(b)后四家煤炭企业毛利率

图8-21 2007～2011年动力煤上市公司煤炭业务毛利率

同秦皇岛5500大卡动力煤年均价的相关系数基本都在0.9以上（表8-11）。但各公司煤炭毛利率并不与煤价表现出一致的变动趋势，总的来说，前四家大型煤企，由于吨煤成本上升较快，其煤炭业务毛利率与煤炭价格的相关系数很小甚至为负，而后四家公司的毛利率同煤炭价格相关程度较高。

表8-11 煤炭价格与煤企毛利率、吨煤收入的相关系数

企业	秦皇岛年均价与煤炭毛利率相关系数	秦皇岛年均价与吨煤收入相关系数
中国神华	0.08	0.92
中煤能源	−0.83	0.96

续表

企业	秦皇岛年均价与煤炭毛利率相关系数	秦皇岛年均价与吨煤收入相关系数
兖州煤业	-0.51	0.99
大同煤业	0.13	0.96
恒源煤电	—	—
露天煤业	0.68	0.83
国投新集	0.47	0.99
平庄能源	0.83	0.96

注：恒源煤电 2009～2011 年的数据缺失，故不便计算相关系数

根据 8 个样本企业年报数据，将煤炭业务财务数据剥离，计算出煤炭业务营业利润对煤炭价格的敏感度，具体见表 8-12。如表 8-12 所示，煤炭价格变动对吨煤税前利润影响最大的是恒源煤电，煤价上涨 5% 后吨煤税前净利润上涨 28%；其次依次为国投新集、大同煤业、中煤能源、露天煤业等，煤价上涨 5% 吨煤税前净利润分别上涨 20%，19%，19%，17%；中国神华的吨煤税前利润对煤价最不敏感，煤价上涨 5% 吨煤税前净利润上涨 9%。综合来看，样本企业煤炭业务营业利润对煤价的敏感度都不是很高，这主要是由于该类企业业务分部比较分散、遍布全国，从合并的财务报表看，对业绩的影响相对其他地方性企业不大。

表 8-12 样本企业盈利对煤价的弹性

企业	2011 年原煤均价/元	2011 年吨煤税前利润/元	煤价涨 5% 对吨煤税前利润的静态影响/%	煤价跌 3% 对吨煤税前利润的静态影响/%
中国神华	436	231	9	-6
中煤能源	500	132	19	-11
兖州煤业	704	238	15	-9
大同煤业	394	106	19	-11
恒源煤电	618	111	28	-17
露天煤业	146	44	17	-10
国投新集	482	120	20	-12
平庄能源	304	100	15	-9

8.4 煤价下跌对煤炭企业的影响

8.4.1 2012 年以来的煤炭价格趋势

1. 2012 年上半年的煤炭价格走势

面对 2011 年一路高涨的煤价，国家发展和改革委员会在 2011 年 11 月发布《关于加强发电用煤价格调控的通知》规定：2012 年合同煤价涨幅不得超过 5%，同时主要港口 5500 大卡市场煤平仓价不得超过每吨 800 元。但 2012 年 5 月份以来，随着需求的下降和煤炭产能的增加，国内煤炭价格出现大幅下降。2012 年 7 月 25 日，环渤海地区发热量 5500 大卡市场动力煤综合平均价格报收 631 元/吨，比前一报告周期下降了 10 元/吨。

我国动力煤平均价格于 2011 年 11 月达到高点之后一路下跌，当前下跌幅度已达 10% 以上（图 8-22）。

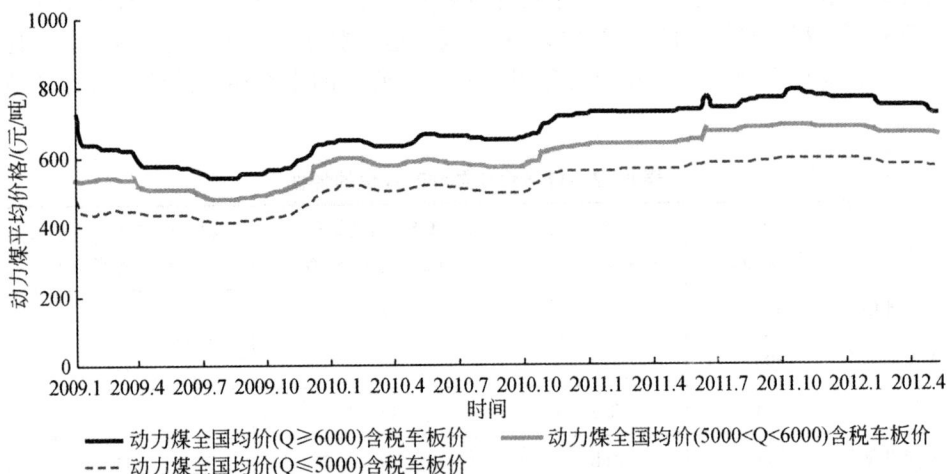

图 8-22　我国动力煤平均价格

资料来源：中国煤炭资源网

我国焦煤平均价格于 2011 年 11 月达到 1588 元/吨高点之后开始下跌，当前价格为 1469 元/吨，下跌幅度已达 7.5% 以上（图 8-23）。

我国喷吹煤价格跌幅相对较小，2011 年 2 月价格达到 1181 元/吨后开始下跌，当前价格为 1141 元/吨，下跌幅度为 3.4%（图 8-24）。

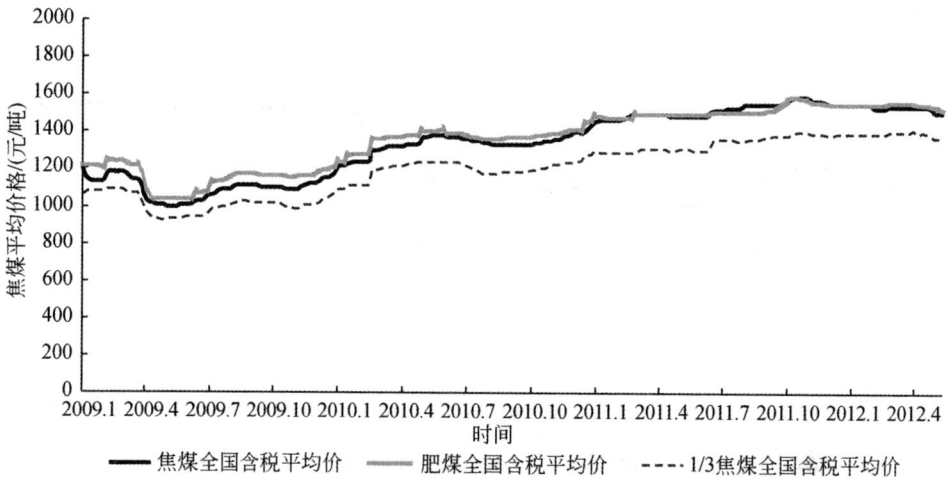

图 8-23　我国焦煤平均价格

资料来源：中国煤炭资源网

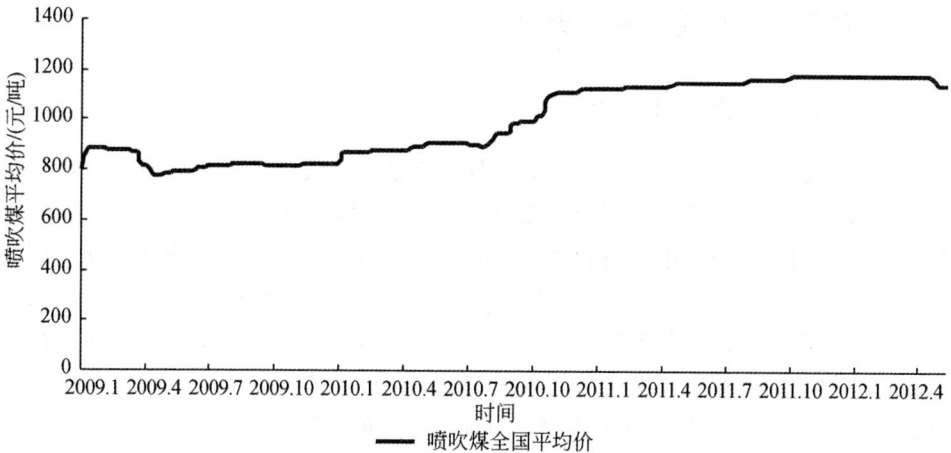

图 8-24　我国喷吹煤平均价格

资料来源：中国煤炭资源网

　　我国无烟煤煤平均价格 2011 年 3 月开始下跌，当前价格为 1182 元/吨，下跌幅度达 15% 左右，是跌幅最大的品种（图 8-25）。

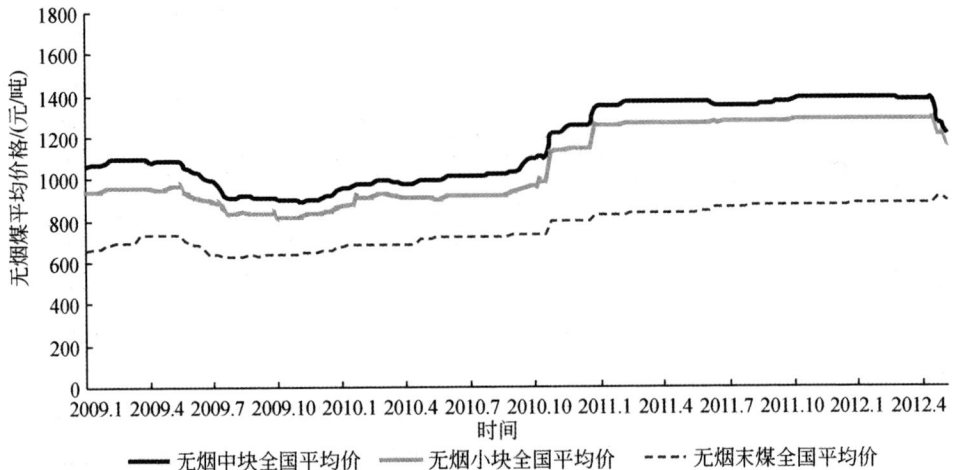

图 8-25 我国无烟煤平均价格

资料来源：中国煤炭资源网

2. 对下一步煤炭价格走势的判断

(1) 煤炭行业供过于求

近几年，煤炭行业盈利丰厚，吸引各类资金涌入投资，煤炭行业固定资产投资增速较快，增速都在 25% 左右，2007 年以来更是一直高于电力行业，2009 年以来多数时间增速位于钢铁行业之上。固定资产投资的快速增长导致近几年产能快速扩大。2012 年 1 ~ 5 月，全国煤炭累计产量为 158 831 万吨，同比增长 7%。内蒙古、陕西、山西等几个主要产区产能下半年继续释放，下半年很可能延续上半年的产量增长趋势，预期全年煤炭产量增长 7% 左右。2011 年产量为 35.2 亿吨，2012 年产量可达到 37.66 亿吨，再加上进口的 2 亿吨，我国煤炭供给将达到 39.66 亿吨，煤炭行业供过于求。

(2) 库存创历史新高

2012 年上半年秦皇岛港库存创出历史新高。从 4 月月底 5 月月初开始，秦皇岛煤炭库存从不足 500 万吨一路飙升，用了不到两个月的时间，6 月 19 日秦皇岛港库存创出历史新高，达到 946 万吨。与此同时，河北三大港口煤炭库存积压都比上月同期大幅增加。近期秦皇岛及沿海煤炭库存变动见图 8-26 和图 8-27。国内用电量减少导致电煤需求减少，以及国际煤价较低导致进口大幅增加，这是港口煤炭库存急剧上升的主要原因，煤炭市场压力越来越大。

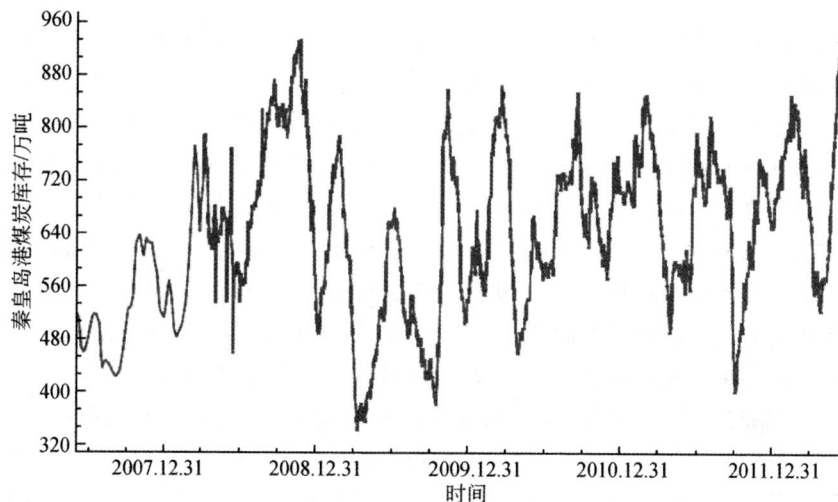

图 8-26　秦皇岛煤炭库存

资料来源：Wind、华融证券

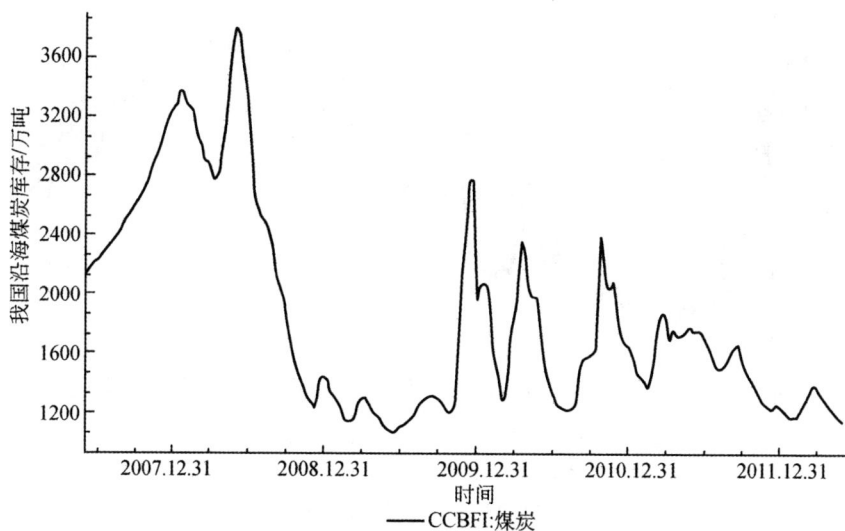

图 8-27　我国沿海煤炭库存

资料来源：Wind、华融证券

(3) 国际煤炭价格的压力

国际煤炭价格早在 2011 年年初即见顶回落。一方面是因为我国以及欧洲和亚洲其他国家电力需求减缓，另一方面是美国页岩气开发导致美国煤炭供过于求。美国煤炭大量出口冲击国际煤炭市场，使国际煤炭价格处于全线走低过程中，2011 年年初以来已经下滑 20% 以上。图 8-28 反映了 2008 ~ 2011 年国际动力煤价格的走势。2011 年 6 月 8 日澳大利亚纽卡斯尔港动力煤价格指数下跌 1.82 美元/吨至 90.33 美元/吨，跌幅为 1.98%；南非理查德港动力煤价格指数下跌 2.29 美元/吨至 87.71 美元/吨，跌幅为 2.54%；欧洲 ARA 三港市场动力煤价格指数下跌 1.13 美元/吨至 86.97 美元/吨，跌幅为 1.28%。一路下滑的国际煤炭价格对我国煤炭价格形成强大的压力。我国煤炭进口也大幅增加，1 ~ 5 月中国进口煤炭 11 273 万吨，同比增长 67.8%。进口煤的大量涌入冲击国内煤炭市场尤其沿海市场。在国内需求放缓和国际煤价的压力下，我国煤炭价格去年底从高点回落。当前，我国港口煤炭价格与国际煤炭价格还有一定的差价，国内价格比国外价格高出 50 ~ 60 元/吨。我国煤炭价格未来面临的压力依然很大。

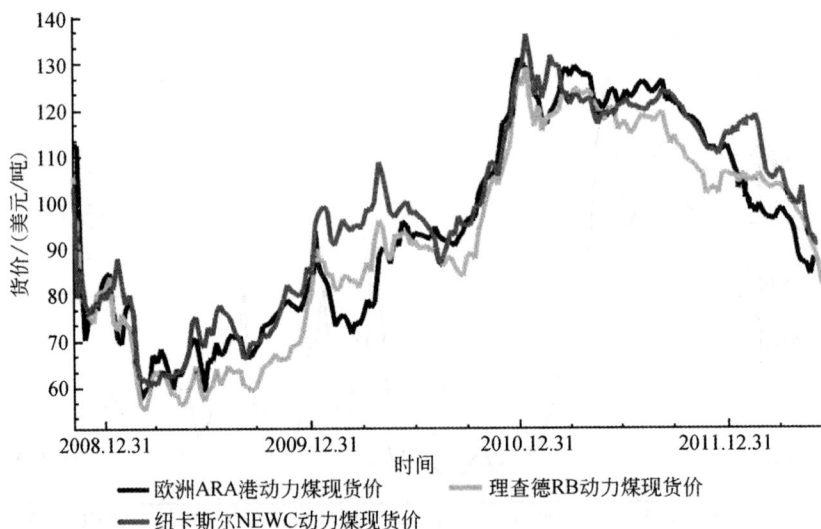

图 8-28　国际动力煤价格

资料来源：Wind、华融证券

综合上面的分析，当前的煤炭行业面临困境是显而易见的，来自国内的压力包括：下游需求依然不振、库存创出历史新高、沿海煤炭运价创出新低、成本刚性上涨。来自国际的压力包括：国际原油价格创出年内新低、国际煤炭价格跌涨不休等。这些困境的根本原因则是经济放缓。我们预计 2012 年下半年煤炭价格下跌的压力依然较大。

8.4.2　煤价下跌对煤炭企业的影响

从成长性角度考虑，2012 年上半年煤炭行业营业收入增速为 27.3%，净利润增速为 3.5%，其中净利润增速明显低于 2011 年 14.0% 的增速。从环比来看，二季度，营业收入环比增长 11.7%，归属于母公司净利润环比增长 5.4%，考虑到部分公司非经常性收益的影响，整个行业营业利润环比下滑 9.9%（图 8-29，图 8-30）。

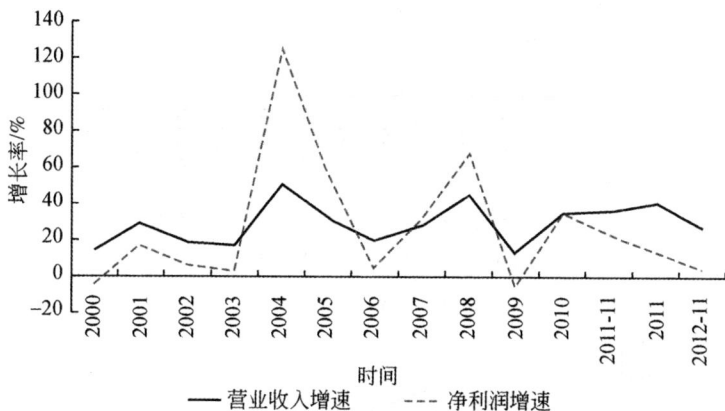

图 8-29　煤炭板块营业收入、净利润增长率
资料来源：Wind，招商证券

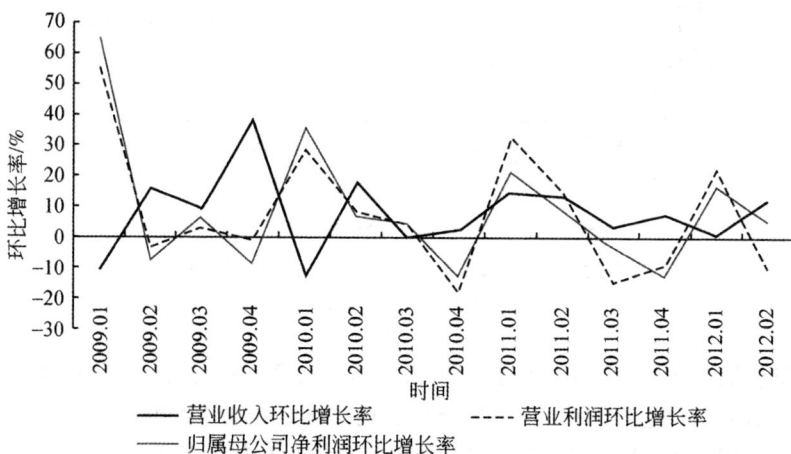

图 8-30　煤炭板块营业收入、净利润环比增长率比较
资料来源：Wind，招商证券

　　煤炭市场疲弱也反映在行业运营方面图 8-31 和图 8-32 分别显示了煤炭行业的运营能力和现金流运营状况。运营能力下降，影响了企业现金流。从运营能力来看，存货周转率相对平稳，应收账款周转率小幅下降。此外，从现金流运营状况也可以看出，经营活动产生的现金流量净额占比小幅下降，由 2011 年的 19.8% 下降至 13.3%。

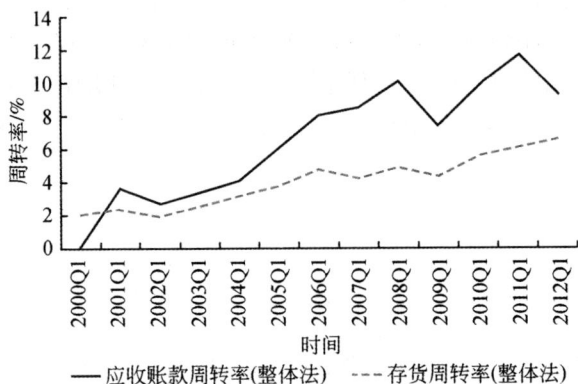

图 8-31　煤炭行业运营能力比较

资料来源：Wind，招商证券

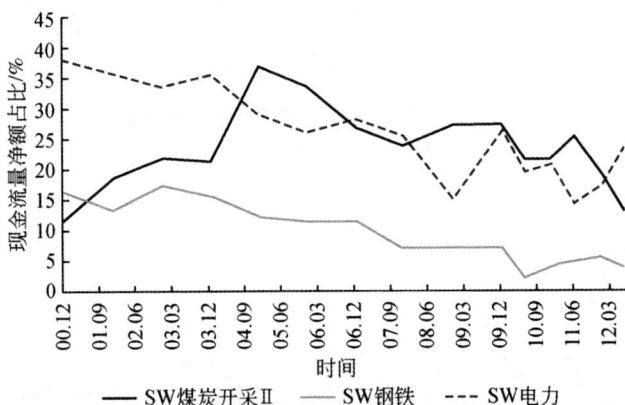

图 8-32　经营活动产生的现金流量净额/营业收入

资料来源：Wind，招商证券

　　从盈利能力来看，2012 年煤炭行业毛利率为 25.6%，较同期下降 5.6 个百分点，较 2011 年全年下降 3.9 个百分点；销售净利率为 12.4%，较同期下降 2.7 个百分点，较 2011 年全年下降 1.0 个百分点。从各个企业角度看，煤炭上市公司盈利能力也开始下滑，比较 ROE（年化）指标，整体呈下滑趋势，其中 2012

年中期 ROE 中值为 16.3%，较去年同期的 19.8% 下降 3.5 个百分点。销售净利率方面，2012 年中期销售净利率中值为 11.0%，较去年同期的 12.7% 下降 1.7 个百分点。销售毛利率方面，2012 年中期销售毛利率中值为 27.1%，较去年同期 28.7% 下降 1.6 个百分点（表 8-13）。

表 8-13 煤炭企业盈利能力比较 单位:%

公司	ROE（年化）			销售净利率			销售毛利率		
	2011H1	2011A	2012H1	2011H1	2011A	2012H1	2011H1	2011A	2012H1
中国神华	22.00	21.30	22.20	25.30	24.70	24.00	43.30	41.10	37.40
中煤能源	13.20	12.30	11.60	12.80	11.60	11.20	35.30	33.60	34.30
兖州煤业	26.50	21.90	23.00	24.30	17.70	16.80	46.20	40.60	27.20
大同煤业	13.60	11.20	6.80	20.10	15.80	4.50	46.00	39.80	14.70
恒源煤电	19.80	17.40	16.30	12.70	12.30	11.00	26.40	29.30	23.50
露天煤业	37.50	37.60	30.70	21.80	25.50	21.90	37.60	38.10	35.60
国投新集	17.00	18.10	22.80	15.20	16.70	21.00	32.80	35.40	39.20
平庄能源	18.20	22.10	17.50	18.50	22.90	21.00	37.10	41.30	40.20

8.4.3 煤炭企业应对价格下跌案例分析

面对煤炭价格的下跌趋势，各个煤炭企业致力于推动产业链延伸，以此提高煤炭的转化价值。表 8-14 对典型煤炭企业的措施进行了总结。第一大煤炭企业中国神华 2012 年加大了电力分部发展的力度，以提升公司的整体盈利能力。2012 年公司售电量目标为 1996 亿千瓦时，同比增长 19.1%，并将加快新电厂投运和并购新的电源点以增加装机容量。公司并购沿江内地优质电厂，这些电厂已经给公司产生了积极的影响，随着新建电厂地不断投入运营，未来售电量将大幅增加。

煤炭库存量不断增加还迫使很多煤炭企业开始转型，开始对煤炭进行深加工，煤化工行业重新引起关注。新型煤化工项目的审批重新启动，潞安 180 万吨煤间接液化项目和同煤 40 亿立方米煤制天然气项目已相继获得国家发展和改革委员会"路条"。在宁夏地区，神华宁煤 400 万吨煤间接液化项目获得国家发展和改革委员会最终核准。此外，中煤集团近日透露，"十二五"期间将在陕西和内蒙古地区投资 2000 亿元打造一个世界一流水平的亿吨级能源化工基地。

表 8-14　煤炭企业应对价格下跌主要案例

公司	投资电厂	发展煤化工
中国神华	1. 2012 年上半年，从控股股东神华集团公司收购太仓电力，新增燃煤机组 1260 兆瓦，收购巴蜀电力，新增燃煤机组 1260 兆瓦，水电机组 78 兆瓦。 2. 继续推进准东五彩湾热电项目等新项目的核准和建设工作，北京燃气热电项目获北京市发展和改革委员会核准	神华宁煤 400 万吨煤间接液化项目
中煤能源	公司与中电国际、大唐集团等合作推进煤电联营。公司根据自身优势，选择大力发展低热值煤发电，目前已经建成并运营总装机容量 70 万千瓦的煤矸石综合利用电厂，每年消耗发热量 2900 大卡左右的煤矸石和劣质煤约 320 万吨，具有发展低热值煤大型坑口发电基地的有利条件。目前正在推进 2×60 万千瓦循环流化床示范电厂、东露天 4×30 万千瓦煤矸石电厂、安太堡 2×35 万千瓦煤矸石电厂项目建设	1. 公司控股 65% 的子公司蒙大化工公司拟投资建设鄂尔多斯工程塑料项目，该项目总投资 104.22 亿元，项目年消耗甲醇 180 万吨，主要产品为聚乙烯 31.61 万吨，聚丙烯 30.70 万吨，副产 2-丙基庚醇 7.27 万吨，丁烯-1 0.85 万吨，甲基叔丁基醚 1.84 万吨，回收 C4 产品 1.33 万吨，戊烷油 2.43 万吨，燃料气 3940 万立方米，硫铵 0.88 万吨。 2. 中煤黑龙江煤炭化工（龙化公司）25 万吨/年甲醇项目投产，2012 年上半年，公司完成甲醇产量 6.5 万吨，同比减少 1.7 万吨。 3. 公司募投鄂尔多斯 420 万吨/年甲醇及 300 万吨/年二甲醚项目及配套工程项目
兖州煤业	公司持华聚能源 95.14% 股权，其拥有南屯矿电厂等六座电厂，装机容量 14.4 万千瓦，年发电能力 11 亿千瓦时，年供热能力 100 万蒸吨	公司以 7.76 亿元在陕西榆林设立全资公司榆林能化，建年产 230 万吨甲醇项目，其中一期 60 万吨甲醇项目已于 2009 年 8 月投入运营
恒源煤电	2012 年 8 月，公司与皖能电力同意分别以 50：50 的比例，即分别出资 2.7 亿元共同投资钱营孜电力公司，该公司成立后将主要以公司钱营孜煤矿及周边煤矿的低热值燃煤和煤矸石为燃料，建设 2×35 万千瓦综合利用发电项目	—

续表

公司	投资电厂	发展煤化工
国投新集	1. 2008 年 12 月公司与安徽皖能股份拟按 55：45 股权比例投资设立国投新集板集发电公司，建设和运营一期工程 2 台 60 万千瓦级超临界燃煤发电机组项目（后改为 2 台 100 万千瓦级超临界燃煤发电机组），2012 年 6 月 28 日，该电厂获批开展前期工作。 2. 公司以 10 077.58 万元收购国投宣城发电有限责任公司 24% 股权，该公司规划总容量为 320 万超临界燃煤发电机组，一期工程为 1×60 万千瓦 3. 公司还将在"十二五"期间建设并投入运行板集坑口电厂和刘庄坑口电厂 4. 2012 年 2 月 21 日，公司与安徽省能源集团签署系列合作协议，对于在安徽省合作建设煤气一体化项目和煤电一体化项目及战略投资安徽省天然气开发有限责任公司达成初步合作意向	—

从表 8-14 可以看出，随着煤炭价格的下跌，煤企纷纷寻找出路，向电力行业和煤化工行业扩张。这也告诉我们，随着煤炭市场疲软，电力供应相对宽松，煤电价格体制改革迎来了历史机遇。相对低位的市场煤价，一则可与重点合同煤较顺利地实现双轨合并，二则将为煤电联动重启提供一个很好的起点。我国目前处在城市化工业化进程中，刚性的能源需求压力和以煤为主的能源消费结构，决定了中长期煤炭需求仍将大幅度增长，如果不抓紧眼前这个机会，一旦经济好转，"双轨制"问题恐怕依然难以解决。

第9章　典型电力企业成本与电价分析

9.1　典型电力行业上市公司选取及简介

破解煤电矛盾机制需要对电力企业成本进行摸底，由于运输瓶颈，中国的煤炭市场实际上是割裂的区域性市场。沿海与内地的电力企业对煤炭成本的敏感度并不一致，因此分别选取沿海及内陆主要的上市电力公司进行分析，另外，选取其他3个具有一定代表性的电力企业。总共选取了9个国内火电样本企业，并对样本企业的经营现状、偿债能力以及火电业务利润对电价和煤炭价格的敏感度进行分析，同时结合国外火电企业如何保证回报的经验给出建议。表9-1给出了样本企业的分类、名称以及选取理由。

表 9-1　样本企业选取及理由说明

样本分类	企业名称	选取理由
内陆企业	通宝能源	主营火力发电，是国内大型综合能源企业之一，旗下主要资产是坑口电厂
	漳泽电力	总部位于山西太原，主营火力发电生产，拥有两座大型火力发电厂和一家电力检修公司，公司下设3个分公司、1个子公司和5个参股公司，可控容量2340兆瓦，权益容量1980兆瓦
	建投能源	是一家从事投资、建设、经营管理以电力生产为主的能源项目的公司。公司在2007年3月月初通过定向增发收购大股东旗下的5家电厂股权后，成为河北南网最大的发电公司之一，一跃成为电力板块的二线龙头。同时公司是电力行业中少有的全部机组为30万千瓦以上的发电公司
沿海企业	上海电力	是一家主要从事电力、热力产品生产和销售的电力公司。截至2010年，公司是上海地区最大的电力生产企业
	粤电力A	一家同时拥有A股和B股的大型电力公司，是广东省内最大的电力上市公司。公司主要经营范围是电力项目的投资、建设和经营管理，电力的生产和销售，电力行业技术咨询和服务
	申能股份	已初步确立石油天然气、电力的双主业产业布局。电力方面，公司拥有投运的电力机组权益装机容量334万千瓦，占上海统调装机容量的25%左右。目前公司在建项目分别为上海外高桥第三发电有限公司和浙江桐柏抽水蓄能电站有限公司，项目预计于2008年年底投产。公司还大力进军风能、太阳能领域，参与了10万千瓦海上风电场特许权招标项目以及金山海岸线风能建设项目的前期准备工作；受让了上海太阳能科技公司20%股权

续表

样本分类	企业名称	选取理由
全国性企业	国电电力	是一家主要经营电力、热力生产等的公司。主要产品包括：电力、热力、化工等产品
	华能国际	是中国最大的上市发电公司之一，公司及其附属公司在国内开发、建设和经营管理大型发电厂。公司主要投资、建设、经营管理电厂，向用户提供稳定及可靠的电力供应
	华电国际	是一家主要从事发电、供热及其他相关业务的公司，所发的电力主要输往各电厂所在地的电网公司。公司是截至 2010 年山东省装机规模最大的独立发电公司，也是中国最具竞争力的独立发电公司之一

　　样本企业分别有业务遍布全国的国电电力、华电国际和华能国际，沿海的上海电力、申能股份和粤电力 A，以及内陆的通宝能源、建投能源和漳泽电力。以下将分别对 9 家样本企业的基本情况加以说明及分析。

9.1.1　样本企业简介

1. 通宝能源

　　公司主营火力发电业务，是国内大型综合能源企业之一。通过多年发展，公司由单一火电业务转型为综合能源公司，控股股东拥有政策支持的燃气、新能源等节能环保项目，这些将成为公司盈利增长来源。2011 年，实现了将控股股东优质电网资产以资产换股份的方式整体注入公司，以自有资金购并煤炭及燃气优质资产，综合能源产业格局初步形成①。

　　在节能环保、新型能源等战略性新兴产业成为国家战略布局的重点方向的背景下，公司面临的发展机遇：一是国家积极推动上市公司并购重组、鼓励通过联合、兼并、控股、参股战略性新兴产业领域优势企业的政策，为公司通过资本市场实现跨越发展奠定基础；二是山西省"综改试验区"的快速推进为公司转型发展提供了有利平台。

2. 漳泽电力

　　山西漳泽电力股份有限公司总部位于山西太原，主营火力发电生产，拥有两

---

① 资料来源：通宝能源 2011 年年报。

座大型火力发电厂和一家电力检修公司，是山西电网和华北电网的主力发电企业。公司主要从事电源的开发、投资、建设、经营和管理，组织电力（热力）生产和销售以及电能设备的成套、配套、工程建设与监理、招投标、物资经销、设备检修、科技开发兼营房地产开发、物业管理、中介服务等电力相关业务。由于公司长期处于亏损状态，面临的财务压力和融资压力十分巨大。为了减少煤炭的中间环节加价，公司建设坑口电厂和大型煤电基地，按照煤—电—路—港产业链实现跨区域煤电联营。另外，公司与中国铝业合资组建山西华泽铝电公司（占40%股份），形成了铝电联营的新经济模式，建设规模为年产 28 万吨电解铝，16 万吨的阳极碳素和两个 300 兆瓦的燃煤发电机组。①

3. 建投能源

河北建投能源投资股份有限公司是一家从事投资、建设、经营管理，以电力生产为主要能源项目的公司，是电力行业中少有的全部机组为 30 万千瓦以上的发电公司。公司主要的经营范围是对能源、交通、水务、农业、旅游业、服务业、房地产、工业、商业的投资及管理。公司的近期经营业绩有所改善，但这主要得益于公司转让所持河北银行 4700 万股取得的收益 6146 万元，以及 2011 年度河北银行分红的增加，火电业务盈利状况依然不佳。公司在未来将积极开展分布式能源、余热回收利用、合同能源管理等综合能源项目的开发，加快公司产业调整步伐。同时为了响应《火电厂大气污染物排放标准》，公司将加大环保投入，在环保设施建设中采取新技术、新工艺，压缩成本费用，实现经济效益与社会效益的统一。

4. 上海电力

公司是上海地区最大的电力生产企业，其主营业务包括电力的开发、建设、经营及管理；组织电力、热力生产，销售自产产品；新能源与可再生能源项目开发及应用以及煤炭的经销。公司在"立足上海，面向华东，开拓创新、做强做优"的发展战略指引下，力争在未来实现"四个转变"实现由主要利用传统能源向能源清洁高效利用和新能源并举转变；实现由一般上市公司向集团公司境内最重要的资本运作平台转变；实现由单一发电企业向上下游产业和电站服务业延伸转变；实现由基本依赖国内资源向依托统筹国内海外两种资源转变，通过几年

---

① 资料来源：漳泽电力 2010 年年报。

的发展，把公司打造成为国内一流的综合型能源企业①。

5. 粤电力

广东电力发展股份有限公司是由广东省电力集团公司、中国建设银行广东省信托投资公司、广东省电力开发公司、广东国际信托投资公司和广东发展银行（现为广东省广控集团有限公司）共同发起设立的股份有限公司。

公司的主营业务是电力项目的投资、建设和经营管理，电力的生产和销售，电力行业的技术咨询和服务，是一家同时拥有火电、水电和其他清洁能源的大型集团化电力上市公司。公司参股30%的广东粤电石碑山风能开发有限公司建设经营的石碑山风电项目（100兆瓦）风机已全部吊装完毕，并已开始运转发电。同时，公司与国内能源巨头中海油共同投资42亿元建设惠州LNG电厂，该项目是广东省LNG试点工程总体项目，其供气范围覆盖珠江三角洲和香港地区，垄断优势非常明显。

6. 申能股份

公司已经确立石油天然气、电力的双主业产业布局，是主要投资于上海地区电力市场的区域性电力公司，其中公司拥有投运的电力机组权益装机容量为334万千瓦，占上海统调装机容量的25%左右。公司的控股子公司上海石油天然气公司和上海天然气管网公司分属行业的上游和中游，其中，上海石油天然气公司主要负责东海平湖油气田的开发和建设，而上海天然气管网公司是上海市唯一一家负责天然气高压主干网输气管网及相应配套设施建设和经营的公司。作为上海市能源龙头企业，申能股份具有显著的垄断性优势，是国内最大的集制气、销售、调度、管网为一体的城市燃气运营企业。

7. 国电电力

公司的主营业务包括电力、热力生产与销售；电网经营；新能源项目、高新技术、环保产业的开发与应用。公司坚持"优化发展火电，大力发展风电、水电、煤炭产业，稳健发展煤化工，择优发展太阳能，积极发展核电"的发展思路，实现主营业务多元化。其中，国电电力中卫光伏并网电站工程项目是宁夏大型太阳能光伏并网发电项目的重要组成部分。公司控股49%的子公司国电科技环保与大全集团合作发展国内最大6000吨级多晶硅生产基地②。并且，公司通过

---

① 资料来源：上海电力2011年年报。

② 资料来源：国电电力2011年年报。

对控股子公司北京国电龙源环保工程公司增资,成为第一大股东后,涉足电力系统环保产业。

8. 华能国际

公司的主营业务范围包括投资建设、经营管理电厂;开发、投资、经营与电厂有关的以出口为主的其他相关企业;热力生产及供应。截至 2012 年 3 月 20日,公司可控发电装机容量为 60 375 兆瓦,权益发电装机容量为 55 350 兆瓦,公司电厂广泛分布在中国 19 个省、直辖市和自治区,并于 2012 年通过资产收购使公司进入云南电力市场,是中国目前最大的上市发电公司之一。公司的海外全资子公司大士能源是新加坡第一个用煤和棕榈壳作为燃料的大型热电联产项目[①]。但是,随着国家经济结构调整和产业升级,公司业务的集中地华东、华南地区用电量增速将低于中西部地区,对公司发电量的增长有一定影响,同时在电力体制改革过程中电价机制改革的相对滞后,还将给公司的经营带来不确定性。

9. 华电国际

华电国际电力股份有限公司是一家主要从事发电、供热及其他相关业务的公司,是截至 2010 年山东省装机规模最大的独立发电公司。公司现已走出山东,在四川、宁夏、安徽等地区收购和新建电源项目,进入了全国性发电公司的行列。

公司积极开发新能源项目,实现以火电为主,水电、风电、生物质能发电等互补的多元化发电结构。近期通过资产收购后,公司水电权益在建装机量有明显提高,电源结构不断优化[②]。另外,公司去年收购采矿权以及整合旗下的煤矿资源,将逐步实现煤电一体化,有助于降低其燃料成本。

9.1.2 样本企业相关情况对比

1. 企业规模

根据《统计上大中小型企业划分办法(暂行)》,新标准划分企业规模所用的指标主要有三个,分别是"从业人员数""销售额""资产总值"(表9-2)。

---

① 资料来源:华能国际 2011 年年报。
② 资料来源:华电国际 2011 年年报。

表9-2 2011年各企业规模指标及排名

项目	通宝能源	漳泽电力	建投能源	上海电力	粤电力	申能股份	国电电力	华能国际	华电国际
从业人员数 /人	5 660	2 634	718	6 140	1 896	1 929	28 035	35 903	22 533
按从业人员数划分排名	5	6	9	4	8	7	2	1	3
销售额 /亿元	53.9	41.0	60.2	239.7	144.7	228.3	492.7	1 311.1	541.8
按销售额划分排名	8	9	7	4	6	5	3	1	2
资产总值 /亿元	66.8	121.3	156.0	316.0	394.8	352.5	1 821.8	2 543.7	1 483.8
按资产总值划分排名	9	8	7	6	4	5	2	1	3

注：企业规模按从大到小排列，对应的"1"表示规模最大，排在第一位；"9"表示规模最小，排在最后一位

资料来源：各企业2011年年报

从表9-2可以看出，华能国际无论按从业人员数、还是销售额或资产总值，企业规模都是这9家企业中最大的。全国性的发电企业，无论是从业人员数、销售额还是资产总值明显高于内陆地区及沿海地区的发电企业，华能国际、国电电力以及华电国际企业规模均位列前三；其他企业规模情况具体见表9-2。

2. 经营业务分布情况

9个样本企业虽然主营业务是电力，但是仍然有一些其他的业务，以2011年各企业年报数据为例，具体见表9-3。

表9-3 2011年企业业务分布情况

企业名称	电力	热力	供水	餐饮住宿服务	综合能源服务	维护、检修	销售燃料	石油天然气	其他产品
通宝能源	√	√	×	×	×	×	×	×	×
漳泽电力	√	√	√	×	×	×	×	×	×
建投能源	√	√	×	√	√	×	×	×	×
上海电力	√	√	×	×	×	√	√	×	×

续表

企业名称	电力	热力	供水	餐饮住宿服务	综合能源服务	维护、检修	销售燃料	石油天然气	其他产品
粤电力	√	×	×	×	√	×	×	×	×
申能股份	√	×	×	×	×	×	√	√	×
国电电力	√	√	×	×	×	×	√	√	√
华能国际	√	√	×	×	×	×	×	√	×
华电国际	√	√	×	×	×	×	×	×	×

注："√"表示公司当前具有的业务,"×"表示公司当前不具有的业务

资料来源:各企业 2011 年年报

根据 2011 年营业收入数据,以下将对每个样本企业的业务分布情况用饼状图的形式表示。

首先,内陆地区的三个企业,通宝能源、漳泽电力、建投能源的业务占比情况,如图 9-1 ~ 图 9-3 所示。可以看出,2011 年通宝能源的营业收入由电力及热力产品构成,占比分别为 99.25% 和 0.75%;漳泽电力的营业收入分别由电力、热力及供水构成,占比分别为 96.77% 、2.44% 和 0.79%;建投能源的营业收入分别由电力、热力、餐饮住宿服务、综合能源服务构成,占比分别为 95.02% 、2.50% 、2.34% 和 0.14% 。

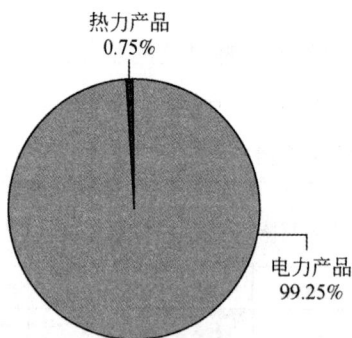

图 9-1 2011 年通宝能源营业收入构成
资料来源:通宝能源 2011 年年报

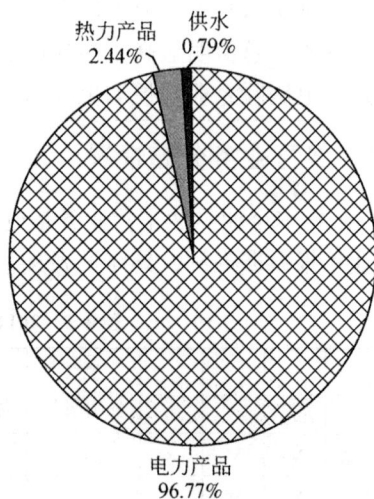

图 9-2 2011 年漳泽电力营业收入构成
资料来源:漳泽电力 2011 年年报

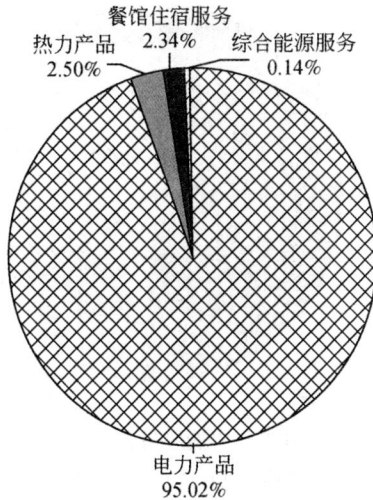

图 9-3　2011 年建投能源营业收入构成

资料来源：建投能源 2011 年年报

其次，沿海三个企业，上海电力、粤电力、申能股份的业务占比情况，如图 9-4 ~ 图 9-6 所示。可以看出，2011 年上海电力营业收入由电力，热力，维护、检修以及销售燃料构成，占比分别为 54.80%、4.56%、1.41% 和 39.23%；粤电力营业收入由电力及综合能源服务构成，占比分别为 99.56% 和 0.44%；申能股份营业收入由电力、销售燃料、石油天然气行业构成，占比分别为 35.13%、13.29% 和 51.58%。

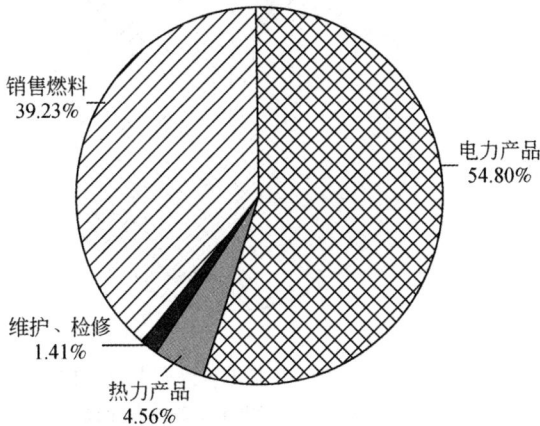

图 9-4　2011 年上海电力营业收入构成

资料来源：上海电力 2011 年年报

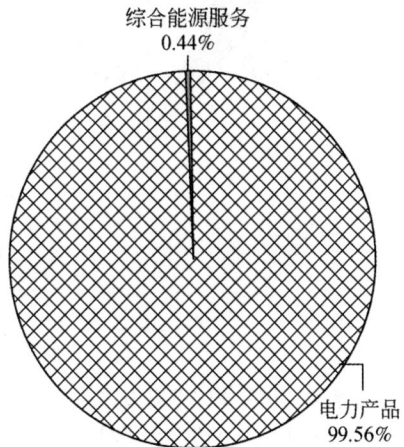

图 9-5　2011 年粤电力营业收入构成

资料来源：粤电力 2011 年年报

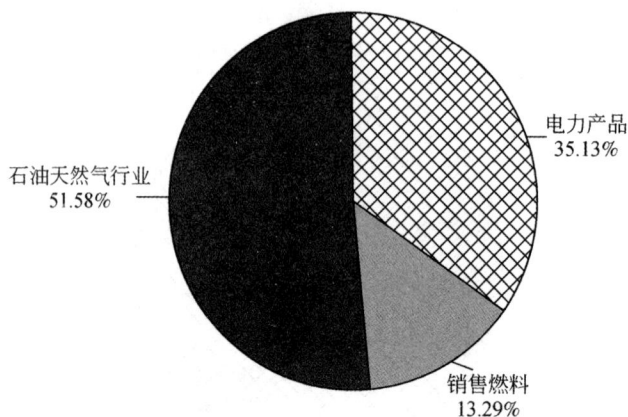

图 9-6　2011 年申能股份营业收入构成

资料来源：申能股份 2011 年年报

最后，三大综合性样本企业，国电电力、华能国际、华电国际的业务占比情况，如图 9-7 和图 9-8 所示。2011 年国电电力营业收入由电力、热力、销售燃料、石油天然气行业及其他构成，占比分别为 86.05%，1.98%，4.64%，5.76% 和 1.56%；华电国际营业收入由电力、热力及销售燃料构成，占比分别为 94.37%，4.98% 和 0.65%；华能国际的主营收入均为电力及热力产品。

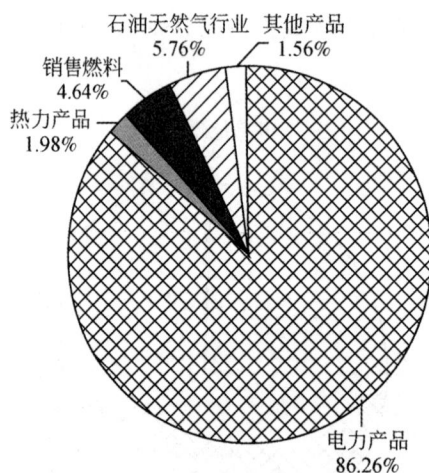

图 9-7　2011 年国电电力营业收入构成

资料来源：国电电力 2011 年年报

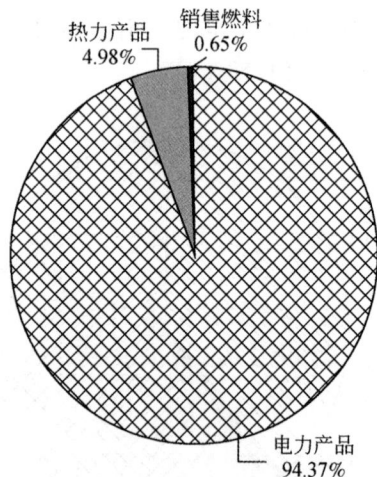

图 9-8　2011 年华电国际营业收入构成

资料来源：华电国际 2011 年年报

3. 营业收入及成本

以 2011 年年报数据为例，对 9 个样本企业的营业情况进行比较，主要从营业收入、营业成本、净利润三个方面进行展开。

不同企业的营业收入及成本不是一个数量级别的，所以分几个图表示各个企业的营业收入及营业成本对比情况。

内陆三个电力企业的营业收入及成本对比情况，由图 9-9 可知，漳泽电力入不敷出，营业收入低于营业成本。由于这三家企业都地处内陆地区，煤炭成本相对沿海地区较低，若煤炭价格继续走高，漳泽电力的经营情况将不容乐观。按营业收入由高到低进行排序，分别是建投能源、通宝能源、漳泽电力。

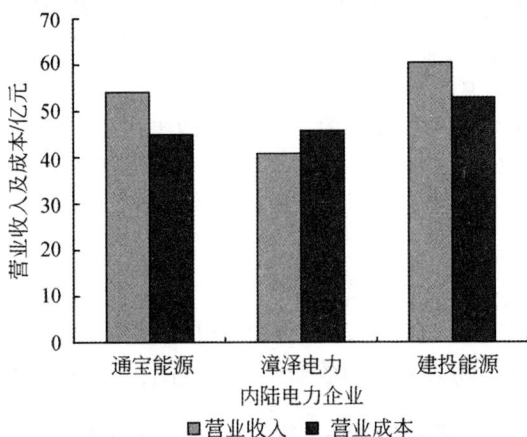

图 9-9　2011 年内陆电力企业的营业收入及成本情况对比

资料来源：内陆电力企业 2011 年年报

地处沿海地区的样本企业选取了三家电力企业，包括上海电力、申能股份、粤电力，其中粤电力的营业收入及成本与另外两家不是一个数量级的，所以并未将其放入图 9-10 中。2011 年，粤电力的营业收入及营业成本分别为 144.70 亿元及 131.39 亿元。粤电力的营业收入规模比上海电力及申能股份小，按从大到小排列分别是上海电力、申能股份、粤电力。由图 9-10 可知，上海电力和申能股份 2011 年的营业情况较好，申能股份的营业收入虽然不如上海电力，但是申能股份的业务较为多元化，所以整体业绩情况较好。

三家综合性电力企业，分别是国电电力、华电国际、华能国际。其中华能国际的营业收入及成本与另外两家不是一个数量级别的，所以未在图 9-11 中显示华能国际的营业收入及成本情况。2011 年华能国际营业收入及成本分别为

1311.10 亿元及 1198.35 亿元，规模几乎是国电电力和华电国际的一倍。明显的，这三家综合性电力企业的营业收入规模从大到小分别是华能国际、华电国际及国电电力。

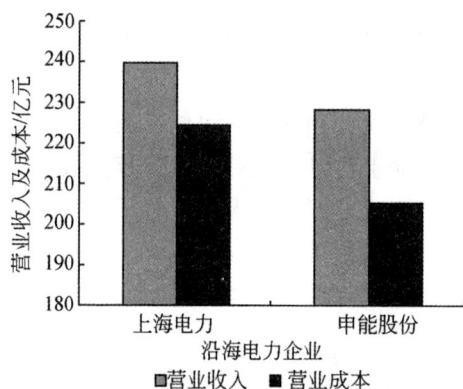

图 9-10   2011 年沿海两家电力企业的
营业收入及成本情况对比

资料来源：沿海电力企业 2011 年年报

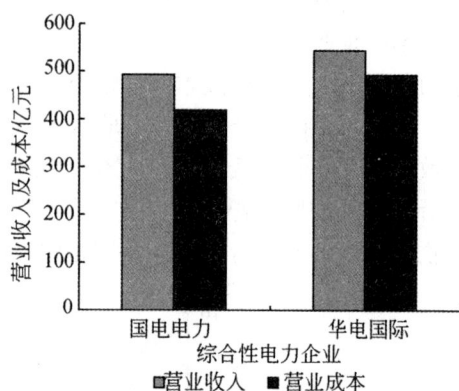

图 9-11   2011 年两家综合性电力企业
营业收入及成本情况对比

资料来源：综合性电力企业 2011 年年报

4. 净利润

表 9-4 显示了各企业 2008～2011 年净利润的具体数据，为了更为直观地对比各企业净利润情况，将表 9-4 的数据做成折线图，如图 9-12 所示。

表 9-4   2008～2011 年各企业净利润   单位：百万元

年份	通宝能源	漳泽电力	建投能源	上海电力	粤电力	申能股份	国电电力	华能国际	华电国际
2008	13.0	-959.1	75.8	-1 895.5	-130.9	900.4	219.0	-4 213.2	-3 044.2
2009	7.0	15.6	106.6	501.1	1 363.8	2 335.6	2 123.9	5 393.1	1 592.9
2010	31.0	-747.5	37.3	429.0	788.4	1 927.6	3 226.5	3 680.3	106.2
2011	368.3	-788.8	16.3	664.5	259.1	1 942.1	4 498.2	1 364.3	144.7

资料来源：各企业 2008～2011 年年报

从图 9-12 可以看出，首先，华能国际的净利润变动最为明显，2009 年扭亏为盈，且净利润高出其他样本企业至少一倍以上，而在 2010 年，随着煤价的高企，其净利润也快速、大幅地下降，在样本企业中净利润排名从原来的第一下降为第三。其次，在煤价高企的 2010 年和 2011 年，国电电力的净利润仍一度上升，这说明国电电力的利润对煤价的敏感度不高，这将在本章的后面部分进行研究。再次，漳泽电力只有在 2009 年实现盈利，另外三年的净利润均呈负数，且

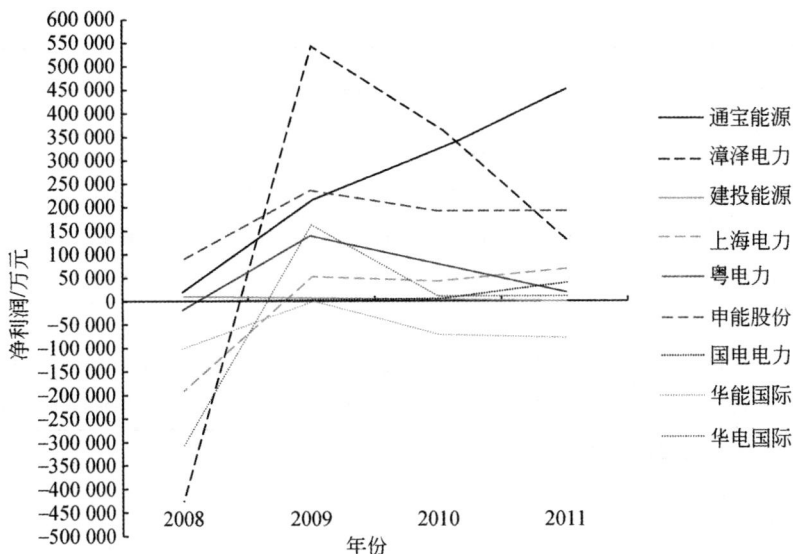

图 9-12 2008～2011 年各企业净利润情况对比

资料来源：各企业 2008～2011 年年报

2011 年的亏损比 2010 年更严重，漳泽电力最明显的经营及财务特征是高负债，煤价高企更是雪上加霜，使之危机重重。其他企业净利润的具体情况如表 9-4 和图 9-12 所示，此处不再进行具体分析。

9.2 电力企业经营情况及财务分析

9.2.1 不同行业经营情况对比分析

1. 火电企业平均利润率走势

本部分主要对样本企业的偿债能力、经营能力以及财务风险敞口进行分析。首先需要了解样本企业及电力行业平均利润率走势情况，具体如表 9-5 和图 9-13 所示。

表 9-5 2002～2011 年电力企业、行业平均利润率走势

年份	上海电力	华电国际	华能国际	通宝能源	粤电力	建投能源	国电电力
2002	0.0774	0.1528	0.2180	0.2655	0.2118	−0.0715	0.1518
2003	0.0738	0.1270	0.2324	0.1253	0.2022	0.0367	0.1393

续表

年份	上海电力	华电国际	华能国际	通宝能源	粤电力	建投能源	国电电力
2004	0.0641	0.1026	0.1779	0.1147	0.1326	0.3426	0.1080
2005	0.0532	0.0763	0.1183	0.0602	0.0866	0.2209	0.0842
2006	0.0450	0.0742	0.1252	0.0607	0.0881	0.2413	0.0756
2007	0.0579	0.0598	0.1189	0.1152	0.0634	0.0890	0.0980
2008	-0.1627	-0.0800	-0.0546	0.0067	0.0025	0.0109	0.0109
2009	0.3458	0.0317	0.0637	0.0037	0.0952	0.0150	0.0820
2010	0.1222	0.0046	0.0340	0.0146	0.0606	0.0018	0.0589
2011	0.2665	0.0014	0.0095	0.0684	0.0243	0.0023	0.0721

资料来源：各企业 2002～2011 年年报

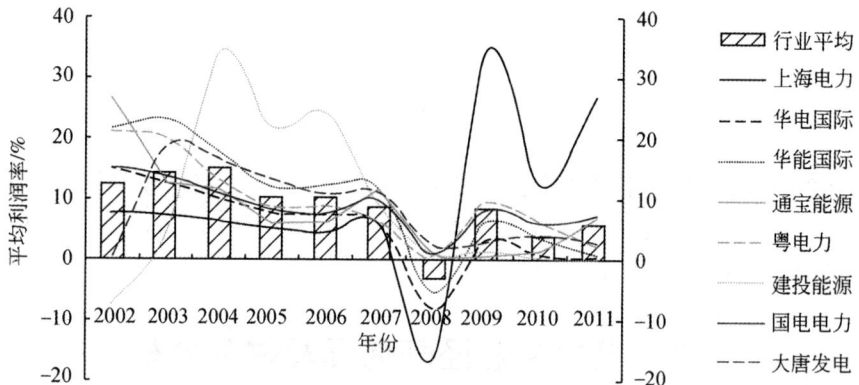

图 9-13　2002～2011 年电力企业、行业平均利润率走势
资料来源：各企业 2002～2011 年年报

图 9-13 显示，自 2008 年以来电力企业、行业平均利润率较 2002～2007 年低，特别是 2010 年和 2011 年企业及行业平均利润率较 2009 年低，这主要是由于后两年的动力煤价格不断上涨，侵蚀火电企业的利润。考察电力行业的平均税后利润率走势，2012 年，煤价缺乏持续上涨动力，同时央行连续两次降息缓解企业财务压力，在利用小时数小幅下滑且温和通货膨胀的背景下，如果电价得以适当上调，企业发电的积极性也将提升，电力企业及行业平均利润率则有望提高。

从中长期角度来看，驱动火电行业景气的因素主要有三个：①财务费用大幅降低。②煤价仍有下行空间。截至 2012 年 7 月 16 日，秦皇岛大同优混 5500 大卡煤价下跌至 620 元，6 月以来出现一轮快速下跌，跌幅近 20%①。2012 年以来该煤种平仓均价为 767 元/吨，较去年同期平均 809 元/吨下降 5.2%，预计 2012 年均价 710 元/吨。同时 2012 年 6 月煤炭社会库存 38 000 万吨，较上月末增加 4.1%，处于历史高位水平，这进一步印证了下游企业对煤炭的需求不旺。③煤价走低对利润率产生的影响要大于发电量下降的影响，这一点将通过第 9.4 节的敏感性分析得以印证。

2. 主要行业平均资产净利率走势对比

图 9-14 显示了 2004~2010 年主要行业平均资产净利率水平，总体水平较高的是采掘业、金融保险业，电力行业的平均资产净利率从中等水平逐年往最低水平发展。2004 年，电力行业平均资产净利率为 10% 左右，处于大部分行业的平均水平，而在 2008 年，电力行业平均资产净利率几乎为 0，开始处于大部分行业的最低水平。虽然 2010 年，电力行业的资产净利率回升到 8% 左右，但是仍然低于其他行业的总体水平。这主要是由于 2008 年之后，煤炭价格上涨，导致火电企业成本大幅上升，尽管经济形势有所好转，电力行业的平均资产净利率仍然不如其他行业。

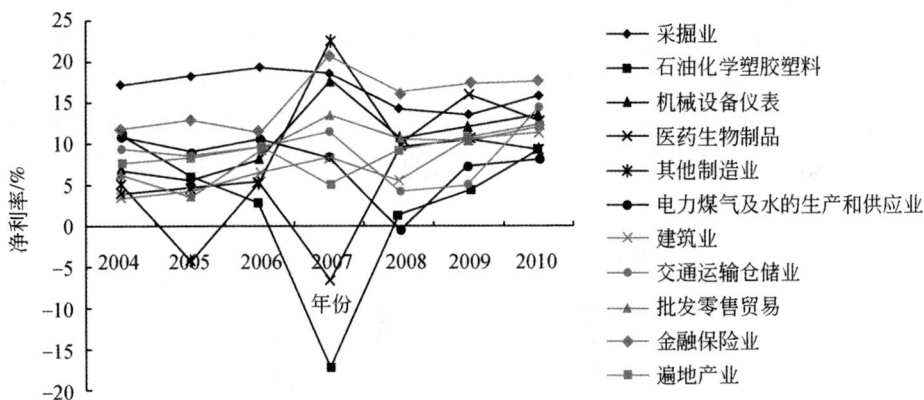

图 9-14　2004~2010 年主要行业平均资产净利率走势
资料来源：各企业 2004~2010 年年报

9.2.2　企业的经营能力、偿债能力以及财务风险状况

传统杜邦分析体系存在"总资产"与"净利润"不匹配、未区分经营损益

---

① 资料来源：煤炭资源网。

和金融损益、未区分有息负债和无息负债等诸多局限，故应基于改进的管理用财务报表设计财务分析体系。通过对改进的管理用财务报表进行分析，可以发现企业的经营能力、偿债能力以及财务风险状况。

管理用财务分析核心公式为

$$权益净利率=\frac{税后经营净利润}{股东权益}-\frac{税后利息费用}{股东权益}$$

$$=\frac{税后经营净利润}{净经营资产}\times\frac{净经营资产}{股东权益}-\frac{税后利息费用}{净负债}\times\frac{净负债}{股东权益}$$

$$=\frac{税后经营净利润}{净经营资产}\times\left(1+\frac{净负债}{股东权益}\right)-\frac{税后利息用}{净负债}\times\frac{净负债}{股东权益}$$

$$=净经营资产净利率+（净经营资产净利率-税后利息率）$$
$$\times净财务杠杆$$

通过对 9 个样本企业的财务报表进行转换后的杜邦分析，可以得知，只有国电电力和通宝能源 2011 年的权益净利率在 2010 年的基础上有所提高，分别从 2010 年的 8.21% 和 4.33% 提高到 2011 年的 10.54% 和 9.04%。其余 7 个企业的权益净利率均有所下降，下降速度最快的是漳泽电力，从 2010 年的-58.6% 下降到 2011 年的-140.04%（漳泽电力权益净利率变动与其他样本企业权益净利率变动不是一个数量级的，所以没有将其在图 9-15 中显示）。权益净利率下降为负数，这不利于企业的持续经营，所有降低企业权益净利率的因素都会不利于企业经营的持续性，如煤炭价格上涨、上网电价的调整不到位等。每个企业的权益净利率的具体情况如图 9-15 所示。

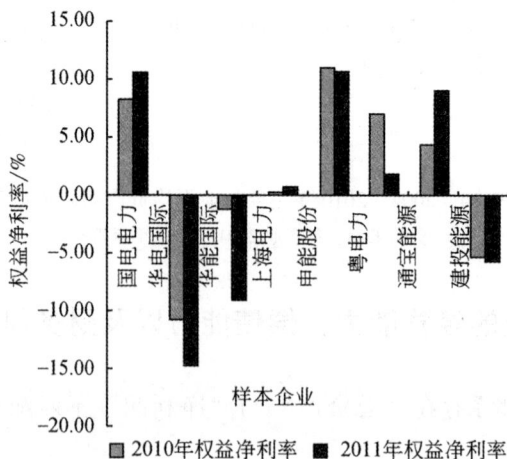

图 9-15　2010～2011 年样本企业（除漳泽电力）权益净利率

资料来源：各企业 2010～2011 年年报

样本企业 2011 年相对于 2010 年权益净利率变动主要是因为税后利息率、经营差异率和杠杆贡献率的变动，每个企业以上三项因素具体的变动量见表 9-6。

表 9-6　2011 年样本企业权益净利率变动量归因分解　　　　单位:%

因素变动	国电电力	华电国际	华能国际	上海电力	申能股份	粤电力	通宝能源	建投能源	漳泽电力
税后利息率	-0.34	0.72	0.99	0.52	2.43	0.94	-8.44	-2.03	1.26
经营差异率	0.43	-0.70	-2.23	0.10	-2.91	-2.76	11.14	1.77	-1.50
杠杆贡献率	2.24	-3.99	-6.64	-0.19	0.14	-3.49	2.01	-0.02	-81.20

资料来源: 各企业 2011 年年报

首先，从表 9-6 可以看出，仅有国电电力、通宝能源和建投能源的偿债能力有所提高，而剩下的 6 个样本企业偿债能力纷纷下降，下降最多的是申能股份和漳泽电力，税后利息率分别提高了 2.43% 和 1.26%。

其次，经营差异率是净经营资产净利率和税后利息率的差额，为每借入 1 元债务资本投资于经营资产所产生的收益偿还利息后的剩余部分。表 9-6 显示，国电电力、上海电力、通宝能源和建投能源的经营差异率变动指标为正，分别为 0.43%、0.10%、11.14%、1.77%，通宝能源经营差异率如此大的正向变动印证了该企业 2011 年权益净利率较 2010 年足足增加了一倍。

最后，杠杆贡献率是经营差异率和净财务杠杆的乘积，以"净负债/股东权益"衡量的净财务杠杆，表示每 1 元权益资本配置的净负债。该比例提高表明企业的财务风险在原来的基础上有所提高，依靠提高净财务杠杆可能不是明智之举，通过提高财务杠杆来增加杠杆贡献率是有限度的。表 9-6 中该指标变动最为突出的是漳泽电力。由于漳泽电力的经营差异率变动仅为-1.50%，说明该企业杠杆贡献率的变动-81.20% 主要是由于净财务杠杆的提高，从 2010 年的 4.62% 提高到 10.66%，远大于行业平均水平。这不仅使得漳泽电力处于很大的财务风险之中，而且盈利能力大幅下降。

通过连环替代法对权益净利率进行因素分析表明，净经营资产净利率、税后利息率以及净财务杠杆对每个样本企业的权益净利率的影响成本不同，具体见表 9-7，更为直观的如图 9-16 所示。首先，净经营资产净利率变动较大的分别有华能国际、粤电力和通宝能源，表明这些企业对经营参数更为敏感，动力煤价格上涨会造成其成本的大幅上升，因此权益净利率也会随着下降。其次，税后利息率变动较大的企业依次有漳泽电力、华电国际、建投能源和华能国际，这表明企业折旧费用、税收等对这些企业的影响较大。最后，净财务杠杆变动最大的是漳泽电力，该电力企业在动力煤上涨时期，大幅度地依靠负债运营，财务杠杆较大，这样的企业一旦盈利无法偿还利息，很容易面临破产的困境。

表9-7　2011年三大驱动因素对火电企业权益净利率的影响程度分析 单位:%

变动影响	国电电力	华电国际	华能国际	上海电力	申能股份	粤电力	通宝能源	建投能源	漳泽电力
净经营资产净利率变动	0.29	0.08	-3.99	1.60	-0.59	-4.19	3.19	-0.63	-1.35
税后利息率变动	0.76	-3.01	-2.20	-0.81	-0.56	-1.22	1.51	2.84	-5.81
净财务杠杆变动	1.28	-1.05	-1.68	-0.36	0.81	0.10	0.02	-2.49	-74.3
总影响	2.33	-3.97	-7.87	0.43	-0.34	-5.32	4.71	-0.28	-81.4

资料来源：各企业2011年年报

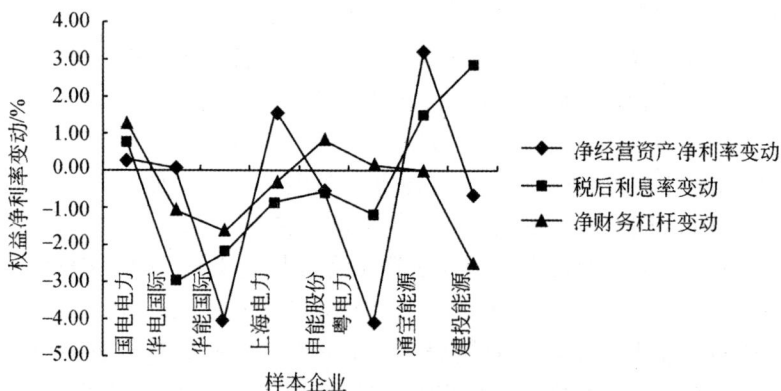

图9-16　三大驱动因素变动对火电企业（除漳泽电力）权益净利率变动的影响

资料来源：各企业2011年年报

9.2.3　偿债能力及持续经营能力分析

该部分分析企业偿债能力及持续经营能力所使用的数据均来源于各企业2011年年报，使用的是原报表数据，并未经过转换。

1. 企业偿债能力分析

债务时间的长短分为短期债务和长期债务，所以偿债能力分析也分为短期偿债能力分析和长期偿债能力分析。

企业偿债能力的衡量方法主要有两种：一是比较可供偿债资产与债务的存量，资产存量超过债务存量较多，则认为偿债能力强；二是比较经营活动现金流量和偿债所需现金，如果产生的现金超过需要的现金较多，则认为偿债能力强。

短期偿债能力主要采用了流动比率、速动比率和现金比率指标来衡量，指标数据越大，说明能够用来偿债的流动资产或者现金越多，短期偿债能力越好。如图 9-17 所示，申能股份的偿债能力最强，其次是上海电力和通宝能源，而业务分部比较分散的国电电力、华电国际和华能国际短期偿债能力很弱，现金比率甚至小于 0.1。再次是漳泽电力，同 9.2.2 小节分析的一样，漳泽电力的偿债能力也非常低，流动比率、速动比率及现金比率分别为 0.25、0.21 和 0.11。

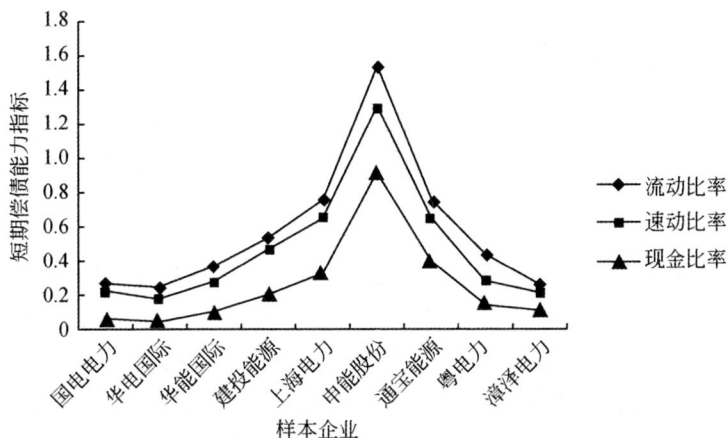

图 9-17 样本企业短期偿债能力指标

资料来源：各企业 2011 年年报

衡量企业长期偿债能力的指标主要有资产负债率、长期资本负债率、产权比率等。该部分主要使用资产负债率和长期资本负债率来衡量企业的长期偿债能力。这两个比率越高说明偿债能力越弱，反之，则越强。图 9-18 显示，申能股份的长期偿债能力最强，其次是通宝能源、粤电力、上海电力等，国电电力、华电国际、华能国际以及上海电力的长期偿债能力相当，长期偿债能力最差的是漳泽电力。

通过以上分析，漳泽电力的短期和长期偿债能力都是最差的，存在着非常高的经营和财务风险，还本付息能力值得怀疑。煤炭价格上涨会提高企业的流动负债，进而降低企业的流动比率、速动比率及现金比率，提高企业的资产负债率指标，从而其偿债能力降低，财务风险提高。

2. 企业持续经营能力分析

在分析企业持续经营能力时，主要是考察企业的盈利能力，如果其盈利能力

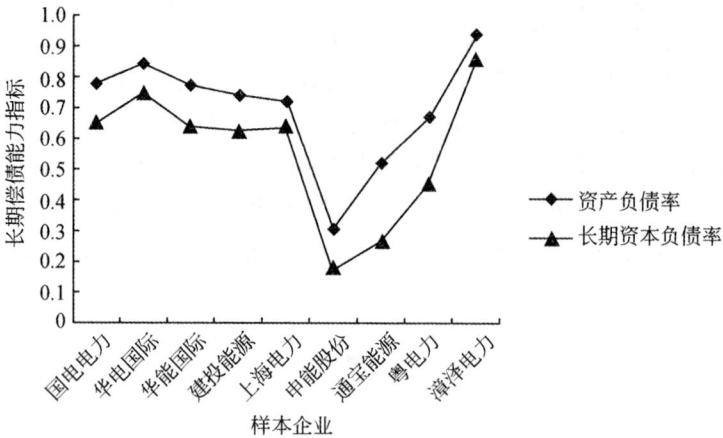

图 9-18 样本企业长期偿债能力指标

资料来源：各企业 2011 年年报

强，则持续经营的能力和可能性较大，反之，则较小。该部分采用销售净利率、资产净利率及权益净利率三个主要盈利能力指标来分析样本企业的盈利能力。漳泽电力的盈利能力指标与其他企业具有数量级上的差距，因此，并未将其在图 9-19 中显示，漳泽电力的销售净利率、资产净利率权益净利率分别为 –19.22%、–6.5041% 及 –103.074%，因此，漳泽电力盈利能力非常差，其经营可持续性也受到威胁。图 9-19 显示，权益净利率从高到低的分别是通宝能源、国电电力、申能股份、上海电力、华能国际、粤电力、华电国际和建投能源。

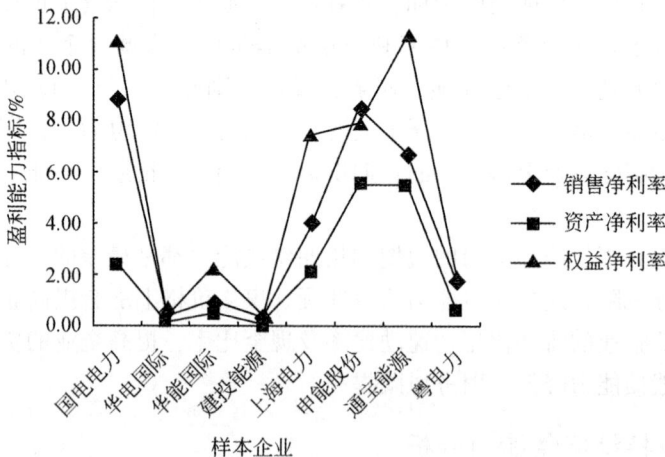

图 9-19 样本企业（除漳泽电力）盈利能力指标

资料来源：各企业 2011 年年报

　　但是，如果将财务报表转换为管理用财务报表，权益净利率的情况会出现很大的不同，具体如图9-20所示。

　　图9-20显示，盈利能力较好的是通宝能源、国电电力、上海电力，而在图9-15中，情况较好的申能股份此时的情况却不是很好。另外，原本权益净利率为正的华能国际、粤电力、华电国际，经过改良后都变为负数，且绝对值都较大。这显示出三家企业的经营能力并非如年报报表显示得那么好，其持续经营能力也存在着威胁。

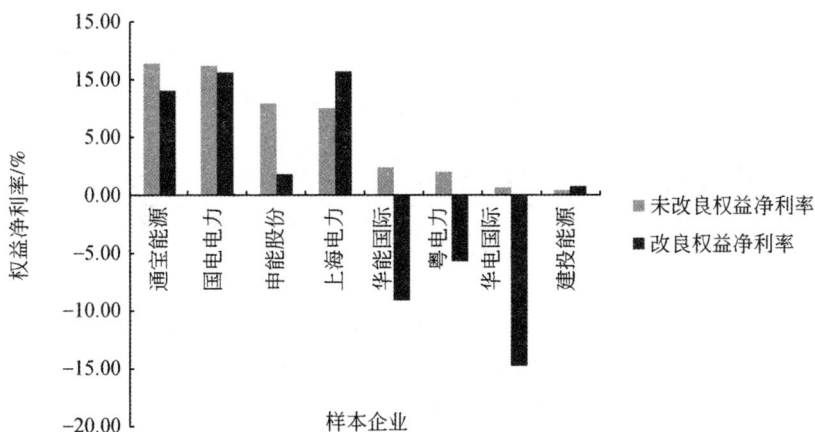

图 9-20　样本企业（除漳泽电力）改良与否的权益净利率对比分析
未改良权益净利率指的是利用年报的财务报表直接计算出来的结果；改良权益净利率指的
是通过将财务报表转换为管理用财务报表计算得到的结果

　　煤炭价格上涨直接增加了企业的成本，降低了其利润水平，从而权益净利率水平也随之降低。因此，煤炭价格的上涨会导致企业经营的可持续性。

3. 火电企业近期经营状况

　　2012年年初以来，受经济增速放缓导致传统高耗能产业产能过剩影响，国内煤炭价格趋势性走低，以环渤海动力煤为例，其价格自年初以来下滑超过20%。考虑到去年年底电价的翘尾效应，理论上，电煤价差的扩大将有助于改善火电企业的经营状况，但是上半年五大发电集团的火电业务整体依旧处于亏损状态。我们认为主要有三个原因：①电厂电煤库存较高；②火电利用小时数下降；③水电出力增加。

　　首先，2012年上半年电厂煤炭库存持续回升（图9-21、图9-22）。为了迎接夏季用电高峰储备了过多高价煤，最终致使电煤库存无法得以消化。截至6月月末，全国重点电厂煤炭库存达到 9125 万吨，较 2011 年年末增加 960 万吨，增长 11.8%；6 月月初全国重点发电企业的电煤库存平均可用 27 天，大大超过 7 ~ 14 天的合理库存水平①。而库存过多使得资金占用情况严重，资金周转速度下降，权益净利率出现下滑。同时，这些存煤产生的财务费用增加了企业的运营压力。考虑到冬季存在用电高峰，下半年煤价可能顺势企稳走高，再加上维护供煤渠道的成本，所以盈利状况不容乐观。

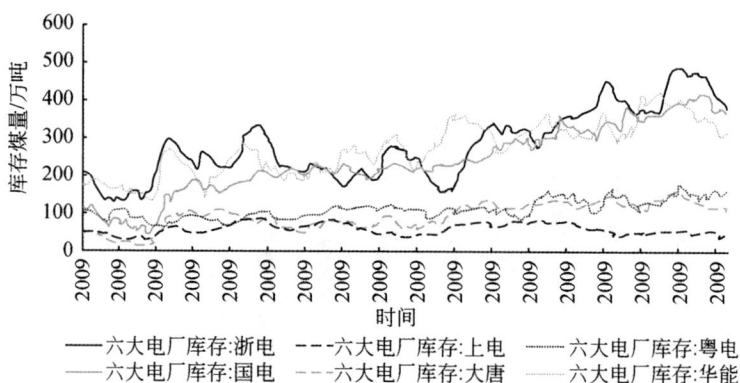

图 9-21　六大电厂煤炭库存

资料来源：煤炭资源网，方正证券

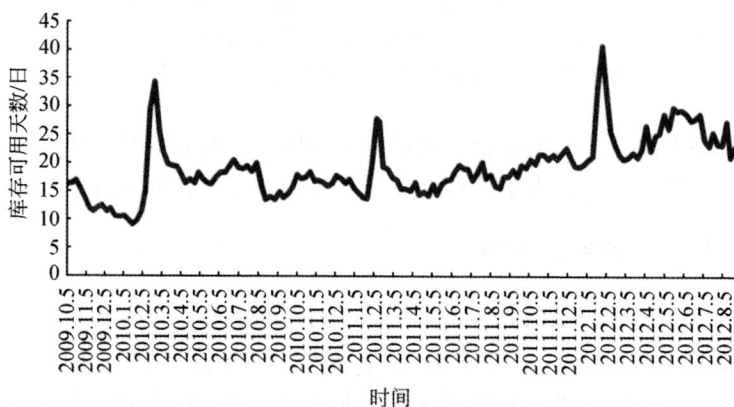

图 9-22　六大电厂煤炭库存可用天数

资料来源：煤炭资源网，方正证券

---

① 资料来源：秦皇岛煤炭网。

其次，火电企业利用小时数同比放缓。2012 年 1～6 月，全国规模以上电厂发电量为 22 950 亿千瓦时，同比增长 3.7%，较 2011 年 13.5% 的增速有明显下滑，其中火电完成发电量为 18 712 亿千瓦时，同比仅增长 2.6%[①]。

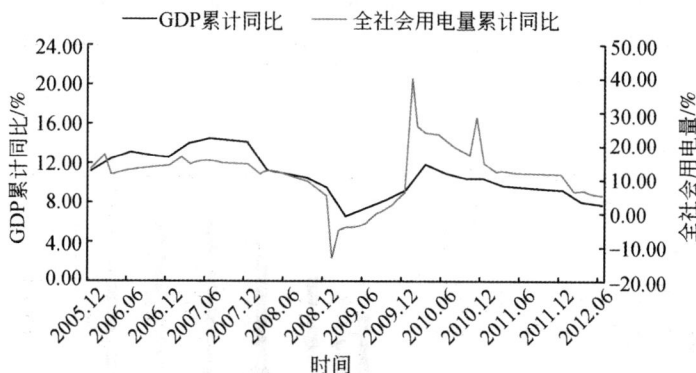

图 9-23　GDP 累计同比增速与全社会累计用电量累计同比增速比较

资料来源：Wind

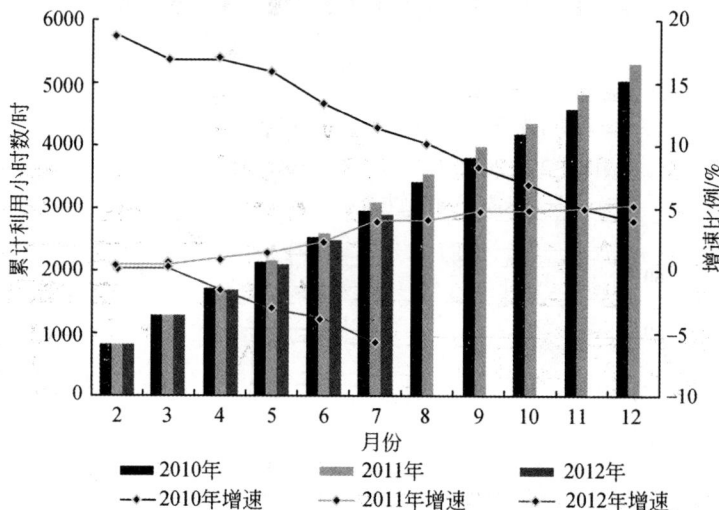

图 9-24　2012 年 1～7 月份火电累计利用小时情况

资料来源：中国电力企业联合会，东方证券

最后，水力发电出力增加导致火电利用小时数下降。1～7 月，全国规模以上电厂水电累计发电量为 3936 亿千瓦时，同比增长 15.6%；反观火电行业，

---

① 资料来源：中国电力企业联合会。

2012 年 4 ~ 7 月，火电发电量较 2011 年同期分别下降 0.4%、1.5%、4.2%、4.5%。在一些水电占比有绝对优势的省份（如四川省水电占比高达 72%），火电企业为保障枯水期供电而大量采购煤炭，其中为保证供电安全的电厂囤积的高价煤少于盈利性电厂，又进一步导致盈利性火电企业难以从 2012 年下半年开始的煤价快速下跌中收益。

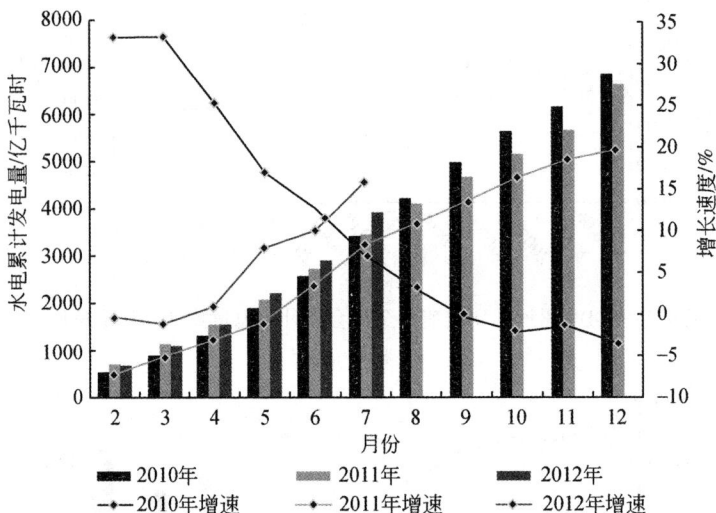

图 9-25 2012 年 1 ~ 7 月水电累计发电量情况

资料来源：中国电力企业联合会，东方证券

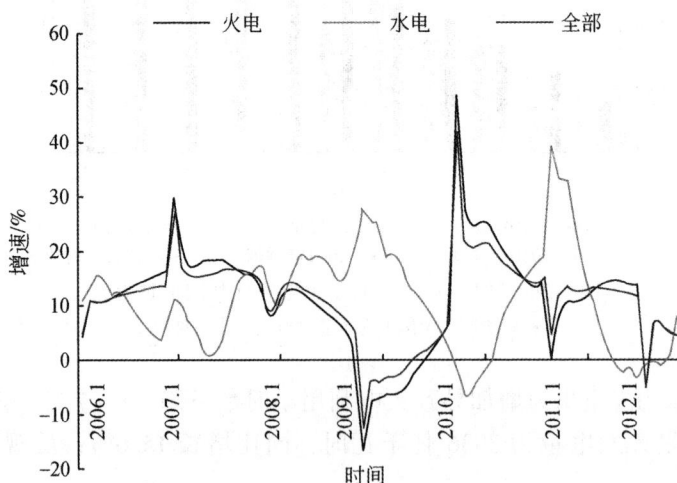

图 9-26 全国火电、水电累计发电量增速比较

资料来源：Wind

《节能减排"十二五"规划》中要求推进电力行业脱硫脱硝:"新建燃煤机组全面实施脱硫脱硝,实现达标排放;尚未安装脱硫设施的现役燃煤机组要配套建设烟气脱硫设施,不能稳定达标排放的燃煤机组要实施脱硫改造。"这无疑让普遍亏损的火电企业经营状况雪上加霜,虽然 2011 年 11 月月底国家发展和改革委员会出台临时性脱硝电价补贴政策,规定对同步加装脱硝设施的火电厂给予 0.8 分/千瓦时的电价附加补贴,但这一补贴额度能否弥合火电企业脱硝成本尚未有定论。

同时,2011 年五大发电公司的平均资产负债率超过 80%,而偿还利息并不与获得贷款同时发生,往期高负债的利息需要现期偿还,因此 2011 年的高额负债加大了企业 2012 年的财务压力。在利率市场化改革的浪潮下,一旦货币政策收紧,基准利率上浮,那么企业的经营将举步维艰,一旦市场担忧其资金链断裂的风险,那么企业将面临更高的借贷成本,使得现金流更加紧张。因此,火电企业可以适当加大直接融资,即增大股票和债券等在筹资来源中的比重,以减轻财务压力。

综合来看,不管是硬着陆还是软着陆,2012 年经济增速的放缓基本已成定局,再加上经济结构逐渐由投资驱动型经济向消费驱动型经济转变,以及国家对节能减排和新能源项目的政策倾斜,未来能源消耗强度势必会逐步降低,煤炭需求增长也将明显放缓。来自下游各行业需求的减弱促使煤炭价格下跌,市场煤和重点煤价格已经相差无几,这无疑减小了煤价并轨之后的市场风险,而这正是废除重点合同电煤价格和市场煤炭价格双轨制,推进电力体制改革的好时机。

9.3　历次电价调整对电力企业经营的影响

9.3.1　中国历次电价调整情况

2004～2011 年年底我国电价总共调整了 12 次,其中,上网电价调整了 8 次。具体情况见表 9-8。

表 9-8　2004～2011 年年底中国历次上网电价调整情况①

序号	调整时间	调价详情
1	2004 年 1 月 1 日	全国省级及以上电网统一调度的燃煤机组上网电价统一提高每千瓦时 0.7 分钱
2	2005 年 5 月 1 日	煤电价格首次联动正式实施,全国销售电价平均提高 2.52 分/千瓦时

① 资料来源:经济观察网。

序号	调整时间	调价详情
3	2006 年 6 月 30 日	此次电价调整后，全国上网电价平均上调 1.174 分/千瓦时，销售电价平均提高 249.4 分/千瓦时
4	2007 年 7 月 1 日	山西、内蒙古新投产电厂送京津唐电网上网电价分别调整为 0.298 元/千瓦时和 0.297 元/千瓦时
5	2007 年 10 月 1 日	上调东北电网内部分电厂的上网和输电价格
6	2007 年 12 月	采取分步降价或转让部分发电量指标方式，下调吉林、湖北等八省份统调小火电机组上网电价
7	2008 年 7 月 1 日	全国平均销售电价每千瓦时上调 0.025 元
8	2008 年 8 月 20 日	全国火力发电企业上网电价平均每千瓦时提高 0.02 元，电网经营企业对电力用户的销售电价不做调整
9	2009 年 11 月 20 日	全国非民用电价每千瓦时平均提高 0.028 元，居民电价暂不调整
10	2011 年 4 月 10 日	上调部分亏损严重火电企业上网电价，调价幅度视亏损程度不等。其中煤电价格严重倒挂的山西上调上网电价 0.026 元/千瓦时，河南上调上网电价 0.015 元/千瓦时，全国有 11 个省份的上网电价上调在 0.01 元/千瓦时以上，暂不调居民电价①
11	2011 年 6 月 1 日	15 个省份工商业、农业用电价格平均每千瓦时上调 0.0167 元，居民用电价不变。15 个省份包括：山西、青海、甘肃、江西、海南、陕西、山东、湖南、重庆、安徽、河南、湖北、四川、河北、贵州。其中，山西销售电价上涨金额最多，每千瓦时上涨 0.024 元，四川省每千瓦时仅上调 0.04 元，调整额最小
12	2011 年 12 月 1 日	销售电价每千瓦时平均上涨 0.03 元，上网电价对煤电企业上调 0.026 元千瓦时。居民用电价格暂不上调。这是 2011 年国家发展和改革委员会第三次调整电价，也是自 2004 年以来销售电价调整幅度最大的一次

资料来源：经济观察网

　　其中，2011 年进行了三次电价调整，两次都对上网电价进行了调整，第三次调整将上网电价对煤电企业上调 0.026 元/千瓦时。

　　从全国平均水平来讲，我国 2004 年以来 2011 年上网电价调整幅度最大，为 0.038 元/千瓦时；其次是 2008 年，为 0.02 元/千瓦时。2011 年上网电价调整主要的原因是煤炭价格大幅上涨，火力发电企业纷纷处于亏损状态，发电积极性严重缺乏，造成各种程度的软缺电现象。

---

① 2011 年 4 月 20 日，国家发展和改革委员会上调 16 省上网电价平均每千瓦时约涨 0.012 元。

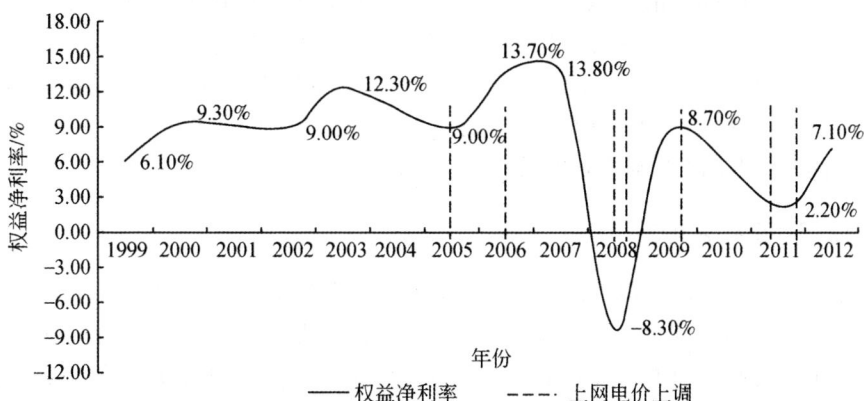

图 9-27　火电行业权益净利率随电价调整的变动轨迹
资料来源：中金公司，中国电力企业联合会，样本企业历年报

　　考察 12 次电价上涨中的 6 次对于火电行业权益净利率的影响，其中，有 3 次电价上涨伴随着权益净利率的上升，而 3 次电价上涨伴随着权益净利率的下降。因此，电价的每次涨价不能完全消化煤价的上涨。虽然存在煤电联动机制，但是电价调整相对滞后或者上调力度不足，并不能完全弥补成本的上升，而且重点合同煤的兑现率不足也导致电力企业自身消化更多的煤价上涨成本。9.3.2 小节将分析最近一次上网电价调整对样本企业盈利情况的影响。

9.3.2　火电企业盈利变化分析

　　在 9.3.1 小节已经分析了我国 2004 年以来电价的调整情况，接下来将分析上网电价对电力企业的盈利能力的影响。
　　以下是对样本数据选择的几点说明[①]。
　　第一，选择一季度的财务指标是由于：①电价调整并非都处于年初或者年末，如 2011 年三次调价，其中两次上网电价是在 2011 年第二季度之后以及 2012 年第一季度之后才有所体现。报告期的细化更能反映电价与电力企业盈利能力的关系。②2011 年最后一次上网电价的调整对电力企业的影响可以体现在 2012 年第一季度的报表上，可以更真实地反映最新的上网电价的合理性。
　　第二，选择权益净利率指标的原因是：权益净利率分析是杜邦分析的基础，

---

　　①　资料来源：同花顺 iFinD。

通过杜邦分析能够更清楚地对公司经营状况进行分析，该指标是财务成本管理中最为重要的指标之一，并且囊括了公司财务报表的所有信息。

第三，由于数据的可得性，以下分析选用了 2008 年之后的财务数据。2008 ~ 2010 年，全国火电平均上网电价均维持在 0.3 元/千瓦时的水平。主要分析 2011 年，上网电价上调之后对企业的盈利水平的影响。

1. 内陆火电企业

图 9-28 显示通宝能源从 2011 年一季度的亏损状态达到 2012 年一季度较高的盈利水平，权益净利率达到了 3.5%，其中不能否认的是 2011 年电价调整对其的影响。山西省政府将对公司控股股东陕西国际电力集团有限公司与陕西煤炭运销集团有限公司进行战略重组，若重组后将优质煤炭资源注入，则公司将实现煤电业务一体化的运行模式，燃料成本过高问题将进一步得以解决①。

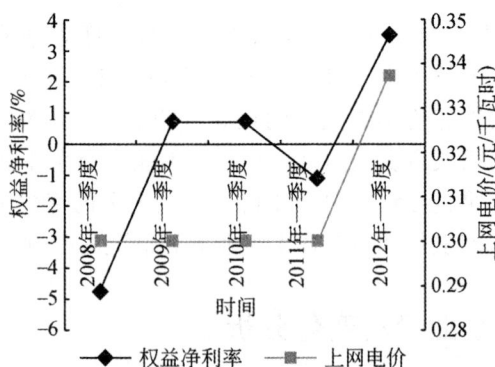

图 9-28　2008 ~ 2012 年通宝能源一季报权益净利率和上网电价变动趋势

资料来源：通宝能源 2008 ~ 2012 年一季报

图 9-29 显示，漳泽电力 2010 年和 2011 年本该有扭转亏损的趋势，但是由于电煤价格持续上涨并长期处于高位，漳泽电力亏损状况反而更加严重。2011 年年底漳泽电力进行一次重大的重组，其重组后的大股东同煤集团希望通过将漳泽电力打造成煤电一体化公司进军电力行业②。但是漳泽电力的权益净利率继续下滑至近 4 期的最低点，达到-32% 左右。2011 年三次电价改革并未让其摆脱亏损状态。

---

① 资料来源：华泰证券。

② 资料来源：招商证券。

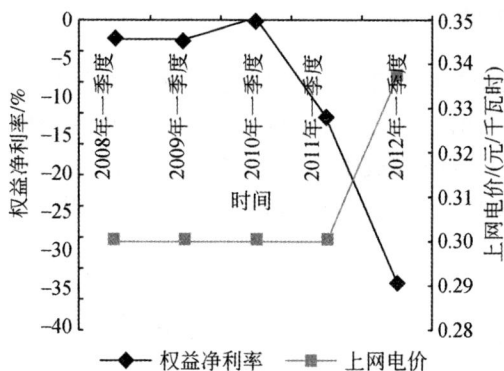

图 9-29　2008～2012 年漳泽电力一季报权益净利率和上网电价变动趋势

资料来源：漳泽电力 2008～2012 年一季报

　　图 9-30 显示，建投能源的权益净利率从 2011 年一季度的-1% 一跃到 2012 年的 3.5% 左右，这主要得益于公司转让所持河北银行 4700 万股取得的收益 6146 万元，以及 2012 年度河北银行分红的增加。但是，综合标煤单价上涨 9.5% 至 747 元/吨，2011 年电价提升的效果并没有显现。根据中金公司敏感性分析，煤价每上升 1%，净利润下降 17%[①]，所以企业要想保持盈利性，要么降低煤炭价格，要么调高上网电价。

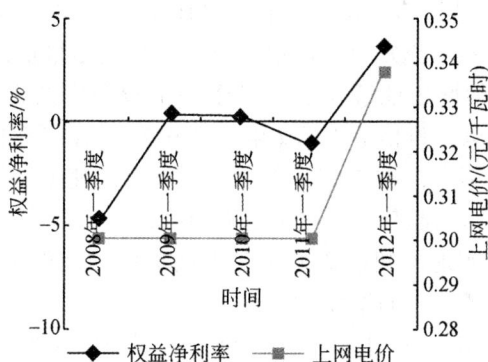

图 9-30　2008～2012 年建投能源一季报权益净利率和上网电价变动趋势

资料来源：建投能源 2008～2012 年一季报

---

① 资料来源：中金公司。

2. 沿海火电企业

图 9-31 显示，2012 年一季度上海电力营业收入下滑 13%，净利润却增长 24%。这主要受益于 2011 年年底的电价上调（上海地区火电厂平均上调 0.02 ~ 0.027 元/千瓦时），以及燃煤成本的有力控制[①]。上调电价给公司带来了丰厚的利润，但是企业未来的管理费用、财务费用率会继续上升。

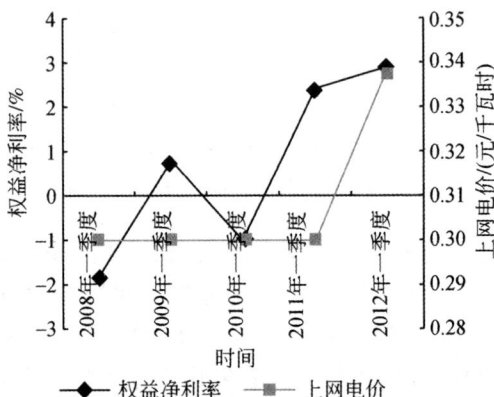

图 9-31　2008 ~ 2012 年上海电力一季报权益净利率和上网电价变动趋势
资料来源：上海电力 2008 ~ 2012 年一季报

图 9-32 显示，申能股份供电煤耗仅为 301 克/千瓦时，远低于全国 342 克/千瓦时的平均水平（在主流发电企业中，煤耗水平也是最低的），在优先调度方面占有明显优势[②]，因此申能股份历年处于一个较稳定的正收益水平。煤耗虽低，但其利润仍然受煤炭价格上涨的影响，图 9-32 显示了申能股份 2011 年一季度的权益净利率明显下滑，2012 年一季度盈利下滑的速度虽然小于 2011 年一季度，但是仍然处于下滑的趋势中，这可能的原因是：①企业在石油天然气勘探开发投资过多，并且未实现盈利；②2011 年上网电价的调整仍然未能弥补燃料成本、管理费用以及财务费用的增加。

图 9-33 显示，粤电力公司 2012 年一季度盈利同比大幅回升（图 9-33），在 2011 年 12 月电价调整、煤价回落至 2012 年 3 月的背景下，沿海火电受益于沿海煤价波动敏感度高、盈利出现回升。由于 2012 年电价调整带来的收入增加，以及宏观经济增速放缓、供需改善下全年煤价有望与 2011 年持平，火电企业总体

---

① 资料来源：中金公司。
② 资料来源：申银万国证券。

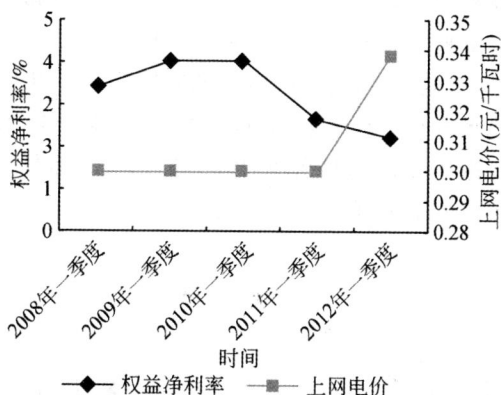

图 9-32 2008～2012 年申能股份一季报权益净利率和上网电价变动趋势
资料来源：申能股份 2008～2012 年一季报

盈利将较 2011 年有所提升。而粤电力作为区域性火电代表企业，不仅所处地区
为负荷、电价相对较高的沿海经济发达地区，而且其未来依靠自身、集团的规模
扩张也较为明确，是较好的二线火电投资标的之一①。

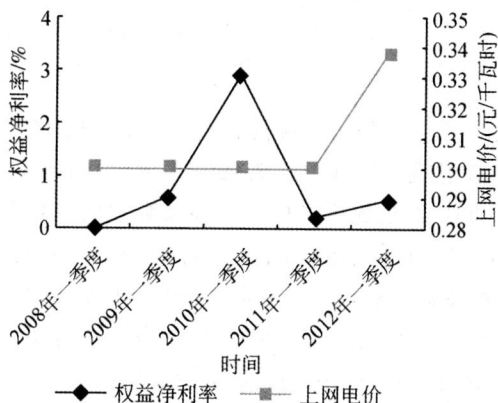

图 9-33 2008～2012 年粤电力一季报权益净利率和上网电价变动趋势
资料来源：粤电力 2008～2012 年一季报

3. 其他代表性电力企业

国电电力 2012 年一季度的发电量同比基本持平，一季度业绩同比大幅下降

___

① 资料来源：海通证券。

的主要原因在于财务费用大幅增加（图9-34）。公司一季度累计发电量为345.1亿千瓦时，同比基本持平，故导致公司营业收入同比增长的主要原因在于国家发展和改革委员会2011年12月提高上网电价的翘尾影响。此外，由于公司控股子公司国电大渡河流域水电开发有限公司电源项目投产利息资本化金额减少、本期融资金额增加，公司报告期内的财务费用为15.75亿，同比大幅增长55.69%，是公司一季度业绩同比大幅下降的主要原因①。

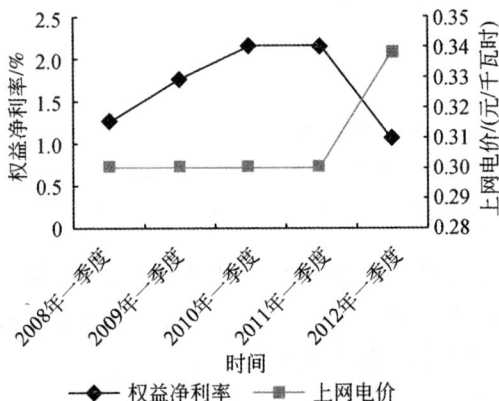

图9-34　2008~2012年国电电力一季报权益净利率和上网电价变动趋势
资料来源：国电电力2008~2012年一季报

　　2012年华能国际一季度，公司实现营业收入为342.61亿元，同比增长12.7%；发生营业成本为297.87亿元，同比增长7.59%（图9-35）；实现归属母公司所有者净利润为9.19亿元，同比增长306.33%。业绩大幅增长主要得益于2011年电价调整：2011年电价调整后公司平均电价同比提高9.35%，毛利率同比提高4.13%，归属母公司净利润大幅提高306%。公司业绩按照区域分布来看，分布于山西、云南、江西、甘肃等省份，共10家电厂仍旧亏损，占装机容量比例为20%。公司未来财务费用以及管理费用的增加会制约其业绩继续增长②。

　　华电国际2012年一季度营业总收入和归属于上市公司股东的净利润分别为158.25亿元和2.01亿元，较2011年同期分别增长20.88亿元和4.66亿元（图9-36）。2012年一季度毛利率和净利率分别为12.90%和1.60%，较上年同期分别增长了6.5%和3.7%。

　　电量增发和2011年的电价上调，是导致华电国际一季度业绩同比扭亏为盈

---

① 资料来源：申银万国证券。
② 资料来源：东方证券。

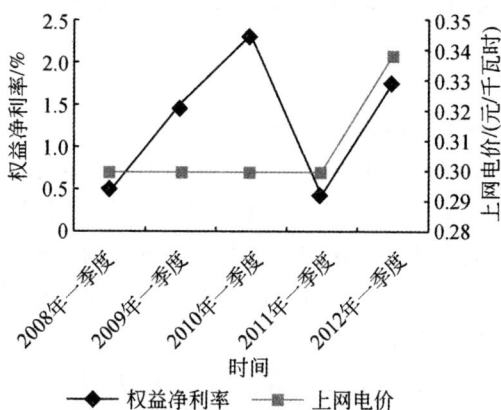

图 9-35　2008～2012 年华能国际一季报权益净利率和上网电价变动趋势
资料来源：华能国际 2008～2012 年一季报

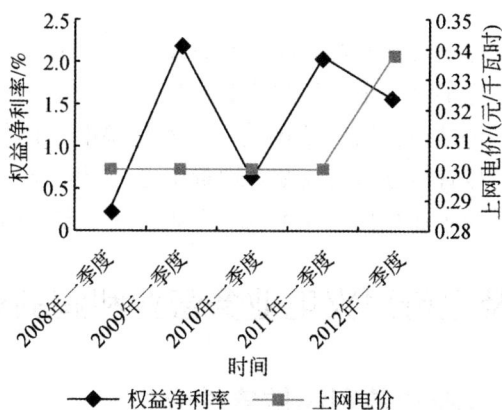

图 9-36　2008～2012 年华电国际一季报权益净利率和上网电价变动趋势
资料来源：华电国际 2008～2012 年一季报

的主要原因。帮助公司走出近期业绩低谷的主要因素为：①电量增发。受益于本集团新投产机组对发电量的贡献，公司 2012 年一季度发电量为 404.9 亿千瓦时，同比增长 6.06%。②2011 年的电价上调。为缓解煤价上涨对发电成本的影响，国家 2011 年分别两次上调上网电价，公司下属燃煤机组的加权平均上网电价也由此分别上调了 0.0171 元/千瓦时和 0.0268 元/千瓦时。另外，受公司规模不断扩大、新投产机组损益化及贷款利率增长等因素的影响，公司 2012 年一季度财务费用为 15.51 亿元，较上年同期增长 49.24%，拖累了公司业绩[①]。

4. 主要结论

通过以上分析，我们可以得出以下主要结论。

第一，上网电价水平对发电企业提高盈利能力起着非常重要的作用，近年来的几次上网电价水平的调整不能完全消化煤价的上涨。虽然 2004 年宣布了煤电联动机制，但是在煤电联动机制缺位的情况下，电价调整相对滞后或者上调力度不足，并不能完全弥补成本端的上升。而且重点合同煤的兑现率不足也导致电力企业自身消化更多的煤价上涨成本。

第二，从样本电力企业的情况来看，2011 年的上网电价水平调整对样本电力企业的经营普遍起到了改善的作用。从该种意义上来说，当前电价水平是合理的，并且随着最近一段时间煤炭价格下降，电力企业经营状况的持续改善对弥补其历史亏损，缓解电力市场的扭曲，在中长期保证电力供应是能够起到支持作用的。

第三，燃煤成本是电力企业发电成本的最大组成部分，高煤价降低了电力企业业绩水平，近年来样本电力企业利润的下降与煤炭价格的走高具有同步性。样本电力企业采取了多种途径摆脱经营困境，如实现煤电一体化、进行资产重组、主营业务多元化等，尽管财务费用以及管理费用也是影响样本电力企业经营的重要方面，但与样本煤炭企业相比，样本电力企业在这一方面调整空间已较小。

9.4 煤价及电价对火电业务营业利润的敏感度分析

9.4.1 火电行业税前利润敏感性分析

对火电行业的税前利润进行两两因素之间的敏感性分析，结果见表 9-9。

由此可见，如果点火价差扩大，必将推动火电行业业绩提升。事实上，受益于 2011 年两次电价提升累计增幅约为 9%，以及电煤价格回落，2012 年一季度，火电行业税前利润率已经从 2011 年的 1.6% 回升到 3.4%，权益净利率从 3.1% 回升到 7.1%。半数省份点火价差已经达 2009 年水平，[②] 这些省份主要包括蒙西和华东、广东等沿海地区。前者电煤价格回落主要源自电煤产能释放，外运通道

---

① 资料来源：申银万国证券。
② 资料来源：中金公司。

不畅；而后者受益于国外经济疲软，电煤需求不旺导致的进口煤炭价格下跌，当地动力煤价下降较多。

表 9-9　2012 年火电行业税前利润敏感性分析

电价上涨幅度 （元/兆瓦）\标准煤价变动 幅度（元/吨）	−90	−67.5	−45	−22.5	0	22.5	45	67.5	90
0	847.66	601.85	356.04	110.23	−135.59	−381.4	−627.21	−873.02	−1118.83
2.5	852.87	604.82	356.77	108.73	−139.32	−387.37	−635.41	−883.46	−1131.51
5	918.65	670.61	422.56	174.51	−73.53	−321.58	−569.63	−817.67	−1065.72
7.5	984.44	736.39	488.35	240.3	−7.75	−255.79	−503.84	−751.88	−999.93
10	1050.23	802.18	554.14	306.09	58.04	−190	−438.05	−686.1	−934.14
12.5	1116.02	867.97	619.92	371.88	123.83	−124.22	−372.26	−620.31	−868.36

在目前经济结构加速转型的阶段，由于四大高耗能行业用电量增速下降和沿海经济发达地区用电量增速下降，西部高耗能区域用电量增速上升明显，考虑到用电量基数的影响，我们预测 2012 年全年用电量增速将放缓。实际上，2012 年 1~6 月，全社会累计用电量同比增长 5.52%，6 月用电量同比增长 4.25%，增速较上月降低近 1 个百分点[①]。下面做一个测算：按照全年平均增速 7% 计算，预计 2012 年火电发电量为 3.9 万亿千瓦时，电煤耗用量为 16 亿~17 亿吨。以目前价格水平为基数（图 9-37~图 9-39），若电煤均价下跌 20 元/吨，火电行业利润率将回升至 2009 年水平：税前利润率为 5%，实现利润总额为 720 亿元。若电煤均价下跌 60 元/吨，火电行业利润率有望回升至 2003 年历史最高水平 10%（表 9-10）。

2012 年上半年，火电利用小时数为 2489 小时，同比降幅扩大至 4.0%（图 9-42）。2012 年 6 月份，火电小时数维持在 392 小时，相对于 5 月份，同比降幅收窄至 8.2%（其中，5 月份同比降低 9.0%）[②]。从短期来看，火电利用小时数存下滑风险；从中长期看，"十二五"期间，电源整体产能扩张增速由"十一五"期间的 13% 放缓至 8%；且新增装机以清洁能源（核电、水电和风电）为主，火电机组利用小时数持续下滑可能性小。[③]

---

① 资料来源：中商情报网。

② 资料来源：国泰君安。

③ 资料来源：中金公司。

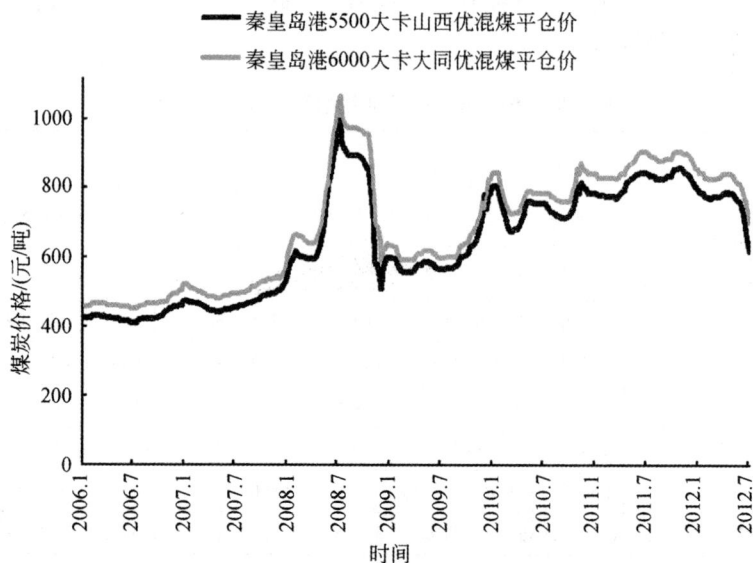

图 9-37　秦皇岛港煤炭价格

资料来源：煤炭资源网

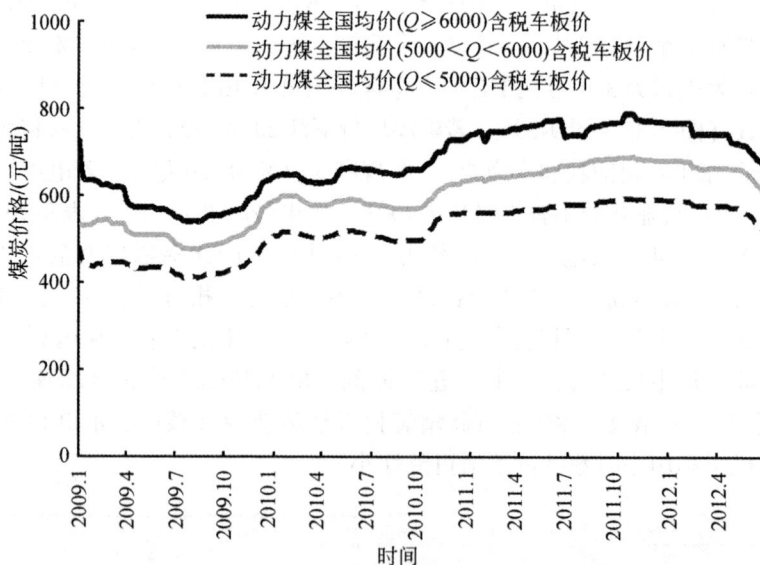

图 9-38　动力煤全国平均价格

资料来源：中国煤炭资源网

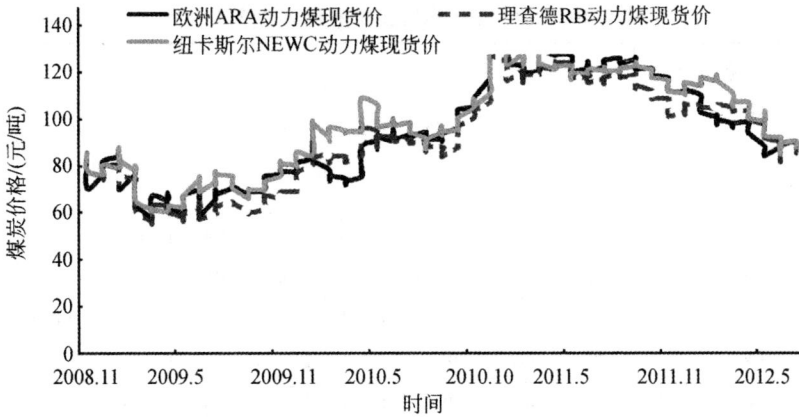

图 9-39　国际煤炭价格
资料来源：中国煤炭资源网

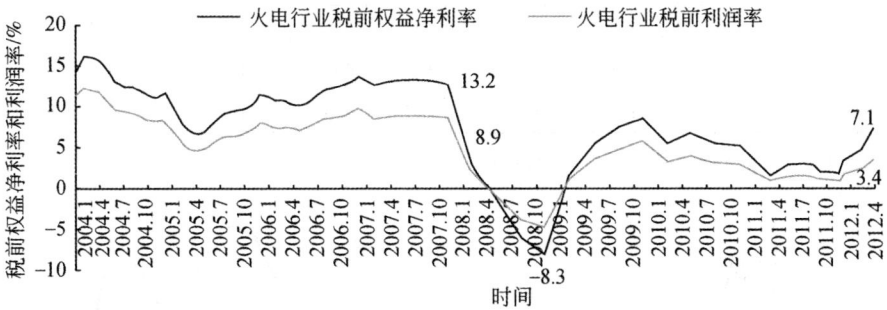

图 9-40　火电行业税前权益净利率及利润率
资料来源：中金公司

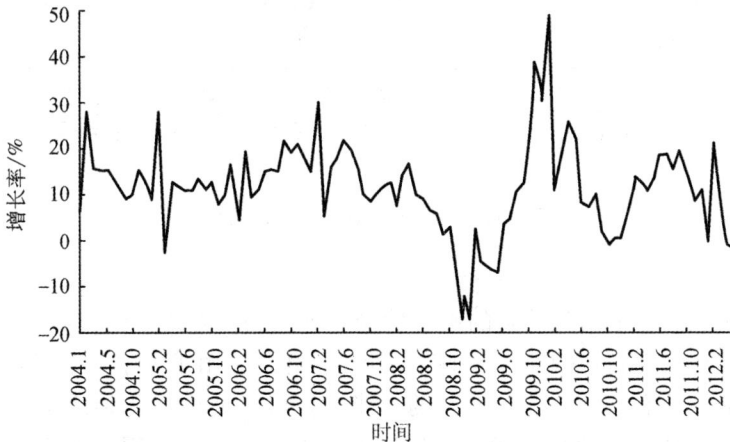

图 9-41　2004 年一季度至 2012 年一季度火电行业增长率
资料来源：国家统计局

表9-10 2012 年火电行业税前利润敏感性分析

标准煤价变动幅度/(元/吨) 利用小时数变动幅度/时	-90	-67.5	-45	-22.5	0	22.5	45	67.5	90
-250	1034.5	799.9	565.3	330.8	96.2	-138.4	-373	-607.6	-842.2
-200	1082.7	845.6	608.6	371.5	134.4	-102.6	-339.7	-576.8	-813.8
-150	1130.8	891.3	651.8	412.2	172.7	-66.8	-306.4	-545.9	-785.4
-100	1179	937	695	453	211	-31	-273	-515	-757
-50	1227.2	982.7	738.2	493.7	249.3	4.8	-239.7	-484.1	-728.6
0	1275.3	1028.4	781.4	534.5	280.6	40.6	-206.3	-453.3	-700.2
50	1323.5	1074.1	824.7	575.2	325.8	76.4	-173	-422.4	-671.8
100	1371.6	1119.8	867.9	616	364.1	112.2	-139.7	-391.5	-643.4
150	1419.8	1165.4	911.1	656.7	402.4	148	-106.3	-360.7	-615
200	1467.9	1211.1	954.3	697.5	440.7	183.9	-73	-329.8	-586.6

资料来源：华泰证券，中国电力企业联合会

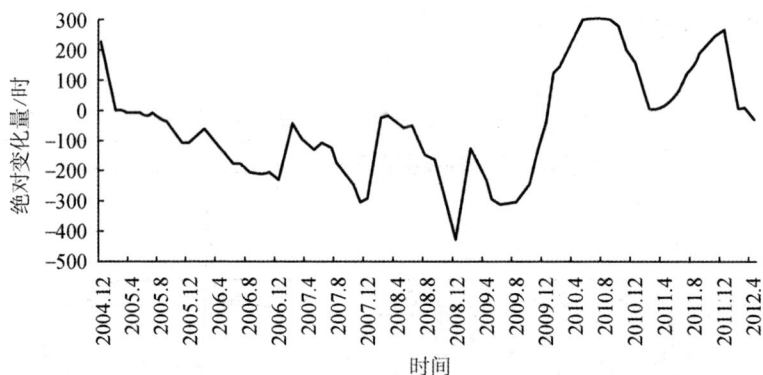

图 9-42 火电利用小时数累计同比绝对变化量

数据来源：中国电力企业联合会

　　根据分析，我们对三要素的敏感性排名依次为：煤价、电价和利用小时数，点火价差对于火电行业的经营水平有着决定性作用。由于国家一系列限制高耗能产能（钢铁、有色、化工、建材）的扩张，打压房地产行业和调整产业结构政策的出台，高耗能产业相对于先进制造业、服务业和居民用电的比重已有所下降。考虑到高耗能产业用电量基数较大，如果这种趋势可以延续，那么全国电量增速将会出现下滑。国内煤炭价格上涨的动力主要源于下游需求旺盛，而我们预计未来需求增速将逐渐减弱，未来煤价缺乏持续上涨动力。因此，在通货膨胀水平温和上升的背景下，未来电价上调的可能性会加大，最近一次的调价是 2011 年 12 月 1 日，全国销售电价平均上涨 0.03 元/千瓦时，上网电价对煤电企业上涨 0.026 元/千瓦时。

9.4.2　财务成本对火电企业经营的影响分析

火电企业普遍存在高负债率，目前，超过半数的电力上市公司负债率超过 70%，有息负债占总资产比率多数超过 50%，财务费用成为火电企业除燃料成本之外最主要的成本支出。其中，国投、华电国际、大唐发电、华能国际和国电电力都在 60% 以上。因此，财务费用是影响火电企业成本的重要因素。火电行业目前均处资产负债率的历史峰值 74% ；五大发电集团平均负债率甚至达 83% 以上①。

作为经济发展先行行业，电力投资即使在行业性亏损年份仍保持较高水平，它的公用事业属性决定了每年必须完成的装机建设目标必须完成，即不论电力行业大小年都需要适度的资本开支来保证与 GDP 相匹配的装机增长。在节能减排政策的号召下，不断上马的新能源发电项目下的高资本支出将使得电力行业的财务压力与日俱增。

以上海电力为例，公司于 2011 年 11 月提出定增方案，计划融资 93.55 亿元，用于补充流动资金以及收购母公司中电投的核电资产权益装机共 108 万千瓦②。虽然稳定经营后经营利润率会大大超过火电资产的利润率水平，但是短期的财务压力使得公司的现金流状况恶化。同时 2012 年 4 月国家能源局同意上海闵行燃机电厂新建项目开展前期工作，计划建设 2 台 40 万千瓦燃气机组。2012 年上半年，公司财务费用同比增长 24%，费用率上升 3% 增长至 8%，主要是其有息负债规模同比增长 2%，同时资金借贷成本同比上升 0.69%③。

华能国际 2012 年上半年，公司有 2 个火电项目、1 个水电项目、1 个风电项目投产，投产装机合计 212 万千瓦；另有 1 个煤炭中转基地项目、2 个天然气热电联产项目、1 个风电项目获批。上半年公司通过发行定向债务、短融或超短融，合计募资 200 亿元④。

---

① 资料来源：中金公司。
② 资料来源：中金公司。
③ 资料来源：海通证券。
④ 资料来源：海通证券。

粤电力为了增加可控和权益装机容量，满足当地日益增长的用电需求在2011年有汕尾电厂3号和4号机组（2×660兆瓦）和云南保山槟榔江水电项目（483兆瓦）顺利投入商业运行，湛江中粤"油改煤"项目（2×600兆瓦）也已具备投产条件，2012年将有茂名7号机组项目（60兆瓦）和湛江徐闻勇士风电项目（49.5兆瓦）建成投产。同年，公司还向广东粤电湛江风电增资；成立了广东省风电开发筹备组；同意对茂名臻能热电和广东粤电控股西部投资有限公司进行增资①。可以看出，公司通过分散化投资分散未来煤价可能上涨的风险，保证发电量的稳定增长。但是，无论是利息费用的资本化转为费用化，还是增资的举动无疑都将增加财务负担。

以2011年年末基数测算，2012年6月8日起下调金融机构人民币存贷款基准利率25个基点，预计可提升发电行业盈利7%～8%。假设行业有息负债规模不变，2013年约减少财务费用26.5亿元，或可提升当年火电利润总额4%。② 而7月6日起中央银行再次将一年期贷款基准利率下调31个基点，企业的财务压力可得到进一步缓解，盈利水平有望进一步好转。

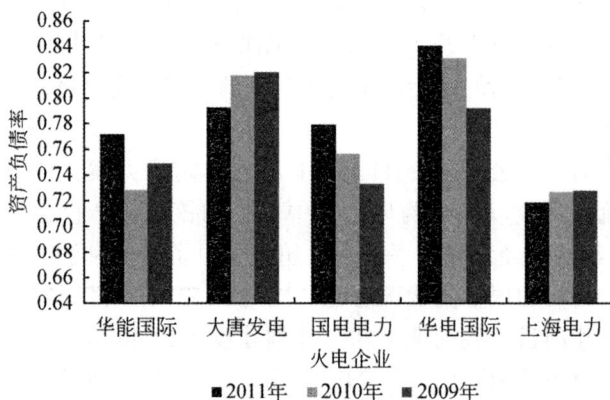

图 9-43　火电企业 2009～2011 年资产负债率
资料来源：各企业 2009～2011 年年报

需要说明的是，国电电力和大唐发电虽然有息负债率高达74%和67%，但是在建项目比重很大，利息资本化比重较高，实际财务费用对业绩的影响程度会有所减弱③。

---

① 资料来源：宏源证券。
② 资料来源：中金公司。
③ 资料来源：中金公司。

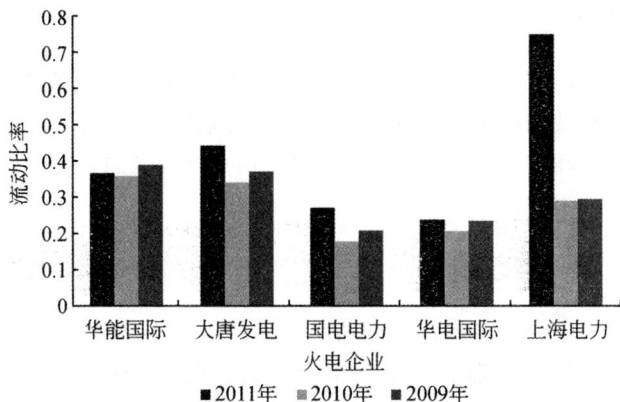

图 9-44　火电企业 2009 ~ 2011 年流动比率
资料来源：各企业 2009 ~ 2011 年年报

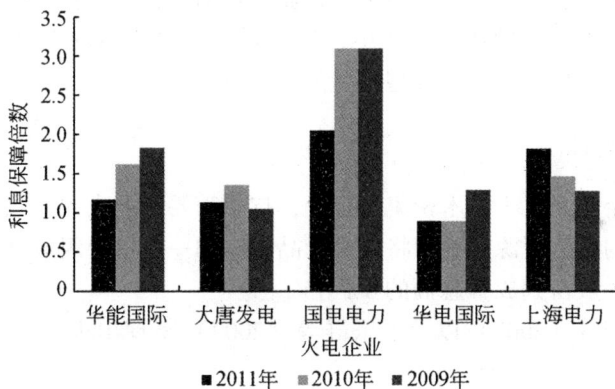

图 9-45　火电企业 2009 ~ 2011 年利息保障倍数
资料来源：各企业 2009 ~ 2011 年年报

9.4.3　企业火电业务成本利润核算模型

火力发电企业的成本包括从生产到销售电力产品全过程中发生的各种耗费，为发电、供电支出的物质消耗、劳动报酬、企业管理费和销售费用的总和。

成本项目主要包括：燃料费、生产用水费、材料费、工资及福利费、折旧费、修理费、管理费用、财务费用、税金及附加等。具体而言，火力发电企业成本构成如下。

1. 燃料费用

从行业特点和以往的经验来看，煤炭等燃料成本占发电成本总额的60% ~ 70%。企业经济利益的好坏与煤炭等燃料价格关系极大，国际市场燃料价格呈现很大的不确定性，而这些并不是企业所能控制的，因此燃料成本成为火力发电企业成本中不可控的因素。

2. 设备检修与技改成本

在我国，由于电力行业设计、制造与安装行业的不连续性，往往在机组投产后有一些缺陷需要投资改造，火电发电企业的技改费用占发电成本的比例高达8.3%以上。

3. 折旧费

火力发电企业属于资本密集型生产企业，折旧费在经营费用中占有相当大的比重，在火力发电企业的成本构成中，折旧费占到总成本的20%左右，这项费用的发生与投资规模、设备的选型等有关。

4. 人工成本

火力发电企业又属于技术密集型企业，技术需要专业人才，因而在电力生产过程中所消耗的人力资源的价值将作为产品成本的一个重要组成部分，火力发电企业人工成本一般占到成本总额的8%左右。

根据陈广娟等（2007）以及丁乐群等（2007）整理出火电成本-利润模型，具体计算过程如下。

首先，火电企业利润核算公式为

$$\pi_t = R_t - T_c - 1.08 T_s$$

其中，π_t 为第 t 年的火力发电利润，R_t 为第 t 年的火力发电收入，T_c 为第 t 年的火力发电成本，T_s 为第 t 年的企业增值税，1.08 包括销售税金及附加。

其次，R_t 核算公式为

$$R_t = P_m \times Q_t (1 - \delta_t)$$

其中，P_m 为上网电价，Q_t 为第 t 年的发电量，δ_t 为第 t 年的厂用电率。

再次，T_c 核算公式为

$$T_c = F_c + V_t \times Q_t$$

其中，F_c 为固定成本，V_t 为单位可变成本。

$$V_t = p_t g_t \times 10^{\wedge(-6)} / 0.714 + v_t$$

其中，p_t 为单位煤炭成本，g_t 为标准煤耗，v_t 为燃料成本以外的单位可变成本。

$$F_c = 折旧费用 + 固定财务费用 + 大修费用 + 人工费用$$

其中：①折旧费用计算。设机组的原值为 G_i，残值为 S_i，折旧年限为 N_i，假设企业采用的是直线折旧方法，则企业的年折旧费用为 $\sum_{i=1}^{n} \dfrac{G_i - S_i}{N_i}$。②固定财务费用。

假设企业每台机组拥有相同的资产负债率，则根据企业整体的资产负债率计算出火电机组的负债额，再根据企业的平均财务成本率计算火电机组的财务成本。③大修费用和人工费用按照所有费用的一定比例计算。

最后，T_s 核算公式为

$$T_s = 17\% R_t - 3\% \frac{p_t g_t \times 10^{\wedge(-6)}}{0.714} Q_t$$

9.4.4　煤价变动对火电业务营业利润影响分析

根据 9 个样本企业年报数据，将火电业务财务数据剥离，计算出火电业务营业利润对煤炭价格敏感度，具体如图 9-46 所示。其中粤电力对煤价最为敏感，高达 25% 左右，其次是通宝能源、上海电力。由图 9-46 可以看出综合性样本企业火电业务营业利润对煤价的敏感度都不是很高，这主要是由于该类企业业务分部比较分散、遍布全国，从合并的财务报表看，对业绩的影响相对其他地方性企业小。

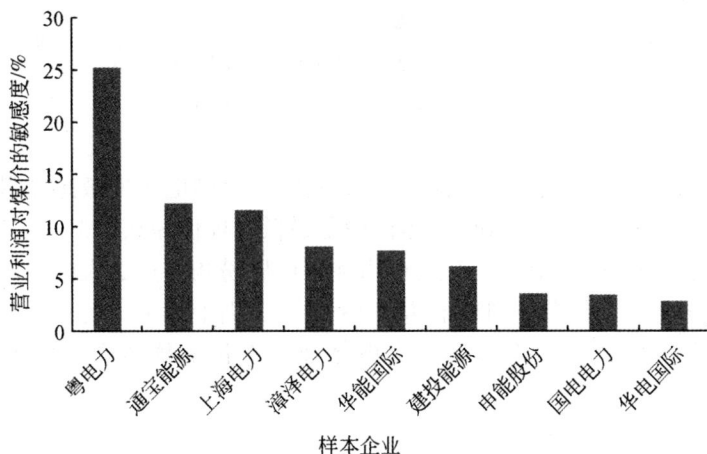

图 9-46　样本企业火电业务营业利润对煤价的敏感度（-1%）

资料来源：各企业年报

9.4.5 电价变动对火电业务营业利润影响分析

2011 年上网电价调整幅度最大的一次是在 12 月 1 日，所以在核算企业利润时，上网电价应用 0.31 元/千瓦时，而非 2011 年年底的 0.338 元/千瓦时。

2011 年年底上网电价上调并不会影响企业 2011 年的营业利润，因此计算企业 2011 年利润时并未包括该次上调的部分。在计算企业火电业务营业利润对电价的敏感度时，利用的是 2011 年年底调整后的上网电价，也即实际的 2012 年上网电价，具体如图 9-47 所示。

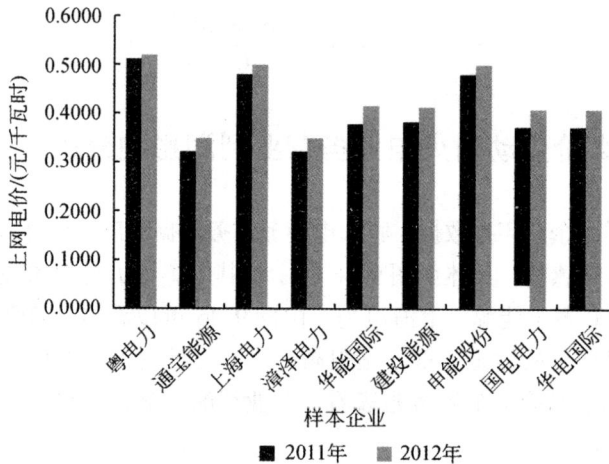

图 9-47　2011～2012 年样本企业上网电价

资料来源：各企业 2011～2012 年年报

从图 9-48 中看出粤电力火电业务营业利润对上网电价的敏感度最高，高达 40%，其次是上海电力，为 20%，申能股份最低，仅仅为 0.013%，其他企业的敏感度大致分布在 5%～15%。上海电力和申能股份相差这么大的原因主要是申能股份控制成本，使得营业利润率达到 13.04%，而上海电力的营业利润率仅为 4.96%。这使得同处一个地区的火电企业对电价的敏感度会出现如此大的差别。

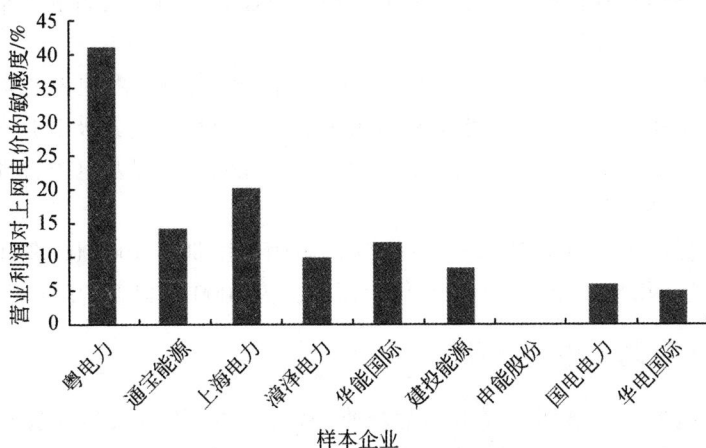

图9-48 样本企业火电业务营业利润对上网电价的敏感度（1%）

资料来源：各企业年报

9.5 国外火电企业如何保证回报的经验

9.5.1 国外主要电力企业简介

1. 德国意昂集团

德国意昂集团（Eon）是欧洲最大电力公司之一，2009 年 9 月 1 日，德国能源巨头意昂集团宣布将其在奥地利境内，总装机容量为 312 兆瓦的 13 座水电站卖给奥地利维邦（Verbund）电力公司。通过这笔交易，意昂集团不但可以获得现金回报，而且可保留对这些电站未来 20 年发电量的优先认购权。据了解，2012 年 6 月，意昂集团还曾向维邦公司出售其位于德南部巴伐利亚州的 13 座水电站。意昂集团发布的交易公报透露，此次出售的电站年发电总量为 18 亿千瓦时，之所以出售水电资产是为了响应欧盟 2008 年 5 月提出的加强德国电力市场多元竞争的呼吁。①

2. 法国电力集团

法国电力集团（Electricite De France）成立于 1946 年，是负责全法国发、

---

① 资料来源：中国能源报。

输、配电业务的国有企业。为了完成公共服务事业的使命，法国电力集团负责电力设施的设计、建设和运营。

凭借 50 多年能源开发经验，法国电力集团已经成为世界领先的电力公司之一。作为一家在核能、热能、水电和可再生能源方面具有世界级工业竞争力的大型企业，法国电力集团可以提供包括电力投资、工程设计以及电力管理与配送在内的一体化解决方案。

作为世界最大电力生产厂家之一，法国电力集团拥有 100 000 兆瓦以上的装机容量，在法国的生产能力为 4580 亿千瓦时，为 3000 万以上的用户供电。

3. 意大利国家电力公司

意大利电力工业早期主要由私营企业经营，1962 年后根据《公共电业国有法》，政府接管了全国的私营电力公司，组建了国有的意大利国家电力公司（ENEL），对发、输、配电采用垂直一体化管理体制，是意大利最大的发电供电商。意大利国家电力公司目前在意大利全国的客户数量有 3000 万户，占整个意大利的 87%。该公司还是欧洲唯一通过 ISO14001 认证的能源企业。旗下主要有电力和天然气两大业务分支。天然气公司（Enel Rete Gas）2005 年销售天然气 52 亿立方米，市场份额占 12%。除此之外，意大利国家电力公司还有电力、能源设备制造、环保设备制造、研究开发、新型能源开发等公司和机构 20 多个。在国外独资、合资以及参股的公司有 10 余家，主要分布在西班牙、斯洛伐克、罗马尼亚、保加利亚。在南美、北美设有清洁能源开发公司。

意大利国家电力公司是全球第三大电力公司，是意大利国内最大的国有公共事业企业，与美国、法国、罗马尼亚等国家有着密切的合作。

4. 德国莱茵集团

德国莱茵集团（RWE）成立于 1898 年，如今拥有能源、采矿及原材料、石油化工、环境服务、机械、电信和土木工程 7 个分部，7 个分部各自独立运作，但是他们的业务情况和财政结果均须向莱茵集团汇报。现在，莱茵集团已发展成德国最大的能源供应商和国际先进的基础设施服务商。多元化莱茵集团的构想是追求多元化公用事业，提出了欧洲能源市场的全新服务概念。

莱茵集团作为能源、化学康采恩，在全世界拥有超过 10 万名员工，是德国鲁尔地区最大的公司之一。

莱茵集团在德国的电力市场上排名第一，又是德国化学企业的第三大康采恩以及世界专业化学领域的领头羊。莱茵集团在房地产行业是德国最大的公司。

莱茵集团向来把重点放在自己的专业领域，有大约一半的员工在能源、化学以及房地产行业工作，另一半的员工则在鲁尔区从事采集矿石和开采煤矿工作。

英国泰晤士水务公司是德国莱茵集团（世界 500 强之一）的控股公司，是世界第三大水务公司，在全球 24 个国家拥有 2 万名雇员，其业务主要集中在英美。

5. 西班牙国家电力公司

西班牙国家电力公司（Endesa）是欧洲第四大电力企业，西班牙国内最大的电力企业，同时也是拉丁美洲最大的私营跨国电力公司。其业务范围覆盖三大洲 11 个国家，分别在西班牙、智利、阿根廷、哥伦比亚、秘鲁设立大型发电厂，并在巴西、意大利、法国、葡萄牙等国广泛开展相关业务。

西班牙国家电力公司是西班牙主要的电力公司。公司生产、传输、分配、提供电力给其他主要的公共事业遍及西班牙。西班牙国家电力公司探索并且在采煤业务上有兴趣。公司通过燃煤、核能、水力和燃料及天然气发电厂发电。

6. 美国电力公司

美国电力公司（American Electric Power Co. Inc）总部设在俄亥俄州首府哥伦布，集发电、输电、燃气为一体。该公司装机容量为 4200 万千瓦，是美国最大的发电集团，输电线路为 38 000 英里①，配电线路为 186 000 英里；拥有 1280 亿立方米的天然气储备，6300 英里的天然气管道，7000 节火车球罐，1800 条驳船和 37 艘拖轮；年产煤 1000 万吨。美国电力公司以发输电为主，其客户遍布美国的 11 个州（东北部 7 个，南部 4 个），用户数量约为 500 万。美国电力公司的业务和经营范围包括：电力及煤气供应，发电、输电、配电和相关业务的研究与开发，投资、建设和政府交给的其他项目。

9.5.2　国外火电企业经验借鉴

通过对上述国外火电企业的近年的经营情况的整理分析，本章总结了国外火电企业保证回报率的一些共同经验。

1. 主营业务多元化发展

截至 2010 年，我国电力装机总量达到 9.66 亿千瓦时，其中火电装机占比高达 73.43%，其次是水电、风电、核电，分别为 22.36%、3.06%、1.12%。相

---

① 1 英里≈1.6093 千米。

应的，2010 年发电量构成也主要以火电为主，将近 80%，其次是水电、核电、风电，分别占了 17.17%、1.76% 及 1.06%。其中，火电主要又以煤炭为主要燃料。近几年，我国电力企业虽然开始朝着核电、新能源发电等方向发展，但是仍然没有改变以火电为主的局面，因此对煤炭价格变动非常敏感，甚至出现大幅亏损的情况。

从 9.5.1 小节国外主要电力企业简介可以看出，欧洲及美国主要发电企业在历史的不断改革和发展过程中，逐渐形成电源结构多元化且均衡发展，以及向横向产业链和纵向产业链扩展。例如，法国电力，负责全法国发、输、配电业务，覆盖了电力中下游产业链，同时早在 2000 年，法国电力年发电量就达到 4820 亿千瓦时，其中核电占 82%，水电占 13%，火电仅占 5%。另外美国电力公司集发电、输电、燃气一体，该公司装机容量为 4200 万千瓦，是美国最大的发电集团，输电线路为 38 000 英里，配电线路为 186 000 英里，同时拥有 1280 亿立方米的天然气储备，6300 英里的天然气管道，7000 节火车球罐，1800 条驳船和 37 艘拖轮，年产煤 1000 万吨。

而我国电力企业，特别是火电企业主要的产品和业务仍然是火电，且占比几乎都高达 90% 以上，因此煤价对其利润的影响非常显著。因此，要使其对煤价的敏感度下降，只能是在现有业务的基础上，继续深化业务多元化发展，降低火电比例，提高可再生能源发电的比重。

2. 业务区域多元化发展

我国火电企业的业务范围主要集中在国内，就算在境外有业务，营收占比也比较低，如华能国际在中国境内和境外的营业收入占总收入的比重分别为 83.9% 和 16.1%，并且主要集中在电力业务。而国外主要的火电企业不仅业务多元化发展，而且经营区域也实现多元化，如瑞典 Vattenfall 电力公司是欧洲第五大的能源公司，经营主要分布在芬兰、德国、波兰和瑞典。另外，西班牙国家电力公司作为欧洲第四大电力企业，业务范围覆盖三大洲 11 个国家，分别在西班牙、智利、阿根廷、哥伦比亚、秘鲁设立大型发电厂，并在巴西、意大利、法国、葡萄牙等国广泛开展相关业务。

欧洲主要电力公司区域化发展主要得益于欧盟经济体，我国如果要实现走出去战略会受到更多的挑战，无论是技术上的还是体制上的。实现业务区域多元化发展需要根据实际情况进行可行性分析，同时可以考虑以合理的价格收购海外相关企业，以达到实现区域多元化和业务多元化的发展的目。

3. 提高成本费用管理能力

火电企业应该吸取 2011 年的煤价暴涨的教训，努力提高技术水平，降低企业的厂用电率以及线损率，同时做好企业内部控制、燃料库存管理。不断地完善和加强企业成本控制能力，降低成本费用率，从而达到提高利润率水平的目标。

4. 买卖煤炭期货合约规避风险

煤炭是我国火电企业的主要燃料，煤炭价格对火电企业的利润影响非常大，在本章的前面部分对该问题已经进行了深入的讨论。火电企业能够通过煤炭期货市场对其燃料煤炭进行套期保值，从而规避煤炭价格上涨的风险。不过套期保值使得火电企业不能取得煤炭下跌时所带来的收益。因此，在做套期保值时需要对行业进行深入地了解和分析，再考虑是否买卖煤炭期货合约，以及买卖合约的时间和数量。

第10章　减少煤炭流通成本的案例研究

近年，煤炭价格增长过快造成煤电矛盾凸显，也致使煤电联动政策的搁浅。目前终端电价相对稳定且较为合理，从全产业链上看应该是存在整体的利润空间的，因此当前的煤电矛盾主要集中在利益分配不均上，本章以中间环节为切入点进一步对电力全产业链的利益分配展开分析。煤炭中间流通环节的成本约占煤炭终端价格的40%，中间流通环节成本变动成为影响煤炭终端价格的重要原因。如果煤炭中间环节流通成本能够降低下来，那么煤炭终端消费价格将趋于合理，也将有利于缓解煤电矛盾。

首先，基于当前煤炭中间流通环节的现状探讨煤炭中间流通环节中存在的问题，分析认为煤炭流通成本过高是煤炭中间流通环节存在问题的集中表现，过高的煤炭中间流通成本传导到煤炭终端，最终激化煤电矛盾。

其次，为了对煤炭中间环节高额成本有一个更为直观的认识，我们分析大同动力煤（5500大卡）从坑口生产到终端电厂的中间环节各个利益归属主体和相关价格指标。分析认为煤炭中间流通环节利益归属存在差异，流通成本中不合理的成本费用（拥堵成本）居高不下，约占煤炭中间流通成本的40%，且拥堵成本会随着煤炭电厂采购价格与坑口价的价差的增加而增加。煤炭中间流通环节利益归属的差异性说明中间流通环节利益存在调整空间；而中间流通环节不合理成本的存在，也预示着减少不合理的成本能够降低煤炭终端价格，有利于合理的煤炭终端价格的形成。如何降低煤炭中间流通环节的成本费用，尤其是不合理的成本？这是降低煤炭终端消费价格，缓解煤电矛盾必须考虑的问题。

最后，我们就如何降低煤炭中间流通成本提出相应的政策建议。从短期来看，抑制煤炭价格的上涨就要想办法降低煤炭中间流通过程的成本费用，尤其是不合理的成本费用。同时，考虑到目前煤炭流通模式在短期内难以改变，加之煤炭流通环节较为复杂，从长远发展角度我们应从煤炭产业布局角度考虑，逐渐将以煤炭运输为主的能源运输体系向以输电代替输煤的能源运输体系转变，研究表明以输电替代输煤的能源输送体系将具有更高的经济效益和社会效益。

10.1　煤炭中间流通环节现状及问题

煤炭中间流通环节集中体现为以煤炭运输为中心的煤炭储存、配送等过程，从我国煤炭物流发展的现状为出发点分析煤炭中间环节，更容易发现和理解当前我国煤炭中间流通环节存在的问题。

10.1.1　煤炭中间流通环节现状

1. 煤炭物流特点

我国煤炭行业上游生产企业与下游的电力、冶金等工业企业分布较为分散，流通距离长，环节众多，加之铁路港口等部门管理体制改革滞后，运力垄断、短缺导致煤炭物流行业企业分布散乱、竞争无序。主要表现在以下三个方面：一是铁路运力紧张制约煤炭供应，而"倒卖车皮计划"等不良现象更加剧了运力的紧张和煤价的上涨。二是煤炭经营单位过多过滥，中间流通环节不规范，加大了交易成本。三是煤炭质量优劣混杂，市场无序竞争，也在一定程度上影响了煤炭物流市场的顺利发展。

我国的大型煤炭生产企业一般都自营物流业务，其运营模式大致可分为三类：一是仍然从事单纯的煤炭贸易，买入卖出赚取贸易差价，由客户自己负责煤炭运输、中转、仓储和加工等中间环节。二是在进行煤炭贸易的同时，提供煤炭运输服务和配煤等加工服务，但主要盈利点仍然是煤炭贸易，服务水平较低。三是少数领先的煤炭物流公司，经由煤炭贸易转型为煤炭流通服务商，在从事流通贸易的同时提供专业化的煤炭加工和数字化配煤等服务，并以准确、高效、全过程的煤炭供应链服务作为企业创造价值的主要基点。在煤炭运输距离长、铁路运营垄断而运力紧缺、有时还需要多种运输方式联运的情况下，煤炭贸易往往需要以运力为基础。我国煤炭企业所属物流公司大多属于第二类运营模式（李润瀛，2011）。

在煤价不断攀升时期，煤炭流通环节利润空间增大，大量煤炭流通企业迅速出现，但资质良莠不齐。其中，仅有少数煤炭物流企业运用供应链管理、信息技术和电子商务对上下游企业进行物流一体化整合，为客户提供集约、高效、环保的煤炭供应链管理服务。也有的煤炭物流企业集中在煤炭贸易和落实铁路计划层面，主要通过传统的煤炭贸易价差来获取利润，其业务经营和管理粗放，技术简单落后。

2. 煤炭运输现状

目前，我国基本形成了铁路、公路和水路的煤炭运输网络，或单方式直达运输，或是多种运输方式结合的多式联运，港口转运在煤炭中间流通过程中也占据重要的位置。

(1) 铁路运输现状

铁路是我国煤炭运输的主要方式，并且煤炭历来是铁路运输的主要货物，铁路的煤炭运量占全国煤炭运输总量的60%以上。由于我国煤炭资源主要分布在西北地区，而煤炭消费主要在东南地区，从而形成若干从北向南、由西向东的运煤铁路大通道。其中最具代表性的是"三西"地区煤炭外运的铁路线。"三西"煤运通道分北、中、南三大通道。

北通道由大秦、丰沙大、京原、集通和朔黄5条线组成，中通道由石太和邯长2条线组成，南通道由太焦、侯月、陇海、西康和宁西5条线组成。2011年南部通道和北部通道利用率在90%左右，中部通道利用率为116%，"三西"地区铁路运输能力处于饱和状态。

2011年，我国原煤生产总量达35.2亿吨，同比增加8.7%[1]，全年铁路煤炭发送量完成22.69亿吨，同比增加2.68亿吨，增长13.4%，铁路发送量占煤炭生产总量的64.46%。其中电煤全年完成14.88亿吨，同比增加2.17亿吨，增长17%。电煤铁路运输占煤炭运输总量的65.58%。主要煤运通道中，2011年大秦线完成运量4.40亿万吨，同比增加3513万吨，增长8.7%；侯月线完成1.84亿万吨，同比增加539万吨，增长3%[2]。可见，仅大秦线和侯月线的煤炭发送量就占到整个铁路煤炭发送量的27.51%。不言而喻，"三西"煤炭运输通道是我国煤炭铁路运输的重要通道。

铁路运输作为晋煤外运的主要方式，2011年晋煤外运完成5.81亿吨，其中铁路外运4.56亿吨，比2008年增加5857万吨，2011年煤炭铁路运输占煤运总量的比例达78%[3]。从图10-1可以看到，山西煤炭铁路销量占煤炭产量比例从2009年7月到2012年3月的平均值为73.21%，铁路运输在山西煤炭流通环节中占据重要地位。

---

[1]　资料来源：国际煤炭网。
[2]　资料来源：国际煤炭网。
[3]　资料来源：煤炭网。

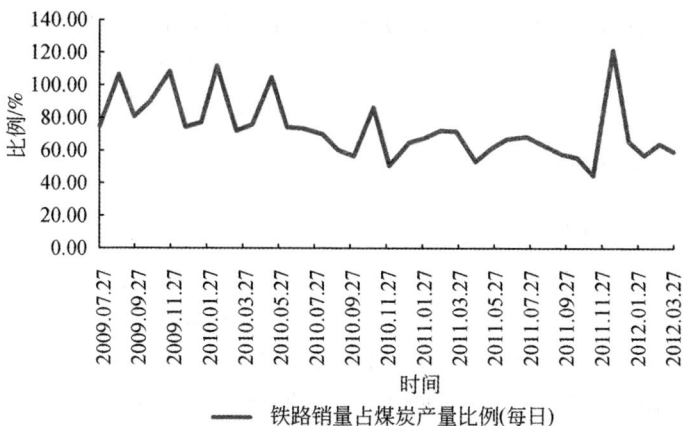

图 10-1　山西煤炭铁路销量占煤炭产量比例

资料来源：Wind

（2）水路运输现状

我国煤炭水上运输包括海运和内河运输。煤炭的海上运输首先通过铁路或公路将煤炭从生产基地集结到北方沿海中转港口，再由海轮运向渤海湾、华东和中南地区以及国外。内河煤炭运输通道主要包括长江和京杭运河，主要是将来自晋、冀、豫、皖、鲁、苏及海进江（河）的煤炭经过长江或运河的煤炭中转港或主要支流港中转后，用轮驳船运往华东和沿江（河）用户，从而形成了我国水上煤炭运输"北煤南运""西煤东运"的水上运输格局。

煤炭海运主要由下水港和接卸港组成，其中沿海有北方七港：秦皇岛港、天津港、黄骅港、京津港、青岛港、日照港、连云港。煤炭主要接卸港包括华东地区的上海港、宁波港，以及华南地区的广州港。内河煤炭下水港有长江四港（南京港、武汉港、芜湖港、枝江港），京杭运河上的徐州港和珠江水系的贵港。内河有长江和运河上江阴港、南通港、镇江港、杭州港和马鞍山港。

2010 年全国主要港口完成煤炭发运 5.56 亿吨，同比增加 9854 万吨，增长 21.5%。其中，内贸煤炭发运 5.38 亿吨，同比增加 1.05 亿吨，增长 24.1%；外贸煤炭发运 1810 万吨，同比减少 611 万吨，下降 25.2%[①]。从沿海电煤运输来看，山西、陕西、内蒙古西部的煤炭是沿海电煤运输的首要来源，"北方七港"与这些煤炭生产基地距离较近，且铁路运输便捷、地理位置优越，"北方七港"

---

① 资料来源：国家发展和改革委员会。

煤炭发运量约占沿海煤炭总发运量的90%。北方煤炭下水量中内贸运输流向以华东和中南地区为主，华东地区接卸量约占北方下水总量的55%～60%，华南地区占30%～35%，其他福建和东北地区仅占5%～8%。

（3）公路运输现状

公路运输一般用于煤炭短途运输。由于铁路运力比较紧张，公路运输在"三西"地区发挥着重要的作用，该地区有13条煤炭外运公路运往河北、山东、河南、北京、皖北等邻近省市。随着"三西"地区公路网的完善，特别是高等级汽车专用路的发展，公路煤炭运输将继续发挥重要作用。

2008～2010年我国西煤东运的铁路运力年增量分别为1.02亿吨、1.27亿吨和0.97亿吨①，但"三西"煤炭产量的增量每年都会超过1.5亿吨，给铁路运输带来巨大压力，同时为公路运输带来发展机遇。2007年全国铁路运输煤炭为15.4亿吨，而公路运煤为2.2亿吨，占煤炭发送的12.5%。不过，2011年山西省公路运煤已占到煤炭发送的20%，这说明随着煤炭产销量的增长，铁路运力饱和的状态下，公路运输在补充铁路运力方面发挥不可缺少的作用。

（4）港口转运现状

我国煤炭产地和使用地的逆向分布，煤炭消费占到我国一次性能源消费的70.45%（2010年），加上煤炭需要经过长距离运输才能到达使用地，煤炭的运输、储存装卸能力直接关系煤炭供需的平稳和煤炭流通的成本。随着港口建设的发展，我国形成了以环渤海沿线港口为中心的煤炭海上运输通道，加快了煤炭储存转运过程。

山西、内蒙古、陕西的煤炭主要通过北方的秦皇岛、天津、黄骅港下水，其中山西和内蒙古的煤炭主要通过天津港和秦皇岛港下水，陕西的煤炭主要通过天津港和黄骅港下水。另外，山东的煤炭主要通过日照港下水转运。2011年我国北方主要港口累计发运煤炭6.53亿吨，其中"北方七港"合计发运煤炭5.8亿吨，占总量的88.80%。

秦皇岛港是我国煤炭运输的主枢纽港，如表10-1所示，2011年发运煤炭达到25 130万吨，创历史新高，较2010年增长3138万吨。港口设计年通过能力为2.23亿吨，其中煤炭设计年通过能力为1.93亿吨。下水煤炭、出口煤炭均占全国沿海港口下水总量的40%以上，是我国北煤南运的主要中转站。黄骅港、天

---

① 资料来源：中国煤电网。

津港，作为仅次于秦皇岛的煤炭运输港口，2011 年发运煤炭分别达到 9608 万吨和 8411 万吨，煤炭运量均创历史新高，分别较上一年增长 704 万吨和 1962 万吨，在北煤南运和保障沿海地区能源需求中发挥了重要作用。2011 年，其他港口，如京唐港完成煤炭吞吐量 6822 万吨，日照港量完成 1328 万吨，连云港完成 590 万吨。

表 10-1　"北方七港" 煤炭发运情况表

港口	港口通过能力/万吨	2007 年发运量/万吨	2008 年发运量/万吨	2009 年发运量/万吨	2010 年发运量/万吨	2011 年发运量/万吨
秦皇岛港	19 300	20 975.1	21 800	20 085	21 992	25 130
黄骅港	9 350	8 170	7 803	7 847	8 904	9 608
天津港	9 550	7 621.1	8 060	5 355	6 449	8 411
京唐港	8 000	1 426.5	3 938	4 846	5 293	6 822
青岛港	3 800	1 093.2	1 303	1 144	1 090	994
日照港	4 500	1 442.5	1 632	1 158	1 163	1 328
连云港	3 185	794.9	815	712	624	590

资料来源：《2008~2009 中国港口发展报告》，中国产业竞争情报网

此外，还有煤炭管道运输，主要是指通过管道输送水煤浆。煤炭的管道运输具有投资少、建设周期短、营运费低、全密闭输送、不污染环境的优点。我国已经有一条煤炭运输管道投入运营，即 1997 年投入使用的山西娄烦尖山煤矿—太（原）钢管道。

3. 煤炭交易市场

伴随煤炭价格机制改革的发展，截至 2011 年年底，我国建成了中国（太原）煤炭交易中心、秦皇岛海运煤炭交易中心等近 20 个煤炭交易中心（市场），煤炭交易市场覆盖到全国 16 个地区，我国煤炭交易正不断向市场化转变，见表 10-2。

表 10-2　我国目前煤炭交易中心（市场）

成立年份	煤炭交易中心（市场）名称	累计个数
2001	上海煤炭交易网	1
2005	沈阳煤炭交易中心（东北煤炭市场网）	2
2006	广州华南煤炭交易中心	3
2007	中国（太原）煤炭交易中心，秦皇岛海运煤炭交易中心	5
2008	西南煤炭交易中心	6

成立年份	煤炭交易中心（市场）名称	累计个数
2009	新疆煤炭交易中心，内蒙古煤炭交易中心，内蒙古包头市东兴煤炭交易市场，浙江煤炭交易中心，天津天保大宗煤炭交易市场	11
2010	陕西煤炭交易中心，东北亚煤炭交易中心，华中煤炭交易市场	14
2011	鲁中煤炭交易中心，北方（内蒙古）煤炭电子交易中心，宁波（进口）煤炭交易中心，江西省煤炭交易中心，西部（重庆万盛）煤炭交易中心，南方煤炭交易中心	20

10.1.2　煤炭中间流通环节存在的问题

由于我国煤炭主要产地和煤炭资源使用地之间的逆向分布，且产地集中在西、北部而使用地主要为东、南部，煤炭产销两地相距较远，煤炭中间流通环节具有复杂性和多样性。目前煤炭中间流通环节存在的问题主要表现为：流通成本过高，运力不足，中间物流不畅，中间流通信息不对称，煤炭运输时损耗和污染问题严重等。

1. 煤炭中间流通成本高，拥堵成本尤为严重

煤炭产地和煤炭使用地的背离，造成煤炭运输成为限制煤炭供给的刚性因素。一方面，铁路运力有限，从而导致煤炭供给的有限。另一方面，铁路高度垄断，而且不是市场化的经营主体，因此垄断导致供给水平较低，并形成垄断租金，而非市场化的经营取向则导致这种垄断租金成为个别人的寻租对象，这将直接转嫁到煤价上。此外，各类铁路、公路、港口收费名目繁多，将进一步增加流通成本。平仓价与坑口价的这一差价基本上体现了从坑口到港口的物流成本，这一成本包括税收、运输费用、仓储费用以及可能存在的各种灰色或不合法的费用（徐卫等，2011）。

煤炭中间流通环节最为突出的问题是不合理的费用占据了煤炭中间流通环节的大部分，相关分析显示1999～2009年，煤炭出矿价与秦皇岛价之间的价差不断扩大。价差包括煤炭运输所有的中间成本，该价差与正常所需运输成本之差可称为拥堵成本。2008年，煤炭出矿价与秦皇岛价价差达301元/吨，拥堵造成的各种交易成本达到近159元/吨，占该价差的近50%，即实际发生的煤炭运输成本中一半是交易成本。2009年，煤炭从生产地运到消费地电厂，运输和收费等中间环节的相关费用占到了煤价的30%～60%，而一些电厂则认为流通环节的不

合理收费占到了中间环节费用的 50% 左右。运力不足，加上比较大的电煤与市场煤之间的差价，使交易成本难以避免，不合理的煤炭运输成本导致更高的电力成本。

我国处于城市化工业化阶段，煤炭需求仍将大幅度增长，煤炭运输的拥堵成本可能会不断上升，这对电厂买煤和煤炭终端价格持续产生较大压力（林伯强，2011）。

2. 铁路运力不足，铁路运输提升能力有限

我国原煤生产高度集中，大约 2/3 的煤炭来自于产煤大省，仅山西和内蒙古的煤炭产量就占全国煤炭总供给的 40%，超过 60% 的煤炭需通过铁路运送到中国的其他用煤省份，但运力问题一直是电煤供应的瓶颈。我国大量的电煤存在北煤南运、西煤东运的问题，而铁路煤炭运输综合能力不足，难以满足流通运输需求。铁路运力不足与电煤物流管理滞后，电煤供应环节繁多，与煤炭物流相关的利益主体较多，缺乏相应的协作机制相关（叶春，2008）。

一方面当前的铁路运力有限，另一方面虽然国家重视对煤炭运输铁路线路的建设，但是铁路运力提升的能力有限。例如，作为煤炭外运的重要铁路干线大秦线最初设计运力为 1 亿吨，2004 年完成 2 亿吨扩能改造，2011 年实现了 4.4 亿吨的运煤量，是最初设计运力的 4.4 倍。由于大秦线路还需承担内蒙古、陕北煤炭外运的任务，而且运输能力已经超过极限，未来能够增加给晋煤的运力十分有限。

3. 煤炭中间物流不畅

煤炭供应链包括煤矿生产、出矿煤归集堆存、铁路运输、港口吞吐、海上运输等多个环节，且各环节的权属归于不同的主体，客观上加大了各环节之间协作的难度和管理的复杂性，阻碍了煤炭中间物流的畅通发展。

（1）煤炭生产企业自营物流效率较低

目前，多数煤炭企业采用的是生产经营一体化的自营物流，第三方物流服务的功能未能得到有效发挥。尽管自营物流模式具有先天优势，如可以有效控制物流过程，但对于物流节点多、物流路线长、作业场所变动频繁的煤炭物流作业而言，自营物流需要企业建立庞大物流网络。而就目前状况而言，绝大多数煤炭生产企业并不具备这种实力，与高效率、低成本、专业化的第三方物流相比，煤炭生产企业的物流服务软硬件、信息获取与运用能力、物流运作的专业化水平等都有待提高。尽管一些煤炭生产企业用于物流方面的投入较大，但实际效果并不尽如人意（于妍，2010）。

(2) 煤炭物流企业服务功能单一

我国大多数煤炭物流企业只能提供单项或分段物流服务，物流功能主要停留在运输、铁路计划落实、储存、装卸等传统低层次业务内，相关的加工、配货等增值服务不多，不能形成完整的物流供应链。此外，在信息技术迅猛发展的今天，仍有许多煤炭物流企业采用传统的信息传递和控制方法，无法提供国际盛行的物流监测、订货管理、存货管理等服务，工作效率和服务水平难以适应客户的需要，也很难达到现代物流高效、快捷、准确的要求（李润灏，2011）。

煤炭物流市场较为混乱。一方面，我国煤炭市场混杂，中介机构过多，使煤炭价格层层加码，从而加大了交易成本；另一方面，煤炭质量优劣混杂，良莠不齐，致使煤炭市场秩序混乱，也在一定程度上影响了煤炭物流市场的顺利发展。

4. 煤炭中间流通信息不对称

煤炭产运销信息不对称也是不可忽视的一个重要问题。我国电煤供应围绕供需平衡点长期宽幅震荡，大起大落，供需一直不协调，信息不对称也是主要原因之一。

(1) 煤炭交易平台的建设有待提升

近些年，我国陆续建立了不少区域性煤炭交易中心（市场），截止到2011年年底，在全国16个省市建立了20个煤炭交易中心（市场），这些市场的建立弥补了煤炭交易市场的空白，为煤炭交易的顺利进行提供了必要的平台。

随着煤炭市场逐渐向市场化方向的改革，近三年区域性的煤炭交易中心（市场）建立的速度更快，但是只有部分交易中心（市场）发挥了应有的作用，而更多新成立的煤炭交易中心（市场）在制度安排、管理方法、人员配套、硬件设施等方面还存在许多不足，煤炭交易中心在煤炭交易过程中发挥的作用也是极为有限。

例如，首个以国字号命名的煤炭交易中心——中国（太原）煤炭交易中心成立初衷，是要建立基于现代化交易平台之上的纯市场化交易模式，同时设立与传统订货会、洽谈交易相结合的各种交易模式和场所，实现传统交易与现代交易模式的平滑过渡和衔接，最终实现煤炭现代化交易。但据相关报道，由于交易中心交易主体的局限性，加上山西煤炭铁路和公路运销体制中存在的诸多问题①，

---

① 详情见2012年7月21日的中国经营报。

中国（太原）煤炭交易中心成立 5 年来，并没有发挥其市场平台的作用。一直以来，中国（太原）煤炭交易中心在山西的煤炭企业客户数只有 10 户左右。10 来家有特权的大国企在交易中心"交易"，成千上万家煤炭企业和煤炭经销企业只能躲在"大佬"的龙袍下暗中参与交易。

（2）煤炭流通信息系统建设滞后

煤炭物流企业技术水平普遍较低，很多企业虽然配备了电脑和网络，但物流信息系统建设滞后或建而不用，在库存管理、流通加工、物流信息服务、物流成本控制、物流方案设计和全程物流服务等高层次的物流服务方面基本还没有展开，无法实现装卸、搬运、换装、承接等物流信息的即时传递与处理（李润瀚，2011）。

5. 煤炭运输时损耗和污染问题严重

我国大多数煤炭企业目前仍采用高污染、高损耗、低效率的传统物流运营方式，使煤炭在运输、中转和送配过程中产生严重的环境污染、资源浪费和煤质下降等问题，不仅影响着生产、运输及消费环节企业的经济效益，而且对社会资源和自然环境也产生严重的影响。以煤炭铁路运输为例，煤炭运输列车在高速行驶中产生的气流，不仅会造成煤炭损耗、煤尘飞扬污染沿线周边环境，而且运煤列车与客运列车在运行交会时，气流吹起的煤块还有可能造成旅客损伤事故的发生（李润瀚，2011）。煤炭的长期储存也会对地表和地下水产生污染等危害。

10.1.3　小结

煤炭中间流通环节存在的上述问题相互之间并非是孤立的，具有一定的关联性，如图 10-2 所示。

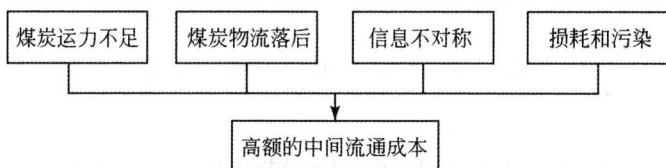

图 10-2　煤炭高额中间流通成本成因

如图 10-2 所示，煤炭流通成本过高是煤炭中间流通环节存在问题的集中表现，铁路运力不足、落后的煤炭物流、滞后的煤炭流通信息系统以及煤炭运输的耗损和污染等问题是造成高额煤炭流通成本的原因，而煤炭中间流通环节成本过高直接影响到煤炭终端价格的上涨，激化煤电矛盾。

所以，分析影响煤炭中间环节成本变化的因素对于理解煤炭终端价格的变化具有很强的现实意义，同时能为制定煤炭终端价格的规制提供了参考依据。

10.2　电煤中间流通环节存在问题的案例分析

本节通过对大同动力煤（5500 大卡）中间流通环节进行分析，认为电煤中间流通环节涉及的利益主体在利益分配上并不均衡，这种不均衡体现为电煤中间流通环节的价格指标上，同时它也影响着电煤最终价格的形成，牵连电厂煤炭使用价格的波动。我们通过分析影响电煤使用价格波动的因素，发现在煤炭中间流通环节中存在对煤炭价格调整的空间和可行性，但这些调整需要打破当前煤炭中间流通环节利益主体的现有格局。

10.2.1　大同动力煤（5500 大卡）中间流通环节价格分析

1. 煤炭中间环节费用构成及其利益归属

（1）煤炭中间环节费用构成及其利益归属概况

煤电纵向产业链，主要包括煤炭生产、运输、储存、发电、输电、配电、售电等环节，而煤炭中间运输和储存环节占到了煤炭最终使用价格的四成，这部分价格的变动对电煤价格的影响是直接的，进而也会对电价产生间接的影响。所以，分析煤炭中间环节利益的分配以及中间环节费用的构成对理顺煤电价格的矛盾会有直接的帮助。

下文将从煤炭流通环节的各个指标入手，对煤炭流通环节进行分析。煤炭中间流通环节主要涉及以下几个价格指标：坑口价、车板价、港口平仓价、电厂采购价四个价格。下面，我们通过表 10-3 来列出电煤流通环节价格构成以及相关的利益主体。

表 10-3　煤炭中间流通环节价格构成及利益归属主体

项目\价格	价格组成	
	成本费用构成	中间利润、税费归属主体
坑口价（不含税）	煤炭企业生产成本及利润+三项基金+资源税等	煤炭生产企业、政府
坑口价（含税）	坑口价（不含税）+增值税等	煤炭生产企业、政府

续表

项目 价格	价格组成		中间利润、税费归属主体
	成本费用构成		
车板价	坑口价（含税）+汽车运费+站台费+铁路计划费等		运输公司、铁路部门
平仓价	车板价+铁路运费+港杂费+平仓费等		港口经营单位、铁路部门
电厂采购价	港口平仓价+海运运费+保险费等		海运公司、保险公司

当然，除表 10-3 所示的利益主体之外，煤炭流通环节还有煤炭贸易商的利润部分。

（2）煤炭中间环节价格构成

本节以山西大同动力煤（5500 大卡）为例，分析了从产地大同南郊经铁路运输到秦皇岛港口，再经港口吞吐通过海上运输到达上海华能石洞口第二电厂的整个过程各个环节的价格数据。数据取 2009 年 7 月到 2012 年 5 月的月度数据，其中含税与不含税的坑口价、车板价的数据取每个月最后一周周一的数据，而港口平仓价、电厂采购价取同期数据或者临近日期数据，但误差不会超过 5 天。进而，通过分析各个环节价格之间的关系来说明煤炭流通环节价格变化趋势和流通环节价格对煤炭价格的影响，见表 10-4。

表 10-4　大同动力煤（5500 大卡）流通环节价格　　单位：元/吨

时间 价格	坑口价	含税坑口价	车板价	平仓价	电厂采购价
2009.7.27	370	430	465	565	575
2009.8.31	370	430	470	575	605
2009.9.28	380	440	495	602.5	645
2009.10.26	390	453	510	630	645
2009.11.30	415	475	540	690	730
2009.12.28	440	510	595	780	785
2010.1.25	455	525	615	805	850
2010.2.22	462	535	615	725	755
2010.3.29	440	510	575	680	715
2010.4.26	455	525	580	705	745
2010.5.31	470	545	605	760	815

时间＼价格	坑口价	含税坑口价	车板价	平仓价	电厂采购价
2010. 6. 28	465	540	600	755	785
2010. 7. 26	455	530	590	745	770
2010. 8. 30	450	525	580	720	735
2010. 9. 27	450	525	580	715	745
2010. 10. 25	470	545	600	740	800
2010. 11. 29	490	570	625	805	840
2010. 12. 27	490	570	625	785	825
2011. 1. 31	500	580	635	780	825
2011. 2. 28	500	585	645	775	800
2011. 3. 28	505	585	645	770	805
2011. 4. 25	515	595	665	795	870
2011. 5. 30	530	615	685	835	900
2011. 6. 27	525	610	680	845	895
2011. 7. 25	530	615	685	835	880
2011. 8. 29	540	625	685	825	870
2011. 9. 26	545	635	695	835	880
2011. 10. 31	545	635	700	855	900
2011. 11. 28	535	620	685	845	890
2011. 12. 26	530	615	685	815	850
2012. 1. 30	530	615	685	785	830
2012. 2. 27	525	610	680	770	810
2012. 3. 26	530	615	685	775	820
2012. 4. 23	530	615	685	790	830
2012. 5. 18	530	615	685	780	830

资料来源：Wind

(3) 煤炭中间流通各个环节占比存在差异

通过表 10-4 数据统计，我们整理出大同动力煤（5500 大卡）各个流通环节价格占采购价格比例，如图 10-3 所示。

如图 10-3 所示，煤炭不含税坑口价占到煤炭采购价的 60% 左右，而其他环

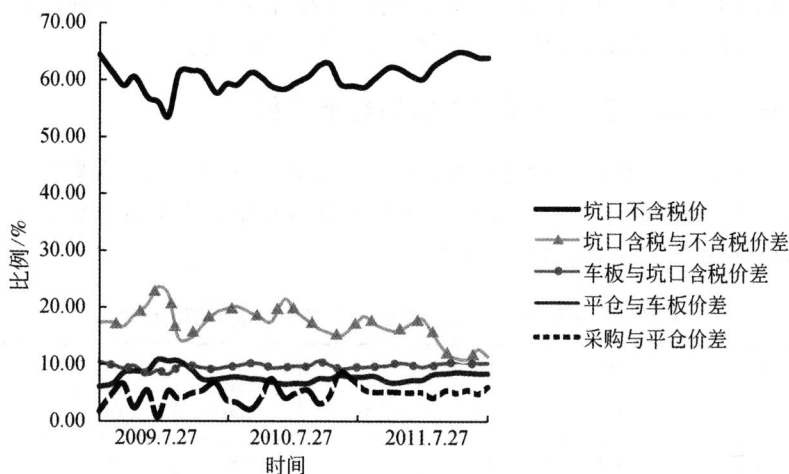

图 10-3　大同动力煤（5500 大卡）各个流通环节价差占采购价格比率

节价差所占煤炭采购价格的比率相对低得多，总和估计在 40% 左右，而且各自所占比率差异也较大。通过将各个月份数据进行平均求值可以得到图 10-4 的结果。

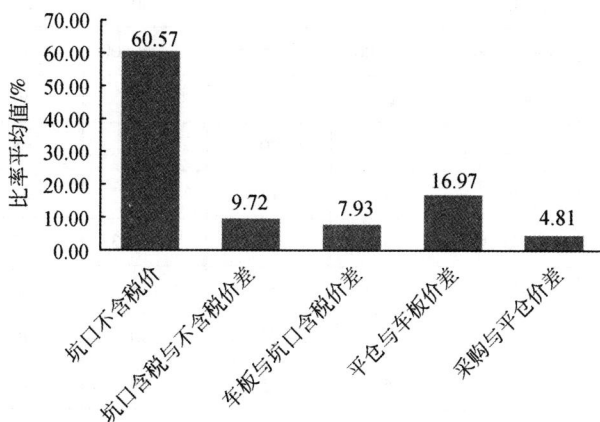

图 10-4　大同动力煤（5500 大卡）各个流通环节价差占采购价格比率均值

比率均值为 2009 年 7 月到 2012 年 5 月月度比率数据的平均值

根据图 10-4，可以将坑口含税和不含税价差占电厂采购价比率值 9.72% 表示政府在煤炭中间流通环节所占的利益份额，而 7.93% 和 16.97% 合计比率24.90% 表示铁路部门、港口经营单位在煤炭中间流通环节所占的利益比率，4.81% 表示海运公司在煤炭中间流通环节中所占的利益比率。可见，政府机构、铁路运输部门、港口经营单位、海运公司各自在煤炭中间环节中利益占有不平衡，铁路、政府所占的利益比港口经营单位、海运公司要大。

2. 煤炭中间环节对电煤采购价的影响分析

为分析中间环节价格变动对电煤终端价格变化的影响，我们选取大同动力煤（5500 大卡）从 2009 年 7 月到 2012 年 5 月价格变化中 3 个上升趋势和 1 个下降趋势的对比数据进行分析，见表 10-5。

表 10-5　大同动力煤（5500 大卡）各个流通环节的价差

价格指标	P1	D1	D2	D3	D4	P5
2009.7.27	370	60	35	100	10	575
2010.1.25	455	70	90	190	45	850
价格变化	85	10	55	90	35	275
所占比例/%	30.91	3.64	20.00	32.73	12.73	100.00
2010.3.29	440	70	65	105	35	715
2010.5.31	470	75	60	155	55	815
价格变化	30	5	−5	50	20	100
所占比例/%	30.00	5.00	−5.00	50.00	20.00	100.00
2010.12.27	490	80	55	160	40	825
2011.5.30	530	85	70	150	65	900
价格变化	40	5	15	−10	25	75
所占比例/%	53.33	6.67	20.00	−13.33	33.33	100.00
2011.10.31	545	90	65	155	45	900
2012.2.27	525	85	70	90	40	810
价格变化	−20	−5	5	−65	−5	−90
所占比例/%	22.22	5.56	−5.56	72.22	5.56	100.00

注：P1 为不含税坑口价，P5 为电厂采购价，D1，D2，D3，D4 分别为坑口价（含税）与坑口价（不含税）的差、车板价与坑口含税价差、平仓价与车板价差、电厂采购价与平仓价差。它们之间的关系可以表示为 P5 = P1+D1+D2+D3+D4

资料来源：Wind

通过分析电煤终端价格在每次上升或者下降过程中中间环节各个价格的变化幅度来说明各个价格对煤炭终端价格变化的贡献程度，进而分析得出引起煤炭终端价格变化的相关价格因素，据表 10-5 中的数据可以做出以下判断。

（1）港口平仓价的变动对电厂采购价的变动具有决定性影响

2009 年 7 月到 2010 年 1 月，电厂采购价上涨了 275 元，其中从车板价到港口平仓价的中间环节上涨了 90 元，占电厂采购价上涨额度的 32.73%。2010 年 3 月到 2011 年 5 月，电厂采购价上涨了 100 元，其中这一环节上涨了 50 元，占电厂采购价上涨额度的 50.00%。而 2011 年 10 月到 2012 年 2 月，电厂采购价下降了 90 元，而这一环节价格下降了 65 元，占到煤炭价格下降的 72.22%。可见，平仓价格的变动为电厂采购价变动的主要原因，从车站装车后到港口平仓这一过程价格费用的变化对电厂采购价的上涨和下降起到了决定性作用。

（2）坑口价对电厂采购价的影响是基础性的

2009 年 7 月到 2010 年 1 月，电厂采购价上涨了 275 元，其中坑口价上涨了 85 元，占电厂采购价上涨额度的 30.91%。2010 年 12 月到 2011 年 5 月，电厂采购价上涨了 75 元，其中坑口价上涨了 40 元，占电厂采购价上涨额度的 53.33%。而 2011 年 10 月到 2012 年 2 月，电厂采购价下降了 90 元，而坑口价下降了 20 元，占到煤炭价格下降的 22.22%。这说明坑口价格的变动成为了电厂采购价变动的原因之一，坑口价的变动对电厂采购价格的变动的影响程度平均达到 35.40%。

（3）海运价对电厂采购价变化影响程度相对较小

同期海运价格的变动对电厂采购价变动的贡献程度的平均值为 17.90%，但是波动比较大，最大时也会达到 33.33%，但是最小时只有 5.56%。这表明，海运价格变动也是电厂采购价格变动的原因之一。

（4）电煤中间环节价格变化对电厂采购价波动的影响

上述分析表明，煤炭坑口价格的变动对电厂用煤价的影响是基础的，而煤炭中间流通环节的港口平仓价的变动决定了电厂煤炭采购价的变动。

由表 10-6 可以看出，在煤炭整个流通过程中，中间环节费用变化占电厂采购价格变化的比例远高于坑口含税价格变化所占的比例。因此，电厂采购价格的变化主要还是由煤炭中间环节费用的变化引起的。

表 10-6 电厂采购价、中间环节费用及坑口价变动

时期	电厂采购价变动/元	中间环节费用变动		坑口含税价变动	
		数额/元	占比/%	数额/元	占比/%
2009.7~2010.1	+275	180	65.45	95	34.55
2010.3~2010.5	+100	65	65.00	35	35.00
2010.12~2011.5	+75	30	40.00	45	60.00
2011.10~2012.2	-90	-65	72.22	-25	27.78

资料来源：Wind

10.2.2 分析结论与政策启示

对大同动力煤流通环节的分析认为，一方面煤炭中间流通环节各个利益主体所享有的利益是不均衡的，既然有利益不均衡的存在，那么就具有利益再分配的内在动力。另一方面，煤炭港口平仓价对电厂采购价的变动起决定作用，而电厂采购价格对港口平仓价的变化最为敏感，决定煤炭港口平仓价的因素集中在从产地到港口离岸这个过程中的流通成本费用，要让煤炭价格降下来，就需要想办法减少此过程中的成本费用。

1. 主要结论

（1）煤炭中间流通环节利益分配不均

政府机关、铁路运输部门、港口经营单位、海运公司各自在煤炭中间环节中利益占有不平衡，铁路和政府所占的利益比港口经营单位、海运公司要大。

我们以 2012 年 5 月 18 日的数据为例，政府在煤炭生产流通环节的税费占到煤炭终端价格的 24.93%[①]。铁路运输运费（86 元/吨）约占到煤炭终端价格（830 元/吨）的 10%，但是与铁路运输相关的其他合理与不合理收费等隐性成本（约 59 元/吨）又占到煤炭终端价格的 7%，如此占煤炭终端价格的 17% 的部分由铁路部门控制。煤炭生产流通中政府机关和铁路运输部门控制了煤炭价格的 38.85%，所以说政府机关和铁路运输部门占有煤炭生产中间流通环节的大部分利益。而对于港口经营单位而言，港杂费（包干费）按照 20 元/吨计算，占煤炭终端价格的 2.5%。海运公司运输煤炭的运费 32 元/吨，占煤炭终端价格的

---

① 该比率是以山西煤炭"三项基金"、煤炭价格调节基金、矿产资源补偿费、增值税、资源税、地方政府基金和收费等合计数与 2012 年 5 月 18 日电厂采购价之比估算的比率。

3.5%，但煤炭终端价格和港口平仓价差为 50 元/吨，仅占煤炭终端价格的 6%。

（2）煤炭流通的拥堵成本居高不下

通过对大同动力煤（5500 大卡）流通环节的价格分析，我们发现 2009 年 7 月到 2012 年 2 月煤炭中间环节价格占煤炭终端价格的 40%，在一定程度上佐证了煤炭中间流通成本的确很高的观点。

煤炭中间所有流通成本可以用煤炭电厂采购价与含税坑口价的差额来度量（图 10-5）。假如我们将煤炭中间流通环节的铁路运费、港杂费、海运费作为煤炭流通环节需要的正常运费，而将其他费用视为煤炭流通环节中的交易费（当然也包括部分税费），可视为煤炭中间流通的拥堵成本。

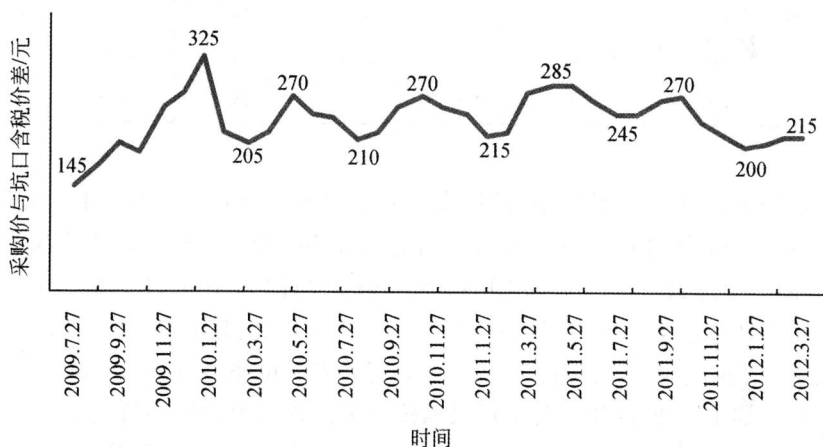

图 10-5　煤炭电厂采购价与坑口含税价差
资料来源：Wind

如图 10-5 所示，从 2009 年 7 月到 2012 年 5 月，煤炭电厂采购价与坑口价差波动变化较大。为了分析煤炭中间环节拥堵成本的大小，我们选取期间 10 个月份的数据来估算煤炭中间流通环节的拥堵成本所占比例，见表 10-7。

表 10-7　煤炭中间流通成本费用分析表

项目 时间	铁路运费、港杂费、海运费合计/元		其他费用/元		采购价与坑口含税价差/元	其他费用与流通成本的比率/%	
	低值	高值	低值	高值		低值	高值
2009.7.27	132	139	6	13	145	4.14	8.97

续表

项目 时间	铁路运费、港杂费、 海运费合计/元		其他费用/元		采购价与坑口 含税价差/元	其他费用与流通 成本的比率/%	
	低值	高值	低值	高值		低值	高值
2010.1.25	163	170	155	162	325	47.69	49.85
2010.5.31	161	168	102	109	270	37.78	40.37
2010.11.29	166	173	97	104	270	35.93	38.52
2011.2.28	138	145	70	77	215	32.56	35.81
2011.5.30	154	161	124	131	285	43.51	45.96
2011.8.29	146	153	92	99	245	37.55	40.41
2011.11.28	132	139	131	138	270	48.52	51.11
2012.2.27	135.6	142.6	57.4	64.4	200	28.70	32.20
2012.5.18	130.5	137.5	77.5	84.5	215	36.05	39.30

资料来源：Wind

以 2012 年 5 月 18 日的数据为例，煤炭坑口含税价为 615 元/吨，电厂采购价为 830 元/吨，差价为 215 元/吨。如果铁路运费为 86～88 元/吨，港杂费为 15～20 元/吨，海运费为 29.5 元/吨，中间的运费、杂费合计为 130.5～137.5 元/吨。那么除去中间必要的运费、杂费之外还有 77.5～84.5 元/吨的其他费用，这部分可视为煤炭流通中的拥堵成本，它占整个煤炭中间流通成本的 36.05%～39.30%。

当然，如果以 2009 年 7 月电厂采购价与坑口含税价的最小价差 145 元/吨为例，除去中间必要的运费、杂费之外还有 6～13 元/吨，占整个煤炭中间流通成本的 4.14%～8.97%。若以 2010 年 1 月电厂采购价与坑口含税价的最大价差 325 元/吨为例，这一比率达到 47.69%～49.85%。如果除去中间流通成本费用分析表中最小和最大的数据，可以得出煤炭流通的拥堵成本占整个煤炭中间流通成本的 37.47%～40.30%。

结合上述以及图 10-6 可以得出，当煤炭电厂采购价格与煤炭含税坑口价差越大时，煤炭流通的拥堵成本所占中间流通成本的比重更大；反之，在两者价差较小时，拥堵成本所占的比重会变小。

2. 政策启示

总体而言，煤炭流通成本过高是一个不争的事实。煤炭中间流通环节成本费用占到煤炭终端使用价格的 40%；并且不合理的中间流通费用约占到煤炭中间流通费用的 40%。如果能够降低煤炭中间流通过程的成本费用，尤其是不合理

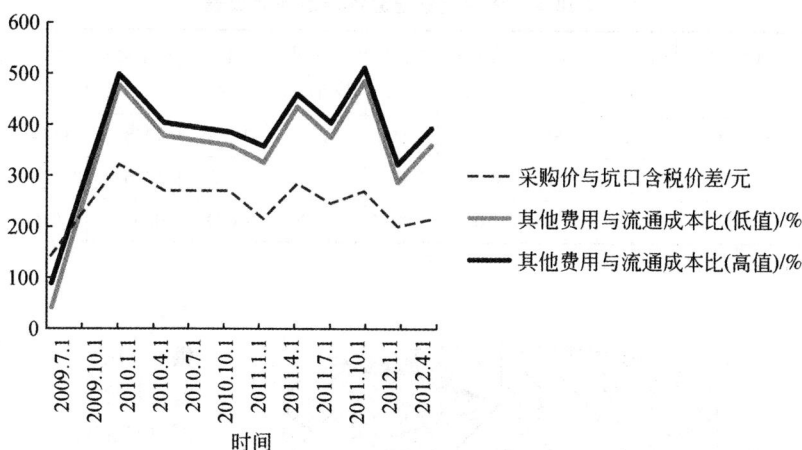

图 10-6　其他费用占中间流通成本比率图

注：为便于比较，该图中比率数据等于原始求得比率乘以 1000

的费用，能够使煤炭终端价格和港口平仓价都下调。而政府和铁路运输部门控制煤炭运输环节的大部分利益，由于铁路运输是国家垄断的，那么煤炭中间流通环节的大部分利益还是控制在政府的手中。这样，按照政策要求将环渤海 5500 大卡动力煤平仓价限制在 800 元/吨以内具有了可行性和可能性。

（1）煤炭中间运输环节具有调整的空间

我国铁路货物运输运费包括：发到运行基价，运行基价，电气化附加费，铁路建设基金，新路新价均摊运费。[①] 以 2012 年 6 月 7 日大同煤炭发送到秦皇岛为例，山西大同（5500 大卡）动力煤车板价为 685 元/吨，秦皇岛港 5500 大卡动力煤平仓价为 755～765 元/吨（环渤海地区港口平仓的发热量 5500 大卡市场动力煤综合平均价格报收 768 元/吨），铁路运费为 86.39 元/吨。

从表 10-8 和图 10-7 所示的大同到秦皇岛煤炭运输价格组成来看，除去各项费用之外，煤炭运输价格中的 34% 可视为铁路部门其他营运的成本以及利润说明，铁路运输费用存在调整的空间。

---

① 根据铁道部规定，煤炭焦炭按 5 号运价执行，其发到基价为 7.9 元，运行基价为 0.036 元，电气化附加费为吨公里 0.012 元，铁路建设基金整车方式为吨公里 0.033 元，新路新价均摊运费整车方式为吨公里 0.011 元。如果车行路段是电气化铁路并且是新铁路则运费用最高，计算公式为铁路运输每吨运费 =7.9+（0.036+0.012+0.033+0.011）×运价里程。

表 10-8　大同到秦皇岛铁路运费计算表

价格构成	运输里程/千米	标准重量/吨	运费/元	印花税/元	电化费/元	铁建设基价/元	大同运费/元	京秦运费/元	其他/元	运价合计/元
全程	644	60	576	2	169	1275.1	358.4	1058.9	1744	5183.4
每吨	—	—	9.600	0.033	2.817	21.252	5.973	17.648	29.067	86.390
每千米·吨	—	—	0.0149	0.0001	0.0044	0.0330	0.0093	0.0274	0.0451	0.1341

资料来源：山西煤炭销售网

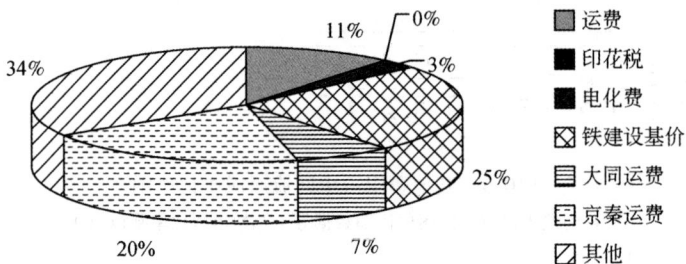

图 10-7　大同到秦皇岛铁路运价组成比例
资料来源：山西煤炭销售网

(2) 在煤炭中间流通环节政府税费也有调整的可能性

从目前来看煤炭价格中包括的基金、税费主要有：煤炭可持续发展基金等"三项基金"、矿山资源补偿费、价格调节基金、增值税、资源税和地方政府基金和收费等①，见表 10-9。

表 10-9　山西煤炭生产销售相关的基金、税费概览

税费项目	征收标准
煤炭价格调节基金	每吨 20 元
矿产资源补偿费	销售收入的 1%
三项基金	
1. 可持续发展基金	每吨 23 元
2. 矿山生态环境恢复保证金	每吨 10 元
3. 煤矿转产发展基金	每吨 5 元
增值税	销售收入的 17%
资源税	每吨 0.3 ~ 5 元

①　依据国家发展和改革委员会 2011 年年底煤电价格调控政策，省级以下地方人民政府自行设立的附加在煤炭上征收的所有基金和收费项目，必须在 2011 年 12 月 31 日前自行取消。

除表 10-9 列的基金、税费外，与煤炭生产销售相关的还有所得税、教育费附加、城建税、印花税、城镇土地使用税、耕地占用税等。

以山西省为例，表 10-9 所示的基金和税费占煤炭最终使用价格 24.93%①，这样看来，规范针对煤炭提取和征收的基金、税费有利于煤炭合理价格的形成。

(3) 降低煤炭流通的拥堵成本的体制机制有待完善

从上述的分析我们可以粗略估计目前煤炭流通环节的"拥堵成本"占煤炭中间流通成本的 40%，这部分成本煤炭终端价格的影响很大，重要的是只要与规范煤炭流通相关的体制和机制足够健全，那么这部分交易成本是能够得到控制的。

10.3　解决煤炭中间流通环节问题的政策建议

本节通过对煤炭中间环节存在问题的定性分析，并列举山西大同动力煤 (5500 大卡) 实例进行分析认为，在现行的煤炭流通模式下，煤炭中间流通环节目前存在的问题集中表现为流通成本过高，尤其是煤炭中间流通的"拥堵成本"居高不下。一方面，从短期来看，抑制煤炭价格的上涨就要想办法降低煤炭中间流通过程的成本费用，尤其是不合理的成本费用。另一方面，考虑到目前煤炭流通模式在短期内难以改变，加之煤炭流通的环节较为复杂，从长远发展角度我们应从煤炭产业布局角度考虑，逐渐将以煤炭运输为主的能源运输体系向以输电代替输煤的能源运输体系转变。研究表明以输电替代输煤的能源运输体系将具有更高的经济效益和社会效益。

10.3.1　构建能源综合运输体系

能源运输体系是目前中国经济体系中的一个薄弱环节，当前以输煤为主的能源运输体系并非最优方案。传统的能源运输体系包括铁路、公路和海运，已经不能满足日益增长的能源运输要求，而且在传统的能源运输体系下由于煤炭运力短缺形成的交易成本（即"拥堵成本"）为秦皇岛价与坑口价差的 70%（2008年），交易成本极高。同时，历史数据说明在铁路运力不足的情况下，各种交易

---

① 该比率是以山西煤炭"三项基金"、煤炭价格调节基金、矿产资源补偿费、增值税、资源税等合计数与 2012 年 5 月 18 日电厂采购价之比估算的比率。

成本就会产生并附加在运费之上，运力越紧张，交易成本越大。

解决或减少"拥堵成本"，除了加快建设铁路运力外，还可以通过增强电网传输这一清洁又经济的能源输送方式来分担铁路压力。在合理范围内逐步提高输电比重有利于降低能源运输体系的社会总成本。同时，对比铁路运输投资成本与电网运输投资成本的变化趋势，研究发现前者投资成本呈现递增的趋势，而后者几乎不变。未来铁路单位输送能力投资成本上升的速度将高于电网投资成本上升的速度，铁路建设投资成本的大幅提升会导致铁路运输成本的快速增加。所以，构建包含输电网络在内的现代能源综合运输体系成为当务之急。只有缓解了能源输送压力，降低煤炭中间运输环节的成本，才能真正有效地抑制煤炭价格上涨。

除此之外，中国地域辽阔，能源资源与需求逆向分布，能源综合运输体系除了承担基本能源输送功能之外，还可肩负能源和环境资源优化配置的功能。

1. 构建能源综合运输体系的必要性

(1) 实现能源和环境资源的优化配置

有效的能源运输是满足能源需求，能源和环境资源优化配置，提高能源效率的问题。中国的大型水电基地多在西南，煤炭基地主要分布在山西、内蒙古。主要能源需求集中在东部和中部经济发达地区，估计东中部地区的电力需求约占全国需求总量的 3/4 左右。无论是输煤还是输电，能源和环境资源的优化配置是必须的问题，应该以哪一种方式来满足能源需求？如果能源运输不可避免，那么什么运输方式成本最低？如果环境污染不可避免，如何配置污染源使得整体污染成本最低？回答这些问题，应当考虑到能源的外部性成本，尤其是能源稀缺的因素造成的机会成本。

在一个国家社会发展过程中产生一定的污染在所难免，既然污染不可避免，我们所能做的就是如何通过对污染的配置将整体污染最小化，这需要对电力布局及其相应的环境污染转移问题有一个总体和客观的理解与把握。电力大发展是中国经济实现长期增长所必需的，以煤为主的电力污染也是不可避免的，在这个约束条件下，我们可选择的只能是如何分配污染使得污染对社会经济发展造成的损害最小。一方面，经济发达地区人口多、资源少、环境容量小，环境影响的经济损失大；另一方面，理论和实践都表明，与经济发达地区相比，不发达地区环境影响的经济损失小，而且在经济落后地区实施污染治理的边际成本更低。因此，在中西部地区进行电源建设具有更高的经济效率。考虑到电力布局的地区调整可能引起环境污染梯度转移和污染范围扩大，为了兼顾经济环境与社会公平，应该配套进行的是加强地区环境监管，地方政府在保证电力投资收入的同时保证必要的环保投资支持和实施生态补偿机制。

从环境影响的地区差异来看，电力受端地区环境影响的单位经济价值平均最高，送端次之，自给区最低。即污染排放的经济损失与人口密度、收入水平正相关，人口集中、高收入地区受环境污染的负面影响更大。上述三类污染物的单位排放经济损失合计后，全国平均水平在 0.299 ~ 0.516 元/1000 吨/人，受端各省份环境影响的经济价值平均水平在 0.442 ~ 0.761 元/1000 吨/人，送端各省区平均水平在 0.036 ~ 0.063 元/1000 吨/人范围内，自给区的平均水平为 0.005 ~ 0.031 元/1000 吨/人。各省区环境影响的单位经济差异提供了环境资源在全国范围内合理配置的可能和必要性。因此，在同样满足电力需求的前提下，通过合理规划电力布局，可以达到降低因全国电力排放造成经济损失的效果，通过送电可以使各地的边际环境成本趋同，从而实现环境整体成本最小化。

（2）交通运输系统可持续发展的需求

中国传统交通运输发展模式没有考虑运输业在能源和环境资源的优化配置和能源安全等方面功能，对交通运输的外部性也没有采取有效的处理对策。交通运输系统的发展是经济可持续发展的一个重要组成部分。传统的交通运输发展模式同传统的经济发展模式一样，具有与资源环境不相协调的缺点，因此，为适应经济可持续发展的需要，现代综合运输体系必须采取可持续发展战略，也就是要求改变传统交通运输发展模式的资源和环境特性。

基于可持续发展对交通运输的要求，建立新的大交通运输观，把电网纳入国家现代综合运输体系的统一框架，优化能源交通配置，保证能源供应安全、经济、环保，促进资源、环境和社会的可持续协调发展。以有限的交通资源，建立起一个与可持续发展相适应的、经济、安全、环保的现代综合运输体系。

2. 构建能源综合运输体系的整体评价

现代化对电力的要求使得电网成为能源运输体系的重要一环。相对于煤炭运输，电网输送能源同样具备资源优化配置的功能，不同于煤炭运输，电网还具有环境资源的优化配置功能。

（1）分析方法

目前我国远距离、大容量能源输送方式主要有运煤、输油、输气三种，而由于油气资源的稀缺，在我国燃油、燃气电厂数量不多，我们主要比较长距离输电方式与运煤方案的社会成本。其中运煤方案指将从火电基地通过铁路、公路和水路等传统交通工具将煤炭运输到负荷中心地区使用或发电的方式，长距离输电方案则是指建设坑口电厂或水电站发电，电能经过长距离输电线路输送到负荷中心消费的方式。下面将对综合能源运输体系中的各运输方式进行社会成本比较，并通过构建模糊多目标多指数模型计算加入电网输送方式后的中国综合能源大运输体系。

关于中国的能源运输问题的模糊多目标多指数运输模型包括两个问题：模糊多目标规划和多指数运输问题。其中多目标指兼顾最小化总的社会运输成本目标、最大化计划的满意度和投资与成本减少比。多指数指考虑火电、水电送端及东北、华北、华中、华东、华南等五个受端地区，同时还包括铁路、公路、水运和电网等不同的能源输送方式，共计 2×5×4＝40 个指标。模糊指在最大化计划满意度的测度中引入模糊指标时间成本及能源传输损耗，这两个指标共同决定计划的满意度。

模糊多目标多指数运输模型不拘泥与传统财务成本分析，在财务成本基础上计算出经济成本。并进一步引入外部成本的概念，试图从环境、人力资本等角度更加全面地考察各种不同的能源运输方式的成本。最终考虑送受端发电外部成本差异及输送中能源损耗因素，在经济成本和外部成本基础上得到各种输送方式的社会总成本。

（2）数据设定

能源送端分为火电送端和水电送端。其中火电送端包括山西、陕西、内蒙古、宁夏和新疆；水电送端包括重庆、四川和西藏。除了定义送受端外，根据能源流动现状和未来规划，定义了能源输送路线及距离，见表 10-10。

表 10-10　能源输送线路及距离

受端 送端	东北/千米	华北/千米	华中/千米	华东/千米	华南/千米
火电基地	1000	700	1000	1500	2500
水电基地	—	—	1000	1500	1500

1）各种运输方式下经济成本的比较

一是能源运输价格的比较。由于我国的铁路、公路和输电网络都不同程度地受到国家的管制，市场交易价格很难反映出社会资源配置的最优水平，也就无法反映各能源输送方式的真实费用，这就需要采用一种有别于市场交易价格的一种价格——影子价格，其中，影子价格＝财务价格×转换系数，见表 10-11。

表 10-11　影子价格转换系数表

输送方式	铁路	公路	水路
系数	1.3	1.08	1.1

资料来源：参照《建设项目经济评价方法与参数》（第三版）编制而成

引入影子价格概念后经济成本的计算公式如下：经济成本 = 财务成本 × 影子价格。我们采用的经济成本如下：铁路运输成本为 0.143 元/吨·千米；公路运输成本为 0.594 元/吨·千米；水路运输成本为 0.055 元/吨·千米。根据这里的经济成本，计算我国区域电网的输送成本，得到表 10-12。

表 10-12　电网输送成本　　　　　　　　单位：元/千瓦时

输送方式	东北	华北	华中	华东	华南
火电基地	0.113	0.086	0.113	0.124	0.158
水电基地	—	—	0.095	0.112	0.112

资料来源：《特高压电网规划》

将煤炭换算为电力，计算得到表 10-13。

表 10-13　各种能源输送方式的经济成本比较　　单位：元/千瓦时

输送方式	东北	华北	华中	华东	华南
电网（火电基地）	0.113	0.086	0.113	0.124	0.158
电网（水电基地）	—	—	0.095	0.112	0.112
铁路	0.073	0.051	0.073	0.110	0.183
铁路+水路	—	—	—	0.087	0.122
公路	0.304	0.213	0.304	0.456	0.760

由表 10-13 可以看出，不考虑其他成本及传输效率的情况下，采用铁路方式输煤到东北、华北、华中经济成本最低，采用铁水联运方式到华东和华南成本经济最低。采用公路方式的输送成本远远高出其他运输方式，只适合短距离运输，电网传输介于铁路、铁水联运和公路之间。

二是能源输送效率的比较。铁路、公路和铁水联运等输煤方式不计距离均为总量的 2%[1]，输电方式损耗采用每千米 0.003%。

---

[1]　资料来源：国家电网北京经济技术研究院 2007 年发布的《输煤输电综合比较研究》。

2）能源输送外部成本的比较

第一，传统运输方式下外部成本[①]。运输系统外部成本计算的基本思路是：首先找出各运输方式产生外部成本的客观原因（或物质媒介），然后分析各个因素与外部成本的关系，最后综合考虑各个因素得到总的外部成本。

基本数据来自《铁路对国民经济贡献的计算方法及社会效益评价办法研究》，研究中主要考虑了运输中燃料排放造成污染损失、噪声损失和事故伤害损失。并根据价格指数调整重新计算得到我国各种传统运输方式的单位运输成本（表 10-14）。

表 10-14　传统运输方式的外部成本　　单位：元/吨·千米

输送方式	铁路	公路	水路
外部成本	0.0459	0.694	0.0686

第二，电网传送的外部成本。主要考虑的外部成本包括：高压输电线路下电场的影响；高压输电线路下磁场的影响；高压输电线路可听噪声对环境的影响；输电线路造成的意外死亡损失。其中，高压输电线路下电场、磁场的影响可以忽略不计，而噪声的货币化成本为 1 千瓦时电能输送 1 千米的单位噪声成本约为：2×10^{-10} 元，输电线路造成的意外死亡损失成本约为 5×10^{-6} 元/千瓦时。

第三，送受端地区发电外部成本。发电成本的外部成本主要指发电污染损失，体现的是对可持续发展的贡献。由于我国各地区经济发展水平、人口密度及环境容量的差异，发电污染造成的经济损失也不同，这就形成了不同地区的发电厂外部经济性的差异（表 10-15）。

表 10-15　送受端发电外部成本　　单位：元/千瓦时

输送方式	火电送端	水电送端	受端				
			东北	华北	华东	华中	华南
外部成本	0.016	0.005	0.014	0.05	0.06	0.035	0.03

3）社会总成本的比较

根据对能源输送方式经济成本和外部成本的核算，将进行铁路输送能源、公路输送能源、铁路+海运输送能源和电网输送能源的社会总成本比较。各种能源输送方式下社会总成本计算公式见表 10-16。

---

① 本书所研究的综合运输业的外部成本指运输业与环境、人力资本相互作用产生的负外部性，包括环境污染和由于输送带来的事故。

表 10-16　能源输送方式下单位能源输送社会总成本计算公式

输送方式	每单位能源输送社会总成本
电网	（经济成本+外部成本）/（1-损耗）+送端发电外部成本
铁路	（经济成本+外部成本）/（1-损耗）+受端发电外部成本
公路	（经济成本+外部成本）/（1-损耗）+受端发电外部成本
铁路+海运	（经济成本+外部成本）/（1-损耗）+受端发电外部成本

据此比较各种能源输送方式的社会总成本，见表 10-17。

表 10-17　各种能源输送方式比较　　　　单位：元/千瓦时

输送方式	东北	华北	华中	华东	华南
电网（火电基地）	0.116	0.104	0.132	0.146	0.174
电网（水电基地）	—	—	0.103	0.112	0.112
铁路	0.113	0.12	0.134	0.209	0.278
铁路+水路	—	—	—	0.211	0.261
公路	0.688	0.477	0.709	1.02	1.71

3. 模型设定

1）目标函数设定

第一，最小化运输社会总支付为

$$\text{Min } Z_1 = \sum i \sum j \sum r\, C_{i,j,r}\, X_{i,j,r}$$

其中，$i=1$，2 分别表示火电送端和水电送端；$j=1$，2，3，4，5 分别表示东北、华北、华中、华东和华等五个受端地区；$r=1$，2，3，4 分别表示铁路、电力、公路和海运能源运输方式。$C_{i,j,r}$ 表示采用 r 方式从送端 i 到受端 j 的能量运输社会总成本，$X_{i,j,r}$ 表示采用 r 方式从送端 i 到受端 j 的能源运输量。

第二，最大化计划的满意度为

$$\text{Max } Z_2 = \mu(U) = \mu_t(E_E) + \mu_L(L)$$

其中，U 指一个规划方案，计划满意度包括两个部分：时间成本满意度 $\mu_t(E_E)$ 和传送能源效率满意度 $\mu_L(L)$。

第三，输电线路投资与运输成本节约比为

$$Z_3 = \frac{C}{I}$$

其中，要增加输电占整个能源输送的比例，需要建设长距离、大容量的输电线路，投资巨大，这就需要考虑投资 I 与系统年节省成本 C 之间的关系。

2）模型参数确定

第一，社会成本包括了能源输送中的经济成本、外部成本，以及送端和受端发电的外部成本，即能源运输体系对整个社会的全面影响。社会成本具体计算方法为

输电方式社会总成本 =（输电经济成本+输电外部成本）/（1−损耗比）+送端发电外部成本

输煤方式社会总成本 =（输煤经济成本+输煤外部成本）/（1−损耗比）+受端发电外部成本

其中，火力发电的外部成本估算来自世界银行和全球环境基金（GEF）《中国可再生能源发展项目》报告，该估算主要考虑了硫氧化物、氮氧化物和粉尘三种污染物的大气污染损失。水电的外部性影响有正效益和负效益两个方面，本书在中国科学院生态环境研究中心（2006）关于怒江中下游水电项目评价的基础上，计算得到西南地区水力发电外部成本的货币化值。

第二，对于 $\mu_t(E_E)$，由于电能传输速度为 30 万千米/秒，可以假定电力传输的时间成本为零；而运输煤炭不管用哪一种传输方式，都存在一定的时间成本。本模型将时间成本设为模糊数，在模型求解之前必须先建立成员函数。

μ 表示决策者的满意度，α 表示程度。一个 α 程度的模糊集 A 定义为

$$A_\alpha = \{x \mid U_A(x) \geqslant \alpha\}, \quad \alpha \in [0, 1]$$

时间成本的模糊方程定义为

$$\mu_t(E_E) = \frac{E_E}{E_{ALL}}, \quad 0 \leqslant E_E \leqslant E_{ALL}$$

其中，E_E 是传输系统中的电力传输量，E_{ALL} 是全部需要传送的能量。当全部采用电力传输时，时间成本满意度为 1；全部用煤炭传输时，满意度为 0。

第三，$\mu_L(L)$ 表示在传输过程中因传输方式不同，能量损失的比例不同。参照现有国内研究，煤炭在运输过程中的损失加能耗，比例大约为 2%，在电力传输中，线损与线路电压等级和线路长度有关，长距离输送电力需采用高电压等级线路，线损为 6%。能量传输损失满意度定义为

$$\mu_L(L) = \frac{6\% - L}{4\%}, \quad 2\% \leqslant L \leqslant 6\%$$

其中，$L = \frac{E_E}{E_{ALL}} \times 6\% + \left[1 - \frac{E_E}{E_{ALL}}\right] \times 2\%$，$L$ 是传输中的损耗。当全部用电力传输时，满意度为 0；全部用煤炭传输时，满意度为 1。

第四，对于投资 I，本书考虑的是跨区域电力输送，需选择具有大容量、长

距离输送能力的传输线路。因此，按 1000 千伏交流双回特高压线路为例计算，输送距离为 2000 千米时，中间设 4 个开关站，需要投资 240 亿元。输电容量 1000 万千瓦，按发电机组年利用 5500 小时计算，每年可以输送 550 亿千瓦时电能。

3）约束设定

主要考虑了包括 2020 年在内的两种情形，每种情形均需考虑：交通运力约束、能源供给约束和能源需求约束。

交通运力约束包括铁路、公路和海运约束。中国能源运输以铁路为主，铁路运力长期紧张，请车满足率仅为 35%，因此可以认为铁路运力已经达到满负荷，并将目前运力作为铁路最大运力约束。另外，考虑到"铁水联运"（铁路加海运）在国内也是重要的煤炭运输方式，对于相应的约束条件，主要考虑各港口间最大吞吐量及铁路至港口运力。本书采用投资使用弹性法估计 2020 年铁路运力约束。

对于能源需求约束，主要考虑能源受端地区能源输入需求量及受端地区最小煤炭消费量。具体而言，对于前者，根据受端各地区煤炭和电力的生产及消费情况，计算供需缺口。对于后者，本书还考虑了受端地区煤炭、电力的消费结构。2020 年需求约束条件通过预测人均用电量得到。

对于能源供给约束，则综合考虑了火电基地的煤炭供给、在水资源约束下的火力发电供给、水电基地的水力发电供给、未来受端各地区新增核能发电及进口电能的情况。火力发电对水资源的需求很大，而能源送端地区又多处于缺水地区，可供发电的水资源是该地区电能输出的一个重要约束。在技术选择上，缺水地区一般采用空冷发电机组。本书考虑这一技术要求并结合国家水电和核电规划（2020 年水电和核电装机容量分别达到 3 亿千瓦和 0.6 亿千瓦），修正了 2020 年电力供给约束。

4）模型求解算法

求解算法主要参照 Sakawa（1993）的方法。由于模型设定部分的目标函数为规划的函数，需要使用调整结果的方法来求解，具体步骤如下。

步骤 1：单独最小化。

不考虑时间成本和能量损耗，计算目标函数 Z_1 的最小值，求出运输问题的社会支付最小值。

步骤 2：初始化。

根据现状设定初始值，具体计算方法见前文时间成本模糊方程定义。即 $\dfrac{1}{\alpha} =$

$\dfrac{E_{ALL}}{E_E}$ ，则 $\alpha = \dfrac{E_E}{E_{ALL}}$ ，$\alpha = 0.06$。

步骤3：循环与结束。

首先，根据设定的 α 初始值，求解运输问题的单目标 Z_1。其次，权衡考虑 Z_1、Z_2 和 Z_3 之间的关系。

如果满意，则将得出的解作为最优解；否则，需要调整计划，升级的 α 值。

求解时，首先求出目标函数 Z_1 的最小值及此时的 α 值。其次将设为0.1，0.15，0.2，…，逐步逼近目标函数 Z_1 最小值对应的 α 进行计算。最后，根据 Z_1、Z_2 和 Z_3 情况综合考虑，选取满意规划。

4. 结果与分析

1）以输电部分替代输煤能够降低社会总成本

考虑从火电基地送电到各受端地区这一种情况。使用 Gams22.1 编程先求出目标函数 Z_1 的最小值，即最小社会支付函数值及此时的值。

在仅考虑成本最小化的前提下，得到最优能量传输方式下社会总成本为3877.8亿元，而当时能源流动成本是6927.6亿元。将电网纳入能源运输体系以输电替代部分输煤，可以使社会总成本下降44%，相当于每年节约3049.8亿元。

表10-18　现状与成本最小的传输方式比较

现状与最优	运输方式	东北	华北	华中	华东	华南
成本最小的传输方式	煤炭运输/万吨	5 815	20 441	5 973	19 426	11 434
	电力输送/亿千瓦时	976	3 433	1 004	3 262	1920
能量传输现状	煤炭运输/万吨	10 131	34 126	13 497	34 147	18 413
	电力输送/亿千瓦时	133	762	-464	388	558

如果将电网的纳入能源传输体系，通过电网传输能源替代输煤，在不考虑计划满意度的情况下，得到的最优能源传输方式可以使得社会总成本下降44%，每年节约3049.8亿元。这部分社会总成本包括了能源输送中的经济成本、外部成本以及使用煤炭发电的外部成本，考虑的是一个系统对整个社会的全面影响。通过对比目前的实际状况和最优运输体系，我们不难发现，未来进一步加强电网建设，逐步在合理的范围内采用输电方式替代输煤方式，可以使社会总成本下降。

新的能源传输方式将电网纳入能源传输体系，通过电网传输电力替代输煤，最优计算结果得到电力输入占整个能源输入流的46%，此时电力输入占煤炭输入方式的 85%。通过对比能源运输现状和最优运输体系，不难发现，在合理范围内逐步提高输电比重有利于降低能源运输体系的社会总成本。

2）最优化条件下能源输送体通道建设顺序

由于程度参数 α 在本研究中等于电力（包括火电和水电）占整个能源输送的传输比例，此过程实际模拟了电力输送占整个能源输送的传输比例不断提高的情形。通过模拟 α 从 0.10 变动至 0.45 的过程，可以得到各变化情景下电源和输电线路建设的最优顺序，见表 10-19。

表 10-19　电源和电力输送通道建设顺序

α	建设路径
0.10	优先开发西南水电，同时发展向华南、华中送电
0.15	优先发展向华东输送水电
0.20	继续发展向华东输送水电
0.25	火电、水电并举并开始向华北送电
0.30～0.45	优先发展从火电基地向华北送电

3）未来能源输送方式的最优选择预测

随着输电比例上升（α 上升），社会总成本趋于下降，但是计划满意度随输电比例上升而下降，如图 10-8 所示。

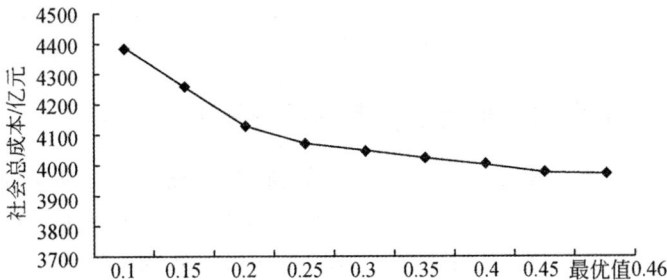

图 10-8　社会总成本变化曲线

同时根据模拟，我们可以看出随着输电比例 α 的提高，计划满意度也在不断下降，见表 10-20。

表 10-20　社会输送总成本与计划满意度

α	0.10	0.15	0.20	0.25	0.30	0.35	0.40	0.45
Z_2	0.975	0.963	0.950	0.938	0.925	0.913	0.900	0.888

输电比例 α 每提高 5%，区域间的电网传输能力每年要增加 1438.6 亿千瓦时，总投资为 700 亿元左右，所以在计划设定时需要综合考虑投资与输送成本减少之间的关系。α 从 10% 上升到 15%，可能使能源运输体系的年社会输送总成本下降 128 亿元，$Z_3 = 0.183$。α 从 10% 上升到 46%，年社会输送总成本下降为 408.7 亿元，$Z_3 = 0.083$。

这样，能源输送社会总成本 Z_1 随着输电比例 α 不断上升而趋于最优，但计划满意度 Z_2 和投资–节省成本比 Z_3 将随着输电比例 α 不断上升而偏离最优。因此需要平衡这三个目标。由于计划满意度的下降趋于线性，应选取输送社会总成本边际下降较大和投资–节省成本比边际下降较小时的输电比例。

考虑到未来国家能源结构调整政策和铁路投资将增加，我们选取 2020 年 $\alpha = 25\%$ 的情形为最佳方案，也就是依据未来能源供求约束和交通运力约束，到 2020 年最优的输电比例约为 20%，见表 10-21。

表 10-21　2020 年最合理的传输路径

地区	铁路/万吨	火电/亿千瓦时	水电/亿千瓦时	水运/万吨
东北	14 154.7	160	—	0
华北	54 404.5	640	—	0
华中	15 122.8	—	1 567	0
华东	8 427.3	994	3 456	11 501
华南	0	—	377	9 241.8

注：此时 $Z_1 = 4131.717$ 亿元，$Z_2 = 0.95$，$Z_3 = 0.149$。

5. 投资成本变化趋势比较：电网投资更优

比较新增单位输电和货运量分别所需的新增投资成本[①]。从 1986~2007 年，扣除物价上涨因素，每增加 1 千瓦时电量传输所需电网投资从 0.50 元/千瓦时上升到 0.57 元/千瓦时，年均增长率仅为 0.7%。可以认为，增加单位电量传输所需的电网投资基本不变。与此同时，扣除价格因素后，单位货运量增加对应的铁路投资成本却在不断上升，从 1986 年的 172 元/吨上升到 2007 年的 688 元/吨，年均增长率为 15%。这说明，增加单位货运量所需的铁路投资是非线性上升的，即新增单位货运量所需的边际铁路投资成本是递增的。因此，随着未来铁路货运

---

① 具体计算方法如下：扣除价格因素计算 1986~2007 年每年增加 1 千瓦时电量的电网投资，其中舍去部分因农网改造而使电力投资畸高的年份；同样，扣除价格因素计算 1986~2007 年每年增加 1 吨货运量的铁路投资，舍去其中因亚洲金融危机造成的非正常数据。

量不断增加，铁路投资也将呈现出非线性上升的趋势。电网投资的经济效益由于铁路投资的经济效益。

6. 拥挤成本上升：需要新的运输方式分担铁路运输压力

近年来铁路运力不足的瓶颈表现得非常严重。为了将煤炭顺利输送出去，各种名目的费用开始产生。以往关于输煤与输电的成本比较，都忽略了由于输煤运力短缺形成的交易成本，我们称之为"拥挤成本"。

2005 年，从山西大同到秦皇岛港离岸，所有运输成本为 102.9 元/吨，而当年秦皇岛价与坑口价的实际价差为 139.8 元/吨，高于总运输成本 36.9 元/吨，占秦皇岛价与坑口价差的 1/4 以上，这就是因运力不足而造成的交易成本（拥挤成本）。随着铁路运力紧张的加剧，拥挤成本仍在不断上升。2008 年，从大同到秦皇岛港离岸的所有运输成本上升为 141.8 元/吨，而秦皇岛价与坑口价的价差则高达 470 元/吨，由拥挤造成的各种交易成本近 330 元/吨，占了秦皇岛价与坑口价差的 70%。

高额的拥挤成本具体表现为各种名目的收费：煤炭管理费、出省费、铁路代发费以及运输过程中的罚款等。历史数据说明，在铁路运力不足的情况下，各种交易成本就会产生并附加在运费之上，运力越紧张，交易成本越大。但这些因煤炭运输拥挤而产生的额外成本，虽然表面上不计在运费中，最终也会转嫁到消费端。未来中国煤炭需求会不断增加，受端与送端地区之间的能源流动也会随之增加。从目前拥挤成本的增长趋势可以看出，铁路满足能源运输的能力日益减弱，从而会导致拥挤成本上升，煤炭价格提高，给社会增加了巨额的不必要成本。解决或减少拥挤成本，除了加快建设铁路运力外，还可以通过增强电网传输这一清洁又经济的能源输送方式来分担铁路压力（林伯强和姚昕，2009）。

10.3.2 规范煤炭生产流通环节的税费

规范与煤炭相关税费的征管，取缔不必要的税费项目，降低煤炭税费设立征收过程中的随意性，使煤炭生产流通的成本费用更加透明化，有利于促进合理的煤炭市场价格的形成。

1. 下调税费能够降低煤炭中间环节成本

我们的分析表明煤炭中间流通成本过高，成为推高电煤到厂价格的重要因素，其中政府基金和税费占煤炭终端价格的 24.93%，铁路运费占煤炭终端价格的 10%（2012 年 5 月数据）。税费名目繁多，合理与不合理的收费加大了煤炭流通环节的成本。据不完全统计，与煤炭运输相关的税费近18项。

从长远来看，通过构建能源综合运输体系，以输煤代替输电能够降低能源输送的社会总成本，而且能够实现环境的优化配置。但是，构建能源综合运输体系是一个较长的过程，也是一项很大的工程，需要多年的建设才能够实现。所以，在现有以输煤为主的能源输送方式下，我们需要考虑如何将中间环节的成本费用尽可能地最小化，而煤炭运输过程中名目繁多的税费主要由中央政府和地方政府所控制。这需要中央政府下决心，切实规范煤炭流通环节的税费，划分中央和地方税权的界限，清除地方巧立名目的收费项目，降低煤炭中间流通环节的隐形成本和煤炭价格中的不合理成本，让煤炭中间流通环节成本更为透明，更为合理。去年11月份国家发展和改革委员会在电煤价格调控措施中也强调要全面清理整顿涉煤基金和收费，可见煤炭流通环节的税费过重确实需要整顿和规范。

2. 下调税费能够降低煤炭出厂价格

我们在上一节对大同动力煤（5500大卡）分析认为煤炭坑口价对电厂采购价具有基础性的影响，降低煤炭坑口价对缓解电厂采购价有很大的作用。因为附加在煤炭企业身上的税费占煤炭含税坑口价的比例很大，为了控制煤炭终端价格过高，需要考虑如何从源头上控制煤炭产地价格。我们利用2012年5月份的数据估算，包含着煤炭价格中的煤炭价格调节基金、矿产资源补偿费、"三项基金"、增值税、资源税等项目占到大同动力煤（5500大卡）含税坑口价的25.35%，占到煤炭价格的25%。

按照国家发展和改革委员会2011年11月份出台采取综合措施调控煤炭和电力价格措施中关于全面清理整顿涉煤基金和收费的要求：除依法设立的基金外，省级以下地方人民政府自行设立的涉煤基金和收费项目，必须在2011年年底前取消；省级政府已依法设立的，最高征收标准每吨不得超过23元，低于每吨23元的维持现有水平不变，没有设立的不得设立；各地不得区分省内外用煤按不同标准征收基金和收费。

按照这个要求，以山西省为例，每吨煤可以减少矿山生态环境恢复保证金和煤矿转产发展基金合计15元，占到煤炭坑口含税价的2.44%。这在一定程度上缓解了煤炭生产企业的经营压力。

参 考 文 献

蔡心一. 2004. 安全第一防患于未然. 江苏电器, 1: 47-48.

曹琦. 1994. 中学百科全书·地理卷. 北京师范大学出版社, 东北师范大学出版社.

崔成, 牛建国. 2012. 日本煤炭及电煤贸易与价格管理. 中国能源, 34 (1): 36-38.

大渊宽, 森冈仁. 1989. 经济人口学. 张真宁等译. 北京: 北京经济学院出版社.

丁敏. 2006. 日本产业结构研究. 北京: 世界知识出版社.

樊刚. 1993. 市场机制与经济效率. 三联书店 (香港) 有限公司, 上海人民出版社,

范金, 王艳, 梁俊伟. 2004. 中国进出口价格弹性研究. 当代经济科学, (4): 87-92.

高宏, 胡维松, 谈为雄, 等. 1997. 电力弹性系数与电力工业优先发展. 水电能源科学, 15 (1): 40-46.

高相铎, 李诚固. 2006. 美国五大湖工业区产业结构演变的城市化响应机理辨析. 世界地理研究, 15 (1): 71-78.

国家电监会研究室电煤课题组. 2010. 我国电煤供应问题及根源. 中国电力企业管理, 2010 (5): 26-29.

国网北京经济技术研究院. 2007. 能源与电力价格年度分析报告.

国务院发展研究中心. 2004. 北京: 中国电价与电力发展报告

何金祥. 2008. 澳大利亚煤炭生产与出口及其对东亚能源供应的影响. 中国煤炭, 34 (9): 120-123.

和联. 2011. "缺电" ≠ "电荒". 中国电力企业管理, 11: 11-13.

黄少中. 2009. 中国电价改革回顾与展望——献给改革开放三十周年. 价格理论与实践, 5: 11-14.

黄英娜, 张巍, 王学军. 2003. 环境 CGE 模型中生产函数的计量经济估算与选择. 环境科学学报, 23 (3): 350-354.

焦晓佑. 2011. 缓解 "缺电" 之道. 中国电力企业管理, 11: 14-15.

金波. 1994. 主要资本主义国家近现代经济发展史. 北京: 当代中国出版社.

郎毅怀. 2007-5-18. 我国工业化历史分期及当前政策选择. 中国经济时报.

李成仁, 余嘉明. 2010. 日韩居民阶梯电价经验与启示. 能源技术经济, 22 (7): 56-61.

李润灦. 2011. 我国煤炭物流发展现状、问题与对策. 中共中央党校学报, 15 (4): 53-56.

林伯强. 2004. 电力短缺、短期措施与长期战略. 经济研究, 3 期: 28-36.

林伯强. 2006. 中国电力发展: 提高电价和限电的经济影响. 经济研究, 5: 115-126.

林伯强. 2011. 解决电力短缺需要三管齐下. 小康, 6: 29-30.

林伯强. 2011. 困难的煤电一体化进程 http://energy.people.com.cn/h/2011/1109/c227931-2998055055.html [2011-11-09].

林伯强. 2011. 央企主导 "煤电一体化" 迅猛推进惹争议. http://energy.people.com.cn/GB/16489832.html [2011-12-05].

林伯强. 2011-12-19. 煤电一体化需要思考的几个问题. http://www.chinadaily.com.cn/hqgj/

jryw/2011-12-23/content_ 4774130. html［2011-12-23］.

林伯强.2011-12-26. 以输电替代输煤. 机电商报.

林伯强，蒋竺均，何晓萍.2008. 中国城市化进程中的能源需求和消费结构预测. 厦门：厦门
大学能源经济研究中心工作论文.

林伯强，蒋竺均.2009. 中国二氧化碳的环境库兹涅茨曲线预测及影响因素分析. 管理世界，
4：27-36.

林伯强，李爱军.2010. 碳关税对发展中国家的影响. 金融研究，(12)：1-15.

林伯强，牟敦国.2008. 能源价格对宏观经济的影响：基于可计算一般均衡（CGE）的分析.
经济研究，(11)：88-101.

林伯强，姚昕.2009. 电力布局优化与能源综合运输体系. 经济研究，6：105-115.

林伯强，何晓萍.2008. 中国油气资源耗减成本及政策选择的宏观经济影响. 经济研究，(5)：
94-104.

林伯强，姚昕，刘希颖.2010. 节能和碳排放约束下的中国能源结构战略调整. 中国社会科学，
(1)：58-71.

刘劲松.2007. 中国煤电企业纵向关系理论研究. 财经问题研究，5：22-28.

刘世锦.2009. 美国石油价格由管制到放开的历程与启示. http：//www. fgw. gov. cn/fgwjsp/shzj_
content. jsp？docid=324063&channelid=379［2009-06-18］.

刘振亚.2012. 中国电力与能源. 北京：中国电力出版社.

吕先竞.2002. 西部地区工业化发展阶段判断. 四川工业学院学报，4：61-63，67.

穆良平.2005. 主要工业国家近现代经济史. 成都：西南财经大学出版.

牛克洪.1997. 澳大利亚煤炭工业体制. 中国煤炭，26（10）：44-45.

秦源.2011. 日本电力工业体制改革对中国的启示. 经济视角，(10)：41-43.

庆蕾，火雅琳，李大玮.2011. 缺电再思考. 中国电力企业管理，21：10-15.

施文泼，贾康.2011. 中国矿产资源税费制度的整体配套改革：国际比较视野. 改革.

汤斌.2005. 产业结构演进的理论与实证分析. 成都：西南财经大学.

王瑞琪，傅敏，丁社光.2008. 澳大利亚电力电能与环境协调监管及其对中国的启示. 科技管
理研究，(7)：111-114.

徐卫等.2011. 中国持续性"电荒"问题分析及对策. 中国流通经济，9：100-104

许波云.2000. 澳大利亚煤炭工业的现状. 中国煤炭，26（10）：54-58.

姚昕，孔庆宝.2010. 中国能源综合运输体系及其宏观影响. 金融研究.（4）：29-39

姚昕，刘希颖.2010. 基于增长视角的中国最优碳税研究. 经济研究，(11)：48-58.

姚枝仲，田丰，苏庆义.2010. 中国出口的收入和价格弹性. 世界经济，4：3-27.

叶春.2008. 完善我国煤电产业链的对策. 经济研究参考，48：5-10.

雍红月，李松林.2003. 对内蒙古工业化阶段的测度分析. 内蒙古大学学报（人文社会科学
版），2：10-14.

于良春，张伟.2003. 强自然垄断定价理论与中国电价规制制度分析. 经济研究，(9)：67-94

于文珂.2007. 澳大利亚的煤炭加工和利用技术，中国煤炭工业，(7)：46-47.

于妍 . 2010. 关于现代物流若干问题的探讨与研究——以煤炭物流为例，黑龙江社会科学，3：62-63.

余军 . 2012. 量化宽松货币政策对大宗商品价格的影响 . 金融经济，2：15-16.

张灵莹 . 2003. 深圳市工业化发展水平比较分析 . 南方经济，4：47-49.

张旭东 . 2012. 煤价并轨拟走的回头路 政府干预能力或大增 . 第一财经日报 .

张震龙，姜爱林 . 2005. 中国工业化水平的综合考察 . 工业工程与管理，6：1-7.

中投顾问 . 2012-2-16. 2012 年中国煤炭工业投资分析及前景预测报告 .

周四清，马超群 . 2007. 澳大利亚电力市场化运作经验及借鉴与启示 . 求索，(5)：74-76.

朱成章 . 2011. 为什么我们会缺电 . 大众用电，7：3-4.

朱应皋，王遐见 . 2002. 中国经济发达地区工业化水平探析 . 当代经济研究，3：21-25.

佐贯利雄 . 1987. 日本经济的结构分析 . 周显云等译 . 沈阳：辽宁人民出版社 .

Ali Akkemik K. 2011. Potential impacts of electricity price changes on price formation in the economy: a social accounting matrix price modeling analysis for Turkey, Energy Policy, 39 (2): 854-864.

Arrow K J. 1975. Vertical integration and communication. The Bell Journal of Economics: 173-183.

Baron D P, De Bondt R R. 1979. Fuel adjustment mechanisms and economic efficiency. The Journal of Industrial Economics, 27 (3): 243-261.

Clarke R G. 1980. The effect of fuel adjustment clauses on the systematic risk and market values of electric utilities. The Journal of Finance, 35 (2): 347-358.

Edison Electric Istitude. 2011. Industry size as measured by net property, plant, and equipment as of December 31, 2010. 2010 Financial Review.

Gollop F M, Karlson S H. 1978. The impact of the fuel adjustment mechanism on economic efficiency. The Review of Economics and Statistics, 60 (4): 574-584.

Graves F, Hanser P, Basheda G. 2007. Electric Utility Automatic Adjustment Clauses Revisited: Why They Are Needed More Than Ever. The Electricity Journal, 20 (5): 33-47.

He et al. 2010. Economic analysis of coal price-electricity price adjustment in China based on the CGE model, Energy Policy, 38 (11): 6629-6637.

Isaac R M. 1982. Fuel cost adjustment mechanisms and the regulated utility facing uncertain fuel prices. The Bell Journal of Economics, 13 (1): 158-169.

Jaynes E T. 1957. Information theory and statistical mechanics. Physical review, 106 (4): 620-630.

Joskow P L. 1985. Long term vertical relationships and the study of industrial organization and government regulation. Journal of Institutional and Theoretical Economics, 141 (4): 586-593.

Joskow P L. 1985. Vertical integration and long-term contracts: The case of coal-burning electric generating plants. JL Econ. & Org, 1: 33.

Joskow P L. 1988. Asset specificity and the structure of vertical relationships: empirical evidence. J L Econ. & Org. , 4: 95.

Joskow P L. 1990. The performance of long-term contracts: further evidence from coal markets. The Rand Journal of Economics, 21 (2): 251-274.

Kaserman D L, Tepel R C. 1982. The impact of the automatic adjustment clause on fuel purchase and utilization practices in the US electric utility industry. Southern Economic Journal, 13 (4): 687-700.

Lien D Liu L. 1996. Futures trading and fuel adjustment clauses. Journal of Regulatory Economics, 9 (2): 157-178.

Lin B Q, Jiang Z. J. 2011. Estimates of Energy Subsidies in China and Impact of Energy Subsidy Reform, Energy Economics, 33: 273-283.

Medlock III K B, Soligo R. 2001. Economic Development and End Use Energy Demand. Energy Journal, 22 (2): 77-105.

Nakajima, Hamori. 2010. Change in consumer sensitivity to electricity prices in response to retail deregulation: A panel empirical analysis of the residential demand for electricity in the United States. Energy Policy, 38 (5): 2470-2476.

Shannon C E. 1948. A Mathematical Theory of Communication, Bell System Technical Journal. (July, Oc) t: 379, 623.

Stigler G J. 1951. The Division of Labor is Limited by the Extent of the Market. The Journal of Political Economy, 59 (3): 185-193.

Zarnikau J, Landrethb G, Hallettb et al. 2007. Industrial customer response to wholesale prices in the restructured Texas electricity market, Energy, 32 (9): 1715-1723.